Teoria do Direito

Paulo Hamilton Siqueira Jr.

Teoria do Direito

4ª edição

2017

saraiva jur

ISBN 978-85-472-1049-6

DADOS INTERNACIONAIS DE CATALOGAÇÃO NA PUBLICAÇÃO (CIP)
ANGÉLICA ILACQUA CRB-8/7057

Siqueira Jr., Paulo Hamilton

Teoria do direito / Paulo Hamilton Siqueira Jr. – 4. ed. – São Paulo : Saraiva, 2017.

1. Direito - Filosofia 2. Direito - Teoria I. Título.

16-0654 CDU 340.11

Índices para catálogo sistemático:

1. Direito : Teoria 340.11
2. Teoria geral do direito 340.11

SOMOS EDUCAÇÃO | saraiva jur

Av. das Nações Unidas, 7.221, 1º andar, Setor B
Pinheiros – São Paulo – SP – CEP 05425-902

SAC
0800-0117875
De 2ª a 6ª, das 8h às 18h
www.editorasaraiva.com.br/contato

Data de fechamento da edição: 3-10-2016

Dúvidas? Acesse www.editorasaraiva.com.br/direito

CL 600551 CAE 602018

"Feliz o homem que acha sabedoria, e o homem que adquire conhecimento."

(Livro da Bíblia – Provérbios 3:13)

Dedico este trabalho ao Professor Doutor Marco Antonio Marques da Silva, pela orientação no mestrado e doutorado e pela amizade sempre demonstrada.

Agradeço a Deus.

Agradeço à minha mulher, Cristina, e à minha filha, Laura, a compreensão da ausência para a elaboração deste trabalho.

SUMÁRIO

Prefácio

Paulo Hamilton Siqueira Jr., em momento de rara felicidade, presenteia a todos os estudantes e profissionais do Direito com uma obra de caráter teórico e prático intitulada *Teoria do Direito*: dogmática (pós-positivismo), sociologia (sociedade da informação) e filosofia (pós-modernismo), pela qual o autor, atualizando e reformulando por completo sua obra anterior, denominada *Lições de introdução ao Direito*, lança, podemos assim afirmar, um desafio: estudar o Direito para além da dogmática jurídica.

Desde os primeiros apontamentos introdutórios percebe-se a constante preocupação do Autor em direcionar a obra para além de uma mera propedêutica jurídica. Se, num primeiro momento, são enfrentadas, de maneira clara, simples e precisa, as questões propedêuticas relativas à dogmática jurídica (o problema das fontes; a lei, seu processo de elaboração, sua aplicação no tempo e no espaço; os sistemas jurídicos; o costume; a Jurisprudência; o Direito em seus aspectos objetivo e subjetivo e as questões relacionadas à hermenêutica e aplicação do Direito), todas tão necessárias aos alunos ingressantes no curso de graduação e que iniciam seus estudos jurídicos, num segundo momento, constata-se o cuidado do Autor, ainda uma vez de forma clara e precisa, conforme, frise-se, é a característica de suas obras, em analisar o fenômeno jurídico em seus aspectos sociológico e filosófico, emprestando à obra um viés investigativo, mais ao gosto dos alunos e mestres dos cursos de pós-graduação, *lato* e *estrito sensu*.

No dizer de Paulo Hamilton Siqueira Jr., "conhecer o direito não é conhecer a norma, mas, também, a sua inserção na sociedade (sociologia), sua natureza científica e seu valor (filosofia)". E, como bem ressalta, "uma teoria do direito não se resume ao aspecto dogmático", mas abraça e engloba o estudo do Direito como algo mais abrangente, ou seja, nos aspectos sociológico e filosófico.

Assim, se é importante oferecer ao aluno ingressante nos cursos jurídicos uma visão geral da dogmática jurídica (o Direito em seu aspecto intertemporal), não é menos importante estimulá-lo a compreender esse mesmo Direito para além da norma, permitindo-lhe descobrir a implicação recíproca e intrínseca existente entre Sociedade e Direito.

Neste aspecto, louve-se a inovação trazida pelo jovem e talentoso Coordenador do Curso de Direito das Faculdades Metropolitanas Unidas, Paulo Hamilton Siqueira Jr., que insere as questões relacionadas à Sociedade da Informação no âmbito de estudo da Teoria do Direito.

Com a mesma linguagem objetiva e precisa, o Autor, com fecho de ouro, finaliza sua *Teoria do Direito* analisando o fenômeno jurídico em seu aspecto filosófico.

Sob essa ótica analisa, de forma clara, precisa e agradável, o Direito em seu aspecto Epistemológico e Axiológico, além de debater as questões importantes relacionadas à Linguagem e à Lógica Jurídicas, tão caras e imprescindíveis à formação dos alunos dos cursos jurídicos, em seus diversos níveis, visto que o "ser" do Direito se manifesta por meio da linguagem, lógica e precisa, como aquela utilizada por Paulo Hamilton Siqueira Jr. para formular sua *Teoria do Direito*: dogmática (pós-positivismo), sociologia (sociedade da informação) e filosofia (pós-modernismo).

Por esses e por quaisquer outros aspectos que se queira analisar, a presente obra prima pela simplicidade e precisão conceitual, que a tornam imprescindível e de estudo obrigatório, não apenas para os alunos dos cursos jurídicos, mas por todos aqueles, operadores do Direito, que privilegiam um estudo sistemático e preciso, porém, apresentado em linguagem clara, simples e agradável.

Nivaldo Sebastião Vícola

Professor e Chefe do Departamento de Humanidades do Curso de Direito da FMU. Mestre em Direito pela Faculdade de Direito da Universidade de São Paulo. Advogado em São Paulo.

NOTA DO AUTOR

A teoria do direito se inseriu rapidamente nos cursos de graduação e pós-graduação. O esgotamento da edição forçou-nos a rever integralmente o trabalho, revisando temas e conceitos fruto da experiência docente. Nesta 4ª edição, o leitor encontrará alterações e atualizações, estas em função das modificações do sistema jurídico, aquelas fruto da nossa preocupação em moldar o texto à modernização doutrinária e das necessidades e indicações de nossos leitores. Cabe destacar especial referência ao leitor Rev. Dr. Paulo Audebert Delage, que muito contribuiu para o aperfeiçoamento da obra.

O exercício do magistério e a atividade de pesquisa acadêmica deram origem, em 1998, ao nosso primeiro trabalho editorial, *Lições de introdução ao direito*, contando com a 5ª edição, esta com duas tiragens.

Após ministrar aulas no quarto e quinto semestres no curso de graduação, pós-graduação e mestrado, em 2008 retomamos o ensino de graduação no primeiro semestre do curso, com a disciplina Teoria do Direito, e sentimos a necessidade de atualizar e reformular integralmente as *Lições de introdução ao direito*. Mas entendemos que a obra não poderia ser voltada apenas aos alunos ingressantes. Assim, a reformulação trouxe aspectos que são importantes nos cursos de graduação e pós-graduação (*lato* e *stricto sensu*).

Surge então a obra *Teoria do Direito*: dogmática do direito (pós-positivismo), sociologia do direito (sociedade da informação) e filosofia do direito (pós-modernismo).

No trabalho defendemos uma leitura da teoria do direito que não se resume ao aspecto dogmático. Teoria significa exame, estudo, conhecimento. Conhecer o direito não é conhecer a norma, mas também a sua inserção na sociedade (sociologia), sua natureza científica e seu valor (filosofia).

Assim, investigamos a dogmática, a sociologia e a filosofia. Em suma, esta obra tem por finalidade estudar a Teoria do Direito em seus três planos.

Esperamos com o livro *Teoria do Direito* contribuir para o conhecimento de nossos alunos e dos pesquisadores e professores, de quem aguardamos as sugestões, com o intuito de continuar a melhorar as futuras edições.

São Paulo, julho de 2016.

Paulo Hamilton Siqueira Jr.
e-mail: paulohamiltonjr@uol.com.br

I INTRODUÇÃO

I

Introdução

O vocábulo teoria provém do grego *theoria*, que significa estudo, exame, designando a ação de contemplar, examinar. É o próprio conhecimento especulativo. Por teoria entendemos o conjunto de partes e princípios fundamentais de determinado ramo do conhecimento humano, buscando sua sistematização.

A teoria do direito, como o próprio nome determina, estuda todas as realidades do direito, buscando sua sistematização. A teoria do direito é de cunho filosófico, na medida em que se preocupa com o conhecimento amplo e geral. Tem como fulcro o conhecimento amplo, geral e real da ciência jurídica, não apenas no seu aspecto dogmático. Investiga as estruturas lógicas da experiência jurídica, analisando as normas e os princípios gerais do direito, o conceito, a divisão e a natureza do direito, buscando concluir com a sistematização de todo o fenômeno jurídico.[1]

Conhecer direito é conhecer a natureza científica da ciência jurídica (epistemologia), o seu valor fundamental (axiologia) e sua inserção na sociedade (realidade social – sociologia), não se esquecendo da ciência dogmática ou dogmática jurídica ou do direito, como preferimos, que se

---

1 CRISPIM, Luiz Augusto. **Estudos preliminares de direito**. São Paulo: Saraiva, 1997, p. 28: "A Teoria Geral do Direito tem por fim, como se vê, a determinação das estruturas lógicas da experiência jurídica em geral". PAES, P. R. Tavares. **Introdução ao estudo do direito**. 2ª ed. rev. e amp., São Paulo: Revista dos Tribunais, 1997, p. 30: "A Teoria Geral do Direito é a ciência que determina os princípios do direito. Ela busca o conceito do direito, formulando conceitos mais estritos. Ela, a Teoria Geral do Direito, procura encontrar a consistência do fenômeno jurídico, bem como sua etiologia e realização. Inconfundível com a Filosofia do Direito, embora muitos autores as tenham confundido, pois o domínio desta é filosófico, e o da Teoria Geral do Direito é positivo".

divide em estudo da *norma agendi* (estudo da norma) e *facultas agendi* (estudo dos direitos subjetivos).

Em resumo, a teoria do direito busca o conhecimento que no campo científico-jurídico se dá por intermédio do estudo da dogmática, sociologia e filosofia. Dessa forma, segundo nosso entendimento, a realidade jurídica e consequentemente a teoria do direito pode ser vislumbrada em três planos: dogmático, sociológico e filosófico.

1 O QUE É O DIREITO

O estudo da teoria do direito requer uma indagação preliminar: O que é o direito? A palavra direito não tem apenas um significado, sendo empregada em vários sentidos ou acepções.

Na linguagem comum e científica, o vocábulo direito é empregado com significações diferentes. A doutrina distingue dois sentidos fundamentais da palavra direito: 1. o direito norma, lei ou regra de ação (*norma agendi*); e 2. o direito faculdade, poder de ação, prerrogativa (*facultas agendi*).[2]

Rudolf Von Ihering em sua obra "A Luta pelo Direito", prescreve que a palavra direito emprega-se num duplo sentido: no sentido objetivo e no sentido subjetivo. O direito no sentido objetivo é o conjunto de princípios jurídicos aplicados pelo Estado à ordem legal da vida. O direito no sentido subjetivo é a transfusão da regra abstrata no direito concreto da pessoa interessada.[3]

Para Thomas Marky "o termo direito, entre outros, tem dois sentidos técnicos. Significa, primeiramente, a *norma agendi*, a regra jurídica. Assim, falamos de direito romano, de direito civil brasileiro, como complexo de normas. Noutra acepção, a palavra significa a *facultas agendi*, que é o poder de exigir um comportamento alheio. Assim, a entendemos quando falamos em 'direito à nossa casa', 'direito aos filhos', 'direito à remuneração do nosso trabalho'. No primeiro sentido, trata-se do direito objetivo e no segundo, do direito subjetivo".[4]

---

2 BEVILÁQUA, Clóvis. **Teoria geral do direito civil**. 4ª ed., Brasília: Ministério da Justiça, 1972, p. 7-10.

3 IHERING, Rudolf Von. **A luta pelo direito**. Trad. João Vasconcelos. Rio de Janeiro: Forense, 1999, p. 3.

4 MARKY, Thomas. **Curso elementar de direito romano**. 7ª ed., São Paulo: Saraiva, 1994, p. 13.

Paulo Dourado de Gusmão alude que, de modo muito amplo, pode-se dizer que a palavra direito tem três sentidos:

1. regra de conduta obrigatória (direito objetivo);

2. sistemas de conhecimentos jurídicos (ciência do direito);

3. faculdade ou poderes que tem ou pode ter uma pessoa, ou seja, o que pode uma pessoa exigir de outra (direito subjetivo).[5]

Miguel Reale, ao tratar das acepções da palavra direito, concluindo pela estrutura tridimensional do direito, entende que "uma análise em profundidade dos diversos sentidos da palavra Direito veio demonstrar que eles correspondem a três aspectos básicos, discerníveis em todo e qualquer momento da vida jurídica: um aspecto normativo (o Direito como ordenamento e sua respectiva ciência); um aspecto fático (o Direito como fato, ou em sua efetividade social e histórica) e um aspecto axiológico (o Direito como valor de Justiça)".[6] Assim, para o citado autor, havendo um fenômeno jurídico, há um fato subjacente (fato econômico, geográfico, demográfico etc.); um valor, que é conferido ao referido fato, e uma norma ou regra que integra o fato ao valor. Dessa forma, os três elementos (fato, valor e norma) coexistem numa unidade concreta.

Por meio de uma pesquisa mais rigorosa, André Franco Montoro, em seu livro **Introdução à Ciência do Direito**, destaca cinco realidades fundamentais,[7] dentro da pluralidade de significações do direito no sentido científico jurídico:

1. o direito norma;
2. o direito faculdade;
3. o direito justo;
4. o direito ciência;
5. o direito fato social.

---

[5] GUSMÃO, Paulo Dourado de. **Introdução ao estudo do direito**. 32ª ed., Rio de Janeiro: Forense, 2002, p. 47.

[6] REALE, Miguel. **Lições preliminares de direito**. 27ª ed., São Paulo: Saraiva, 2002, p. 64-65.

[7] MONTORO, André Franco. **Introdução à ciência do direito**. 23ª ed., São Paulo: Revista dos Tribunais, 1995, p. 29-60.

A palavra direito tem sentido nitidamente diverso nas seguintes expressões:

1. o direito brasileiro pune o crime de estupro;

2. o locador tem o direito de cobrar o aluguel;

3. o salário é direito do trabalhador;

4. o estudo do direito requer método próprio;

5. o direito é um setor da realidade social.

Ao atentarmos para a significação do vocábulo direito no sentido empregado em cada uma das referidas frases, verificamos nítidas diferenças. Assim, no primeiro caso, "direito" significa a norma jurídica, a lei, a regra social obrigatória (Norma). Na segunda expressão, "direito" significa a faculdade, o poder, a prerrogativa que o locador tem de cobrar o aluguel (Faculdade). Na terceira expressão, "direito" significa o que é devido por justiça (Justo). Ora, o trabalho sem remuneração é escravidão. A escravidão ofende os anseios da justiça. Na quarta expressão, "direito" significa ciência ou, mais exatamente, a ciência do direito (Ciência). Na última expressão, "direito" é considerado como fenômeno da vida coletiva. Ao lado dos fatos econômicos, artísticos, culturais e esportivos, também o direito é um fato social (Fato Social).

Cada realidade do direito dá origem a estudos sistemáticos, para que seja verificada de forma minuciosa cada uma das referidas significações, que na esteira de André Franco Montoro podem ser divididas em: 1. teoria da norma jurídica (norma); 2. teoria dos direitos subjetivos (faculdade); 3. epistemologia jurídica (ciência); 4. axiologia jurídica (justo); e 5. sociologia jurídica (realidade social).

Segundo nosso entendimento, o conhecimento do direito encontra-se em três planos: dogmático (norma), sociológico (fato) e filosófico (ciência e valor). Nesse sentido, a investigação da ciência do direito surge por meio do estudo da dogmática, sociologia e filosofia do direito. No contexto atual podemos identificar nesta sequência a influência do pós-positivismo, da sociedade da informação e do pós-modernismo.

2 DEFINIÇÃO DO DIREITO

Cremos que se encontra clara a resposta ao questionamento formulado: O que é o direito? Mas, o seu enunciado surgirá da definição de direito. Ora, o nosso objeto de estudo é o direito, havendo, pois, a necessidade de buscar a sua definição. Essa tarefa árdua pertence à filosofia, mais especificamente à epistemologia jurídica – (*episteme*) ciência e (*logos*) estudo – estudo da Ciência do Direito.

Como definir o Direito? Preliminarmente, o que é definir? A palavra definir vem do latim *definitione, definire*, que significa limitar. Assim, definir é limitar o objeto definido. "Definir é explicar o sentido de um vocábulo ou a natureza de uma coisa, ou ainda, é a operação que analisa a compreensão de um conceito".[8] Para Aristóteles, a definição é a fórmula que exprime a essência de uma coisa, sendo composta de gênero (próximo) e das diferenças (específicas). Marcus Cláudio Acquaviva ensina que "Definir é revelar a essência do objeto definido".[9] Essência é tudo o que identifica o objeto a definir. Sem seus elementos essenciais, o ser ou a coisa careceriam de existência.

Na definição somente devem participar as causas essenciais do objeto definido, porque sem estas o objeto sequer existiria. Na configuração dos objetos e das coisas, existem causas essenciais e acidentais. Somente as causas essenciais devem figurar nas definições, sob pena de acidentalidade ou imprecisão. É nesse sentido que Aristóteles ensina que a definição perfeita consiste em exprimir a essência do objeto ou da coisa pelo gênero próximo e pela diferença específica. Tomemos como exemplo a definição de homem. O homem é o animal racional. Assim, para definir o homem utilizamos o gênero próximo "animal" e a diferença específica "racional". De outra feita, se definirmos o homem como o animal racional vivente, a definição torna-se imperfeita ou imprecisa, na medida em que o homem não é o único ser vivente. Não se trata de causa essencial. Ainda, se definirmos o homem como animal racional que usa óculos, a definição peca por acidentalidade, pois existem homens que não usam óculos.

Em resumo, definir é explicar o sentido de um vocábulo ou a natureza, a essência de uma coisa ou objeto. Dessa forma, segundo a lógica (Capítulo da Filosofia), há duas espécies de definições:

---

8 FONTANA, Dino F. **História da filosofia, psicologia e lógica**. 3ª ed., São Paulo: Saraiva, 1969, p. 384.

9 ACQUAVIVA, Marcus Cláudio. **Notas introdutórias ao estudo do direito**. 2ª ed., São Paulo: Ícone, 1990, p. 21.

1. nominal; e

2. real.[10]

A definição nominal designa o que uma palavra ou nome significa, por meio da etimologia[11] e da semântica.[12] A definição real expressa o que é uma coisa ou realidade, indicando a natureza do objeto ou da coisa a ser definida.

Não existem dificuldades em estabelecer uma definição nominal da palavra direito. A palavra direito provém do latim *directum, rectum*, que significa direito, reto, aquilo que é conforme a uma régua, e sucessivamente, designando aquilo que é conforme a lei, a própria lei, conjunto de leis, ciência que tem por objeto as leis.[13] O vocábulo latino *directum, rectum* apresenta variações semânticas em quase todas as línguas – *Derecho* (espanhol), *Diritto* (italiano), *Droit* (francês), *Recht* (alemão), *Right* (inglês), Dreptu (romeno), *dret* (catalão), *ret* (dinamarquês), *rätt* (sueco), *rett* (norueguês) e *rétt* (islandês).[14]

---

[10] Definição Nominal – é a que explica o sentido de uma palavra, distinguindo a ideia que ela exprime das demais ideias com as quais poderia confundir-se. Pode ser: "Semântica" – quando explica o sentido usual que se dá a uma palavra; por exemplo: "Filosofia" é a ciência dos primeiros princípios e das primeiras causas. "Etimológica" — é a definição que explica o sentido da palavra segundo sua origem, quer na própria língua que se emprega, quer na língua da qual deriva: "Filosofia" de origem grega, composta de dois elementos *filo* e *sofia*, significa amigo da sabedoria. Definição Real – é a que explica a essência de uma coisa e deve ser considerada como verdadeira definição ou definição lógica. Segundo Lahr: "A definição nominal tem por fim tornar a ideia clara; e a definição real, tornar a ideia distinta". É o que ensina Dino F. Fontana (obra citada, p. 384-387).

[11] Etimologia (do grego *etymologia*, com derivação *etymologicu*) é a parte da gramática que se ocupa do estudo da origem das palavras.

[12] Semântica (do grego *semantiké, semantikós*, relativo àquilo que indica, assinala). A filosofia encara a semântica como a arte da significação (*téchne, semantiké*), ou seja, é o estudo sistemático das mudanças ou translações sofridas no tempo e no espaço, pela significação das palavras. A língua entende que é a parte da gramática que estuda o significado das palavras.

[13] A etimologia (origem, genealogia) da palavra direito é *directum, rectum* e a semântica (significado) é direito, conforme a reta, significando, posteriormente, aquilo que é conforme a lei.

[14] Da palavra *directum*, derivou direito, *derecho, diritto, droit* etc. Da palavra *rectum*, derivou *Recht, right* etc.

Ao lado da expressão *directum*, do baixo latim, existe a expressão *jus* do latim clássico, menos expressiva e suplantada pela primeira. O termo *jus*, ligado na origem *jussum*, significa direito, sendo representado por uma série de vocábulos: jurídico, jurisconsulto, judicial, judiciário, jurisprudência etc. O termo *jus* designa ainda a ideia de poder, comando. *Jubere* é ordenar, mandar, comandar. *Jus* ou *jussum* é aquilo que é ordenado. Em Roma havia o *jus* e o *fas*. O *jus* era o conjunto de normas formuladas pelos homens, destinadas a dar ordem à vida em sociedade; *fas* era o conjunto de normas de origem divina, religiosa, que regeriam as relações entre os homens e as divindades.[15] Para os romanos o *jus* era o direito propriamente dito, apresentando sentido diverso de *justitia*, que significa Justiça, conceito que conhecemos, ou seja, a qualidade ou fundamento do direito. *Justitia* (Justiça) indica a ideia de *justum* (justo).

Quanto às origens do vocábulo direito, cabe ainda menção à palavra grega *diké*, que significa indicar. Não há, entretanto, nas línguas modernas, palavras vinculadas ao *diké* grego. Esse fato confirma a supremacia do direito romano sobre o direito moderno, ao lado da influência, quase nula, da cultura grega, nesse particular. Em outros setores, como na filosofia, nas artes e nas ciências especulativas, foi profunda a influência da cultura helênica. Mas, no campo do direito, quase nada encontramos que nos ligue à Grécia. A influência decisiva nesse campo foi de Roma. O gênio prático dos romanos contrasta com a sabedoria teórica dos gregos. No campo do pensamento puro os gregos foram notáveis. Pode-se dizer que não houve em Roma filósofo que mereça ser posto ao lado de Sócrates, Platão ou Aristóteles. Mas, do ponto de vista prático – e o direito se situa neste campo – os romanos foram insuperáveis. O monumento jurídico que eles deixaram à humanidade, o direito romano, comunicou-se até nós e ainda influi poderosamente no direito contemporâneo.[16]

Dessa forma, podemos concluir que a definição nominal de direito é aquilo que é conforme a regra. Assim, direito passou a ser sinônimo de regra, de norma obrigatória.

---

15 ACQUAVIVA, Marcus Cláudio. **Notas introdutórias ao estudo do direito**. 2ª ed., São Paulo: Ícone, 1990, p. 43.

16 MONTORO, André Franco. **Introdução à ciência do direito**. 23ª ed., São Paulo: Revista dos Tribunais, 1995, p. 32-33.

Estabelecer uma definição real do termo direito torna-se por demais difícil, na medida em que esse vocábulo apresenta várias realidades, sendo praticamente impossível estabelecer uma única definição que corresponda a essa diversidade.

A palavra direito apresenta, do ponto de vista jurídico, cinco acepções fundamentais, que correspondem a cada realidade distinta: norma, faculdade, ciência, justiça e fato social. Luiz Antonio Rizzatto Nunes conseguiu com muita propriedade resumir o que é o direito, conforme elencamos, ao ditar que "sob o aspecto etimológico é possível ligar o termo direito, dentre outros, a reto (do vocábulo em latim *rectum*), a mandar, ordenar (do latim *jus*, ligado na origem *jussum*), ou ao termo indicar (do grego *diké*). Observando o Direito à luz da realidade dos estudos jurídicos contemporâneos, pode-se vislumbrar que o termo direito comporta pelo menos as seguintes concepções: a de ciência, correspondente ao conjunto de regras próprias utilizadas pela Ciência do Direito; a de norma jurídica, como a Constituição e as demais leis e decretos, portarias etc.; a de poder ou prerrogativa, quando se diz que alguém tem a faculdade, o poder de exercer um direito; a de fato social, quando se verifica a existência de regras vivas existentes no meio social; a de Justiça, que surge quando se percebe que certa situação é de direito porque é justa".[17]

Segundo o nosso entendimento, o direito se exterioriza em três aspectos: dogmático, filosófico e sociológico. Assim, para compreender a realidade jurídica dividimos o nosso estudo em três partes: 1. dogmática do direito, 2. sociologia do direito e 3. filosofia do direito.

A dogmática do direito estuda a norma jurídica. Esse objeto é investigado sob o prisma da norma abstrata (norma) e o poder de invocar a regra (faculdade). Nesse sentido, a dogmática do direito é dividida em dois capítulos: teoria da norma jurídica e teoria dos direitos subjetivos. O primeiro capítulo estuda a norma jurídica e sua aplicação e a segunda parte se preocupa com o direito subjetivo.

A sociologia do direito investiga o direito como fato social. No estudo da sociologia, distinguimos diversas espécies de fenômenos sociais, como,

---

[17] NUNES, Luiz Antonio Rizzatto, **Manual de introdução ao estudo do direito**. São Paulo: Saraiva, 1996, p. 35.

por exemplo, os fatos religiosos, econômicos, culturais e, entre eles, o direito. O direito é um setor da vida social, devendo ser estudado sociologicamente. É dentro dessa perspectiva que se situa a sociologia do direito. Nesse prisma o direito é encarado como o conjunto das condições de existência e desenvolvimento da sociedade coativamente assegurados. O direito como fato social verifica-se por meio das regras que se encontram no seio da sociedade.

A filosofia do direito investiga os princípios fundamentais e a natureza científica do direito. Para atingir esse objetivo dividimos o estudo em dois capítulos: epistemologia jurídica e axiologia jurídica. A epistemologia jurídica tem por objeto a ciência do direito. O direito é um setor do conhecimento humano. O direito na acepção de ciência é a exposição sistematizada do fenômeno jurídico. A ciência do direito na prática é o conjunto sistematizado das regras e dos princípios jurídicos. A ciência do direito investiga e sistematiza o fenômeno jurídico, constituindo a própria ciência. A axiologia jurídica estuda os valores do direito, em especial a justiça. O direito é empregado no sentido do justo objetivo.

A teoria do direito surge da sistematização do estado atual do conhecimento jurídico.

Em suma:

Conhecimento da Ciência do Direito	Dogmática do Direito	Teoria da Norma Jurídica
		Teoria dos Direitos Subjetivos
	Sociologia do Direito	A Sociedade e o Direito
		O Direito como Fato Social (Sociologia Jurídica)
	Filosofia do Direito	Epistemologia Jurídica
		Axiologia Jurídica

II DOGMÁTICA DO DIREITO

II

Dogmática do Direito

1 Introdução à Dogmática do Direito

A dogmática, do grego *dokéin*, significa ensinar, doutrinar, designando em seu sentido científico uma função diretiva combinada com uma função informativa, ao acentuar o aspecto resposta de uma investigação. Assim, a dogmática jurídica enquanto ciência apresenta uma faceta diretiva (norma) e outra investigativa (ciência).

"A Dogmática Jurídica é aquela parte da Ciência do Direito que estuda o direito enquanto norma. Não há qualquer questionamento sobre justiça ou aspectos políticos-sociais do direito: o que importa é o conjunto de normas posto. Estudam-se, assim, os elementos componentes deste conjunto e o funcionamento do todo. Trata-se de terreno altamente técnico".[1]

O objeto de estudo da Dogmática do Direito é a norma jurídica. Logo, esse estudo científico é verificado pela sistematização do fenômeno normativo. "A norma jurídica é a própria essência da Dogmática Jurídica, parte da Ciência do Direito que trata da sua sistematização".[2]

A palavra norma vem do latim *norma* (esquadro, régua), e revela, no campo da conduta humana, a diretriz de um comportamento socialmente estabelecido. A norma jurídica nada mais é do que o preceito de direito estabelecido pela sociedade e que num dado momento da dinâmica social transforma-se em conduta obrigatória. A conduta social estabelecida como obrigatória é erigida à categoria de norma jurídica, é a lei. A norma jurídica

---

1 MARQUES, Eduardo Lorenzetti. **Introdução ao estudo do direito**. São Paulo: LTr, 1999, p. 76.

2 MAGALHÃES, Rui Ribeiro de. **Introdução ao estudo do direito**. São Paulo: Juarez de Oliveira, 2001, p. 95.

(*praeceptum juris*) é o preceito de direito transformado em lei, e que comumente denominamos de direito. A norma é comando (*praeceptum*) e não um conselho (*consilium*).

O direito no sentido dogmático pode ser vislumbrado em dois sentidos fundamentais: norma e faculdade.

1.1 Direito Norma

O direito norma significa a lei, a regra social obrigatória. Vários autores o denominam como o aspecto primordial do direito, em oposição ao direito subjetivo. Assim, o direito norma é a "regra social obrigatória"[3] ou a regra social obrigatória garantida pelo Estado.

O direito na acepção de norma apresenta, ainda, significados e realidades diversas, quando se refere:

1. ao direito estatal e ao direito não estatal;
2. ao direito positivo e ao direito natural;
3. à ordem ou ao sistema jurídico (direito objetivo, direito positivo).

Alguns autores dividem o direito norma em direito objetivo e subjetivo. Entretanto, conforme verificamos, o direito subjetivo diz respeito ao direito faculdade.

Preliminarmente, podemos dividir o direito norma em direito estatal e direito não estatal, também chamado de direito grupal ou direito social. O direito estatal confunde-se com a ideia de direito positivo, que se contrapõe ao direito natural. Cabe examinarmos, neste tópico, o que seja direito estatal e direito não estatal, direito positivo e direito natural e o sistema jurídico, no qual estão inseridos o direito objetivo e o direito positivo e, ainda, segundo o nosso entendimento do direito natural.

1.1.1 Direito Estatal e Direito Não Estatal

Entende-se por direito estatal as regras jurídicas emanadas do Estado, com a finalidade de reger a vida social (Constituição, Código Penal e Código

---

3 BEVILÁQUA, Clóvis. **Teoria geral do direito civil**. 4ª ed., Brasília: Ministério da Justiça, 1972, p. 10.

Civil). Mas, ao lado do direito estatal, caminha o direito não estatal, que são as normas obrigatórias elaboradas por diferentes grupos sociais particulares institucionalizados e destinadas a reger a vida *interna corporis* desses grupos (Direito Universitário, Direito Religioso e Direito Esportivo). O direito estatal é dirigido a toda a coletividade, ao passo que o direito não estatal é dirigido aos membros de determinado grupo social particular institucionalizado.

1.1.2 Direito Positivo e Direito Natural

Toda a tradição do pensamento jurídico é dominado pela distinção entre o direito positivo e o direito natural. Das referidas locuções surgem duas principais maneiras de encarar o mundo jurídico: o positivismo e o naturalismo jurídico. Em linhas gerais, o jusnaturalismo ou naturalismo jurídico considera o direito natural como superior ao direito positivo. O direito natural prevalece sobre o direito positivo sempre que entre ambos ocorrer um conflito. Para o positivismo jurídico não existe outro direito senão o positivo. O positivismo jurídico, ao excluir o direito natural, procura reconhecer o direito positivo como o único direito vigente, limitando o estudo científico-jurídico ao estudo das legislações positivas.

A dicotomia entre direito positivo e natural pode ser tida como antiga. Para alguns, na acepção do direito romano, o direito natural (*jus naturale*) era o direito comum a todos os homens e animais, em oposição ao *jus gentium*, que era o direito comum a todos os homens. Em Roma o direito natural era aquilo que a natureza ensina aos seres. Ulpiano afirmou que o direito natural era aquilo que a natureza ensinava aos homens e aos animais (*ius naturale est quod natura omnia animalia docuit*) e o direito das gentes, aquele comum a todos os povos (*ius gentium est quo gentes humanae utuntur*). No latim da época romana verifica-se o termo *positivus* empregado em sentido análogo de direito positivo. Na verdade a doutrina aponta a trilogia existente em Roma: *jus naturale* (direito natural), *jus gentium* (direito das gentes) e *jus civile* (direito do cidadão). Nessa esteira, o direito natural correspondia ao *jus gentium* (direito comum a todos os homens) em contraposição ao *jus civile* (direito dos cidadãos romanos), correspondente ao nosso conceito de direito positivo.[4] Neste sentido, o Digesto de Justiniano fazia referência ao direito natural (*ius naturale*), ao direito das gentes (*ius gentium*) e ao direito civil (*ius civile*).[5]

"O *jus gentium* e os *jus civile* correspondem à nossa distinção entre direito natural e direito positivo, visto que o primeiro se refere à natureza (*naturalis ratio*) e o segundo, às estatuições do *populus*. Das distinções ora apresentadas, temos que são dois os critérios para distinguir o direito positivo (*jus civile*) do direito natural (*jus gentium*): a) o primeiro limita-se a um determinado povo, ao passo que o segundo não tem limites; b) o primeiro é posto pelo povo (isto é, por uma entidade social criada pelos homens), enquanto o segundo é posto pela *naturalis ratio*".[6]

---

4 Em Roma, o direito positivo era o direito civil. O direito que cada povo estabelecia para si chamava-se direito civil, porque é o direito da cidade. Em contraposição, o direito das gentes (*jus gentium*) é o direito de todas as nações.

5 D 1.1.1.3 *Ius naturale est, quod natura omnia animalia docuit: nam ius istud non humani generis proprium, sed omnium animalium, quae in terra, quae in mari nascuntur, avium quoque commune est. Hinc descendit maris atque feminea coniunctio, quam nos matrimonium appellamus, hinc liberorum procreatio, hinc educatio: videmus etenim cetera quoque animalia, feras etiam istius iuris peritia censeri.* (O direito natural é o que a natureza ensinou a todos os animais. Pois este direito não é próprio do gênero humano, mas de todos os animais que nascem na terra ou no mar, comum também das aves. Daí deriva a união do macho e da fêmea, a qual denominamos matrimônio; daí a procriação dos filhos, daí a educação. Percebemos, pois, que também os outros animais, mesmo as feras, são guiados pela experiência deste direito.)

D 1.1.1.4 *Ius gentium est, quo gentes humanae utuntur. Quod a naturali recedere facile intellegere licet, quia illud omnibus animalibus, hoc solis hominibus inter se commune sit.* (O direito das gentes á aquele do qual os povos humanos se utilizam. O que permite facilmente entender que ele se distancia do natural, porque este é o comum a todos os animais e aquele é comum somente aos homens entre si.)

D. 1.1.6 *Ius civile est, quod neque in totum a naturali vel gentium recedit nec per omnia ei servit: itaque cum aliquid addimus vel detrahimus iuri communi, ius propium, id est civile efficimus* (O direito civil é o que não se afasta no todo do direito natural ou do direito das gentes, bem como não serve a este em todas as coisas. Assim, quando acrescentamos ou subtraímos algo do direito comum, tornamo-lo um direito próprio, isto é, um direito civil), *in* Hélcio Macial França Madeira, **Digesto de Justiniano, *liber primus*: introdução ao direito romano**. São Paulo: Revista dos Tribunais, 2002, p. 18-20.

6 BOBBIO, Norberto. **O positivismo jurídico: lições de filosofia do direito**. São Paulo: Ícone, 1995, p. 18.

Nas Institutas de Gaio não havia a classificação tricotômica, mas uma dicotomia, em que ao *jus civile* se contrapunha ao *jus naturale*, confundido com o *jus gentium*. Assim, podemos afirmar que para o Direito Romano o direito natural era o *jus naturale* e o *jus gentium*, o direito conhecido por todos os povos, em oposição ao *jus civile*, ou seja, aquele direito posto e imposto pelo Estado.

Cícero encarava o direito natural como uma norma jurídica, dotada de obrigatoriedade pela natureza, universal, imutável e eterna (*Est quaedam vera lex, naturae congruens, diffusa in omnes, constans, sempiterna*).

No Direito Romano já se verificava uma série de interditos, que tinha como finalidade tutelar os direitos individuais em face do direito estatal.

A Lei das Doze Tábuas, como texto escrito, já consagrava a liberdade, a propriedade e a proteção de direitos individuais.

No mundo grego havia a distinção entre aquilo que é natural (*physis*) e aquilo que é estabelecido por convenção humana (*thésis*). Na Grécia houve o desenvolvimento das ideias de um direito natural e de direitos humanos básicos, como a participação política dos cidadãos (democracia direta de Péricles). Já se despontava a existência de um direito natural no pensamento dos sofistas[7] e estoicos,[8] como, por exemplo, o dramaturgo

---

7 Uma característica marcante do sofismo é o subjetivismo eternizado na proposição de Protagóras: "O homem é a medida de todas as coisas".

8 BLACKBURN, Simon. **Dicionário Oxford de filosofia**. Rio de Janeiro: Jorge Zahar, 1997, p. 128: "(...) o ponto crucial da filosofia estóica era uma ética do consolo através da identificação com a ordem moral imparcial e inevitável do universo. É uma ética da serenidade autossuficiente e benevolente, em que a paz do homem sábio o deixa indiferente à pobreza, à dor e à morte, assemelhando-se assim à paz espiritual de Deus (...)"; COMPARATO, Fábio Konder. **A afirmação histórica dos direitos humanos**. 2ª ed. rev. e ampl., São Paulo: Saraiva, 2001, p. 15-16: "Muito embora não se trate de um pensamento sistemático, o estoicismo organizou-se em torno de algumas ideias centrais, como a unidade moral do ser humano e a dignidade do homem, considerado filho de Zeus e possuidor, em consequência, de direitos inatos e iguais em todas as partes do mundo, não obstante as inúmeras diferenças individuais e grupais. Foi, justamente, para explicar essa unidade substancial do ser humano, distinta da aparência corporal, ou das atividades que cada qual exerce na sociedade, que os estóicos lançaram mão dos conceitos de *hypóstasis* e de *prósopon*. O primeiro, correlato de *ousía*, que na língua latina traduziu-se por *substantia*, significava o substrato ou suporte individual de algo"; LAFER, Celso. **A reconstrução**

Sófocles, que na obra Antígona (441 a.C.) defende a existência de normas superiores e imutáveis, ou seja, a existência de um direito natural.[9] Heráclito de Éfeso encarou a natureza em seu aspecto dinâmico, afirmando que todas as leis encontram seu fundamento na lei divina, surgindo uma norma universal, imutável e eterna.

Platão vislumbrava a lei natural como fonte de produção da lei positiva. Para Aristóteles, se a lei positiva não consagra a justiça, deve-se buscar a lei natural e a equidade. Na Retórica, Aristóteles estabelece uma distinção entre lei particular e lei comum. A primeira é aquela inerente a cada povo. A segunda é aquela comum a todos, conforme a natureza.

No judaísmo verifica-se a existência de lei comum a todos, que se estabelecia com as alianças que Deus celebrou com seu povo (Alianças com Noé, Abraão, Isaque e Jacó). No cristianismo surge a ideia de que todos são chamados, não havendo distinção entre os gentios, judeus e gregos.[10] Dessa feita, na cultura judaico-cristã se verifica a existência de uma lei natural.

---

dos direitos humanos: um diálogo com o pensamento de Hannah Arendt. São Paulo: Companhia das Letras, 1988, p. 119: "Na vertente grega da tradição cabe mencionar o estoicismo, que na época helenística, com o fim da democracia e das cidades-estado, atribui ao indivíduo que tinha a qualidade de cidadão, para se converter em súdito das grandes monarquias, uma nova dignidade. Esta dignidade resultou do significado filosófico conferido ao universalismo de Alexandre. O mundo é uma única cidade – *cosmo-polis* – da qual todos participam como amigos e iguais. À comunidade universal do gênero humano corresponde também um direito universal, fundado num patrimônio racional comum, daí derivando um dos precedentes da teoria cristão da *lex aeterna* e da *lex naturalis*, igualmente inspiradora dos direitos humanos".

9 SÓFOCLES. **Antígona**, trad. Millôr Fernandes. 3ª ed. Rio de Janeiro: Paz e Terra, 1996, p. 22: "Tu o compreendeste. A tua lei não é a lei dos deuses; apenas o capricho ocasional de um homem. Não acredito que tua proclamação tenha tal força que possa substituir as leis não escritas dos costumes e os estatutos infalíveis dos deuses. Porque essas não são leis de hoje, nem de ontem, mas de todos os tempos: ninguém sabe quando apareceram. Não, eu não iria arriscar o castigo dos deuses para satisfazer o orgulho de um pobre rei. Eu sei que vou morrer, não vou? Mesmo sem teu decreto. E se morrer antes do tempo, aceito isso como uma vantagem. Quando se vive como eu, em meio a tantas adversidades, a morte prematura é grande prêmio. Morrer mais cedo não é uma amargura, amargura seria deixar abandonado o corpo de um irmão. E se disseres que ajo como louca eu te respondo que só sou louca na razão de um louco".

10 "Pois não há distinção entre judeu e grego, uma vez que o mesmo é o Senhor de todos, rico para com todos os que o invocam" (Rm. 10:12). "Dessarte, não pode haver judeu

Na Idade Média o direito natural passou a confundir-se, sob a influência da teologia, com a moral, cuja origem era a Lei Divina. O direito natural era o contido na Lei Mosaica e nos Evangelhos.[11] A própria lei escrita por Deus no coração dos homens. Nessa época, o direito natural passou a ser considerado superior ao positivo, na medida em que não era mais visto como um simples direito comum, mas como norma fundada na vontade divina. Desta visão teológica do direito natural derivou a tendência permanente no pensamento jusnaturalista, de considerar o direito natural superior ao direito positivo, em oposição ao positivismo jurídico, que considera que não existe outro direito senão o positivado.

Santo Agostinho pregava a existência do direito natural fundado por Deus, imutável e universal. Esse teólogo afirmava a existência de duas leis:

1. *lex aeterna* – lei divina; e
2. *lex temporalis* – direito positivo.

---

nem grego; nem escravo nem liberto; nem homem nem mulher; porque todos vós sois um em Cristo Jesus" (Gl. 3:28).

[11] Em várias passagens bíblicas verifica-se a existência de uma lei esculpida na consciência e no coração dos homens: "A boca do justo profere a sabedoria, e a sua língua fala o que é justo. No coração tem ele a lei do seu Deus; os seus passos não vacilarão" (Salmo 37:30-31); "Eis aqui estou, no rolo do livro está escrito a meu respeito; agrada-me fazer a tua vontade, ó Deus meu; dentro em meu coração está a tua lei" (Salmo 40:7-8); "Porque esta é a aliança que firmarei com a casa de Israel, depois daqueles dias, diz o Senhor. Na mente lhes imprimirei as minhas leis, também no coração lhas inscreverei; eu serei o seu Deus, e eles serão o meu povo" (Jeremias 31:33); "Farei com eles aliança eterna segundo a qual não deixarei de lhes fazer o bem; e porei o meu temor no seu coração, para que nunca se apartem de mim" (Jeremias 32:40); "Estes mostram a norma da lei gravada nos seus corações, testemunhando-lhes também a consciência, e os seus pensamentos mutuamente acusando-se ou defendendo-se" (Romanos 2:15); "Porque, no tocante ao homem interior, tenho prazer na lei de Deus" (Romanos 7:22); "Vós sois a nossa carta, escrita em nossos corações, conhecida e lida por todos os homens, estando já manifestos como carta de Cristo, produzida pelo nosso ministério, escrita não com tinta, mas pelo Espírito do Deus vivente, não em tábuas de pedra, mas em tábuas de carne, isto é, nos corações" (II Coríntios 3:2-3); "Porque esta é a aliança que firmarei com a casa de Israel, depois daqueles dias, diz o Senhor. Nas suas mentes imprimirei as minhas leis, também sobre os seus corações as inscreverei; e eu serei o seu Deus, e eles serão o meu povo" (Hebreus 8:10); "Esta é a aliança que farei com eles, depois daqueles dias, diz o Senhor: Porei nos seus corações as minhas leis, e sobre as suas mentes as inscreverei" (Hebreus 10:16).

Segundo Tomás de Aquino, em sua *Summa Theologica*, existem três espécies de leis:

1. *lex aeterna* – a lei da razão divina;
2. *lex naturalis* – a lei natural; e
3. *lex humana* – a lei do homem.

Para John Locke, todos os homens possuem, por natureza, os direitos inerentes, devendo o Estado apenas tutelar tais prerrogativas naturais por intermédio do direito positivo. Dessa forma, podemos distinguir o direito natural do direito positivo, como sendo o primeiro os direitos inatos ao homem e, o segundo, os direitos adquiridos.

Modernamente, o direito natural pode ser entendido como fundamento ao direito positivo, tais como: "dar a cada um o que é seu", "não lesar ninguém", "viver honestamente", "deve se fazer o bem" etc. Nesse sentido, lembramos das expressões *honeste vivere* (viver honestamente); *alterum non laedere* (não lesar ninguém); *suum cuique tribuere* (dar a cada um o que é seu), que são princípios formulados na Instituta de Justiniano, considerada como a definição romana de Direito.[12]

Segundo nosso entendimento, o direito natural é o conjunto mínimo de preceitos dotados de caráter universal, imutável, que surge da natureza humana e que se configura como um dos princípios de legitimidade do direito. Os direitos naturais são inerentes ao indivíduo, devem estar em qualquer sociedade e precedem a formação do Estado e do direito positivo.

Ante as várias concepções estabelecidas na dicotomia direito positivo e direito natural, podemos estabelecer as principais distinções:

1. O direito natural é universal (tem eficácia em qualquer parte). O direito positivo é singular ou particular à sociedade política de que surge (tem eficácia em determinado local).

---

[12] Digesto 1.1.10 *Iustitia est constans et perpetua voluntas ius suum cuique tribuendi.* (Justiça é a vontade constante e perpétua de dar a cada um o seu direito.) Digesto 1.1.10.1 *Iuris praecepta sun haec: honeste vivere, alterum no laedere, suum cuique tribuere* (Os preceitos de direito são estes: viver honestamente, não lesar ninguém, dar a cada um o que é seu), *in* Hélcio Maciel França Madeira, **Digesto de Justiniano, *liber primus*: uma introdução ao direito romano**. São Paulo: Revista dos Tribunais, 2002, p. 21.

2. O direito natural é imutável (no tempo e no espaço). O direito positivo é mutável (no tempo e no espaço). Cabe aqui anotar que alguns entendem que o direito natural pode mudar com o tempo.

3. O direito natural surge da natureza humana, por intermédio da razão, intuição ou da revelação. Por isso, se afirma que o direito natural é dado e não estabelecido por normas ou estatutos. O direito positivo surge do Estado.

Das referidas assertivas, extraímos as características fundamentais do jusnaturalismo:

1. A origem dos direitos do homem não é o direito positivo, mas uma ordem jurídica superior e suprema, denominada direito natural.

2. Os direitos naturais são a expressão da natureza humana presente em todos os membros da família humana (comum e universal); não é uma concessão graciosa do direito positivo.

3. O direito natural existe independentemente de ser reconhecido ou respeitado pelo direito positivo.[13]

O direito positivo é o conjunto de normas estatais em vigor em determinado país numa determinada época. Representa o regime da vida social corrente. É o direito posto, imposto, positivado pelo Estado. O direito natural é o ordenamento ideal correspondente a uma justiça superior e suprema. É o conjunto de princípios preexistentes e dominantes. "O adjetivo natural, aplicado a um conjunto de normas, já evidencia o sentido da expressão, qual seja, o de preceitos de convivência criados pela própria Natureza e que, portanto, precederiam a lei escrita ou o direito positivo, normas postas, impostas pelo Estado (*jus positum*)".[14] O direito natural é constituído pelos princípios que servem de fundamento ao direito positivo. São os preceitos de convivência criados pela própria natureza e que, portanto, precedem o direito positivo. Na história verifica-se claramente que os sistemas jurídicos que não foram embasados no direito natural trouxeram consequências desastrosas. O reconhecimento do direito natural não im-

13 LOPES, Ana Maria D'Ávila. **Os direitos fundamentais como limites ao poder de legislar**. Porto Alegre: Sérgio A. Fabris, Editor, 2001, p. 67-69.

14 ACQUAVIVA, Marcus Cláudio. **Notas introdutórias ao estudo do direito**. 2ª ed. São Paulo: Ícone, 1990, p. 45.

plica a exclusão de outros fatores e valores sociais que influenciam a realidade jurídica, que verificaremos no estudo da sociologia.

1.1.3 Ordem Jurídica

Entende-se por Ordem Jurídica o conjunto de todas as normas em vigor no Estado, completadas pelas técnicas de interpretação e integração do direito. A ordem jurídica pode ser definida como o conjunto harmônico de normas jurídicas vigentes em dado momento histórico, numa sociedade determinada. Podemos afirmar que, nesse ponto, confundimos ordem jurídica com sistema jurídico, trazendo ao conceito não apenas as normas legislativas estatais, mas também o direito não estatal, bem como as normas consuetudinárias, a jurisprudência, ou seja, os princípios gerais do direito, vigentes em determinado momento histórico, como, por exemplo, Ordem Jurídica da Roma Antiga, Sistema Jurídico Norte-Americano.

O vocábulo ordem, do latim *ordine*, apresenta radical *or*, designando diretriz, rumo a seguir. Ordem pode ser conceituada como a unidade na multiplicidade ou a conveniente disposição de elementos para realização de um fim. Na ordem jurídica verificamos uma estrutura escalonada de normas que formam uma unidade. As normas formam um sistema que se reduz a uma unidade. Nessa esteira, a definição de Paulo Nader, "Ordem Jurídica é expressão que coloca em destaque uma das qualidades essenciais do Direito Positivo, que é a de agrupar normas que se ajustam entre si e formam um todo harmônico e coerente de preceitos".[15]

O nosso sistema jurídico é hierarquizado, verificando-se normas superiores e inferiores. As normas de hierarquia inferior não podem ampliar os termos da norma superior. As normas jurídicas se encadeiam dando origem a um complexo sistema normativo. Este sistema é escalonado, ou seja, as normas jurídicas apresentam-se hierarquicamente dentro do sistema jurídico ou da ordem jurídica. Forma-se uma pirâmide jurídica, em que na base estão as normas contratuais, declarações unilaterais de vontade e outros documentos particulares até a Constituição Federal que se encontra no

---

[15] NADER, Paulo. **Introdução ao estudo do direito**. 22ª ed. rev. e atual., Rio de Janeiro: Forense, 2002, p. 78.

ápice. A validade de cada norma é verificada pela compatibilidade com o preceito superior hierarquicamente.

Nesse sentido a doutrina de Hans Kelsen, que construiu a ideia de que não pode haver conflito entre a norma de escalão superior e uma norma de escalão inferior, pois esta possui seu fundamento de validade na norma superior. Assim, se a norma hierarquicamente inferior é válida, pressupõe-se que se encontra em harmonia com norma superior.[16]

Celso Bastos, sobre a matéria, diz que "aquelas normas que fundam outras normas ganham uma posição de superioridade, de preeminência, resultando no fato de as normas subordinadas, as que delas tiram seu fundamento, não as poderem contrariar: as normas inferiores têm que estar em consonância com as superiores. Se tal não ocorre, elas deixam de possuir validade em face do ordenamento jurídico".[17]

Cabe anotar que o conjunto uniforme de regras e princípios jurídicos, com a finalidade de reger determinada matéria, forma um instituto jurídico. O instituto jurídico é o estudo sistemático de parte do ordenamento jurídico, que devido à sua importância no meio social é enfocado pelos estudiosos e operadores do direito. Ex.: União Estável, Propriedade e Direitos da Personalidade. Paulo Nader anota que "o Instituto Jurídico é a reunião de normas jurídicas afins, que rege um tipo de relação social ou interesse e que se identifica pelo fim que procura realizar. É uma parte da ordem jurídica. Diversos institutos afins formam um ramo, e o conjunto destes, a ordem jurídica".[18]

Dentro do sistema jurídico vislumbramos a existência do direito objetivo e do direito positivo. O direito objetivo é o conjunto de todas as normas em vigor no Estado. Abrange as normas de direito estatal e não estatal. O direito positivo é o conjunto das normas em vigor e emanadas

---

[16] KELSEN, Hans. **Teoria pura do direito: introdução à problemática científica do direito**. Trad. José Cretella Jr., Agnes Cretella. 3ª ed. rev. da tradução. São Paulo: Revista dos Tribunais, 2003.

[17] BASTOS, Celso Ribeiro. **Curso de direito constitucional**. 19ª ed. atual., São Paulo: Saraiva, 1998, p. 385.

[18] NADER, Paulo. **Introdução ao estudo do direito**. 22ª ed. rev. e atual., Rio de Janeiro: Forense, 2002, p. 82.

pelo Estado. O direito positivo é o direito posto, imposto, positivo. O direito positivo é o direito imposto pelo Estado, podendo ser promulgado (legislação) ou declarado (precedente judicial, direito anglo-americano). É o direito institucionalizado pelo Estado por meio de sua chancela. Paulo Dourado de Gusmão ensina que "o Direito Positivo é o direito histórico e objetivamente estabelecido, efetivamente observado ou, então, passível de ser imposto coercitivamente".[19]

José Geraldo Brito Filomeno ensina que "o ordenamento jurídico não deve ser confundido com uma só norma, como, por exemplo, a Constituição de um determinado Estado, mas sim o conjunto de normas por ele ditadas e de variedade complexa e abrangente. O direito positivo é aquele que é revelado, posto, pelo Estado, por intermédio de seus órgãos competentes. Direito objetivo, a seu turno, vem a ser o conjunto de todas as normas constitutivas e comportamentais em geral, quer oriundas do Estado, quer das sociedades comuns ou contigentes".[20]

Podemos estabelecer o seguinte quadro:

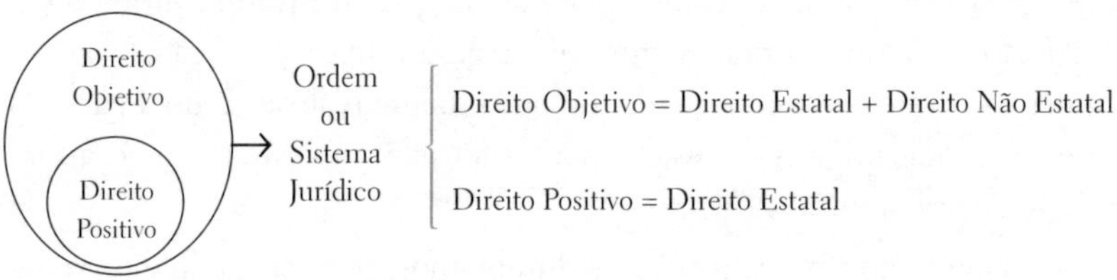

1.2 Direito Faculdade

O direito faculdade nada mais é do que o direito subjetivo. O vocábulo direito com frequência é empregado para designar o poder de uma

[19] GUSMÃO, Paulo Dourado de. **Introdução ao estudo do direito**. 32ª ed., Rio de Janeiro: Forense, 2002, p. 51.

[20] FILOMENO, José Geraldo Brito. **Manual de teoria geral do estado e ciência política**. 2ª ed., São Paulo: Forense Universitária, 1997, p. 80-81.

pessoa, individual ou coletiva, em relação a determinado objeto. É uma prerrogativa ou faculdade de agir. É a *facultas agendi*, em oposição ao direito-lei ou norma, que é a *norma agendi*. Assim, o direito faculdade é a prerrogativa concedida pela lei. No dizer de Goffredo Telles Junior, é a norma autorizante, ou seja, a autorização concedida pela norma para que o sujeito possa agir: "Os direitos subjetivos se definem: permissões dadas por meio de normas jurídicas. São autorizações, fundadas no direito objetivo, para uso das faculdades humanas. O que caracteriza e distingue é, precisamente, o meio pelo qual as permissões são dadas. Por serem dadas por meio de normas jurídicas, essas permissões são permissões jurídicas. Logo, os direitos subjetivos podem também ser definidos com estas precisas palavras: permissões jurídicas. (...) Em suma, uma permissão só é jurídica quando ela é dada por meio de norma autorizante. A norma autorizante é o instrumento pelo qual são outorgadas as autorizações constitutivas dos direitos subjetivos".[21]

1.2.1 A Relação entre Direito Objetivo e Direito Subjetivo

O direito objetivo é a norma jurídica (*norma agendi*). O direito subjetivo é a faculdade do titular da norma. É o próprio direito faculdade (*facultas agendi*). O direito subjetivo é o reconhecimento pelo direito objetivo de um interesse, seja ele qual for. O direito subjetivo é a faculdade, a prerrogativa concedida pelo direito objetivo. A expressão direito subjetivo se explica e se justifica, porque o direito nessa acepção é realmente um poder do sujeito. É uma faculdade reconhecida ao sujeito ou titular do direito. É a possibilidade de agir. O art. 70 do Código de Processo Civil reza que "Toda pessoa que se encontre no exercício de seus direitos tem capacidade para estar em juízo". Esse é um exemplo de direito subjetivo, ou seja, a faculdade que o Código de Processo Civil confere a alguém para fazer valer um direito de que é titular.

O direito objetivo é a regra. O direito subjetivo é a transfusão da regra abstrata no direito concreto de cada pessoa.

---

[21] TELLES JÚNIOR, Goffredo. **Iniciação na ciência do direito**. São Paulo: Saraiva, 2001, p. 255 e 268.

1.3 Objeto de Estudo da Dogmática do Direito

O objeto de estudo da dogmática do direito, conforme afirmamos, é a norma jurídica. Esta pode ser vislumbrada de duas formas: norma e faculdade. Assim, a investigação dogmática pode ser dividida em dois capítulos: Teoria da Norma Jurídica e Teoria dos Direitos Subjetivos.

Na Teoria da Norma Jurídica a investigação recai sobre a norma abstrata e consequentemente sua interpretação e aplicação. Na Teoria dos Direitos Subjetivos a preocupação encontra-se nos direitos subjetivos.

2 TEORIA DA NORMA JURÍDICA

A Teoria da Norma Jurídica preocupa-se precipuamente com a norma jurídica, sua interpretação e aplicação. A investigação parte do preceito abstrato que é o direito objetivo. O direito se forma e se manifesta na vida social, sendo certo que existem dois momentos fundamentais na gênese do direito: o de sua "formação" e o de sua "manifestação".

Aí já verificamos o primeiro ponto de contato com a Sociologia Genética do Direito, pois o direito nasce da sociedade, sendo resultado de um complexo de fatores e valores sociais. Conforme assevera André Franco Montoro, "o direito emana da sociedade sob múltiplos aspectos: 1. como resultado do poder social; 2. como reflexo dos objetivos, valores e necessidades sociais; 3. como manifestação ou efeito de fatores sociais: históricos, geográficos, técnicos, econômicos, culturais, psicológicos, morais e religiosos etc.".[22]

Dessa forma, podemos concluir que na formação do conteúdo das normas concorre todo um conjunto de fatores e valores sociais. No que tange à manifestação do direito, o mesmo surge na vida social através de certos meios ou formas de manifestação ou expressão: a legislação, o costume jurídico, a jurisprudência. A partir dessa premissa, o ponto de partida do estudo da Teoria da Norma Jurídica é o que a doutrina denomina Fontes do Direito.

---

22 MONTORO, André Franco. **Introdução à ciência do direito**. 23ª ed., São Paulo: Revista dos Tribunais, 1995, p. 581.

3 FONTES DO DIREITO

3.1 Conceito

A palavra fonte deriva do latim *fons, fontins*, que significa nascente, designando tudo o que origina, produz algo. A expressão fontes do direito trata-se de uma metáfora, para designar a própria gênese do direito, pois em sentido próprio fonte é a nascente de que brota uma corrente de água. Assim, a expressão "fontes do direito" denomina as próprias origens, causas do direito positivo. Maria Helena Diniz anota que "fonte jurídica seria a origem primária do direito, confundindo-se com o problema da gênese do direito. Trata-se da fonte real ou material do direito, ou seja, dos fatores reais que condicionaram o aparecimento de norma jurídica".[23]

Segundo a definição de José Cretella Júnior as "fontes do direito são os diversos modos de formação do direito, significando toda a espécie de documento ou monumento que serve para revelar o direito".[24] Nesse sentido, fonte do direito é todo o modo de formação do direito, todo o documento, monumento, pessoa, órgão ou fato donde provém a norma jurídica.

Em termos técnico-jurídicos "são fontes do direito aqueles fatos ou aqueles atos aos quais um determinado ordenamento jurídico atribui a competência ou a capacidade de produzir normas jurídicas".[25]

3.2 Teoria das Fontes do Direito

O estudo da Dogmática do Direito está intimamente ligado às fontes do direito, na medida em que a validade das normas jurídicas encontra-se aliada ao problema das fontes do direito. Assim, uma norma jurídica é tida

---

[23] DINIZ, Maria Helena. **Compêndio de introdução à ciência do direito**. 8ª ed. atual., São Paulo: Saraiva, 1995, p. 255.

[24] CRETELLA JR., José. **Primeiras lições de direito**. Rio de Janeiro: Forense, 1997, p. 132.

[25] BOBBIO, Norberto. **O positivismo jurídico: lições de filosofia do direito**. São Paulo: Ícone, 1995, p. 161.

como válida quando surge de fatos ou atos competentes ou capazes de produzir normas jurídicas, segundo o sistema jurídico. A validade e a existência da norma jurídica dependem do reconhecimento da fonte pelo sistema jurídico. O fundamento da norma jurídica encontra-se na fonte de que ela promana.

Norberto Bobbio ensina que "os ordenamentos jurídicos que atingiram certa complexidade e certa maturidade, como os modernos, estabelecem eles mesmos quais são as fontes do direito, o que significa que estabelecem os critérios de validade das próprias normas".[26] Os citados sistemas jurídicos não contêm apenas normas que regulam o comportamento dos membros da sociedade, mas também normas que regulam a produção jurídica. A doutrina jurídica distingue essas duas categorias de normas, qualificando-as respectivamente como regras de comportamento e como regras de estrutura ou de organização.

O positivismo jurídico reduz o direito a um conjunto de normas emanadas do Estado. Dessa forma, o Estado seria a única fonte do direito, vez que as fontes da norma jurídica são unicamente aquelas elaboradas e formalizadas pelos órgãos do Poder Público. Nessa concepção, o problema das fontes do direito pode ser simplificado, afirmando, dogmaticamente, que o Estado é a única fonte do direito.

Parte da doutrina juspositivista é baseada no princípio da prevalência de uma determinada fonte do direito, ou seja, aquela que emana diretamente do Estado (lei) sobre todas as outras. Para que seja verificada a referida possibilidade, urge a necessidade de duas condições: 1. sistema jurídico complexo; e 2. sistema jurídico hierarquicamente estruturado.

O sistema jurídico simples é aquele que possui uma única fonte de produção do direito. O sistema jurídico complexo é aquele que possui várias fontes de produção do direito. Ainda, o sistema jurídico é hierarquicamente estruturado, na medida em que encontramos fontes que estão dispostas hierarquicamente subordinadas umas às outras.

A doutrina juspositivista ao estudar as fontes do direito vislumbra a existência de um sistema jurídico complexo e hierarquizado, entendendo

---

26 BOBBIO, Norberto. **O positivismo jurídico: lições de filosofia do direito**. São Paulo: Ícone, 1995, p. 162.

que a fonte que se encontra no plano hierárquico mais alto é a lei, pois esta é a manifestação direta do poder soberano do Estado e que os outros fatos ou atos produtores de normas são apenas fontes subordinadas.

Para o positivismo, as fontes subordinadas são fontes de conhecimento jurídico e as hierarquicamente superiores são fontes de qualificação jurídica. Assim, parte do positivismo jurídico admite uma pluralidade de fontes, entretanto, fundamentam essa assertiva, ponderando pela existência de uma pluralidade de fontes de conhecimento, sustentando a existência de uma única fonte de qualificação e identifica esta última com aquela que emana do Estado (lei).

Em que pese o esforço do positivismo jurídico, não há como negar a existência da pluralidade de fontes no sistema jurídico, não havendo como reduzir sua importância no mundo jurídico.

Assim, a importância do problema das fontes do direito é uma realidade solar, vez que constitui o ponto de estudo da filosofia e da sociologia do direito, e constitui objeto crucial de toda reflexão jurídica, em especial o estudo da dogmática do direito.

3.3 Espécies de Fontes do Direito

Segundo Marcus Cláudio Acquaviva, a doutrina tradicional enumera três espécies de fontes do direito: 1. fontes materiais; 2. fontes históricas; e 3. fontes formais.[27]

As fontes materiais são todos os fatores sociais representados pelas necessidades políticas, econômicas e culturais, bem assim fatores naturais, como o clima e o relevo. Constituem a matéria-prima da elaboração do direito.

As fontes históricas são todos os documentos jurídicos e coleções legislativas do passado que, devido à sua importância e sabedoria, continuam a influenciar as legislações do presente, como, por exemplo, a Lei das Doze Tábuas, o Código de Hamurábi.

---

27 ACQUAVIVA, Marcus Cláudio. **Notas introdutórias ao estudo do direito**. 2ª ed., São Paulo: Ícone, 1990, p. 51-54.

As fontes formais são a lei, os costumes, a doutrina e a jurisprudência.

André Franco Montoro ensina que "os autores costumam distinguir as fontes formais, isto é, os fatos que dão a uma regra o caráter de direito positivo e obrigatório, das fontes materiais, representadas pelos elementos que concorrem para a formação do conteúdo ou matéria da norma jurídica. Como fontes formais do direito, indicam-se tradicionalmente: a) a legislação; b) o costume jurídico; c) a jurisprudência; d) a doutrina. Como fontes materiais podem ser mencionadas: a) a realidade social, isto é, o conjunto de fatos sociais que contribuem para a formação do conteúdo do direito; b) os valores que o direito procura realizar, fundamentalmente sintetizados no conceito amplo de justiça".[28]

Para a maioria dos doutrinadores, duas são as classes de fontes do direito: 1. fontes de produção, materiais ou substanciais; e 2. fontes de conhecimento, cognição ou formais.

Como fonte de produção, é colocada basicamente o Estado. Cabe anotar, entretanto, que o Estado não legisla arbitrariamente ou em causa própria. É a vida social por meio dos valores e fatores sociais, que impulsionam o ditar do direito. Outra importante fonte de produção do direito são os "grupos sociais particulares". São as chamadas fontes de direito não estatal, que surge dos anseios do "grupo social particular". As fontes formais revelam o direito, sendo a maneira pela qual a norma se exterioriza e se objetiva.

"A fonte material ou real aponta a origem do direito, configurando sua gênese, daí ser fonte de produção, aludindo a fatores éticos, sociológicos, históricos, políticos etc., que produzem o direito, condicionam o seu desenvolvimento e determinam o conteúdo das normas. A fonte formal lhe dá forma, fazendo referência aos modos de manifestação das normas jurídicas, demonstrando quais os meios empregados pelo jurista para conhecer o direito, ao indicar os documentos que revelam o direito vigente, possibilitando sua aplicação a casos concretos, apresentando-se, portanto, como fonte cognição. As fontes formais são os modos de manifestação do direito

---

[28] MONTORO, André Franco. **Introdução à ciência do direito**. 23ª ed., São Paulo: Revista dos Tribunais, 1995, p. 323.

mediante os quais o jurista conhece e descreve o fenômeno jurídico. Logo, quem quiser conhecer o direito, deverá buscar a informação desejada nas suas fontes formais, ou seja, na lei, nos arquivos de jurisprudência, nos tratados doutrinários. O órgão aplicador, por sua vez, também recorre a elas, invocando-as como justificação da sua norma individual".[29]

Parte da doutrina divide as fontes formais em mediatas e imediatas. Como fonte imediata, grande número de autores aponta a lei e o costume. Fontes mediatas são a doutrina e jurisprudência. Dessa forma, pode ser estabelecido, com fulcro na doutrina tradicional, o seguinte quadro:

- Fontes do Direito
  - Materiais
    - Estado
  - Formais
    - Imediatas ou Primárias
      - Lei
      - Costume
    - Mediatas ou Secundárias
      - Jurisprudência
      - Doutrina

Na verdade podemos estabelecer a seguinte divisão para as fontes do direito:

- Fontes do Direito
  - Materiais
    - Estado → Fatores e Valores Sociais
    - Grupos Sociais Particulares → Anseios do Grupo
  - Formais
    - Imediatas ou Primárias
      - Lei
      - Costume
    - Mediatas ou Secundárias
      - Jurisprudência
      - Doutrina

3.4 As Fontes Não Estatais

O direito contemporâneo concluiu que o Estado não detém o monopólio da elaboração das normas jurídicas, visto que estas emergem dos vários

[29] DINIZ, Maria Helena. **Compêndio de introdução à ciência do direito**. 8ª ed. atual., São Paulo: Saraiva, 1995, p. 256-257.

grupos sociais particulares contidos no Estado, muito embora limitado em seu âmbito.

Nesse prisma, no estudo das fontes do direito, deve ser ressaltado o poder normativo dos grupos sociais particulares, que nos dias de hoje se configuram como uma realidade solar. Assim, existem vários ordenamentos jurídicos, sendo certo que cada grupo social particular possui normas próprias. Esses grupos sociais são fontes de normas, pois têm o poder de criar suas próprias ordenações jurídicas que garantem a consecução dos fins que pretendem atingir.

Conforme anota André Franco Montoro, "ao lado das normas jurídicas elaboradas pelo Estado, existem outras normas efetivamente obrigatórias e exigíveis, de origem não estatal. São elaboradas pelos diferentes grupos sociais e destinadas a reger a vida interna desses grupos. Esses ordenamentos jurídicos, elaborados por diferentes grupos sociais e não pelo Estado, constituem também fontes do direito, embora em caráter subsidiário e, em regra, desde que não colidam com a legislação em vigor".[30]

Nessa esteira de pensamento, salutar o ensinamento de Maria Helena Diniz, ao explicar que "vários são os grupos, mas todos pertencem a uma sociedade global, que é a sociedade política; múltiplas são as ordenações jurídicas (direito estatutário, direito esportivo e direito religioso), mas todas são vistas como partes de uma mesma ordem jurídica. Assim sendo, é necessário que as normas dos agrupamentos sociais ocupem um lugar apropriado no ordenamento jurídico da sociedade política. Uma norma só terá juridicidade se estiver apoiada na ordenação da sociedade política; portanto o Estado desempenha o papel de fator de unidade normativa da nação. De um lado se tem um pluralismo de ordenações jurídicas e, de outro, a unidade da ordem normativa".[31]

Dessa forma, podemos concluir que os grupos sociais particulares possuem um poder normativo, sendo certo que o Estado não é o único criador e elaborador de normas. Os grupos sociais particulares, como a Igreja, Sindicato, Clubes, Universidades etc., estabelecem ordenamentos jurídicos próprios, desde que coesos com a ordem jurídica do Estado. Como

---

30 MONTORO, André Franco. **Introdução à ciência do direito**. 23ª ed., São Paulo: Revista dos Tribunais, 1995, p. 358.

31 DINIZ, Maria Helena. **Compêndio de introdução à ciência do direito**. 8ª ed. atual., São Paulo: Saraiva, 1995, p. 296.

exemplo de ordenamentos jurídicos dos grupos sociais particulares, podemos citar: 1. o direito estatutário; 2. o direito esportivo; 3. o direito social nas relações de trabalho; 4. o direito religioso ou eclesiástico; e 5. o direito costumeiro das relações internacionais.

Parte da doutrina não admite os ordenamentos jurídicos como manifestação de direito. É a chamada tese do "monismo jurídico", que nega aos ordenamentos não elaborados pelos Estados, qualquer caráter jurídico. Para os doutrinadores filiados ao monismo jurídico, só existe a ordem jurídica estatal. Em contrapartida, para os adeptos do "pluralismo jurídico", ao lado do direito estatal, existem normas não estatais, emanadas de grupos sociais particulares.

Em suma:

Monismo Jurídico → Direito Estatal

Pluralismo Jurídico { Direito Estatal
Direito Não Estatal

No sistema jurídico pátrio vislumbramos claramente o poder normativo dos grupos sociais particulares. Da leitura do texto constitucional de 1988, verificamos que o Estado acolhe expressamente as normas de direito não estatal, como, por exemplo:

1. Reconhecimento das convenções e acordos coletivos de trabalho (art. 7º, XXVI); e

2. Autonomia das entidades desportivas dirigentes e associações, quanto a sua organização e funcionamento (art. 217, I). Ainda, nesse sentido, o sistema jurídico pátrio reconhece a Justiça desportiva não estatal, ao estabelecer que o Poder Judiciário Estatal só admitirá ações relativas à disciplina e às competições após esgotarem-se as instâncias da justiça desportiva, reguladas em lei; e

3. Autonomia Universitária (art. 207).

3.5 Poder Negocial

A doutrina discute se o poder negocial pode ser uma fonte de direito. O contrato é o negócio jurídico típico. Assim, seria o contrato uma fonte de direito? O contrato não pode ser considerado como fonte de direito. O negócio jurídico produz efeitos entre as partes contratantes, ao passo que as fontes do direito são gerais e destinadas a um grupo de pessoas. Ainda, o contrato está adstrito a um caso concreto, enquanto as normas oriundas das fontes do direito se referem a casos *in abstracto*.

Dessa feita, a doutrina tradicional exclui o contrato e os negócios jurídicos das fontes do direito. Para outros autores, o negócio jurídico é uma fonte de direito, na medida em que o contrato produz uma norma entre as partes, e sendo este uma manifestação de vontade com o fim de produzir um resultado jurídico, constitui verdadeira fonte do direito. Nesse sentido Miguel Reale reconhece o poder negocial como fonte de normas jurídicas particulares e individuais que só vinculam os participantes da relação jurídica. "A experiência jurídica não é disciplinada somente por normas legais ou leis, de caráter genérico, mas também por normas particulares e individualizadas. Entre as normas particulares, assim chamadas por só ligarem os participantes da relação jurídica, estão as normas negociais e, dentre estas, por sua fundamental importância, as normas contratuais, comumente denominadas cláusulas contratuais."[32]

Para André Franco Montoro "os contratos, sentenças e atos semelhantes, não contendo disposições abstratas, gerais e permanentes, não participam da natureza da lei. Mas, por sua força e obrigatoriedade, possuem inegável caráter vinculatório e, nesse sentido, constituem normas ou regras de conduta normativa. Por isso, na linguagem jurídica, consagrou-se a expressão de que o contrato é lei entre as partes, do mesmo modo que a sentença é a lei viva, efetivamente aplicada ao caso concreto".[33]

Ante todo o exposto, forçoso concluir que na medida em que o contrato vincula apenas os participantes da relação jurídica contratual não se configura como uma verdadeira fonte do direito. Entretanto, essa assertiva não pode ser estabelecida em termos absolutos, pois a autonomia contratual, por vezes, impulsiona a formação e manifestação do direito.

---

32 REALE, Miguel. **Lições preliminares de direito**. 27ª ed., São Paulo: Saraiva, 2002, p. 178-179.

33 MONTORO, André Franco. **Introdução à ciência do direito**. 23ª ed., São Paulo: Revista dos Tribunais, 1995, p. 339-340.

4 LEI

Nas sociedades modernas, a lei é indiscutivelmente a mais importante das fontes formais do direito. Indubitavelmente, a lei é o instrumento básico para a solução dos problemas jurídicos, vez que fixa as linhas fundamentais de qualquer sistema jurídico.

4.1 Sentido e Acepções da Palavra Lei

Divergem os autores acerca da etimologia da palavra lei, sendo indicadas três origens latinas diferentes: 1. *legere*, que significa ler. A lei é norma escrita, aquilo que se lê, em oposição às normas costumeiras, que não são escritas; 2. *ligare*, que significa ligar, obrigar, vincular. A lei obriga ou liga as pessoas, a uma certa maneira de agir, é o liame entre as pessoas (como ocorre nos contratos); 3. *eligere*, eleger, escolher, porque a lei é a norma escolhida pelo legislador, entre os muitos preceitos sociais.

Em suma:

Lei	*Legere*	→	Ler
	Ligare	→	Ligar
	Eligere	→	Eleger

De outra feita, entendemos que o vocábulo lei apresenta duas acepções diferentes: física (natural ou descritiva) e cultural (humana ou normativa).

Na acepção física ou natural, o termo lei é empregado para designar qualquer relação causal, sendo aplicada no mundo da natureza. São as leis descritivas as leis físico-matemáticas. São as conhecidas fórmulas, que não são imperativas, mas indicativas ou descritivas, tendo por finalidade apenas descrever as leis ou os fenômenos da vida, que ocorrem diuturnamente, como, por exemplo, a lei da gravidade.

Na acepção cultural, o termo lei designa a norma que é posta pelo homem. A lei cultural pode ser de duas espécies: 1. as sociológicas, históricas, econômicas, fruto das ciências humanas, que não retratam tão somente a realidade, mas enunciam juízos de valor sobre ela; e 2. as leis éticas ou morais, ou seja, qualquer norma, incluindo as regras escritas ou costumeiras, que tem por finalidade regular o agir humano.

Dessa forma, podemos afirmar que o termo lei, tomado num sentido genérico, pode ser aplicado tanto no mundo da natureza, como no mundo da cultura, designando as leis físicas e as leis sociais. É a lei, no sentido universal, as leis físico-matemáticas, as leis sociais e as leis éticas. Nessa esteira, os doutrinadores distinguem as leis causais da natureza das leis normativas ou normas, que exprimem deveres.[34] Essas duas espécies de leis são manifestações diferentes de uma mesma ordem ou lei cósmica ou universal, ou seja, lei no sentido genérico.

Concluindo, podemos estabelecer que no sentido genérico verificam-se três espécies de leis: 1. leis físicas, que se encontram no plano explicativo; 2. leis culturais, que se encontram no plano compreensivo; 3. leis éticas, que se encontram no plano normativo.

Em suma:

Lei Universal – Sentido Genérico	Leis Físicas Leis Culturais Leis Éticas

Na acepção normativa, o termo lei designa a lei humana, ética ou moral, ou seja, qualquer norma, incluindo as regras escritas ou costumeiras. Nessa acepção, o termo lei apresenta quatro espécies. Entre as normas éticas que dirigem o comportamento humano, podemos mencionar: 1. normas religiosas; 2. normas morais; 3. normas de trato social (usos e costumes sociais); e 4. normas jurídicas.

No nosso estudo destacamos a lei jurídica, vez que é nessa acepção que se vislumbra a lei como fonte do direito.

A lei jurídica é empregada em três sentidos: latíssimo, lato e restrito ou técnico.

No sentido latíssimo, o vocábulo lei abrange todas as normas jurídicas,

---

[34] Montoro – Leis Físicas / Leis Humanas

Kelsen – Leis Causais da Natureza (*sein*) / Leis Normativas (*solen*)

Duguit – Leis de Causas / Leis de Fim

Geny – Leis Normativas ou de Fim / Leis Indicativas ou Causais

escritas ou costumeiras, como a lei escrita, costume jurídico, jurisprudência, normas negociais etc.

No sentido lato, o vocábulo lei é empregado como sinônimo de legislação, ou seja, para indicar regras jurídicas escritas, sejam as leis propriamente ditas, aquelas oriundas do Poder Legislativo, sejam os decretos, medidas provisórias ou outras normas baixadas pelo Poder Executivo.

No sentido técnico-jurídico, lei é apenas a norma jurídica aprovada regularmente pelo Poder Legislativo. Esta é a acepção estrita e própria da palavra lei.

Em suma:

Lei Jurídica – Norma Jurídica	Sentido Latíssimo – Norma Jurídica
	Sentido Lato – Legislação
	Sentido Restrito e Próprio – Lei

4.2 Definição de Lei Jurídica

Em sentido amplo a lei jurídica é definida por François Geny como a "norma de conduta do homem com seus semelhantes, garantida pela eventual aplicação da força social, tendo em vista a justiça".[35]

Para o jurista italiano Giorgio Del Vecchio, "lei é o pensamento jurídico deliberado e consciente, expresso por órgãos adequados que representam a vontade preponderante".[36]

A lei em sentido estrito e próprio pode ser conceituada como: preceito comum e obrigatório, emanado de poder competente e provido de sanção.[37] Ou, ainda, uma regra de direito geral, abstrata e permanente,

---

35 Anotação em Aula na disciplina Teoria Geral do Direito ministrada pelo Prof. André Franco Montoro no primeiro semestre de 1999.

36 Anotação em Aula na disciplina Teoria Geral do Direito ministrada pelo Prof. André Franco Montoro no primeiro semestre de 1999.

37 MONTEIRO, Washington de Barros. **Curso de direito civil: parte geral**. v. 1., 5ª ed. rev. e aum., São Paulo: Saraiva, 1967, p. 14.

proclamada obrigatória pela vontade da autoridade competente, e expressa numa fórmula escrita.[38]

Por intermédio da definição da lei, podemos verificar três elementos que integram o conceito técnico do termo lei: Material, Formal e Instrumental.[39]

4.2.1 Elemento Material

O elemento material é o conteúdo da lei: "regra de direito geral, abstrata e permanente" – "preceito comum e obrigatório".

A matéria ou o conteúdo da lei é sempre uma "regra de direito", um "preceito comum". A lei tem o caráter de preceito, norma, regra de proceder, norma jurídica geral e, por consequência, abstrata e permanente. A lei é uma norma geral ou comum. Trata-se de um preceito comum, sendo dirigida a todos os membros da coletividade. É uma regra estabelecida não em vista de um caso individual, mas de todos os casos da mesma espécie. A lei obriga igualmente a todos os membros da sociedade sobre a qual estende a sua eficácia, isto é, a lei apresenta a característica da generalidade, surgindo dessa característica duas propriedades importantes: a lei é uma regra abstrata e permanente.

A lei disciplina uma situação abstrata. A lei é impessoal, ou seja, o legislador dispõe de situações jurídicas abstratamente, como homicídio, casamento, não considerando as pessoas individualmente abrangidas pela norma. A lei é abstrata, porque não visa a situações particulares ou concretas.

A lei é uma norma permanente, tendo continuidade no tempo, enquanto não for revogada por outra, ou ainda não se esgotar o tempo de sua vigência para as chamadas leis temporárias.

Outra propriedade da lei é a sua obrigatoriedade. A lei é obrigatória. A lei ordena, não exorta, não é uma teoria. A força obrigatória da lei é condição de sua eficácia.

---

38 MONTORO, André Franco. **Introdução à ciência do direito**. 23ª ed., São Paulo: Revista dos Tribunais, 1995, p. 328.

39 MONTORO, André Franco. **Introdução à ciência do direito**. 23ª ed., São Paulo: Revista dos Tribunais, 1995, p. 328: "Três elementos integram esse conceito. Um elemento material, que é o conteúdo da lei: regra de direito geral, abstrata e permanente. Um elemento formal: a vontade do legislador. Um elemento instrumental; a fórmula escrita".

4.2.2 Elemento Formal

O elemento formal refere-se à vontade do legislador. A lei deve emanar de poder competente. Se provier de órgão incompetente, perde a obrigatoriedade e, portanto, deixa de ser lei.

O órgão ou a autoridade competente para exercer o poder de legislar, nos Estados Democráticos, é o Parlamento eleito pelo povo, com alguma participação do Chefe de Governo. Nos regimes ditatoriais, o Poder Legislativo é absorvido pelo Ditador.

No Brasil, o art. 44 da Constituição Federal alude que: "O Poder Legislativo é exercido pelo Congresso Nacional, que se compõe da Câmara dos Deputados e do Senado Federal". O art. 48 do mesmo diploma legal, por sua vez, dita que: "Cabe ao Congresso Nacional, com a sanção do Presidente da República, dispor sobre todas as matérias de competência da União". Assim, podemos concluir que no atual sistema jurídico o processo legislativo é da competência do Congresso Nacional, com a participação do Presidente da República.

A vontade do legislador se exterioriza pelo processo legislativo, que analisaremos adiante.

4.2.3 Elemento Instrumental

O elemento instrumental é a fórmula escrita. A lei é sempre escrita, com o intuito de transmitir segurança social, além de ser uma forma mais didática de assimilar os preceitos. Conforme verificamos, muitos autores ligam o caráter escrito da lei à origem etimológica do vocábulo. O termo lei vem do latim *legere*, que significa ler, trata-se de um texto escrito, feito para ser lido. Por ser escrita, distingue-se a lei, norma escrita (*jus scriptum – jus seriptum*) do costume jurídico ou normas costumeiras, que são também normas jurídicas, mas não escritas (*jus non scriptum – jus noiz seriptum*).[40]

---

[40] MONTORO, André Franco. **Introdução à ciência do direito**. 23ª ed., São Paulo: Revista dos Tribunais, 1995, p. 332.

Ante todo o exposto, podemos estabelecer o seguinte esquema:

Elementos constitutivos da lei no sentido técnico	
	Material → Conteúdo da Lei
	Formal → A Vontade do Legislador
	Instrumental → Fórmula Escrita

Para que uma norma seja considerada "lei", sem seu sentido próprio e pleno, são necessários a presença dos três elementos: material, formal e instrumental. Quando faltar o elemento formal ou material, a norma será considerada uma lei imperfeita, sendo denominadas "leis meramente formais" ou "leis formais" e "leis meramente materiais" ou "leis materiais". Como exemplo de lei formal, podemos citar a lei que declara uma instituição filantrópica como de utilidade pública. Pelo contrário, como lei material podem ser considerados os regulamentos administrativos do Poder Executivo. Nesse sentido, verifica-se a lei no sentido lato do termo.

5 PROCESSO LEGISLATIVO

5.1 Conceito

"A palavra processo no direito ganha a conotação de uma série de atos voltados ao atingimento de um objetivo final. Há, portanto, uma coordenação entre esses atos de tal sorte que aflora uma lógica própria da sua colocação num determinado momento de tramitação. No caso do processo legislativo, consiste ele nesse conjunto coordenado de disposições que disciplinam o procedimento a ser obedecido pelos órgãos competentes na produção dos atos normativos que derivam diretamente da própria Constituição."[41]

O processo legislativo é uma série de atos concatenados com a finalidade de elaborar os atos normativos previstos no texto constitucional (art. 59).

---

[41] BASTOS, Celso. **Dicionário de direito constitucional**. São Paulo: Saraiva, 1994, p. 164-165.

5.2 Tipos de Processo Legislativo

O processo legislativo se desenvolve no âmbito do Poder Legislativo. O órgão ou a autoridade competente para exercer o poder de legislar, nos Estados Democráticos, é o Parlamento eleito pelo povo, com alguma participação do Chefe de Governo. Nos regimes ditatoriais, o Poder Legislativo é absorvido pelo Ditador. Dessa forma, podemos afirmar a existência de dois tipos de processo legislativo:

1. ditatorial ou autocrático; e
2. democrático.

O processo legislativo ditatorial é aquele exercido pelo ditador, que impõe as normas legais, sem a participação ou representação popular.

O processo legislativo democrático se caracteriza pela participação popular, podendo ser dividido em: direto; indireto ou representativo; e semidireto.

No processo direto o povo sem representantes elege as normas jurídicas. No processo indireto as normas são elaboradas por representantes eleitos pelo povo. No processo semidireto as normas são elaboradas por representantes eleitos pelo povo, sendo posteriormente submetidas à apreciação popular para aprovação, por intermédio do que se denomina de referendo popular.

No Brasil, o art. 44 da Constituição Federal alude que: "O Poder Legislativo é exercido pelo Congresso Nacional, que se compõe da Câmara dos Deputados e do Senado Federal". O art. 48 do mesmo diploma legal, por sua vez, dita que: "Cabe ao Congresso Nacional, com a sanção do Presidente da República, dispor sobre todas as matérias de competência da União". Assim, podemos concluir que no atual sistema jurídico o processo legislativo é da competência do Congresso Nacional, com a participação do Presidente da República.

O Brasil como Estado Democrático adotou o processo legislativo democrático indireto como regra, prevendo a possibilidade do referendo.

Em suma:

- Processo Legislativo
  - Ditatorial
  - Democrático
    - Direto
    - Indireto
    - Semidireto

5.3 Procedimento Legislativo

O processo legislativo é uma série de atos concatenados com a finalidade de elaborar as espécies normativas previstas no texto constitucional. O procedimento legislativo é o rito processual, ou seja, é a forma e o modo pelo qual se movem os atos do processo. "Procedimento legislativo é o modo pelo qual os atos do processo legislativo se realizam. Diz respeito ao andamento da matéria nas Casas legislativas. É o que na prática se chama tramitação do projeto."[42]

Do estudo do processo legislativo vislumbramos três procedimentos legislativos:

1. procedimento legislativo ordinário;
2. procedimento legislativo sumário;
3. procedimento legislativo especial (procedimentos especiais).

O procedimento legislativo ordinário é o comum destinado à elaboração das leis ordinárias.

O procedimento legislativo sumário é o abreviado destinado à elaboração de leis ordinárias em regime de urgência solicitado pelo Presidente da República, nos termos do art. 64, § 1º, que dita: "O Presidente da República poderá solicitar urgência para apreciação de projetos de sua iniciativa".

O procedimento legislativo especial é aquele que apresenta um procedimento especial, ou seja, são os destinados à elaboração das demais espécies normativas previstas no art. 59 da Constituição Federal.

Em suma:

Procedimento Legislativo
- Comum ou Ordinário
- Sumário ou Abreviado
- Especial

---

42 SILVA, José Afonso. **Curso de direito constitucional positivo.** 16ª ed. rev. e atual., São Paulo: Malheiros, 1999, p. 529.

5.4 Divisão do Processo Legislativo

O processo legislativo, ou processo de formação ou elaboração das leis, pode ser dividido didaticamente em três fases: iniciativa; discussão e aprovação; e execução.

Para efeitos didáticos, verificaremos o procedimento legislativo ordinário.

5.4.1 Iniciativa

A iniciativa é a faculdade de propor um projeto de lei. Segundo Manoel Gonçalves Ferreira Filho, "a iniciativa não é propriamente uma fase do processo legislativo, mas sim o ato que o desencadeia. Em verdade, juridicamente, a iniciativa é o ato pelo qual se propõe a adoção de direito novo".[43] "O poder de iniciativa revela a capacidade atribuída pela Constituição para a deflagração do processo legislativo."[44]

A iniciativa de propor leis é conferida ao Poder Legislativo, que possui tal atribuição. Entretanto, com o desenvolvimento da democracia, a iniciativa de propor leis tem sido compartilhada com outros poderes. As célebres constituições escritas que marcaram o início do constitucionalismo, a norte-americana de 1787 e as francesas de 1793, atribuíam a iniciativa apenas ao Poder Legislativo. Aliás, nos Estados Unidos, a referida exclusividade permanece, pois o Presidente da República não pode propor projeto de lei, mas apenas enviar mensagens ao Congresso. O Estado norte-americano é exceção, pois a maioria dos países democráticos admite a iniciativa aos Poderes Executivo, Legislativo, Judiciário e ao povo.

No Brasil, o art. 61 do texto constitucional estabelece que a iniciativa das leis complementares e ordinárias compete: aos congressistas e às comissões parlamentares (deputados, senadores, comissões da Câmara dos Deputados, do Senado Federal e do Congresso Nacional); ao Presidente da República;

---

43 FERREIRA, Manoel Gonçalves Filho. **Curso de direito constitucional**. 18ª ed. rev., São Paulo: Saraiva, 1990, p. 164.

44 ARAUJO, Luiz Alberto David; NUNES JÚNIOR, Vidal Serrano. **Curso de direito constitucional**. São Paulo: Saraiva, 1998, p. 252.

ao Supremo Tribunal Federal; aos Tribunais Superiores (STJ, TST, TSE, STM); ao Procurador-Geral da República; e aos cidadãos.

Embora o art. 61 não faça referência expressa, podemos incluir nesse rol o Tribunal de Contas da União, na medida em que o art. 73, *caput*, do texto constitucional estabelece que o Tribunal de Contas da União exerce as atribuições previstas no art. 96. O inciso II, do referido art. 96, estabelece a iniciativa legislativa reservada ao Supremo Tribunal Federal, Tribunais Superiores e Tribunais de Justiça.

A iniciativa das leis pode ser:

– geral (concorrente ou comum);

– reservada (exclusiva ou privativa); e

– vinculada.

A iniciativa geral ou concorrente é aquela que se verifica quando a Constituição atribui a mais de uma pessoa ou órgão a competência para apresentação de qualquer projeto de lei, excluindo as competências reservadas a determinado órgão. A iniciativa geral compete ao Congresso Nacional, Presidente da República e cidadãos.

O art. 61 da Constituição Federal, conforme verificamos, estabelece, por intermédio da competência concorrente, a iniciativa geral, ao ditar que: "A iniciativa das leis complementares e ordinárias cabe a qualquer membro ou Comissão das Câmara dos Deputados, do Senado Federal ou do Congresso Nacional, ao Presidente da República, ao Supremo Tribunal Federal, aos Tribunais Superiores, ao Procurador-Geral da República e aos cidadãos, na forma e nos casos previstos nesta Constituição". O citado art. 61 traz a competência geral que é aquela exercida concorrentemente por dois ou mais órgãos ou agentes, como acontece com a maioria das leis ordinárias. Como regra geral, as leis complementares e ordinárias podem ser propostas pelo Congresso Nacional (membro ou comissão), Presidente da República e cidadãos. Os Tribunais e o Procurador-Geral da República não possuem a competência geral só podendo deflagrar o processo legislativo nos casos expressamente previstos na Constituição. Assim, podemos afirmar que o Presidente da República, o Congresso Nacional e os cidadãos detêm a competência geral excluídas as competências reservadas às demais pessoas elencadas no art. 61 da Constituição Federal.

Cabe ressaltar, dentro da iniciativa geral, a iniciativa conferida aos cidadãos, a chamada iniciativa popular, estabelecida no art. 61, § 2º, da Carta Magna, que dita: "A iniciativa popular pode ser exercida pela apresentação à Câmara dos Deputados de projeto de lei subscrito por, no mínimo, um por cento do eleitorado nacional, distribuído pelo menos por cinco Estados, com não menos de três décimos por cento dos eleitores de cada um deles".[45] Por sua vez, o art. 13, §§ 1º e 2º, da Lei n. 9.709/98 estabelece que "a iniciativa popular consiste na apresentação de projeto de lei à Câmara dos Deputados, subscrito por, no mínimo, um por cento do eleitorado nacional, distribuído pelo menos por cinco Estados, com não menos de três décimos por cento dos eleitores de cada um deles. O projeto de lei de iniciativa popular deverá circunscrever-se a um só assunto. O projeto de lei de iniciativa popular não poderá ser rejeitado por vício de forma, cabendo à Câmara dos Deputados, por seu órgão competente, providenciar a correção de eventuais impropriedades de técnica legislativa ou de redação".

Da leitura da Constituição Federal e da Lei n. 9.709/98 podemos indicar como requisitos da iniciativa popular:

1. um por cento do eleitorado nacional;
2. distribuição em cinco Estados;
3. três décimos dos eleitores de cada Estado; e
4. um só assunto como objeto do projeto.

Nos Estados, cabe à Lei dispor sobre a iniciativa popular (art. 27, § 4º, da Constituição Federal) e nos Municípios cabe à Lei Orgânica disciplinar a iniciativa popular, segundo os parâmetros estabelecidos pelo art. 29, III, da Constituição Federal que dita: "iniciativa popular de projetos de lei de interesse específico do Município, da cidade ou de bairros, através de manifestação de, pelo menos, 5% (cinco por cento) do eleitorado".

A iniciativa reservada é aquela em que a competência para a propositura de determinado projeto de lei é atribuída a uma única pessoa ou órgão indicado pela Constituição.

---

[45] Um por cento = 1%

Três décimos por cento = 0,3%

A iniciativa legislativa é conferida concorrentemente a mais de uma pessoa ou órgão, mas, em casos expressos, é outorgada com exclusividade a um deles apenas. O art. 61 da Constituição Federal inclui o Supremo Tribunal Federal, os Tribunais Superiores e o Procurador-Geral da República como detentores também do poder de iniciativa legislativa, não, contudo, de iniciativa concorrente, porquanto não podem eles iniciar qualquer lei, mas tão só as que lhes são indicadas com exclusividade, salvo o Procurador-Geral da República, que concorre com o Presidente da República na iniciativa de Lei Orgânica do Ministério Público (arts. 61, § 1º, II, *b*, e 128, § 5º).[46] Ao princípio da iniciativa concorrente, a Constituição opõe algumas exceções em relação a determinadas matérias, estatuindo a competência exclusiva. Assim, ao lado da iniciativa geral estabelecida no caput do art. 61, existe a iniciativa reservada, ou seja, a Constituição reserva a iniciativa em certas matérias. Por exemplo, o art. 61, § 1º, estabelece casos de iniciativa privativa ou reservada do Presidente da República; o art. 93 estabelece iniciativa reservada ao Supremo Tribunal Federal, de lei complementar que disporá sobre o Estatuto da Magistratura; o art. 127, § 2º, confere ao Ministério Público a reserva de lei para criação e extinção de seus cargos e serviços auxiliares.

A Constituição Federal de 1988 estabeleceu a iniciativa reservada nos seguintes casos:

1. Presidente da República – além da iniciativa geral, o texto constitucional estabeleceu a competência privativa ao Presidente da República em relação às matérias indicadas no art. 61, § 1º, I e II, *a*, *b*, *c*, *d*, *e* e *f* da CF.

2. Supremo Tribunal Federal – a Constituição estabeleceu a competência reservada para Lei Complementar sobre o Estatuto da Magistratura (art. 93) e a competência para propor a criação e a extinção de cargos e a fixação de vencimentos de seus membros e de seus serviços auxiliares (art. 96, II, *b*).

3. Tribunais Superiores – a Constituição estabeleceu a competência aos Tribunais Superiores para alterar o número de membros dos tribunais

---

46 SILVA, José Afonso. **Curso de direito constitucional positivo.** 16ª ed. rev. e atual., São Paulo: Malheiros, 1999, p. 523.

inferiores; criar ou extinguir cargos e remuneração dos seus serviços auxiliares e dos juízos que lhes forem vinculados, bem como fixar subsídio de seus membros e dos juízes, inclusive dos tribunais inferiores, onde houver; criar ou extinguir tribunais inferiores; e alterar a organização e divisão judiciárias (art. 96, II, *a*, *b*, *c* e *d*). A referida iniciativa reservada se estende aos Tribunais de Contas da União, por força do disposto no art. 73 da Constituição Federal.

4. Câmara dos Deputados e Senado Federal – a Constituição estabeleceu a competência às Casas do Congresso para criar normas referentes à organização de seus serviços administrativos. Tal atribuição é instrumentalizada por Resolução, espécie normativa que não é submetida à sanção do Presidente da República. Ainda, compete às Casas do Congresso a iniciativa de lei fixação da respectiva remuneração (arts. 51, IV, e 52, XIII).[47]

A iniciativa vinculada é aquela que não apresenta o caráter facultativo, sendo que a apresentação do projeto de lei sobre dada questão é imposta pela Constituição. No nosso sistema jurídico, o caso específico de iniciativa vinculada é o da apresentação do projeto de orçamento federal. O art. 84, XXIII, c/c o art. 165, ambos da Constituição Federal, estabelecem ao Presidente da República a iniciativa do projeto de lei orçamentária anual. Essa iniciativa de lei é vinculada, sendo erigida à categoria de crime de responsabilidade (art. 85, VI, da CF, c/c o art. 10 da Lei n. 1. 079/50).

A iniciativa é a faculdade de propor um projeto de lei. Trata-se de verdadeiro direito subjetivo. Dessa forma, a apresentação de projeto de lei por pessoa que não tem legitimidade para tal acarreta a inconstitucionali-

---

47 MORAES, Alexandre de. **Constituição interpretada e legislação constitucional**. São Paulo: Atlas, 2007, p. 1024: "A EC n. 19, de 4-6-1998 (Reforma Administrativa), alterou significativamente a redação do inciso IV, do art. 51, mantendo a competência da Câmara dos Deputados para criação, transformação e extinção de cargos, empregos e funções de seus serviços, porém, transformando a antiga competência para fixação da respectiva remuneração em iniciativa privativa do projeto de lei, que deverá ser aprovado pelo Congresso Nacional e sancionado pelo Presidente da República. Antes da Reforma Administrativa, a fixação de remuneração constituía ato privativo da própria Casa Legislativa, por meio de resolução".

dade formal (vício de procedimento). A referida inconstitucionalidade não pode ser suprida, mesmo no caso do Presidente da República. A orientação da Súmula 5 do Supremo Tribunal Federal, que dita que: "a sanção do projeto supre a falta de iniciativa do Poder Executivo", não mais se coaduna com o espírito da atual Carta Magna. Essa é a atual orientação do Supremo Tribunal Federal.

5.4.2 Discussão e Aprovação

A discussão e aprovação da lei é a fase de estudo e deliberação do projeto, que se dá por intermédio dos debates em plenário, estudos, pareceres de comissões técnicas, emendas, discussão, redação e votação do projeto.

A emenda do projeto é uma faculdade do congressista que tem por finalidade alterar o projeto de lei inicialmente apresentado. As emendas são proposições apresentadas como acessórias de outra (art. 118 do Regimento Interno da Câmara dos Deputados). As emendas são supressivas, aglutinativas, substitutivas, modificativas ou aditivas (art. 118, §§ 1º ao 6º, do Regimento Interno da Câmara dos Deputados).

A emenda supressiva é a que manda erradicar qualquer parte de outra proposição. A emenda aglutinativa é a que resulta da fusão de outras emendas, ou destas com o texto, por transação tendente à aproximação dos respectivos objetos. A emenda substitutiva é a apresentada como sucedânea à parte de outra proposição, denominando-se "substitutivo" quando a alterar, substancial ou formalmente, em seu conjunto; considera-se formal a alteração que vise exclusivamente ao aperfeiçoamento da técnica legislativa. A emenda modificativa é a que altera a proposição sem a modificar substancialmente. A emenda aditiva é a que se acrescenta a outra proposição.

Denomina-se subemenda a emenda apresentada em Comissão a outra emenda e que pode ser, por sua vez, supressiva, substitutiva ou aditiva, desde que não incida, a supressiva, sobre emenda com a mesma finalidade. Denomina-se emenda de redação a modificativa que visa a sanar vício de linguagem, incorreção de técnica legislativa ou lapso manifesto.

Nos termos do art. 63, I e II, da Constituição Federal, o art. 124 do Regimento Interno da Câmara dos Deputados dispõe que "não serão admitidas emendas que impliquem aumento da despesa prevista: I.

nos projetos de iniciativa exclusiva do Presidente da República, ressalvado o disposto no art. 166, §§ 3º e 4º, da Constituição Federal; II. nos projetos sobre organização dos serviços administrativos da Câmara dos Deputados, do Senado Federal, dos Tribunais Federais e do Ministério Público".

Por sua vez, o art. 125 do citado Regimento Interno dispõe que "o Presidente da Câmara ou de Comissão tem a faculdade de recusar emenda formulada de modo inconveniente, ou que verse sobre assunto estranho ao projeto em discussão ou contrarie prescrição regimental. No caso de reclamação ou recurso, será consultado o respectivo Plenário, sem discussão nem encaminhamento de votação, a qual se fará pelo processo simbólico". Dessa forma, as emendas devem guardar pertinência com o tema projeto e no caso específico da iniciativa exclusiva acrescenta-se a isso o aumento da despesa.

No mesmo sentido, o Regimento Interno do Senado Federal, no art. 230, estabelece que "não se admitirá emenda: *a*) sem relação com a matéria da disposição que se pretenda emendar; *b*) em sentido contrário à proposição quando se trate de proposta de emenda à Constituição, projeto de lei ou de resolução; *c*) que diga respeito a mais de um dispositivo, a não ser que se trate de modificações correlatas, de sorte que a aprovação, relativamente a um dispositivo, envolva a necessidade de se alterarem outros; *d*) que importe aumento da despesa prevista (Const., art. 63)".

Após a discussão, o projeto é encaminhado à votação. A fase final da aprovação é a votação do projeto em plenário, podendo ser aprovado ou rejeitado. A aprovação final dá-se por maioria simples ou relativa, ou seja, maioria dos parlamentares presentes na votação (art. 47). "Tratando de lei ordinária, a aprovação do projeto de lei condiciona-se à maioria simples dos membros da respectiva Casa, ou seja, somente haverá aprovação pela maioria dos votos, presente a maioria absoluta de seus membros, nos termos do art. 47, da Constituição Federal. Nota-se que o *quorum* constitucional de maioria simples corresponde a um número variável, pois dependendo de quantos parlamentares estiverem presentes, este número poderá alterar-se. O que a Constituição Federal exige é um *quorum* mínimo para a instalação da sessão. Dessa forma, presentes, no mínimo, a maioria absoluta dos membros da respectiva Casa Legislativa, o projeto de lei poderá ser posto em votação, aplicando-se como *quorum* de votação a maioria dos presentes.

Devemos, portanto, diferenciar o *quorum* para instalação da sessão, do *quorum* de votação de um projeto de lei ordinária. Assim, por exemplo, se estiverem presentes os 513 deputados federais, teremos *quorum* para instalação da sessão, e para a aprovação do projeto de lei ordinária haverá necessidade da maioria dos presentes, ou seja, 257 deputados. Porém, se estiverem 300 deputados federais, igualmente teremos *quorum* para instalação de sessão, porém a aprovação do projeto de lei ordinária dar-se-ia com 151 votos".[48] Nesse sentido, Celso Bastos explica que "ao vocábulo quórum podem ser atribuídos dois sentidos: o primeiro refere-se ao número mínimo de presenças necessárias para proceder-se à abertura ou funcionamento de determinado órgão colegiado; o segundo, ao mínimo necessário de votos para aprovação do proposto nas discussões sobre determinada medida".[49] Anota-se que para aprovação de lei complementar exige-se maioria absoluta dos membros das Casas do Congresso Nacional (art. 69), e maioria de três quintos, para aprovação de emendas constitucionais (art. 60, § 2º).

Em suma:

Aprovação:
- Maioria Qualificada (3/5) → Emenda à Constituição (art. 60, § 2º)
- Maioria Absoluta → Lei Complementar (art. 69)
- Maioria Simples → Lei Ordinária (art. 47)

Podemos estabelecer que a palavra quórum designa o número mínimo de pessoas para funcionamento de órgão colegiado. A palavra pode ser tomada em dois sentidos: 1. quórum de instalação ou votação é o número necessário de membros para o início dos trabalhos de votação. 2. quórum de aprovação é o número necessário para aprovação do projeto ou deliberação submetida à votação. A expressão numérica necessária para a aferição do quórum é indicada pelos termos maioria qualificada, maioria absoluta e maioria simples.

---

48 MORAES, Alexandre de. **Direito constitucional**. 5ª ed., São Paulo: Atlas, 1999, p. 487.

49 BASTOS, Celso. **Dicionário de direito constitucional**. São Paulo: Saraiva, 1994, p. 171.

Maioria qualificada é aquela que exige um número ou quórum especial para aprovação, como a emenda constitucional que exige um número superior a três quintos dos respectivos membros da cada Casa do Congresso Nacional ou dois terços dos votos do Senado Federal no caso do *impeachment*.

Maioria absoluta é o primeiro número inteiro imediatamente superior à metade dos membros do órgão legislativo ou integrantes da respectiva Casa Legislativa.

Maioria simples é o primeiro número inteiro imediatamente superior à metade dos presentes em determinada sessão. Dessa forma, é equívoca a definição de maioria como metade mais um, pois seria impossível determiná-la se a composição fosse ímpar. Nesse sentido, já decidiu o Supremo Tribunal Federal, no Recurso Extraordinário n. 68.419/MA:

"EMENTA: Promoção do Juiz mais antigo. Recusa pelo Tribunal de Justiça. Maioria Absoluta. Sua definição, como significando metade mais um, serve perfeitamente quando o total é número par. Fora daí, temos que recorrer à verdadeira definição, a qual, como advertem Scialoja e outros, deve ser esta, que serve, seja par ou ímpar o total: maioria absoluta é o número imediatamente superior à metade. Assim, maioria absoluta de quinze são oito, do mesmo modo que, de onze (número de juízes do Supremo Tribunal Federal), são seis, e sobre isso não se questiona nem se duvida aqui. Os votos dos Desembargadores, no caso, não têm que ser fundamentados, em face da natureza do julgamento de que se trata. A recusa do impetrante ocorreu na vigência da Constituição de 1967, que, além de autorizá-la no tocante ao juiz mais antigo em caso de acesso aos Tribunais de segunda instância, também a permite, pelo voto da maioria absoluta dos membros do Tribunal, no caso de promoção de uma entrância para outra (art. 136, II, b) Segurança denegada".[50]

Nesse sentido, a maioria absoluta dos membros da Câmara dos Deputados, composta de 513 deputados federais, é de 257, e do Senado Federal, composta de 81 senadores, é de 41.

Os projetos serão sempre examinados e discutidos nas duas Casas do Congresso Nacional. O projeto de lei aprovado por uma Casa será revisto

---

[50] STF, RE 68.419-MA, Rel. Min. Luiz Gallotti, j. 26-11-69, *DJ* 13-05-70.

pela outra, em um só turno de discussão e votação, e enviado à sanção ou promulgação, se a Casa Revisora o aprovar, ou arquivado, se o rejeitar. Sendo o projeto emendado, voltará à Casa Iniciadora (art. 65). O projeto volta à origem se a Casa Revisora fizer emendas, para apreciação destas, e, sendo elas aprovadas ou rejeitadas, o projeto irá à sanção. Cabe ressaltar que a revisão ocorre em um só turno de discussão e votação. Dessa forma, o projeto de lei aprovado e encaminhado à Casa Revisora pode ter três destinos:

1. O projeto é aprovado sem emendas, sendo encaminhado para a apreciação do Presidente da República.

2. O projeto é rejeitado sendo arquivado.

3. O projeto é aprovado com emendas, sendo encaminhado à Casa Iniciadora com a finalidade exclusiva da apreciação das emendas (art. 65, parágrafo único). Nesse caso, se as emendas forem aprovadas ou rejeitadas, o projeto é encaminhado à apreciação do Presidente da República. No caso da rejeição das emendas, prevalece o projeto inicial, sem as emendas da Casa Revisora.

Em suma:

Câmara dos Deputados (Casa Iniciadora)

Rejeição do Projeto → Arquivado

Aprovação do Projeto → Encaminhado à Casa Revisora

Senado Federal (Casa Revisora)

Rejeição do Projeto → Arquivado

Aprovação sem Emendas do Projeto → Encaminhado à Sanção

Aprovado com Emendas → Volta à Casa Iniciadora para apreciação das emendas

Câmara dos Deputados (Casa Iniciadora)

Aprova a Emenda → Encaminhado à Sanção.

Rejeita a Emenda → Encaminhado o projeto original para Sanção.

A discussão e votação dos projetos de lei de iniciativa dos deputados federais, Comissão da Câmara dos Deputados, do Presidente da República, do Supremo Tribunal Federal e dos Tribunais Superiores terão início na Câmara dos Deputados (art. 64). Os projetos de iniciativa dos senadores,

Comissão do Senado, terão início no Senado Federal. Os projetos de iniciativa popular e do Procurador-Geral da República podem ser propostos em qualquer das Casas do Congresso Nacional.

A matéria constante de projeto de lei rejeitado somente poderá constituir objeto de novo projeto, na mesma sessão legislativa, mediante proposta da maioria absoluta dos membros de qualquer das Casas do Congresso Nacional (art. 67).

5.4.3 Execução

A execução é a fase do processo de elaboração da lei. A execução compreende a sanção ou veto, promulgação e publicação. O art. 66 da Constituição Federal estabelece que: "A casa na qual tenha sido concluída a votação enviará o projeto de lei ao Presidente da República, que aquiescendo, o sancionará".

A sanção[51] (*sanctum*) é a aquiescência do Poder Executivo. É o ato pelo qual o Chefe do Poder Executivo manifesta sua concordância ao projeto de lei aprovado pelo Poder Legislativo. A sanção pode ser expressa ou tácita. Na sanção expressa o Chefe do Poder Executivo declara sua concordância ao projeto. Na sanção tácita o Chefe do Poder Executivo silencia, transcorrendo o prazo para o veto (15 dias), sem se manifestar, pelo que fica aprovado (art. 66, § 3º, da CF).

O veto[52] é a oposição do Poder Executivo. É o ato pelo qual o Chefe do Poder Executivo manifesta sua discordância ao projeto de lei aprovado pelo Poder Legislativo. Deve ser expresso, pois não existe no ordenamento jurídico veto tácito. O veto pode ser total ou parcial (art. 66, § 1º, da CF). O veto parcial somente abrangerá texto integral de artigo, de parágrafo, de inciso ou de alínea (art. 66, § 2º, da CF). Vetado, o projeto retorna ao Poder Legislativo que poderá aceitá-lo ou rejeitá-lo. O veto poderá ser rejeitado pelo Congresso Nacional, em sessão conjunta, pelo voto da maioria abso-

---

[51] Sanção, do latim *sanctione*, *sancire*, designando o ato de tornar-se santo, respeitado, ou, ainda, consagrar, aceitar, santificar. O vocábulo possui dois sentidos: 1. aprovação do projeto de lei pelo Chefe do Poder Executivo ou Chefe de Estado, ou seja, ratificação, aprovação, confirmação; e 2. pena ou recompensa.

[52] Veto, do latim *vetare*, que significa proibição, suspensão, oposição.

luta de seus membros, em escrutínio secreto (arts. 57, § 3º, IV, e 66, § 4º, da CF).

A promulgação[53] é o ato pelo qual o Chefe do Poder Executivo atesta ou declara a existência da lei. Segundo Pontes de Miranda, a promulgação "constitui mera atestação da existência da lei e promulgação de sua executoriedade". Dessa forma, com a promulgação a lei torna-se executória. A promulgação decorre da sanção e tem o significado de proclamação. A sanção e a promulgação se dão ao mesmo tempo, com a assinatura do Presidente da República. O Presidente do Senado promulgará a lei no caso de sanção tácita ou de rejeição do veto, se decorrido o prazo legal sem a promulgação pelo Presidente da República (arts. 66, § 7º, e 84, IV, da CF).

A publicação[54] é o ato pelo qual a lei se torna conhecida e vigente. Com a publicação no *Diário Oficial* a lei se presume conhecida de todos, tornando-se obrigatória para todos os cidadãos na data indicada para a sua vigência. Se for omitida a data da vigência, a lei se torna obrigatória em quarenta e cinco dias após a publicação, dentro do território nacional, ou em três meses fora dele (art. 1º, § 1º, LINDB).[55]

Cabe anotar que, com a promulgação, a lei torna-se executória. Com a publicação a lei torna-se obrigatória. A promulgação obriga o Estado, ao passo que a publicação obriga a coletividade.

Assim, podemos esquematizar o processo legislativo da seguinte maneira:

- Processo Legislativo
  - 1. Iniciativa
    - Geral
    - Reservada
    - Vinculada
  - 2. Aprovação
    - Discussão e Votação
  - 3. Execução
    - Sanção
      - Expressa
      - Tácita
    - ou Veto
      - Total
      - Parcial
    - Promulgação
    - Publicação

[53] Promulgação, do latim *promulgare, promulgatione,* que significa promulgação, divulgação, designando o ato de ordenar a publicação da lei.

[54] Publicação, do latim *publicare,* que significa tornar público.

[55] A Lei n. 12.376/2010 alterou a ementa da Lei de Introdução ao Código Civil, que passou a vigorar como "Lei de Introdução às normas do Direito Brasileiro".

5.5 As Espécies Normativas Previstas no Texto Constitucional

O processo legislativo foi definido como uma série concatenada de atos que têm por finalidade elaborar as espécies normativas previstas no Texto Constitucional. As referidas espécies normativas estão elencadas no art. 59 da Constituição Federal: 1. emendas à Constituição; 2. leis complementares; 3. leis ordinárias; 4. leis delegadas; 5. medidas provisórias; 6. decretos legislativos; e 7. resoluções.

A lei ordinária segue o procedimento ordinário, sendo que as demais espécies normativas seguem procedimentos especiais relativos a cada espécie.

5.5.1 Emendas à Constituição

A Emenda à Constituição é o instrumento adequado para modificação ou ampliação do texto constitucional. O procedimento especial previsto (art. 60) marca a Constituição Federal como rígida. Dessa forma, somente a emenda poderá alterá-la; nenhuma outra espécie de lei poderá fazê-lo. Maria Helena Diniz anota que "as ideias de supremacia da Constituição e de controle da constitucionalidade estão ligadas à de rigidez constitucional, visto que a Constituição só poderá ser alterada por meio de processo especial que ela prevê (CF, art. 60, I, II, III, §§ 1º a 5º)".[56]

"As emendas à Constituição são espécies do gênero reforma constitucional. Objetivam empreender, no texto originário da *Lex Mater*, mudanças localizadas, isto é, de menor abrangência. Consignam-se atos infraconstitucionais, porque não ingressam no ordenamento jurídico, nem desempenham qualquer eficácia normativa com a sua simples previsão constitucional. Existem em estado de latência, na qualidade de meras propostas legislativas, sem qualquer normatividade, vigor ou valimento. Só quando são aprovadas é que as emendas à Constituição passam a produzir efeitos concretos. Daí em diante deixam de ser atos infraconstitucionais e alcançam o posto de normas constitucionais, de igual nível e hie-

---

[56] DINIZ, Maria Helena. **Norma constitucional e seus efeitos**. 3ª ed. atual., São Paulo: Saraiva, 1997, p. 5.

rarquia daquelas outras elaboradas pelo poder constituinte originário. Para que cheguem a esse estágio, contudo, é preciso satisfazerem os requisitos técnicos do procedimento legislativo especial a que estão sujeitas (art. 69, *infra*)".[57]

Segundo posição do Supremo Tribunal Federal as emendas à Constituição são passíveis do controle de constitucionalidade.[58] Para nossa Corte Excelsa "uma Emenda Constitucional, emanada, portanto, de Constituinte derivada, incidindo em violação à Constituição originária, pode ser declarada inconstitucional, pelo Supremo Tribunal Federal, cuja função precípua é de guarda da Constituição (art. 102, I, *a*, da CF)".[59] "Não há dúvida de que, em face do novo sistema constitucional, é o STF competente para, em controle difuso ou concentrado, examinar a constitucionalidade, ou não, de emenda constitucional."[60]

A Constituição denomina a iniciativa da Emenda à Constituição de proposta, estabelecendo que cabe a referida espécie normativa mediante proposta de: 1. um terço, no mínimo e separadamente, dos membros da Câmara dos Deputados ou do Senado Federal; 2. do Presidente da República; e 3. de mais da metade das Assembleias Legislativas das unidades da Federação, manifestando-se, cada uma delas, pela maioria relativa de seus membros.

Na fase da aprovação, a proposta será discutida e votada em cada Casa do Congresso Nacional, em dois turnos, considerando-se aprovada se obtiver, em ambos, três quintos dos votos dos respectivos membros (art. 61, § 2º, da CF). Assim, a aprovação da emenda à Constituição exige dupla votação na Câmara dos Deputados e no Senado Federal, com aprovação de três quintos dos membros de cada casa.

Na fase da execução, a emenda à Constituição será promulgada pelas Mesas da Câmara dos Deputados e do Senado Federal e publicada pelo Congresso Nacional.

---

57 BULOS, Uadi Lammêgo.**Constituição Federal anotada**. 2ª ed., rev. e atual., São Paulo, 2001, p. 728-729.

58 STF, ADIn 1.805-DF, rel. Min. Néri da Silveira, j. 26-03-98, *DJ* 14-11-03; STF, ADIn 1.946-DF, rel. Min. Sydney Sanches, j. 03-04-03, *DJ* 16-05-03.

59 STF, ADIn 939-7-DF, rel. Min. Sydney Sanches, j. 15-12-93, *DJ* 18-03-94.

60 STF, ADIn 829-3-DF, rel. Min. Moreira Alves, j. 14-04-93, *DJ* 16-09-94.

Cabe ressaltar que na execução da emenda à Constituição não existe a participação do Presidente da República, não havendo em que se falar de sanção ou veto da emenda. O Presidente da República não participa do processo legislativo da emenda à Constituição, na medida em que o titular do poder constituinte derivado reformador é o Poder Legislativo, muito embora possua a competência concorrente para a iniciativa do projeto de emenda à Constituição (art. 60, II).

A emenda à Constituição tem limitações ou vedações de ordem material, são as denominadas cláusulas pétreas. O texto constitucional prevê que não será objeto de deliberação a proposta de emenda tendente a abolir: 1. a forma federativa de Estado; 2. o voto direto, secreto, universal e periódico; 3. a separação dos Poderes; 4. os direitos e garantias individuais.

A emenda à Constituição tem limitações circunstanciais. O texto constitucional estabelece que não poderá haver tramitação da emenda constitucional na vigência de intervenção federal (art. 34), de estado de defesa (art. 136) ou de estado de sítio (art. 137). "São limitações que pretendem evitar modificações na Constituição em certas ocasiões anormais e excepcionais dos órgãos incumbidos da reforma."[61] "Trata-se de regra que visa permitir que a emenda constitucional apenas tramite em momentos de paz social. Entendeu, portanto, que o processo de inovação da Lei Maior deve ser feito em momentos em que não haja qualquer perturbação. Trata-se de traço revelador do prestígio da Constituição Federal, que deve ser fruto de discussão serena e madura, sem ser influenciada por qualquer fator transitório."[62]

A emenda à Constituição tem limitações procedimentais, sendo que a matéria constante de proposta de emenda rejeitada ou havida por prejudicada não pode ser objeto de nova proposta na mesma sessão legislativa. Entende por sessão legislativa o período de reunião anual do Congresso Nacional. Nos termos do art. 57, da Constituição Federal, o Congresso Nacional reunir-se-á, anualmente, na Capital Federal, de 15 de fevereiro a

---

61 MORAES, Alexandre. **Direito constitucional**. 5ª ed., São Paulo: Atlas, 1999, p. 526.

62 ARAUJO, Luiz Alberto David; NUNES JÚNIOR, Vidal Serrano. **Curso de direito constitucional**. São Paulo: Saraiva, 1998, p. 260.

30 de junho e de 1º de agosto a 15 de dezembro. A sessão legislativa compreende o período de trabalho regular, sendo que as sessões são denominadas ordinárias. No período de recesso parlamentar não há sessões ordinárias, podendo ser convocadas sessões extraordinárias para assuntos de real importância.

A limitação procedimental prevista no art. 60, § 5º, da Constituição Federal revela mais um traço da rigidez constitucional, vez que as leis complementar e ordinária poderão constituir objeto de novo projeto, na mesma sessão legislativa, mediante proposta da maioria absoluta dos membros de qualquer das Casas do Congresso Nacional.

5.5.2 Leis Complementares

A Lei Complementar à Constituição destina-se, pelo próprio nome, a complementar a Carta Magna, conforme determinação desta. É o próprio texto constitucional que prevê essa complementação. Não havendo a referida determinação, não há que se falar em lei complementar. A lei complementar é hierarquicamente inferior à Constituição e superior à lei ordinária, sendo mais rígida que a última. A lei complementar é norma constitucional secundária, sendo a Constituição norma constitucional primária. Alexandre de Moraes anota que "a razão de existência da lei complementar consubstancia-se no fato de o legislador constituinte ter entendido que determinadas matérias, apesar da evidente importância, não deveriam ser regulamentadas na própria Constituição Federal, sob pena de engessamento de futuras alterações; mas, ao mesmo tempo, não poderiam comportar constantes alterações através de um processo legislativo ordinário. O legislador constituinte pretendeu resguardar determinadas matérias de caráter infraconstitucional contra alterações volúveis e constantes, sem, porém, lhes exigir a rigidez que impedisse a modificação de seu tratamento, assim que necessário".[63]

"As leis complementares equivalem a um *tertium genus*. De um lado, não comportam a rigidez de uma emenda constitucional, de outro,

---

63 MORAES, Alexandre. **Direito constitucional**. 5ª ed., São Paulo: Atlas, 1999, p. 417.

não se submetem ao processo de feitura das leis ordinárias, pelo que não perdem sua vigência com a simples edição de leis comuns supervenientes."[64]

Cabe anotar que há três posições que tratam da hierarquia entre a lei complementar e ordinária. A primeira entende que não existe hierarquia entre a lei complementar e a lei ordinária, pois ambas retiram seu fundamento de validade da Constituição. Na verdade, segundo pondera Celso Bastos e Michel Temer, ocorre a mera diversidade do campo de incidência destas leis, vez que regulam matérias diversas. A segunda posição entende que a lei complementar só será hierarquicamente superior à lei ordinária, se a lei complementar servir de fundamento jurídico para outra espécie normativa, como no caso previsto no art. 22, parágrafo único, do Texto Constitucional. Para a terceira posição, a lei complementar é hierarquicamente superior à lei ordinária, tendo em vista a exigência de quórum superior para sua aprovação (maioria absoluta). Cremos que a terceira posição é a mais acertada, sendo defendida por Manoel Gonçalves Ferreira Filho, Pontes de Miranda e Geraldo Ataliba.

Para Uadi Lammêgo Bulos, as "leis votadas através de maioria relativa não têm a mesma envergadura daqueloutras submetidas ao critério da maioria absoluta. Isto explica por que as leis complementares não podem ser revogadas por leis ordinárias, que lhes sejam compatíveis. O contrário, contudo, é admissível, devido a uma questão de natureza funcional".[65]

As diferenças entre a lei complementar e a lei ordinária pode ser identificada em dois aspectos:

1. formal;
2. material.

No aspecto formal a diferença é verificada no quórum para aprovação. O quórum de aprovação da lei ordinária é de maioria simples (art. 47). O quórum de aprovação da lei complementar é de maioria absoluta (art. 69).

---

[64] BULOS, Uadi Lammêgo.**Constituição Federal anotada**. 2ª ed., rev. e atual., São Paulo, 2001, p. 732.

[65] BULOS, Uadi Lammêgo.**Constituição Federal anotada**. 2ª ed., rev. e atual., São Paulo, 2001, p. 733.

No aspecto material é verificada pelo conteúdo. O conteúdo da lei complementar é indicado expressamente pela Constituição. No caso de silêncio, ou simplesmente pela designação do termo lei, esta será ordinária. Toda a lei que não trouxer o qualificado complementar será ordinária. Parte da doutrina não vislumbra essa especialidade no conteúdo, entendendo que a lei complementar pode regular qualquer matéria, e não apenas aquelas indicadas pela Constituição. O que não nos parece correto, vez que lei complementar pela própria natureza jurídica apresenta conteúdo constitucional.

Em resumo, a lei complementar se caracteriza pelo conteúdo determinado pelo Texto Constitucional e pelo quórum para aprovação de maioria absoluta. Dessa forma, as leis complementares seguem o mesmo procedimento das leis ordinárias, com o *plus* do quórum para aprovação (art. 69).

A Constituição Federal prevê inúmeros casos de elaboração de Lei Complementar, inclusive para que o preceito constitucional disponha de eficácia plena, como, por exemplo, os arts. 7º, I, 22, parágrafo único, e 128, § 5º. A expressão Lei Complementar surgiu, inicialmente, com a EC n. 4 (Ato Adicional), de 2-9-1961, que instituiu o regime parlamentarista de governo, sendo que seu art. 22 previa a complementação. Antes do referido diploma, empregava-se a expressão lei orgânica. Revogada a EC n. 4/61, o respectivo ato normativo deixou de existir, sendo posteriormente reintroduzido no nosso sistema jurídico com a Emenda Constitucional n. 17/65.

5.5.3 Leis Ordinárias

A Lei Ordinária é o ato normativo com procedimento legislativo comum ou ordinário, sendo assim denominado, com o intuito de não ser confundida com as leis complementares e delegadas. A lei ordinária é elaborada pelo Poder Legislativo em sua atividade comum. Sempre que o texto constitucional se referir ao termo lei, este deve ser entendido como lei ordinária. Outrossim, o termo lei indica a norma elaborada por intermédio do processo legislativo, não devendo ser confundida com outras espécies de normas (medidas provisórias, decretos, portarias etc.). O presente estudo ao tratar do processo legislativo apresentou o procedimento ordinário (iniciativa, aprovação e execução).

A lei ordinária pode regular qualquer matéria, exceto aquelas reservada às leis complementares e as de competência exclusiva do Congresso Nacional ou de suas Casas Legislativas (arts. 49, 51 e 52 da CF).

Ao lado do procedimento legislativo comum para a elaboração da lei ordinária, o texto constitucional prevê a possibilidade do procedimento de urgência previsto no art. 64 § 1º, que estabelece a possibilidade do Presidente da República solicitar urgência na apreciação de projetos de sua iniciativa. O referido artigo consagrou o procedimento abreviado, sendo estabelecido um prazo total de cem dias. Nesse caso, a Câmara dos Deputados e o Senado Federal têm cada qual quarenta e cinco dias para apreciação do projeto, a contar do recebimento. Se o Senado apresentar emendas, a Câmara terá um prazo de dez dias para apreciação das emendas. Esses prazos não correm no período de recesso parlamentar, nem se aplicam aos projetos de código. Se a Câmara dos Deputados e o Senado Federal não se manifestarem, cada qual, sucessivamente, em até quarenta e cinco dias, sobre a proposição, será esta incluída na ordem do dia, sobrestando-se a deliberação quanto aos demais assuntos, para que se ultime a votação.

Cabe lembrar que o art. 51, § 3º, do Texto Constitucional anterior, estabelecia que na falta de deliberação dentro dos prazos estabelecidos, cada projeto será incluído automaticamente na ordem do dia, em regime de urgência, nas dez sessões subsequentes em dias sucessivos; se, ao final dessas, não for apreciado, considerar-se-á definitivamente aprovado. Com o advento da Constituição Federal de 1988 não há mais a aprovação dos projetos de lei por decurso de prazo.

5.5.4 Leis Delegadas

A Lei Delegada é o ato normativo elaborado pelo Presidente da República, em casos expressos, devido à delegação do Poder Legislativo (art. 68). As leis delegadas são equiparadas às leis ordinárias, pelas quais podem ser alteradas ou revogadas. "A lei é qualificada de delegada porque, para o presidente da República editá-la, é imprescindível existir prévia autorização do Poder Legislativo. Daí a possibilidade de o Parlamento estabelecer limites a este ato externo de delegação legiferante, aceito em nome da eficiência do Estado. Para uma lei delegada ser aprovada, urge que o Congresso Nacional a autorize por meio de uma resolução. Só a partir do cumprimento dessa formalidade é que o chefe do Executivo poderá editá-la, possibilitando-lhe ingressar na ordem jurídica, no posto de ato normativo primário, derivado de pronto da Constituição, à semelhança das demais espécies do art. 59."[66]

Nos termos do art. 68, § 1º, I, II e III, da Constituição Federal, não serão objeto de delegação os seguintes casos:

1. atos da competência exclusiva do Congresso Nacional (art. 49);

2. atos de competência exclusiva da Câmara dos Deputados (art. 51);

3. atos de competência exclusiva do Senado (art. 52);

4. as matérias reservadas à Lei Complementar;

5. legislação sobre organização do Poder Judiciário e do Ministério Público, a carreira e a garantia de seus membros;

6. legislação sobre nacionalidade, cidadania, direitos individuais, políticos, eleitoral; e

7. legislação sobre planos plurianuais, diretrizes orçamentárias e orçamentos.

A iniciativa da Lei Delegada cabe exclusivamente ao Presidente da República. "As leis delegadas serão elaboradas pelo Presidente da República, que deverá solicitar a delegação ao Congresso Nacional, assim a iniciativa exclusiva e discricionariamente exercida pelo Chefe do Poder Executivo é denominada *iniciativa solicitadora*."[67]

O Congresso Nacional aprova a delegação ao Presidente da República por intermédio de resolução, que especificará o seu conteúdo e os termos de seu exercício (art. 68, § 2º, da CF). Se a resolução determinar a apreciação do projeto pelo Congresso Nacional, este a fará em votação única, vedada qualquer emenda (art. 68, § 3º, da CF). Assim, o projeto de lei delegada poderá ser ou não apreciado pelo Congresso Nacional. Se a resolução não determinar a apreciação pelo Congresso Nacional, dispen-

---

66 BULOS, Uadi Lammêgo.**Constituição Federal anotada.** 2ª ed., rev. e atual., São Paulo, 2001, p. 735.

67 MORAES, Alexandre. **Direito constitucional.** 5ª ed., São Paulo: Atlas, 1999, p. 544.

sa-se a sanção, passando-se à promulgação e publicação no âmbito do Poder Executivo. Não se cogita no veto do projeto de lei delegada, pois não seria lógico o Presidente da República vetar o projeto que ele próprio elaborou. Nesse sentido, Alexandre de Moraes explica que "o Presidente da República elaborará o texto normativo, promulgando-o e determinando sua publicação, uma vez que se a ratificação parlamentar não for exigida, todo o restante do processo legislativo se esgotará no interior do Poder Executivo (*delegação típica ou própria*). (...) Haverá, entretanto, a possibilidade de o Congresso Nacional estabelecer na resolução que concede a delegação a determinação de que o projeto elaborado pelo Presidente da República deverá retornar ao Legislativo para apreciação em votação única, vedada a apresentação de qualquer emenda, no que se denomina delegação *atípica ou imprópria*. Nestes casos, se o Parlamento aprovar *in totum* o projeto, o Presidente da República efetivará a promulgação e determinará sua publicação. Se ocorrer o contrário, rejeição integral do projeto, este será arquivado, somente podendo ser reapresentado nos termos do art. 67 da Constituição Federal".[68]

Cabe ressaltar, conforme afirmado, que a lei delegada é norma da mesma hierarquia da lei ordinária. Assim, a lei ordinária pode ser revogada por lei delegada e vice-versa.

5.5.5 Medidas Provisórias

A medida provisória é o ato normativo com força de lei, editado pelo Presidente da República em caso de relevância e urgência, que deve ser submetida de imediato ao Congresso Nacional (art. 62 da CF).

O art. 62, *caput*, da Constituição Federal estabelece dois pressupostos de expedição ou admissibilidade da medida provisória: relevância e urgência. As referidas situações são indicadas cumulativamente, ou seja, não basta somente a relevância ou a urgência, a medida provisória surge em caso de relevância e urgência. Paulo de Barros Carvalho afirma que "os requisitos assinalados pelo legislador constituinte são para valer. Exige-se

---

[68] MORAES, Alexandre. **Direito constitucional**. 5ª ed., São Paulo: Atlas, 1999, p. 544-545.

simultaneidade de ambos, sem o qual inexistirá clima jurídico para a produção da medida".[69]

A matéria relevância e urgência apresenta um conteúdo político, ou seja, cabe ao Presidente da República na sua atividade discricionária de administrar determinar as matérias relevantes e urgentes. Trata-se de um critério subjetivo da Presidência da República.

Após a edição da medida provisória, o conteúdo político da medida provisória deve passar pelo crivo do Poder Legislativo. Assim, se pode afirmar que a matéria relevância e urgência se insere na discricionariedade do Poder Executivo e Legislativo.

O Congresso Nacional deve analisar, previamente, se a medida provisória atende os pressupostos de relevância e urgência.[70] Quais os parâmetros que devem ser pautados pelo Congresso Nacional para verificar se o conteúdo de uma medida provisória é relevante e urgente.

O Dicionário Aurélio indica como relevante aquilo que é importante ou necessário[71] e urgente aquilo que é necessário ser feito com rapidez.[72]

---

69 CARVALHO, Paulo de Barros. **Curso de direito tributário**. São Paulo: Saraiva, 1991, p. 50.

70 Art. 62, § 5º, da Constituição Federal: "A deliberação de cada uma das Casas do Congresso Nacional sobre o mérito das medidas provisórias dependerá de juízo prévio sobre o atendimento de seus pressupostos constitucionais". O arts. 5º e 8º da Resolução n. 1, de 2002, do Congresso Nacional, que dispõe sobre a apreciação, pelo Congresso Nacional, das Medidas Provisórias, estabelece que o Congresso Nacional deve verificar se a Medida Provisória atende aos pressupostos de relevância e urgência: "Art. 5º. A Comissão terá o prazo improrrogável de 14 (quatorze) dias, contado da publicação da Medida Provisória no *Diário Oficial da União* para emitir parecer único, manifestando-se sobre a matéria, em itens separados, quanto aos aspectos constitucional, inclusive sobre os pressupostos de relevância e urgência, de mérito, de adequação financeira e orçamentária e sobre o cumprimento da exigência prevista no § 1º do art. 2º. Art. 8º O Plenário de cada uma das Casas do Congresso Nacional decidirá, em apreciação preliminar, o atendimento ou não dos pressupostos constitucionais de relevância e urgência de Medida Provisória ou de sua inadequação financeira ou orçamentária, antes do exame de mérito, sem a necessidade de interposição de recurso, para, ato contínuo, se for o caso, deliberar sobre o mérito".

71 FERREIRA, Aurélio Buarque de Holanda. **Novo Aurélio século XXI: o dicionário da língua portuguesa**. 3ª ed. rev. e amp., Rio de Janeiro: Nova Fronteira, 1999, p. 1737: "Relevante. Que releva. Que sobressai ou ressalta; saliente, proeminente, protuberante. De grande valor, conveniência ou interesse; importante. Aquilo que importa ou é necessário".

72 FERREIRA, Aurélio Buarque de Holanda. **Novo aurélio século XXI: o dicionário da língua portuguesa**. 3ª ed. rev. e amp., Rio de Janeiro: Nova Fronteira, 1999, p. 2034:

A relevância e a urgência podem ser caracterizadas como o que afeta matérias de interesse nacional sobre as quais o Congresso não disporia de tempo hábil para se manifestar.

Urgente é aquilo que deve ser realizado com extrema rapidez, com o intuito de atingir o bem comum, atividade precípua do Estado. A urgência pressupõe que a não realização do ato no momento da edição da medida provisória a tornará ineficaz se editada posteriormente. Qual o lapso temporal da urgência? Por analogia podemos concluir que é urgente a medida que deva ser tomada, resolvida ou editada em menos de cem dias, pois caso contrário, o Presidente da República pode se utilizar do procedimento legislativo sumário,[73] previsto no art. 64 da Constituição Federal.

"Convém salientar que urgente é o que deve ser feito com extrema rapidez, sob pena de não surtir o efeito desejado, ou na linguagem de Aurélio: iminente, impendente e interesse público relevante é o que se superpõe, se sobreleva. A relevância é de tal importância, que sua não realização

---

"**Urgência**. Qualidade de urgente. Caso ou situação de emergência, de urgência. **Urgente**. Que urge; que é necessário ser feito com rapidez. Indispensável, imprescindível. Iminente, impendente".

73 O **procedimento legislativo sumário** é o abreviado destinado à elaboração de leis ordinárias em regime de urgência solicitado pelo Presidente da República, nos termos do art. 64, § 1º, que dita: "O Presidente da República poderá solicitar urgência para apreciação de projetos de sua iniciativa". Dessa forma, ao lado do procedimento legislativo comum para a elaboração da lei ordinária, o texto constitucional prevê a possibilidade do procedimento de urgência previsto no art. 64, § 1º, que estabelece a possibilidade de o Presidente da República solicitar urgência na apreciação de projetos de sua iniciativa. O referido artigo consagrou o **procedimento abreviado**, sendo estabelecido um prazo total de cem dias. Nesse caso, a Câmara dos Deputados e o Senado Federal têm cada qual quarenta e cinco dias para apreciação do projeto, a contar do recebimento. Se o Senado apresentar emendas, a Câmara terá um prazo de dez dias para apreciação das emendas. Esses prazos não correm no período de recesso parlamentar, nem se aplicam aos projetos de código. Se a Câmara dos Deputados e o Senado Federal não se manifestarem, cada qual, sucessivamente, em até quarenta e cinco dias, sobre a proposição, será esta incluída na ordem do dia, sobrestando-se a deliberação quanto aos demais assuntos, para que se ultime a votação.

poderá afetar a ordem pública. Entrelaçam-se a urgência e o interesse público relevante, porque iminente e necessária é sua concretização."[74]

"Evidentemente resulta que as hipóteses de emissão das medidas provisórias são excepcionalíssimas, apenas se justificando diante de realidades extraordinárias para a vida institucional do país ou para atender a urgente necessidade da vida política."[75]

Saulo Ramos afirma que "é inquestionável que as medidas provisórias constituem, no plano de organização do Estado e na esfera das relações institucionais entre os Poderes Executivo e Legislativo, um instrumento de uso excepcional. Afinal, a emanação desses atos pelo Presidente da República configura momentânea derrogação do princípio constitucional da separação dos Poderes"[76]. Para Carlos Miguel Aidar "a agilização do Executivo não pode se sobrepor ao ordenamento jurídico nacional, ao equilíbrio entre os Poderes e à plena democracia".[77]

O Texto Constitucional não explicitou o objeto *ratione materiae* das medidas provisórias, deixando claramente ao alvitre do Presidente da República a conveniência e a oportunidade das referidas medidas.

A Emenda Constitucional n. 32, de 11 de setembro de 2001, acrescentou o § 1º e incisos I a IV ao art. 62 da Constituição Federal, estabeleceu o que não pode ser objeto de medida provisória, consagrando em alguns aspectos a jurisprudência do Supremo Tribunal Federal:

"§ 1º É vedada a edição de medidas provisórias sobre matéria:

I – relativa a:

a) nacionalidade, cidadania, direitos políticos e direito eleitoral;

b) direito penal, processual penal e processual civil;

---

74 SZKLAROWSKY, Leon Frejda. **Medidas provisórias**. São Paulo: Revista dos Tribunais, 1991, p. 39-40.

75 OLIVEIRA, Regis Fernandes de; FERREIRA, José Rodrigues. **Processo legislativo: contribuição ao debate**. Brasília: Câmara dos Deputados, Coordenação de Publicações, 1996, p. 40.

76 RAMOS, Saulo. Parecer SR92, Medida Provisória. *DOU* 23-6-89.

77 AIDAR, Carlos Miguel. **Pela extinção das medidas provisórias**. *Folha de S.Paulo*, quarta-feira, 25-04-2001, p. A3.

c) organização do Poder Judiciário e do Ministério Público, a carreira e a garantia de seus membros;

d) planos plurianuais, diretrizes orçamentárias, orçamento e créditos adicionais e suplementares, ressalvado o previsto no art. 167, § 3º;

II – que vise a detenção ou sequestro de bens, de poupança popular ou qualquer outro ativo financeiro;

III – reservada a lei complementar;

IV – já disciplinada em projeto de lei aprovado pelo Congresso Nacional e pendente de sanção ou veto do Presidente da República".

Os art. 246 da Constituição Federal e o art. 73 do Ato das Disposições Constitucionais Transitórias trazem, igualmente, limitações à edição das medidas provisórias:

"Art. 246. É vedada a adoção de medida provisória na regulamentação de artigo da Constituição cuja redação tenha sido alterada por meio de emenda promulgada entre 1º de janeiro de 1995 até a promulgação desta emenda, inclusive".

"Art. 73. Na regulação do Fundo Social de Emergência não poderá ser utilizado o instrumento previsto no inc. V do art. 59 da Constituição."

Por sua vez, o art. 62, § 2º, da Constituição Federal traz limitação temporal à edição de medida provisória ao estabelecer que "medida provisória que implique instituição ou majoração de impostos, exceto os previstos nos arts. 153, I, II, IV, V, e 154, II, só produzirá efeitos no exercício financeiro seguinte se houver sido convertida em lei até o último dia daquele em que foi editada".

As medidas provisórias só podem ser aprovadas expressamente pelo Congresso Nacional. As medidas provisórias perderão eficácia, desde a edição, se não forem convertidas em lei no prazo de sessenta dias, prorrogável uma vez por igual período, devendo o Congresso Nacional disciplinar, por decreto legislativo, as relações jurídicas delas decorrentes (art. 62, § 3º, da CF). Prorrogar-se-á uma única vez por igual período a vigência de medida provisória que, no prazo de sessenta dias, contado de sua publicação, não tiver a sua votação encerrada nas duas Casas do Congresso Nacional (art. 62, § 7º, da CF).

O prazo de sessenta dias contar-se-á da publicação da medida provisória, suspendendo-se durante os períodos de recesso do Congresso Nacional (art. 62, § 4º, da CF).

As medidas provisórias terão sua votação iniciada na Câmara dos Deputados (art. 62, § 8º, da CF). A deliberação de cada uma das Casas do Congresso Nacional sobre o mérito das medidas provisórias dependerá de juízo prévio sobre o atendimento de seus pressupostos constitucionais (art. 62, § 5º, da CF).

Caberá à comissão mista de deputados e senadores examinar as medidas provisórias e sobre elas emitir parecer, antes de serem apreciadas, em sessão separada, pelo plenário de cada uma das Casas do Congresso Nacional (art. 62, § 9º, da CF). A Resolução n. 1 de 2002 do Congresso Nacional que dispõe sobre a apreciação de medidas provisórias estabelece que nas 48 (quarenta e oito) horas que se seguirem à publicação, no *Diário Oficial da União*, de medida provisória adotada pelo Presidente da República, a Presidência da Mesa do Congresso Nacional fará publicar e distribuir avulsos da matéria e designará Comissão Mista para emitir parecer sobre ela.

A Comissão Mista, que possui atribuição de analisar previamente as medidas provisórias, será integrada por 12 (doze) senadores e 12 (doze) deputados e igual número de suplentes indicados pelos respectivos líderes, obedecida, tanto quanto possível, a proporcionalidade dos partidos ou blocos parlamentares em cada Casa.

No prazo dos seis primeiros dias que se seguirem à publicação da medida provisória no *Diário Oficial da União* poderão a ela ser oferecidas emendas. Estas somente podem ser oferecidas pela Comissão, sendo vedada a apresentação de emenda que verse sobre matéria estranha àquela tratada na Medida Provisória.

A Comissão Mista terá o prazo improrrogável de 14 dias, contados da publicação da medida provisória no *Diário Oficial da União* para emitir parecer único, manifestando-se sobre a matéria quanto aos pressupostos de admissibilidade e ao mérito. Preliminarmente, a Comissão deve analisar três aspectos: 1. a relevância e a urgência; 2. a adequação financeira e orçamentária e 3. se a medida provisória encontra-se acompanhada da respectiva mensagem e de documento expondo a motivação do ato.

A relevância e a urgência já foram devidamente investigadas. O exame de compatibilidade e adequação orçamentária e financeira da medida provisória abrange a análise da repercussão sobre a receita ou a despesa pública da União e da implicação quanto ao atendimento das normas orçamentárias e financeiras vigentes. A mensagem e a motivação são documentos que devem acompanhar a medida provisória, sendo requisito formal. Se a comissão se manifestar pelo não atendimento dos citados requisitos, assim mesmo deve se pronunciar sobre o mérito da medida provisória.

No que tange ao mérito, a Comissão poderá emitir parecer pela aprovação total ou parcial ou alteração da medida provisória ou pela sua rejeição; e, ainda, pela aprovação ou rejeição de emenda a ela apresentada, devendo concluir quando resolver por qualquer alteração de seu texto pela apresentação de projeto de lei de conversão relativo à matéria; e pela apresentação de projeto de decreto legislativo, disciplinando as relações jurídicas decorrentes da vigência dos textos suprimidos ou alterados, o qual terá sua tramitação iniciada na Câmara dos Deputados. Aprovado o parecer, será este encaminhado à Câmara dos Deputados, acompanhado do processo e, se for o caso, do projeto de lei de conversão e do projeto de decreto legislativo. A matéria será apreciada respectivamente pela Câmara dos Deputados e Senado Federal.

Se a medida provisória não for apreciada em até quarenta e cinco dias contados de sua publicação, entrará em regime de urgência, subsequentemente, em cada uma das Casas do Congresso Nacional, ficando sobrestadas, até que se ultime a votação, todas as demais deliberações legislativas da Casa em que estiver tramitando (art. 62, § 6º, da CF). Havendo medidas provisórias em vigor na data de convocação extraordinária do Congresso Nacional, serão elas automaticamente incluídas na pauta de votação (art. 57, § 8º).

Cinco situações podem ocorrer no lapso temporal de sessenta dias previsto no art. 62, § 3º, da Constituição Federal:

1. aprovação da medida provisória;

2. aprovação da medida provisória com modificações pelo Congresso Nacional;

3. rejeição expressa pelo Congresso Nacional;

4. rejeição tácita pelo Congresso Nacional, por decurso de prazo;

5. prorrogação da medida provisória uma única vez.

1. As medidas provisórias aprovadas pelo Congresso Nacional serão convertidas em lei. Nesse caso, a medida provisória foi aprovada sem alteração de mérito, sendo o seu texto promulgado pelo Presidente da Mesa do

Congresso Nacional para publicação, como Lei, no *Diário Oficial da União*.

2. A medida provisória poderá sofrer emendas em seu texto original. Nesse caso, o Congresso Nacional elaborará projeto de lei de conversão relativa à matéria; sendo aprovado, será encaminhado, pela Casa onde houver concluído a votação, à sanção do Presidente da República. Aprovado o projeto de lei de conversão alterando o texto original da medida provisória, esta manter-se-á integralmente em vigor até que seja sancionado ou vetado o projeto (art. 62, § 12, da CF).

Nesse caso, o Congresso Nacional deve disciplinar, mediante decreto legislativo, as relações jurídicas decorrentes da vigência dos textos suprimidos ou alterados.

3. A medida provisória rejeitada por qualquer das Casas do Congresso Nacional será arquivada, baixando o Presidente da Casa que assim se pronunciar comunicação do fato ao Presidente da República, fazendo publicar no *Diário Oficial da União* ato declaratório de rejeição da medida. Nesse caso, o Congresso Nacional disciplinará as relações jurídicas decorrentes da vigência da Medida, por intermédio de Decreto Legislativo. Não editado o decreto legislativo até sessenta dias após a rejeição ou perda de eficácia de medida provisória, as relações jurídicas constituídas e decorrentes de atos praticados durante sua vigência conservar-se-ão por ela regidas (art. 62, § 11, da CF).

A Emenda Constitucional n. 32/01 limitou expressamente a reedição das medidas provisórias (art. 62, §§ 3º e 7º, da CF). Outrossim, o art. 62, § 10, do Texto Constitucional estabelece que "é vedada a reedição, na mesma sessão legislativa, de medida provisória que tenha sido rejeitada ou que tenha perdido sua eficácia por decurso de prazo".

No caso de rejeição, o Congresso Nacional elaborará decreto legislativo, disciplinando as relações jurídicas decorrentes da vigência da medida. Se o referido decreto legislativo não for editado até sessenta dias após a rejeição ou perda de eficácia de medida provisória, as relações jurídicas constituídas e decorrentes de atos praticados durante sua vigência conservar-se-ão por ela regidas (art. 62, § 12, da CF).

4. No caso de rejeição tácita por decurso de prazo, a medida provisória perde a eficácia. Nesse caso, a medida provisória não pode ser reeditada.

O Congresso Nacional elaborará decreto legislativo, disciplinando as relações jurídicas decorrentes da vigência da medida. Quando expirar o prazo integral de vigência de medida provisória, incluída a prorrogação de que tratam os §§ 3º e 7º do art. 62 da Constituição Federal, como a redação dada pela Emenda Constitucional n. 32, de 2001, o Presidente da Mesa do Congresso Nacional comunicará o fato ao Presidente da República, fazendo publicar no *Diário Oficial da União* ato declaratório de encerramento do prazo de vigência de medida provisória.

5. A sistemática adota pela Emenda Constitucional n. 32/01 estabelece que a medida provisória só poderá ser reeditada uma única vez, no mesmo prazo de sessenta dias, contado da publicação, se não tiver a sua votação encerrada nas duas Casas do Congresso Nacional (art. 62, § 7º, da CF). A Emenda Constitucional veda a reedição da medida provisória na mesma sessão legislativa.

A medida provisória é indubitavelmente sucessora do antigo decreto-lei, previsto nos arts. 46, V, e 55 da Constituição anterior, que foi o instrumento legislativo utilizado abusivamente pelo Presidente da República. A medida provisória inspirada no modelo italiano é o instrumento do intervencionismo estatal, substitutivo do decreto-lei.

O confronto entre o decreto-lei (CF 1967)[78] e a medida provisória (CF 1988) permite destacar algumas diferenças entre os dois institutos:

---

[78] **CF 1967**

Art. 46. O processo legislativo compreende a elaboração de:

....

V – decretos-lei

....

Art. 55. O Presidente da República, em caso de urgência ou de interesse público relevante, e desde que não haja aumento de despesa, poderá expedir decretos-leis sobre as seguintes matérias:

I – segurança nacional;

II – finança pública, inclusive normas tributárias; e

III – criação de cargos públicos e fixação de vencimentos.

§ 1º Publicado o texto, que terá vigência imediata, o decreto-lei será submetido pelo Presidente da República ao Congresso Nacional, que o aprovará ou rejeitará, dentro de

1. os pressupostos de expedição do decreto-lei eram apresentados alternativamente (em casos de urgência ou de interesse relevante) ao passo que os da medida provisória são indicados cumulativamente (em caso de relevância e urgência);

2. o decreto-lei estava subordinado a uma condição (inocorrência de aumento de despesa) e apontava as matérias que podiam ter por objeto, enquanto a medida provisória não depende de nenhuma condição financeira e pode, em princípio, versar sobre toda e qualquer matéria, ressalvadas as limitações impostas pela Constituição Federal;

3. o decreto-lei, em caso de ausência da manifestação do Congresso Nacional, era havido como definitivamente aprovado (decurso de prazo) e a medida provisória, para ser convertida em lei, não prescinde de expressa aprovação do Congresso Nacional;

4. a rejeição do decreto-lei não acarretava a nulidade dos atos praticados durante a sua vigência ao passo que a medida provisória não tem eficácia, desde a edição, se não for convertida em lei, cabendo ao Congresso Nacional disciplinar as relações jurídicas dela decorrentes;

5. o decreto-lei somente poderia ser aprovado ou rejeitado *in totum*, não permitindo a apresentação de emendas por parte dos parlamentares; o mesmo não ocorrendo com as medidas provisórias.[79]

5.6 Decretos Legislativos

O Decreto Legislativo é ato normativo administrativo de deliberação do Congresso Nacional sobre matéria de sua exclusiva competência. São aprovados por maioria simples (art. 47). Os decretos legislativos não são remetidos ao Presidente da República para sanção, na medida em que não têm caráter de lei. A promulgação do decreto legislativo é realizada pelo Presidente do Senado, que os manda publicar, na qualidade de Presidente do Congresso Nacional, nos termos do art. 48, n. 28, do Regimento Interno

---

sessenta dias a contar do seu recebimento, não podendo emendá-lo; se, nesse prazo, não houver deliberação, aplicar-se-á o disposto no § 3º do art. 51.

§ 2º A rejeição do decreto-lei não implicará a nulidade dos atos praticados durante a sua vigência.

79 MORAES, Alexandre de. **Direito constitucional**. 23ª ed., São Paulo: Atlas, 2008, p. 681-682.

do Senado Federal que determina que compete ao Presidente do Senado Federal promulgar as resoluções do Senado e os Decretos Legislativos.[80] Não há participação do Presidente da República, pois trata-se de assunto inerente à competência do Poder Legislativo. Os decretos legislativos possuem efeitos exteriores.

5.7 Resoluções

As resoluções regulam matéria de competência do Congresso Nacional, como do Senado e da Câmara, produzindo efeitos de natureza interna, como regra. Cabe anotar a existência de resoluções que produzem efeitos externos, como, por exemplo, os arts. 68, § 2º, e 155, § 2º, V, *a*, ambos da Constituição Federal. Segundo a correta técnica legislativa, os decretos legislativos produzem efeitos externos, ao passo que as resoluções produzem efeitos internos. Da análise do nosso sistema jurídico, podemos afirmar que os decretos legislativos produzem efeitos externos e as resoluções, efeitos internos como regra geral e efeitos externos como exceção. As resoluções só terão efeitos externos quando expressamente determinadas pelo Texto Constitucional.

Da mesma forma que os decretos legislativos, as resoluções não estão sujeitas a sanção do Presidente da República. A promulgação da resolução é realizada pelo Presidente ou Mesa da Casa Legislativa que as expedir. Quando se tratar de resolução do Congresso Nacional, a promulgação é feita pelo Presidente ou Mesa do Senado Federal.[81]

Uadi Lammêgo Bulos entende que "todos os atos do Congresso Nacional, ou de qualquer de suas Casas, tomados à luz de um procedimento diverso daquele estabelecido para a elaboração das demais espécies normativas do art. 59, são resoluções. Levou-se em conta o critério residual, para

---

80 Art. 48. Ao Presidente compete: 28 — promulgar as Resoluções do Senado e os Decretos Legislativos (Regimento Interno do Senado Federal).

81 Art. 200, § 2º, do Regimento Interno da Câmara dos Deputados: "As resoluções da Câmara serão promulgadas pelo presidente no prazo de duas sessões após o recebimento dos autógrafos, que, não o fazendo, caberá aos vice-presidentes, segundo a sua numeração ordinal, exercer tal prerrogativa".

se dizer o que são resoluções, pois existem matérias – da competência exclusiva do Congresso, ou da competência privativa da Câmara ou do Senado – que não podem ser dispostas por meio de decretos legislativos (arts. 49 e 62, parágrafo único), nem por intermédio de leis ordinárias ou complementares (arts. 51 e 52). (...) Mas como delimitar o campo incidência de uma resolução, dissociando-lhes das áreas em que atuam os decretos legislativos? A tradição constitucional brasileira consagrou o entendimento de que as resoluções não vêm mencionadas na Constituição, enquanto os decretos legislativos são expressamente referidos, a fim de exprimirem as deliberações do Congresso Nacional. Mais uma vez, parece-nos que o critério residual, acima dito, cumpre ser lembrado para se estipular o campo de incidência das resoluções. Significa que esse degrau normativo poderá ser concebido por exclusão. A matéria que sobra ou resta integra-lhe o núcleo conceitual. Normalmente, são aqueles assuntos genéricos, que escapolem à área de atribuição das outras espécies do art. 59. Por isso, competem às resoluções disporem sobre as deliberações do Congresso Nacional, ou de suas Casas, apoiadas na Constituição e nos regimentos internos da Câmara dos Deputados e do Senado Federal".[82]

6 COSTUME JURÍDICO

O termo costume deriva do latim *consuetudine*, de *consuetumine*, que significa uso, hábito, prática geralmente observada.

Costume jurídico, direito costumeiro, direito consuetudinário são as denominações usuais de uma das formas mais antigas de revelação do direito. "Historicamente, o costume é a forma primeira de elaboração da norma jurídica. Quando um grupo social adota uma prática reiterada de agir, sua repetição constante a transforma em regra de comportamento, que o tempo consolida em princípio de direito".[83] "No direito antigo, desfruta-

---

82 BULOS, Uadi Lammêgo. **Constituição Federal anotada.** 2ª ed. rev. e atual, São Paulo: Saraiva, 2001, p. 740-741.

83 PEREIRA, Caio Mário da Silva. **Instituições de direito civil: introdução ao direito civil e teoria geral do direito civil**. v. 1, 19ª ed. rev. e atual., Rio de Janeiro: Forense, 1998, p. 44.

va o costume de larga projeção, devido à escassa função legislativa e ao número limitado de leis escritas. Ainda, hoje, nos países de direito costumeiro, como a Inglaterra, saliente é seu papel como fonte do direito, desde que consagrado nos precedentes judiciários. No direito moderno, porém, de um modo geral, chegada a hora das codificações, foi ele perdendo paulatinamente sua importância; mas nem por isso se converteu num ramo morto do direito, ou num conceito do passado. Continua a brotar da consciência jurídica popular, como inicial manifestação do direito".[84]

Nos sistemas jurídicos de direito escrito ou codificado, a lei é a fonte primária do direito, caracterizando-se o costume como fonte subsidiária ou supletiva. Mesmo nesses sistemas jurídicos, o costume apresenta um importante papel na manifestação do direito, podendo por vezes ser colocado ao lado da própria lei. Na verdade, é o sistema jurídico que indica a posição do costume, podendo se apresentar segundo a lei, na omissão da lei, ou, ainda, contra a própria lei.

O costume jurídico é também chamado de direito não escrito (*jus non scriptum*), em oposição ao direito escrito. Entretanto, na atualidade, o costume é, com frequência, formulado por escrito em repertórios e consolidações. Assim, podemos dizer que o direito consuetudinário se opõe não ao direito escrito, mas ao direito legislado.

Costume jurídico é a norma jurídica que resulta de uma prática geral constante e prolongada, observada com a convicção de que é juridicamente obrigatória.[85]

Marcus Cláudio Acquaviva ensina que o costume "é a prática social reiterada e considerada obrigatória. O costume demonstra o princípio ou a regra não escrita que se introduziu pelo uso, com o consentimento tácito de todas as pessoas que admitiram a sua força como norma a seguir na prática de determinados atos".[86] Washington de Barros Monteiro anota que

---

84 MONTEIRO, Washington de Barros. **Curso de direito civil: parte geral**. v. 1., 5ª ed. rev. e aum., São Paulo: Saraiva, 1967, p. 19.

85 MONTORO, André Franco. **Introdução à ciência do direito**. 23ª ed., São Paulo: Revista dos Tribunais, 1995, p. 347.

86 ACQUAVIVA, Marcus Cláudio. **Notas introdutórias ao estudo do direito**. 2ª ed., São Paulo: Ícone, 1990, p. 166-167.

"o costume deriva da longa prática uniforme, da geral e constante repetição de determinado comportamento. Sua legitimidade promana dessa reiteração, que produz a tendência à conformidade geral, transformando-a em ordem autoritária do ente coletivo".[87]

Alguns autores distinguem o uso do costume, advertindo que o segundo se distingue do uso social em geral porque a comunidade o considera obrigatório para todos (*opinio juris et necessitatis*), de tal sorte que a sua violação acarreta uma responsabilidade jurídica e não apenas reprovação social. Assim, verificamos a diferença entre o costume social e o costume jurídico.

Costume jurídico é a prática de uma forma de conduta, repetida de maneira uniforme e constante pelos membros de uma comunidade, acompanhada da convicção de sua obrigatoriedade, ou seja, uma prática geral aceita como sendo de direito.

6.1 O Costume como Fonte do Direito

O costume é consagrado pelo nosso sistema jurídico como fonte do direito. Podemos citar duas previsões legais para indicar o costume como fonte do direito, a saber: 1. art. 4º da Lei de Introdução às normas do Direito Brasileiro (Quando a lei for omissa, o juiz decidirá o caso de acordo com a analogia, os costumes e os princípios gerais de direito); e 2. art. 140 do Código de Processo Civil (O juiz não se exime de decidir sob alegação de lacuna ou obscuridade do ordenamento jurídico. No julgamento da lei caber-lhe-á aplicar as normas legais; não as havendo recorrerá à analogia, aos costumes e aos princípios gerais do direito).

6.2 Elementos do Costume Jurídico

As Ordenações Filipinas determinavam o respeito ao direito consuetudinário quando fosse longamente usado e previam que na falta de leis regulando a matéria os conflitos jurídicos deveriam ser resolvidos pelos

---

87 MONTEIRO, Washington de Barros. **Curso de direito civil: parte geral**. v. 1., 5ª ed. rev. e aum., São Paulo: Saraiva, 1967, p. 20.

estilos da Corte ou Costumes. Com a promulgação da Lei de 18-8-1769, que ficou conhecida como Lei da Boa Razão, o costume só era considerado como fonte subsidiária do direito mediante as seguintes condições: 1. ser conforme à boa razão; 2. não ser contrário às leis; 3. ter mais de cem anos.

Washington de Barros Monteiro anota cinco condições indispensáveis à vigência do costume: 1. sua continuidade; 2. sua uniformidade; 3. sua diuturnidade; 4. sua moralidade; e 5. sua obrigatoriedade.[88]

Maria Helena Diniz considera como elementos constitutivos do costume: 1. *a consuetudo* (uso); e 2. a *opinio juris et necessitatis* (convicção de que a norma é necessária).[89] Não é outro o entendimento de André Franco Montoro. Nessa esteira, podemos estabelecer dois elementos essenciais constitutivos do costume jurídico: 1. elemento objetivo; e 2. elemento subjetivo.

O elemento objetivo é o uso, ou seja, o elemento externo. É a repetição contínua, diuturna de um comportamento, durante certo lapso temporal. O costume precisa ser praticado por longo tempo, de forma constante e geral, aplicando-se a todos os casos compreendidos naquela espécie.

O elemento subjetivo é o psicológico, ou seja, o elemento interno. É a convicção ou consciência social de que o costume é necessário ao interesse da comunidade. Assim, é necessário a convicção de que o costume é obrigatório, de que constitui uma regra correspondente a uma necessidade.

Em suma:

Elementos do Costume Jurídico	Objetivo → Uso (Elemento Exterior)
	Subjetivo → Psicológico (Elemento Interior)

---

[88] MONTEIRO, Washington de Barros. **Curso de direito civil: parte geral**. v. 1., 5ª ed. rev. e aum., São Paulo: Saraiva, 1967, p. 20.

[89] DINIZ, Maria Helena. **Compêndio de introdução à ciência do direito**. 8ª ed. atual., São Paulo: Saraiva, 1995, p. 277.

6.3 Espécies de Costume Jurídico

Em relação à lei, são três as espécies de costume 1. *secundum legem* (segundo a lei); 2. *praeter legem* (na falta da lei – além da lei); e 3. *contra legem* (contra a lei).

O costume *secundum legem* é aquele que, embora não contido no preceito legal, é previsto, reconhecido e admitido como obrigatório pela lei. É o costume que está previsto na lei, que reconhece sua eficácia obrigatória. O costume é *secundum legem* quando a lei a ele se reporta expressamente e reconhece sua obrigatoriedade. Podemos concluir que, no costume *secundum legem*, o preceito consuetudinário, não contido na lei, é por ela prevista e admitida com eficácia obrigatória. Exemplos: arts. 569, II, 599 e 1.297, § 1º, todos do Código Civil de 2002.

"Art. 569. O locatário é obrigado:

....

II – a pagar pontualmente o aluguel nos prazos ajustados, e, em falta de ajuste, segundo o costume do lugar".

"Art. 599. Não havendo prazo estipulado, nem se podendo interferir da natureza do contrato, ou do costume do lugar, qualquer das partes, a seu arbítrio, mediante prévio aviso pode resolver o contrato."

"Art. 1.297. O proprietário tem direito a cercar, murar, valar, ou tapar de qualquer modo o seu prédio, urbano ou rural, e pode constranger o seu confinante a proceder com ele à demarcação entre os dois prédios, a aviventar rumos apagados e a renovar marcos destruídos ou arruinados, repartindo-se proporcionalmente entre os interessados as respectivas despesas.

§ 1º Os intervalos, muros, cercas e tapumes divisórios, tais como sebes vivas, cercas de arame ou de madeira, valas ou banquetas, presumem-se, até prova em contrário, pertencer a ambos os proprietários confinantes, sendo estes obrigados, de conformidade com os costumes da localidade, a concorrer, em partes iguais, para as despesas de sua construção e conservação".

O costume *praeter legem* é aquele que intervém na falta ou omissão da lei, apresentando caráter supletivo. O costume *praeter legem* é consagrado no art. 4º, da Lei de Introdução às normas do Direito Brasileiro. Essa espécie de costume surge do silêncio da lei sobre determinado assunto, ou seja, preenche as lacunas da lei.

"Art. 4º Quando a lei for omissa, o juiz decidirá o caso de acordo com a analogia, os costumes e os princípios gerais do direito."

O costume *contra legem* é aquele que contraria disposição de lei. O costume *contra legem* pode dar-se por meio do desuso (*desuetudo*), quando o costume simplesmente suprime a lei, tornando-se esta letra morta, ou no costume ab-rogatório (*consuetudo ab-rogatória*), que cria uma nova regra.

O costume *secundum legem* e o *praeter legem* são aceitos pacificamente pela doutrina, legislação e jurisprudência; quanto à aceitação do costume *contra legem*, surgem divergências. Na doutrina se verifica duas principais correntes. Os autores de tendência legicista, racionalista ou formalista, rejeitam em geral a validade de costume *contra legem*. De outra feita, os autores de orientação mais histórica, sociológica, sustentam a validade do costume *contra legem*.

Cabe ressaltar a posição de Maria Helena Diniz, que admite o costume *contra legem*, em casos excepcionais, como o de desajuste entre a realidade dos fatos e o comando normativo, desde que fundados na justiça.[90] Lembramos, ainda, a estrutura tridimensional da norma jurídica proposta por Miguel Reale, que exige, além da vigência da norma jurídica, a sua de eficácia no meio social.[91]

---

90 DINIZ, Maria Helena. **Compêndio de introdução à ciência do direito**. 17ª ed., São Paulo: Saraiva, 2005, p. 316: "A grande maioria dos autores rejeita o costume *contra legem* por entendê-lo incompatível com a tarefa legislativa do Estado e com o princípio de que as leis só se revogam por outras. Realmente, poder-se-á afirmar que a problemática do costume *contra legem* é de natureza política e não jurídica, pois se trata de uma questão de colisão de poderes. Em que pese a opinião de certos autores sobre a inadmissibilidade da aplicação do costume *contra legem*, a admitimos em casos excepcionais, como o de desajuste entre a realidade dos fatos e o comando normativo, desde que fundada na justiça".

91 REALE, Miguel. **Lições preliminares de direito**. 27ª ed., São Paulo: Saraiva, 2002, p. 105 e 115: "A validade de uma norma de direito pode ser vista sob três aspectos: o da validade formal ou técnico-jurídica (vigência), o da validade social (eficácia ou efetividade) e o da validade ética (fundamento). (...) Podemos dizer que a regra jurídica deve, normalmente, reunir os três requisitos de validade: a) fundamento de ordem axiológica; b) eficácia social, em virtude de sua correspondência ao querer coletivo; e c) validade formal ou vigência, por ser emanada do poder competente, com obediência aos trâmites legais".

Segundo nosso entendimento, a norma jurídica surge dos fatores e valores sociais, tendo como finalidade a justiça. Assim, se o poder normativo surge da sociedade, a mesma é dotada do poder de revogar[92] a norma por intermédio do costume *contra legem*.

Em suma:

Espécies do Costume Jurídico	*Secundum legem* *Praeter legem* *Contra legem*

7 JURISPRUDÊNCIA

A palavra jurisprudência provém do latim *jurisprudentia*, apresentando três significados diferentes: 1. a palavra jurisprudência indica o estudo da Ciência do Direito; 2. em sentido lato, jurisprudência refere-se ao conjunto de decisões dos Tribunais, e abrange tanto a jurisprudência uniforme quanto a contraditória; 3. em sentido restrito, jurisprudência é o conjunto de decisões uniformes.

Paulo José da Costa Jr. anota que "hoje em dia, a jurisprudência pode ser conceituada como o conjunto das decisões que promanam dos Tribunais, ao proclamarem o Direito, aplicando a lei ao caso concreto. Não significa mais, como já o foi em tempos de antanho, a ciência do direito. Tal sentido perdurou até os albores do século XVII. Atualmente, restam apenas alguns traços de seu velho significado. Assim, na Itália, os estabelecimentos que ensinam o Direito são denominados *Facoltà di Giurisprudenza*, ao invés de *Faculté de Droit*, como são chamados em França, onde se reserva inclusive papel de maior relevo criativo à jurisprudência. Pode-se pois afirmar, como Planiol (in *Traité Élémentaire de Droit Civil*, Paris, 1950, v. I, n. 14), que a jurisprudência representa a força viva do Direito, por evidenciar a maneira pela qual vem o Direito a ser aplicado às relações humanas, dia a dia. Estudar a jurisprudência equivale a conhecer o Direito em sua realidade

---

92 Revogar no sentido amplo do termo, ou seja, o costume *contra legem* produz a perda da eficácia social ou efetividade da norma.

quotidiana, analisando como são os casos isolados concretamente disciplinados pelas normas jurídicas".[93]

André Franco Montoro ensina que "jurisprudência, como fonte formal do direito positivo, é o conjunto uniforme e constante das decisões judiciais sobre casos semelhantes".[94] Para Maria Helena Diniz, o termo jurisprudência designa "o conjunto de decisões uniformes e constantes dos tribunais, resultantes da aplicação de normas a casos semelhantes, constituindo uma norma geral aplicável a todas as hipóteses similares ou idênticas".[95] Miguel Reale conceitua a jurisprudência como "a forma de revelação do direito que se processa através do exercício da jurisdição, em virtude de uma sucessão harmônica de decisões dos tribunais".[96] Para Orlando Gomes, "por jurisprudência entende-se o conjunto de decisões dos tribunais sobre as matérias de sua competência ou uma série de julgados similares sobre a mesma matéria".[97]

O termo jurisprudência indica o conjunto de decisões, não se confundindo com uma decisão isolada (sentença ou acórdão). Embora o vocábulo jurisprudência possa indicar o conjunto de decisões dos Tribunais, abrangendo tanto a jurisprudência uniforme como a contraditória, não se confundem os conceitos jurisprudência com sentença ou acórdão. "Uma decisão isolada não constitui jurisprudência. Jurisprudência não se confunde com sentença. Sentença é uma decisão individualizada, aplicável a um caso concreto. Enquanto a jurisprudência, como fonte do direito, constitui uma norma geral, aplicável a todos os casos idênticos".[98] Para Miguel Reale,

---

93 COSTA JR., Paulo José da. **O papel da jurisprudência** (prefácio), In: **Código Penal e sua interpretação jurisprudencial**, p. 5.

94 MONTORO, André Franco. **Introdução à ciência do direito**. 23ª ed., São Paulo: Revista dos Tribunais, 1995, p. 352.

95 DINIZ, Maria Helena. **Compêndio de introdução à ciência do direito**. 8ª ed. atual., São Paulo: Saraiva, 1995, p. 265-266.

96 REALE, Miguel. **Lições preliminares de direito**. 27ª ed., São Paulo: Saraiva, 2002, p. 167.

97 GOMES, Orlando. **Introdução ao direito civil**. 14ª ed. atual. por Humberto Theodoro Júnior, Rio de Janeiro: Forense, 1999, p. 46.

98 MONTORO, André Franco. **Introdução à ciência do direito**. 23ª ed., São Paulo: Revista dos Tribunais, 1995, p. 352.

"o Direito jurisprudencial não se forma através de uma ou três sentenças, mas exige uma série de julgados que guardem, entre si, uma linha essencial de continuidade e coerência. Para que se possa falar em jurisprudência de um Tribunal, é necessário certo número de decisões que coincidam quanto à substância das questões objeto de seu pronunciamento".[99] Assim, forçoso concluir que a decisão individualizada, restrita a um caso apresentado, não se confunde com o termo jurisprudência, tomado no sentido de verdadeira fonte do direito.

Segundo nosso entendimento, jurisprudência é a decisão reiterada dos tribunais sobre uma mesma matéria jurídica, constituindo uma das mais importantes fontes do direito, devido ao seu dinamismo, ou seja, o judiciário responde prontamente aos anseios da sociedade por meio da formação da jurisprudência. Na verdade, a jurisprudência surge da interpretação e aplicação da lei, realizada pelos juízes e Tribunais. A jurisprudência diz-se firmada quando se torna pacífico o entendimento de determinada matéria, passando a ser decidida sempre do mesmo modo.

Marcus Cláudio Acquaviva ensina que "a jurisprudência vem a ser o conjunto de decisões dos magistrados que revelam perfeita consonância entre si. Da mesma maneira que o costume se forma pela reiteração de fatos individuais, a jurisprudência se concretiza mediante idênticos julgados. O costume, no entanto, distingue-se da jurisprudência por ser de criação da consciência popular, ao passo que aquela é obra exclusiva dos tribunais. Além disso, o costume é espontâneo, enquanto a jurisprudência origina-se do raciocínio dos magistrados, amparados pela técnica jurisdicional".[100]

Muitos autores entendem que a jurisprudência seria uma forma de costume, trazendo a denominação costume judiciário em oposição ao costume popular. Entretanto, a jurisprudência se constitui através de decisões dos Tribunais a respeito da mesma matéria, diferindo do costume que se forma pela repetição de fatos individuais. André Franco Montoro traça três características que distinguem o costume da jurisprudência:

---

99 REALE, Miguel. **Lições preliminares de direito**. 27ª ed., São Paulo: Saraiva, 2002, p. 168.

100 ACQUAVIVA, Marcus Cláudio. **Notas introdutórias ao estudo do direito**. 2ª ed., São Paulo: Ícone, 1990, p. 177.

"1. O costume é criação da consciência comum do povo e pode originar-se de qualquer setor da coletividade. A jurisprudência é obra exclusiva de um setor apenas da comunidade: o dos juízes e tribunais.

2. O costume nasce naturalmente, como decorrência do exercício de direitos e obrigações. A jurisprudência decorre de decisões sobre casos em conflito.

3. O costume é espontâneo; a jurisprudência é refletiva: provém do trabalho de reflexão dos julgadores, que recorrem a noções técnicas e a métodos peculiares de investigação e raciocínio".[101]

7.1 A Jurisprudência como Fonte do Direito

Nos sistemas jurídicos da *common law*, a jurisprudência tem uma importância singular na formação e manifestação do direito, sendo certo que o precedente judicial traz a certeza no êxito de qualquer caso levado ao judiciário.

Nos sistemas jurídicos codificados a função jurisprudencial pode se mostrar à primeira vista, bem menos significativa, pois mesmo sendo uma importante fonte de consulta e estudo, os juízes não são obrigados a seguir a jurisprudência, mesmo tratando-se de decisões reiteradas, pois não se constitui como norma imperativa ou como fonte de direito positivo.

Diante desta característica questiona-se se a jurisprudência pode ser encarada como verdadeira fonte do direito. Pois, muito embora a jurisprudência seja reconhecida como fundamental na formação do direito normativo, existem divergências no sentido de admiti-la como verdadeira fonte do direito.

Nesse sentido, Tércio Sampaio Ferraz Jr. não admite a jurisprudência como fonte do direito: "Em suma, a jurisprudência, no sistema romanístico, é, sem dúvida, fonte interpretativa da lei, mas não chega a ser fonte do direito. No caso de criação normativa *praeter legem*, quando se suprem lacunas e se constituem normas gerais, temos antes um caso especial de

---

101 MONTORO, André Franco. **Introdução à ciência do direito**. 23ª ed., São Paulo: Revista dos Tribunais, 1995, p. 353.

costume. Restariam, talvez, como exemplos de fonte genuinamente jurisprudencial, alguns casos de decisões *contra legem* que existem sobretudo na área do direito do trabalho; este, por sua natureza específica, voltada não tanto à regulamentação de conflitos, mas a uma verdadeira proteção ao trabalhador, permite a constituição de normas gerais com base na equidade".[102]

Não é outro o entendimento de Orlando Gomes ao ditar que: "Forma-se a jurisprudência mediante o labor interpretativo dos tribunais, no exercício de sua função específica. Interpretando e aplicando o Direito Positivo, é irrecusável a importância do papel dos tribunais na formação do Direito, sobretudo porque se lhe reconhece, modernamente, o poder de preencher as lacunas do ordenamento jurídico no julgamento de casos concretos. Mas, daí a incluir a jurisprudência entre as fontes do Direito vai grande distância, porque os julgados dos tribunais não criam regras jurídicas. Duas razões principais confirmam a exclusão: a primeira, a de que o juiz é servo da lei, não passando de aspiração doutrinária contestável e perigosa, a tese de que deve ter o poder de julgar contra a lei; a segunda, a de que o julgado produz efeito unicamente entre as partes, princípio que se proclama com a declaração de autoridade relativa da coisa julgada".[103]

Para o civilista Caio Mário da Silva Pereira: "Se se tomar a expressão fonte em sentido técnico estrito, não se pode assim compreender a jurisprudência, porque nos regimes de separação de poderes, ao Judiciário cabe aplicar contenciosamente a lei aos casos particulares, e, não competindo aos tribunais formular regras jurídicas, senão aplicá-las, a manifestação jurisprudencial não se pode qualificar como fonte criadora da norma de direito, porque não passa de um processo de aplicação da lei ... Entendemos, no entanto, não se possa qualificar cientificamente a jurisprudência como fonte formal porque, nos sistemas de direito escrito, a repetição, ainda que interativa e constante, do pronunciamento dos tribunais, tem por base a regra legal, e não a decisão judiciária, em si mesma. Mas não negamos à

---

102 FERRAZ JR., Tércio Sampaio. **Introdução ao estudo do direito**. 2ª ed., São Paulo: Atlas, 1994, p. 246.

103 GOMES, Orlando. **Introdução ao direito civil**. 14ª ed. atual. por Humberto Theodoro Júnior, Rio de Janeiro: Forense, 1999, p. 46.

jurisprudência o valor de fonte informativa ou intelectual do direito ... A repetição das decisões semelhantes acaba erigindo a invocação da jurisprudência em razão decisória pela força da inércia, e em técnica de interpretação, e assim ela reveste caráter de importante fonte prática de direito. O problema, como se vê, não é de solução peremptória, pois que, se num plano puramente científico, não é possível entender-se a jurisprudência como fonte formal, e sim reconhecer-lhe um valor de fonte meramente intelectual, no plano da realidade prática ela evolve no sentido de se conceituar como fonte criadora".[104]

Nesse sentido parte da doutrina nega a jurisprudência como verdadeira fonte do direito. Entretanto, na medida em que o art. 4º da Lei de Introdução às normas do Direito Brasileiro estabelece que o juiz deve recorrer à analogia e aos princípios gerais do direito para suprir as lacunas da lei, forçoso é se reconhecer a função da jurisprudência na produção do direito. Ora, se com fulcro no citado art. 4º, o juiz pode suprir as lacunas da lei, não se pode negar que surge por intermédio da atividade intelectual do magistrado uma criação de direito. Surgindo dessa decisão casos iguais, apresenta-se a jurisprudência como verdadeira fonte do direito.

Nesse sentido preleciona Maria Helena Diniz ao afirmar que "a jurisprudência, de um modo ou de outro, acaba impondo ao legislador uma nova visão dos institutos jurídicos, alterando-os, às vezes integralmente, forçando a expedição de leis que consagrem sua orientação. É indubitável que constitui, além de uma importantíssima fonte de normas jurídicas gerais, uma fonte subsidiária de informação, no sentido de que atualiza o entendimento da lei, dando-lhe uma interpretação atual que atenda aos reclamos das necessidades do julgamento e de preenchimento das lacunas".[105]

Ainda, nessa esteira o entendimento de André Franco Montoro: "É evidente que nossos juízes não têm, como os antigos magistrados romanos,

---

104 PEREIRA, Caio Mário da Silva. **Instituições de direito civil: introdução ao direito civil e teoria geral do direito civil**. v. 1, 19ª ed. rev. e atual., Rio de Janeiro: Forense, 1998, p. 36-38.

105 DINIZ, Maria Helena. **Compêndio de introdução à ciência do direito**. 8ª ed. atual., São Paulo: Saraiva, 1995, p. 269.

o poder de baixar 'Editos' fixando, ao serem empossados, as regras a ser observadas nos assuntos de sua competência. Entretanto, os Tribunais têm poderes para editar normas sobre determinados assuntos, tais como a elaboração de seus regimentos internos e outras matérias indicadas no art. 96 da Constituição Federal. O que constitui, sem dúvida, uma competência normativa. No tocante à jurisprudência propriamente dita, isto é, aos julgados uniformes dos tribunais, é incontestável que, de fato, eles atuam como norma aplicável aos demais casos, enquanto não houver nova lei ou modificação na jurisprudência. O modo de interpretar e aplicar a norma jurídica sempre lhe afeta a extensão e o alcance, reconhece Vicente Ráo, de tal sorte que, embora subsidiariamente, a jurisprudência não deixa de participar no fenômeno de produção do direito normativo ... É, assim, impossível negar à jurisprudência o valor de verdadeira fonte jurídica".[106]

Como exemplo do poder normativo da jurisprudência, podemos citar o divórcio direto admitido no art. 40 da Lei n. 6.515/77, que ditava: "No caso de separação de fato, com início anterior a 28 de junho de 1977, e desde que completados 5 (cinco) anos, poderá ser promovida ação de divórcio, na qual se deverão provar o decurso do tempo da separação e a sua causa".

Assim, na leitura do citado preceito legal conclui-se que para a concessão do divórcio direto deviam estar presentes dois requisitos: 1. lapso temporal de 5 (cinco) anos; e 2. a causa da separação.

Ocorre que a jurisprudência dispensou a prova do segundo requisito, ou seja, a prova da causa da separação. Esse entendimento jurisprudencial provocou o surgimento da Lei n. 7.841/89 que excluiu o segundo requisito legal, alterando o citado art. 40, que passou a vigorar com a seguinte redação: "No caso de separação de farto, e desde que completados 2 (dois) anos consecutivos, poderá ser promovida ação de divórcio, na qual deverá ser comprovado decurso do tempo da separação".

Essa assertiva é confirmada por Theotonio Negrão: "O exame do novo texto do 'caput' do art. 40 mostra que ele: – deixou de ser disposição transitória e passou a definitiva; – reduziu o prazo da separação de cinco para

---

[106] MONTORO, André Franco. **Introdução à ciência do direito**. 23ª ed., São Paulo: Revista dos Tribunais, 1995, p. 355-356.

dois anos; – excluiu a necessidade de prova da causa da separação (que a jurisprudência também já vinha excluindo)”.[107]

Podemos concluir que a jurisprudência se evidencia como verdadeira fonte do direito. Muito embora a jurisprudência não integre a lei, em muitos casos cumpre uma função de complementar, suprir ou corrigir a lei. A impossibilidade de a lei prever todas as hipóteses concretas é uma realidade solar, sendo certo que a jurisprudência surge como verdadeira fonte subsidiária da lei.

Além da referida argumentação, vislumbramos nos últimos anos a evolução do sistema jurídico atribuindo importante função da jurisprudência, vez que passou a trazer, em alguns casos, conteúdo normativo. A Emenda Constitucional n. 45/04 consagrou definitivamente no sistema jurídico pátrio o efeito vinculante da construção jurisprudencial.

7.2 As Súmulas dos Tribunais

Súmula do latim *summula*, sumário, resumo, pequena suma, breve resumo, que, no mundo jurídico, designa breves enunciados que evidenciam a jurisprudência pacífica do Tribunal, correspondendo aos chamados *cases* do direito norte-americano.

As súmulas são enunciados emitidos pelos Tribunais que sintetizam as decisões em casos semelhantes, firmando o entendimento do Tribunal a respeito daquela matéria.

A sumulação da jurisprudência ingressou no sistema jurídico pátrio em 28 de agosto de 1963, através de emenda ao Regimento Interno do Supremo Tribunal Federal, que instituiu a “Súmula da Jurisprudência Predominante do Supremo Tribunal Federal”, com a finalidade de organizar as teses jurídicas assentes no Supremo Tribunal Federal. Assim, a partir de 13 de dezembro de 1963, o Supremo Tribunal Federal passou a editar súmulas de jurisprudência, enunciando e sintetizando as decisões em casos semelhantes, que podem ser cancelados e revistos pelo próprio Plenário.

---

107 NEGRÃO, Theotonio. **Código de processo civil e legislação processual em vigor**. 30ª ed., São Paulo: Saraiva, 1999, p. 1166.

Atualmente, a maioria dos Tribunais prolatam suas súmulas, que decorrem da jurisprudência já cristalizada na Corte, oriunda de reiteradas decisões, sendo certo que a súmula tem um importante conteúdo jurídico na formação e manifestação do direito. Nesse sentido, as súmulas refletem a importância da jurisprudência. Para André Franco Montoro: "sua finalidade é, não só, proporcionar maior estabilidade à jurisprudência, mas também facilitar o trabalho do advogado e do Tribunal, simplificando o julgamento das questões mais frequentes".[108] Ainda, Miguel Reale anota que "através de diferentes formas de prejulgados abre-se uma clareira à uniformização da jurisprudência. Os recursos ordinários e extraordinários ao Supremo Tribunal Federal, por sua vez, vão estabelecendo a possível uniformização das decisões judiciais, tendo partido de nossa mais alta Corte de Justiça a iniciativa de coordenar ou sistematizar a sua jurisprudência mediante enunciados normativos que resumem as teses consagradas em reiteradas decisões. São as súmulas do Supremo Tribunal, que periodicamente vêm sendo atualizadas, constituindo não um simples repertório de ementas de acórdãos, mas sim um sistema de normas jurisprudenciais a que a Corte, em princípio, subordina os seus arestos".[109]

As súmulas, como regra geral, não vinculam as instâncias inferiores, embora, em casos previstos em lei, o Ministro Relator pode arquivar ou negar seguimento a recursos, que contrariem a tese predominante do Tribunal *ad quem*.

No sistema jurídico romanístico as decisões do órgão superior não vinculam os juízes de órgão inferior, demonstrando a independência funcional do magistrado, que julga segundo a lei e a sua consciência. Nos sistemas jurídicos da *common law* (anglo-saxônico), os tribunais inferiores estão obrigados a respeitar as decisões dos órgãos superiores, na medida em que seus precedentes judiciais são emanados com força vinculante.

O sistema jurídico pátrio filia-se ao sistema romanístico, sendo certo que as súmulas emanadas pelos Tribunais Superiores, em relação

---

108 MONTORO, André Franco. **Introdução à ciência do direito**, 23ª ed., São Paulo: Revista dos Tribunais, 1995, p. 356.

109 REALE, Miguel. **Lições preliminares de direito**. 22ª ed., São Paulo: Saraiva, 1995, p. 175.

aos órgãos jurisdicionais inferiores têm autoridade apenas didática. Em relação ao próprio Tribunal emissor, têm efeito vinculante, porém, podem ser revistas a qualquer momento. O sistema jurídico sofre influência do modelo anglo-saxão, ao admitir o efeito vinculante da decisão no controle de constitucionalidade.

Como ressaltado por André Ramos Tavares, a discussão desse tema deve ser analisada levando em consideração os dois grandes sistemas jurídicos: 1. o sistema romano embasado no modelo codificado-continental (*civil law*); 2. o sistema anglo-saxão embasado no modelo do precedente judicial (*common law*).[110]

No sistema romano, a primeira fonte do direito é a lei, ou seja, o direito codificado. No sistema anglo-saxão a principal fonte do direito é o costume consagrado pela jurisprudência. A evolução do direito tem causado uma aproximação entre os dois sistemas, sendo que em breve poderemos indicar a existência de um único sistema jurídico, ou seja, o sistema do direito ocidental. Essa assertiva é verificada pelo aumento da importância da jurisprudência como fonte do direito pelo sistema codificado e a *contrario sensu* um aumento da produção legislativa verificada pelos sistemas da *common law*.

A Emenda Constitucional n. 45/04 trouxe ao sistema jurídico pátrio a súmula dotada de efeito vinculante, que após a regulamentação pela Lei n. 11.417/06 foi denominada de súmula vinculante.

7.2.1 Espécies de Súmulas

A súmula é a expressão de entendimentos reiterados, podendo ser:

1. ordinária;

2. vinculante.

As súmulas ordinárias ou persuasivas são aquelas editadas pelos Tribunais com a finalidade de expressar a posição da Corte em relação à de-

---

110 TAVARES, André Ramos. **Reforma do judiciário no Brasil pós-88: (des)estruturando a justiça: comentários completos à EC n. 45/04**. São Paulo: Saraiva, 2005, p. 108.

terminada matéria, possuindo efeitos didáticos. A súmula é o enunciado sintetizado do entendimento consolidado na Corte. Em suma, a súmula ordinária é o enunciado que reflete a orientação reiteradamente assentada pelo Tribunal que a prolatou. A súmula, na sua concepção original, a não ser a sua eficácia argumentativa, esgota seus efeitos no âmbito interno do Tribunal.[111]

Nesse sentido, o Supremo Tribunal Federal já assentou que "a súmula de jurisprudência dominante não tem características de ato normativo. Ela simplesmente dá maior estabilidade à jurisprudência, conferindo maior segurança aos julgamentos, porque propicia decisões uniformes para casos semelhantes, além de acelerar o andamento dos processos".[112]

A súmula vinculante apresenta a natureza de norma jurídica, pois é dotada de obrigatoriedade, mas não com efeito erga omnes e sim em relação ao Poder Público, e como toda norma jurídica apresenta vigência temporal. É inegável que a súmula possuiu uma força normativa. Com fundamento no § 2º do art. 103-A da Constituição Federal de 1988, combinado com o art. 3º, § 2º, as súmulas vinculantes podem ser: inaugural ou terminativa.

A súmula vinculante inaugural é a súmula aprovada e editada originariamente em relação a determinado objeto constitucional.

A súmula terminativa é aquela que estabelece o término da vigência de determinado enunciado, podendo ser de duas espécies: revisional e revogatória. A primeira importa na revisão do enunciado e a segunda tem por consequência o cancelamento do enunciado sumular.

O texto constitucional e legal alude expressamente a estas três espécies ao afirmar que a edição ou aprovação, revisão ou cancelamento de súmulas possuem os mesmos requisitos.

A súmula vinculante, que veio no bojo da reforma do Poder Judiciário tem por finalidade corroborar para a melhor prestação jurisdicional. "A súmula vinculante vem com a promessa de proporcionar aos jurisdicionados maior segurança e maior previsibilidade nos julgamentos do Poder Judiciá-

---

111 STF, ADIN 594-4-DF, rel. Min. Carlos Velloso, j. 19-2-92, *DJ* 15-4-94.

112 STF, Ag. Reg. na ADPF 80-7-DF, rel. Min. Eros Grau, j. 12-6-06, *DJ* 10-8-06.

rio e, também, um aumento da incidência do princípio da isonomia".[113] O fundamento do ingresso da súmula vinculante no sistema jurídico brasileiro é a segurança jurídica. A *contrario sensu*, a existência de decisões díspares em casos idênticos gera a insegurança jurídica. "Sempre nos pareceu extremamente preocupante o fato de um sistema jurídico ser exageradamente tolerante com a subsistência de decisões judiciais diferentes para casos idênticos. A observação da vida nos fez perceber que, quando isso acontece, há uma imensa decepção da população, acompanhada de uma dose elevada e significativa de descrédito em relação ao Poder Judiciário. Portanto, trata-se de um fenômeno que não deve ser valorizado positivamente. Princípios constitucionais relevantes são ofendidos quando estas situações se proliferam. Esses princípios, que se consubstanciam em apoio do Estado de Direito, são os da legalidade e da isonomia, indesejavelmente arranhados como decorrência da tolerância, que ultrapassa um certo limite, quanto à existência e à subsistência de decisões diferentes sobre casos exatamente iguais".[114]

André Ramos Tavares encara a súmula vinculante como um processo de transposição do concreto para o abstrato-geral, afirmando que: "a abstratividade, portanto, é compreendida aqui como a eliminação dos fatores concretos que caracterizam as decisões anteriores que sirvam de base para deflagrar (justificar) a formulação de súmula vinculante. Esse mecanismo fica mais claro no caso do controle de constitucionalidade. Assim, quando o STF, por reiteradas decisões concretas (em RE, v.g.), houver reconhecido a inconstitucionalidade da norma, essas decisões justificarão a edição de uma súmula de caráter abstrato (não vinculado aos casos concretos, como as decisões anteriores), geral, vinculante e de aplicação futura (e não imediata, como eram as decisões concretas que permitiram a deflagração do processo de formação de súmula vinculante). Opera-se, aqui, a ponte entre

113 MORATO, Leonardo L. **Reclamação e sua aplicação para o respeito da súmula vinculante**. São Paulo: Revista dos Tribunais, 2007, p. 224.

114 MEDINA, José Miguel Garcia; WAMBIER, Luiz Rodrigues; WAMBIER, Teresa Arruda Alvim. **A súmula vinculante, vista como meio legítimo para diminuir a sobrecarga de trabalho dos tribunais brasileiros**. In: Revista do Advogado 92:7-22. São Paulo: AASP, jul. 2007, p. 7-8.

o controle difuso-concreto e o controle abstrato-concentrado)".[115] Da leitura deste texto verifica-se que o raciocínio utilizado pelos juristas será indutivo. Entretanto, a súmula vinculante não tem eficácia geral (*erga omnes*), pois há diferença entre força de lei e efeito vinculante.

A súmula vinculante é o enunciado emitido pelo Supremo Tribunal Federal, que sintetiza as reiteradas decisões em casos semelhantes, firmando o entendimento a respeito de matéria constitucional, que publicada terá efeito vinculante em relação aos demais órgãos do Poder Judiciário e à administração pública direta e indireta, nas esferas federal, estadual e municipal.

A súmula vinculante encontra-se disciplinada no art. 103-A da Constituição Federal que dita:

"Art. 103-A. O Supremo Tribunal Federal poderá, de ofício ou por provocação, mediante decisão de dois terços dos seus membros, após reiteradas decisões sobre matéria constitucional, aprovar súmula que, a partir de sua publicação na imprensa oficial, terá efeito vinculante em relação aos demais órgãos do Poder Judiciário e à administração pública direta e indireta, nas esferas federal, estadual e municipal, bem como proceder à sua revisão ou cancelamento, na forma estabelecida em lei.

§ 1º A súmula terá por objetivo a validade, a interpretação e a eficácia de normas determinadas, acerca das quais haja controvérsia atual entre órgãos judiciários ou entre esses e a administração pública que acarrete grave insegurança jurídica e relevante multiplicação de processos sobre questão idêntica.

§ 2º Sem prejuízo do que vier a ser estabelecido em lei, a aprovação, revisão ou cancelamento de súmula poderá ser provocada por aqueles que podem propor a ação direta de inconstitucionalidade.

§ 3º Do ato administrativo ou decisão judicial que contrariar a súmula aplicável ou que indevidamente a aplicar, caberá reclamação ao Supremo Tribunal Federal que, julgando-a procedente, anulará o ato administrativo ou cassará a decisão judicial reclamada, e determinará que outra seja proferida com ou sem a aplicação da súmula, conforme o caso".

---

115 TAVARES, André Ramos. **Nova lei da súmula vinculante: estudos e comentários à Lei 11.417 de 19.12.2006**. São Paulo: Método, 2007, p. 13-14.

No livro direito processual constitucional investigamos mais detalhadamente o instituto súmula vinculante, pois se trata de um instituto de direito processual constitucional com importante reflexo no controle de constitucionalidade.

8 DOUTRINA

O termo doutrina advém do latim *doctrina*, do verbo *doceo*, que significa ensinar, instruir, doutrinar. Etimologicamente, doutrina é o resultado do estudo sistematizado, com a finalidade precípua de ensinar, estabelecendo um pensamento tido como correto, ou seja, os chamados dogmas.[116]

Segundo entendimento de Garcia Maynez, a doutrina é o estudo de caráter científico que os juristas realizam a respeito do direito, seja com o propósito meramente especulativo de conhecimento e sistematização, seja com a finalidade prática de interpretar as normas jurídicas para sua exata aplicação.[117] Para Orlando Gomes, "a doutrina é o pensamento dos estudiosos do Direito reduzido a escrito em tratados, compêndios, manuais, monografias, teses ou comentários à legislação. Em síntese, a elaboração teórica do Direito".[118]

A doutrina jurídica decorre do resultado da atividade intelectual científico-jurídica dos juristas. Os estudos realizados pelos juristas, na interpretação do direito, na elaboração de conceitos jurídicos, constituem o que denominamos doutrina.

A doutrina é formada pela atividade dos juristas, ou seja, pelos ensinamentos dos professores, pelos pareceres dos jurisconsultos, pelas opiniões dos tratadistas. É a doutrina que constrói as noções gerais, os conceitos, as

---

116 DINIZ, Maria Helena. **Compêndio de introdução à ciência do direito**. 8ª ed. atual., São Paulo: Saraiva, 1995, p. 283-296.

117 MAYNES, Eduardo Garcia. ***Introducción al estudio del derecho***. México: Porrúa, 1949, p. 86.

118 GOMES, ORLANDO. **Introdução ao direito civil**. 14ª ed. atual. por Humberto Theodoro Júnior, Rio de Janeiro: Forense, 1999, p. 47.

classificações, as teorias, os sistemas. Com isso exerce função relevante na elaboração, reforma e aplicação do direito, devido a sua grande influência na legislação e na jurisprudência.[119]

Dessa forma, podemos concluir que a doutrina é o resultado de uma atividade científica dos juristas. A doutrina é a própria obra científica dos juristas. Conforme anota Miguel Reale, "a doutrina era chamada, pelo grande Savigny, de Direito científico ou Direito dos juristas".[120]

8.1 A Doutrina como Fonte do Direito

A questão de colocar a doutrina como fonte do direito se constitui como controvérsia.

Para alguns autores a doutrina não se constitui fonte do direito, vez que não possui força obrigatória. Conforme anota Maria Helena Diniz, "existem aqueles que negam à doutrina o caráter de fonte do direito, dentre eles Paulo de Barros Carvalho, por entender que o discurso descritivo não altera a natureza prescritiva do direito, visto que apenas ajuda a compreendê-lo sem, entretanto, modificá-lo, colocando-se como uma sobrelinguagem que fala da linguagem deôntica da ordenação jurídica vigente".[121]

Nesse sentido, Miguel Reale afasta da doutrina a qualidade de fonte do direito, ao afirmar que "as fontes do direito produzem modelos jurídicos prescritivos, ou, mais simplesmente, modelos jurídicos, isto é, estruturas normativas que, com caráter obrigatório, disciplinam as distintas modalidades de relações sociais. Como pensamos ter demonstrado em nosso livro **O Direito como Experiência**, enquanto as fontes revelam modelos jurídicos que vinculam os comportamentos, a doutrina produz modelos dogmáticos, isto é, esquemas teóricos, cuja finalidade é determinar: a) como as

---

119 DINIZ, Maria Helena. **Curso de direito civil brasileiro: teoria geral do direito civil**. v. 1., 7ª ed. atual., São Paulo: Saraiva, 1989, p. 19.

120 REALE, Miguel. **Lições preliminares de direito**. 27ª ed., São Paulo: Saraiva, 2002, p. 175.

121 DINIZ, Maria Helena. **Compêndio de introdução à ciência do direito**. 8ª ed. atual., São Paulo: Saraiva, 1995, p. 285.

fontes podem produzir modelos jurídicos válidos; b) que é que estes modelos significam; e c) como eles se correlacionam entre si para compor figuras, institutos e sistemas, ou seja, modelos de mais amplo repertório. A bem ver, os modelos doutrinários ou dogmáticos envolvem as fontes do direito desde a emanação das normas, isto é, desde o momento da interpretação e aplicação desses modelos, os quais representam o "conteúdo significativo" produzido ou revelado pelas fontes". Por contraditório que pareça, o referido doutrinador termina sua tese anotando que: "a doutrina, por conseguinte, não é fonte do Direito, mas nem por isso deixa de ser uma das molas propulsoras, e mais racional das forças diretoras do ordenamento jurídico".[122]

Orlando Gomes nega a doutrina como fonte formal do direito, entretanto, traz argumentos que, segundo nosso entendimento, elevam a doutrina a verdadeira fonte do direito, na medida em que contribui para a criação, reforma e aplicação do direito. Assim, para o referido autor, a doutrina "já foi fonte quando um imperador romano determinou que nos casos controvertidos devia prevalecer a opinião de Gaio, Papiniano, Ulpiano, Paulo e Modestino. Não pode ser mais considerada fonte formal do Direito. Nas obras que publicam, os escritores manifestam opiniões pessoais, que, por mais abalizadas, carecem de força vinculante. Formam, porém, o pensamento jurídico, de larga influência na elaboração do Direito. Tem a doutrina, por conseguinte, grande autoridade moral: a sua autoridade provém da força persuasiva dos argumentos expendidos na sustentação das opiniões que emitem. Tanto na forma analítica, através de comentários ao Direito vigente, como na forma sistemática, através dos tratados destinados a dar uma visão harmoniosa de todo um ramo do Direito, o papel da doutrina revela-se de suma importância. São os doutrinadores que constroem as noções gerais, os conceitos, as classificações, as teorias, os sistemas, contribuindo para a criação, reforma, e aplicação do Direito".[123]

Para outros, a doutrina revela-se como fonte do direito, na medida em que tem uma importância singular na formação do direito, que por inter-

---

122 REALE, Miguel. **Lições preliminares de direito**. 27ª ed., São Paulo: Saraiva, 2002, p. 176-178.

123 GOMES, ORLANDO. **Introdução ao direito civil**. 14ª ed. atual. por Humberto Theodoro Júnior, Rio de Janeiro: Forense, 1999, p. 47-48.

médio das construções teóricas atuam sobre a legislação e a jurisprudência. Indubitavelmente, existe a singular contribuição da doutrina para a elaboração do direito positivo e a confirmação de seu papel como fonte de direito. Para Maria Helena Diniz "é a doutrina que constrói noções gerais, conceitos, classificações, teorias, sistemas. Com isso, exerce função relevante na elaboração, reforma e aplicação do direito, devido à sua grande influência na legislação e na jurisprudência, que se inspiram no estudo dos juristas, que, como sua grande formação científico-jurídica, dedicam-se a aprofundar os problemas jurídicos, oferecendo em suas obras o resultado de suas reflexões e estudos".[124] Nesse sentido, segundo José Cretella Jr., "em nossos dias, não é possível ter dúvidas a respeito, porque os trabalhos teóricos, que em tese (livros, manuais, monografias), quer específicos (pareceres), dirigidos para a interpretação das leis ou para a sistematização dos preceitos jurídicos, constituem, no âmbito do direito privado e no campo do direito público, extraordinário elemento de formação do direito, que influi e continua a influir de maneira indiscutível na estruturação das teses jurídicas, discutidas perante os tribunais dos vários Estados".[125]

No nosso ordenamento jurídico não existem dificuldades em aplicar a doutrina como fonte do direito, visto que o art. 4º da Lei de Introdução às normas do Direito Brasileiro estabelece que: "Quando a lei for omissa, o juiz decidirá o caso de acordo com a analogia, os costumes e os princípios gerais do direito". Ora, os princípios gerais do direito são, muitos deles, formados pela doutrina.

Segundo nosso entendimento, a doutrina apresenta uma importante missão de exegese de todo o sistema jurídico. Embora, em termos eminentemente técnicos não se possa qualificar a doutrina como fonte do direito, no plano fático é irrecusável vislumbrar a doutrina como uma forma de manifestação do direito. Assim, concluímos que a doutrina apresenta uma influência prática sobre a interpretação e aplicação da lei, constituindo-se como uma das fontes do direito, que influi em toda a realidade jurídica. "É

---

124 DINIZ, Maria Helena. **Compêndio de introdução à ciência do direito**. 8ª ed. atual., São Paulo: Saraiva, 1995, p. 287.

125 CRETELLA JR., José. **Primeiras lições de direito**. Rio de Janeiro: Forense, 1997, p. 139.

na obra dos juristas que se encontram a origem de várias disposições legais e a inspiração de julgados que visam aperfeiçoar o direito. Foi o que se deu com as teorias da imprevisão, do abuso de direito, do direito social, do direito da concubina e dos filhos adotivos e adulterinos, da responsabilidade civil em geral e, em especial, por dano moral".[126]

9 SISTEMA JURÍDICO

O vocábulo "sistema" provém do grego *systema*, que significa reunião, juntar (*synistanai*), juntou (*syn*) por (*istimi*), designando reunião das partes diversas de um mesmo corpo ou objeto. Assim, sistema é a disposição das partes ou dos elementos de um todo, coordenados entre si, e que funcionam com estrutura organizada. "Em sentido geral, conjunto de elementos relacionados entre si, ordenados de acordo com determinados princípios, formando um todo ou uma unidade."[127]

Na concepção de Kant, o sistema é uma relação entre o todo e as partes, em que a retirada ou acréscimo de uma só destas destrói ou modifica o todo como unidade orgânica.

Para José Cretella Jr., "o sistema é sempre uma reunião ou aglutinação de dados ligados de maneira a estabelecer uma doutrina. Trata-se da combinação de partes que se subordinam, convergindo para um resultado, ou concorrendo para unificar um conjunto. O sistema é, invariavelmente, modo de organização".[128] "Fala-se em sistema para significar um conjunto articulado de elementos que se integram e se coimplicam numa relação de coesão e de harmonia, de modo tal que o todo só pode ser entendido pela consideração das partes que o formam e estas são indispensáveis para a própria subsistência do conjunto. Assim, e apenas para exemplificar, o sistema solar, com o sol ao centro e os planetas gravitando em seu torno,

---

[126] DINIZ, Maria Helena. **Compêndio de introdução à ciência do direito**. 8ª ed. atual., São Paulo: Saraiva, 1995, p. 287.

[127] JAPIASSÚ, Hilton; MARCONDES, Danilo. **Dicionário básico de filosofia**. 3ª ed., Rio de Janeiro: Jorge Zahar Editor, 1996, p. 250.

[128] CRETELLA JR., José. **Primeiras lições de direito**. Rio de Janeiro: Forense, 1997, p. 43.

todos suspensos no espaço segundo as leis de gravidade, formam um sistema – o sistema solar – precisamente porque se articulam num conjunto harmônico e coeso, indispensáveis para a própria existência."[129]

O sistema pode ser definido como uma multiplicidade de elementos que formam coesão entre si, com o intuito de alcançar determinado fim. Ou, ainda, o sistema é o conjunto de elementos conexos ou coordenados entre si com uma finalidade ou resultado comum. Sistema é a totalidade coesa ou a pluralidade harmônica que resulta em dado objetivo.

Sistema é o conjunto ordenado. Ao lado da ideia de sistema encontra-se a noção de ordem, harmonia, organização. O vocábulo "ordem", do latim *ordine*, apresenta radical *or*, designando diretriz, rumo a seguir. Ordem pode ser conceituada como a unidade na multiplicidade ou a conveniente disposição de elementos para a realização de um fim. Essa é a conclusão de Goffredo Telles Junior: "a ordem é a disposição conveniente de seres para a consecução de um fim comum".[130]

"O vocábulo sistema, transportado do campo filosófico para o âmbito da ciência jurídica, conserva o sentido originário do vocábulo empregado pela linguagem vulgar e pela linguagem técnica em geral. Sistema jurídico ou sistema de direito é um bloco unitário de normas com características comuns. O sistema jurídico resulta de fatores dominantes em dado momento da história dos povos: fatores ambientais, étnicos, econômicos, religiosos, políticos, sociais e filosóficos. Tradicionalmente, o sistema jurídico romano, os sistemas jurídicos das repúblicas helênicas, ou sistema jurídico moderno, de base romanística, incluindo-se o sistema saxão, são todos sistemas jurídicos, ou seja, conjunto de normas jurídicas com características comuns. Sistema jurídico é o conjunto coordenado, em todo lógico, das regras contidas explicitamente ou implicitamente no direito positivo."[131]

"Sistema significa nexo, uma reunião de coisas ou conjunto de elementos, e método, um instrumento de análise. É o aparelho teórico me-

---

[129] MIRANDA, Custódio da Piedade U. **Teoria geral do direito privado**. Belo Horizonte: Del Rey, 2003, p. 115.

[130] TELLES JUNIOR, Goffredo. **Iniciação à ciência do direito**. São Paulo: Saraiva, 2001, p. 5.

[131] CRETELLA JR., José. **Primeiras lições de direito**. Rio de Janeiro: Forense, 1997, p. 45.

diante o qual se pode estudar a realidade. É, por outras palavras, o modo de ordenar, logicamente, a realidade, que, por sua vez, não é sistemática. Assim sendo, o direito não é um sistema jurídico, mas uma realidade que pode ser concebida de forma sistêmica pela ciência do direito. É tarefa do jurista apresentar o direito sistematicamente, para facilitar seu conhecimento e manejo pelos que o aplicam. É evidente que a função do cientista do direito não é a mera transcrição de normas, fatos e valores, já que estes não se agrupam num todo ordenado, mas sim a descrição e a interrupção, que consistem, fundamentalmente, na determinação das consequências e efeitos produzidos por esses elementos do direito."[132]

A ordem jurídica pode ser definida como o conjunto de normas jurídicas vigentes em dado momento histórico, numa sociedade determinada. Podemos afirmar que, nesse ponto, confundimos ordem jurídica com sistema jurídico, trazendo ao conceito não apenas as normas legislativas estatais, mas também o direito não estatal, bem como as normas consuetudinárias, a jurisprudência, ou seja, os princípios gerais do direito vigentes em certo momento histórico, como, por exemplo, a Ordem Jurídica da Roma Antiga, o Sistema Jurídico Inglês. Nesse sentido, Norberto Bobbio afirma que "o Direito não é uma norma, mas um conjunto coordenado de normas, sendo evidente que uma norma jurídica não se encontra jamais só, mas está ligada a outras normas com as quais forma um sistema normativo".[133]

A ordem, ou sistema, é composta de elementos. No sistema jurídico os elementos são as normas, que se relacionam formando um todo harmônico. Pois bem, a ordem ou o sistema jurídico é o conjunto coordenado de regras jurídicas que formam uma unidade. Essa unidade surge das técnicas de interpretação e integração do direito. Entendemos por ordem jurídica o conjunto de todas as normas em vigor no Estado, completadas pelas técnicas de interpretação e integração do direito. Todo sistema tem um objetivo. A finalidade do sistema jurídico é a justiça.

---

132 DINIZ, Maria Helena. **Norma constitucional e seus efeitos**. 3ª ed. atual., São Paulo: Saraiva, 1997, p. 5.

133 BOBBIO, Norberto. **Teoria do ordenamento jurídico**. 10ª ed., Brasília: Editora Universidade de Brasília, 1999, p. 21.

"O fato de o conjunto de normas jurídicas formar um sistema tem uma importância fundamental na sua interpretação; nenhum artigo de lei, nenhuma norma, pode ser interpretado isoladamente, mas há que integrá-lo, para o cabal entendimento do seu sentido, não só no contexto da lei, mas até no do próprio ordenamento de que se trata".[134]

Os elementos do sistema jurídico, que são as normas, princípios e regras, formam uma unidade. O que estabelece a unidade de todo o sistema jurídico e a coordenação entre os elementos é a Constituição. O texto constitucional estabelece a unidade sistemática da ordem jurídica. Dessa forma, a interpretação e integração do direito devem ser pautadas pela Constituição, que estabelece os pressupostos de criação, vigência e execução das normas do sistema jurídico, determinando o seu conteúdo, e se converte num elemento de unidade do sistema jurídico em seu conjunto. Daí nossa definição de sistema jurídico como o conjunto de todas as normas em vigor no Estado, completadas pelas técnicas de interpretação e integração do direito, tendo por finalidade a justiça.

A Constituição é a norma fundamental do sistema jurídico em dois sentidos. Num plano a Constituição é a norma criadora, fundante do sistema jurídico. Em outro aspecto, é a viga mestra, a espinha dorsal do sistema jurídico, ou seja, seu fundamento de validade. Nesse sentido é que afirmamos ser a Constituição o elemento unificador do sistema jurídico.

9.1 Classificação do Sistema Jurídico

No sentido amplo do termo, o sistema pode ser classificado em dois tipos:

a) fechado; e

b) aberto.

O sistema fechado é aquele que não sofre influência externa, como, por exemplo, o sistema do relógio, o sistema solar.[135] O sistema aberto

---

[134] MIRANDA, Custódio da Piedade U. **Teoria geral do direito privado**. Belo Horizonte: Del Rey, 2003, p. 116.

[135] SAAVEDRA, Giovani Agostini. **Jurisdição e democracia: uma análise a partir das teorias de Jürgen Habermas, Robert Alexy, Ronald Dowrkin e Niklas Luhmann**. Porto Alegre:

é aquele que sofrem influência externa, como, por exemplo, o sistema familiar.

Qualquer sistema encontra-se inserido em determinado meio ambiente ou contexto próprio; é o denominado ecossistema.[136] O radical *eco* do grego *oîkos* significa casa, domicílio. Assim, ecossistema é o hábitat do sistema, seu meio ambiente.

O sistema pode guardar uma interação e dependência com o ecossistema. Na verdade, o que caracteriza o sistema em aberto ou fechado é a interdependência com o meio exterior.

Nesse sentido, o sistema aberto sofre influência do ecossistema. O sistema aberto admite um novo elemento sem a alteração do sistema. O sistema fechado não sofre influência do ecossistema nem admite elemento novo sem alteração do sistema. A introdução de um novo elemento acaba ou altera o sistema.

O sistema aberto possui interdependência com o meio externo. A energia, o processamento, o que move e impulsiona o sistema é o ecossistema. No sistema fechado não há referência a elementos externos, ou seja, não existe referência ao ecossistema, o problema é interno. O sistema fechado funciona independentemente do ambiente externo. É um sistema suficiente em si. É autopoiético, ou seja, autônomo. O sistema aberto é alopoiético, ou seja, heterônomo.

O sistema aberto, sendo amplo, admitindo novos elementos com a possibilidade de alteração de regras, mostra-se prospectivo. Por sua vez, o sistema fechado mostra-se retrospectivo.

Livraria do Advogado, 2006, p. 32: "Luhmann entende que um sistema operativamente fechado deve ser entendido como um sistema que produz suas próprias operações. Segundo Luhmann, esses sistemas remetem à rede de suas operações e nesse sentido reproduzem a si mesmos. Para Luhmann, o sistema produz operações próprias quando antecipa e recorre a operações próprias e dessa maneira determina aquilo que pertence ao sistema e aquilo que pertence ao entorno".

136 FERREIRA, Aurélio Buarque de Holanda. **Novo dicionário da língua portuguesa**. 3ª ed. rev. e atual., Rio de Janeiro: Nova Fronteira, 1999, p. 716: "Conjunto dos relacionamentos mútuos entre determinado meio ambiente e a flora, a fauna e os microorganismos que nele habitam, e que incluem os fatores de equilíbrio geológico, atmosférico, meteorológico e biológico".

O sistema jurídico é do tipo aberto ou fechado? É auto ou heterorregulado?

De um primeiro prisma, podemos afirmar que o sistema jurídico é auto-organizado e autoproduzido. Entretanto, essa assertiva é relativa em face da sociedade. Assim, o sistema jurídico é aberto, na medida em que sofre influência ou interação com o meio exterior. A vida social estabelece as características do sistema jurídico. Este é um reflexo da sociedade em que está inserido e admite mudanças.

Cabe anotar que mesmo os autores que concebem o sistema jurídico como autopoiético admitem a interferência da sociedade.

Em suma:

Sistema Jurídico → Alopoiético → Influência ou Interação com a Sociedade

Sistema Jurídico → Autopoiético → Interferência da Sociedade

A ordem jurídica não é uma unidade sistemática fechada. Os elementos que a compõem se encontram em uma situação de mútua interação e dependência com a sociedade. O sistema jurídico é incompleto e inacabado, pois está aberto a mudanças históricas, ou seja, é aberto ao tempo e à sociedade.

O sistema jurídico, tomando como critério as fontes do direito, pode ser classificado em:

a) simples; e

b) complexo.

Simples é aquele que possui uma única fonte de direito. Complexo é aquele que possui várias fontes do direito. "Os ordenamentos jurídicos historicamente conhecidos são geralmente ordenamentos complexos. Mesmo um ordenamento normativo rudimentar como o familiar é geralmente um ordenamento complexo; seria simples se todas as suas normas fossem diretamente colocadas pelo pai, mas, ao contrário, este muitas vezes delega à mãe a disciplina de certas matérias e outras vezes as normas derivam do uso do meio social ao qual pertence a família."[137]

---

137 BOBBIO, Norberto. **O positivismo jurídico: lições de filosofia do direito**. São Paulo: Ícone, 1995, p. 162.

Assim, forçoso concluir que o sistema jurídico pátrio é complexo, visto que se verifica dentro do sistema jurídico uma pluralidade de fontes do direito.

O sistema jurídico, tomando como critério a estrutura das normas, pode ser classificado em:

1. paritário; e
2. hierarquizado.

O paritário é aquele em que as normas jurídicas são colocadas num mesmo plano de validade e importância. O hierarquizado é aquele em que as normas jurídicas são colocadas de forma hierarquicamente estruturada, ou seja, as normas jurídicas encontram-se hierarquicamente subordinadas umas às outras.

O sistema jurídico pátrio é hierarquizado. Esse sistema jurídico é escalonado, ou seja, as normas jurídicas apresentam-se hierarquicamente dentro do sistema. Elas se encadeiam dando origem a um complexo sistema normativo, que possui normas superiores e inferiores. Da leitura do art. 59 da Constituição Federal verificam-se as principais espécies normativas do nosso sistema jurídico. As normas de hierarquia inferior não podem contrariar os termos da norma superior.

Ainda quanto à influência ou origem, a doutrina costuma indicar duas principais espécies de sistema jurídico:

1. sistema romano; e
2. sistema anglo-saxão (*common law*).

O sistema jurídico de influência romana é codificado e legislado, sendo assim a principal fonte do direito é a lei. De modo geral, o costume e a jurisprudência apresentam-se como fontes subsidiárias. Outrossim, no sistema jurídico romanístico as decisões do órgão superior não vinculam os juízes de órgão inferior, demonstrando a independência funcional do magistrado, que julga segundo a lei e a sua consciência.

O sistema jurídico anglo-saxão encontra seu fundamento no *common law*. "A aplicação do *common law*, entendido este em sentido estrito, orienta-se pelo princípio da obrigatoriedade do precedente judicial. Cumpre, porém, não confundir aqui precedente com costume ou uso firmado por meio da prática continuada. E a mesma coisa pode ser dita se, em lugar de costume, é mencionada a jurisprudência, que se forma de decisões uniformes e reiteradas. Daí salientar Hélio Tornaghi: Uma decisão insulada não é ainda jurisprudência. O precedente, ao contrário, é um só. É a solução dada a um caso antecedente. Em outras palavras, enquanto o costume e a jurisprudência necessitam de repetição prolongada para se firmarem, o precedente se impõe sem nenhuma delonga; é obrigatório desde logo. Por fim, esclareça-se que a aplicação do *common law*, com base no princípio da obrigatoriedade do precedente judicial, é da competência dos juízes ordinários."[138]

O *common law* apresenta uma faceta de direito costumeiro jurisprudencial. Assim, tem sua base no costume, este consolidado pelas decisões dos tribunais e sua aplicação orientada pelo princípio da obrigatoriedade do precedente judicial. Cabe esclarecer que a vigência da norma consuetudinária é resultante de uma prática habitual, da eficácia de um comportamento. O precedente, conforme anotado, ao contrário do costume e da jurisprudência, num só caso impõe sua aplicação.

Miguel Reale ensina que o "*common law* é o nome que se dá à experiência jurídica da Inglaterra, dos Estados Unidos da América, e de outros países de igual tradição. O que caracteriza o *common law* é não ser um direito baseado na lei, mas antes nos usos e costumes consagrados nos precedentes firmados através das decisões dos tribunais. É, assim, um Direito costumeiro-jurisprudencial, ao contrário do Direito continental europeu e latino-americano, filiado à tradição romanística, do Direito Romano medieval, no qual prevalece o processo legislativo como fonte por excelência das normas jurídicas. Nota-se que o Direito Romano clássico não era um direito 'legislado', mas antes o fruto da doutrina dos jurisconsultos e da jurisdição dos pretores".[139]

No sistema jurídico do *common law* (anglo-saxônico), os tribunais inferiores estão obrigados a respeitar as decisões dos órgãos superiores,

---

138 NASCIMENTO, Walter Vieira do. **Lições de história do direito**. 13ª ed. rev. e aum., Rio de Janeiro: Forense, 2001, p. 149.

139 REALE, Miguel. **Lições preliminares de direito**. 22ª ed., São Paulo: Saraiva, 1995, p. 98.

na medida em que seus precedentes judiciais são emanados com força vinculante.

O direito romano teve grande influência na formação jurídica da Europa na Idade Média. Entretanto, não apresentou a mesma influência na Grã-Bretanha, sendo que o direito inglês desenvolveu-se de forma autônoma, segundo suas próprias características sociais. O direito anglo-saxão apresenta características próprias, sendo a que mais se destaca o fato de ser não legislado nem codificado por diversas áreas em que se distribui: civil, comercial etc. "Em razão de tudo isso, ressalta uma diferença fundamental entre os sistemas de influência inglesa e os de influência romana: nestes, a solução de justiça se orientam através de uma técnica que tem como ponto de partida a lei; naqueles, a técnica para alcançar o mesmo objetivo parte das decisões judiciais. Não obstante, na descoberta e realização da justiça, esses sistemas distintos se convergem para um único ponto: a unidade do direito ocidental."[140]

O mundo ocidental conhece dois sistemas jurídicos denominados ***civil law*** e ***common law*** que convergem para um único sistema: o sistema jurídico ocidental. As diferenças apontadas entre os dois sistemas jurídicos estão sendo abandonadas e verifica-se uma aproximação entre eles, fazendo surgir em breve o sistema jurídico do mundo ocidental. No sistema jurídico romano verifica-se maior influência da jurisprudência como fonte criativa do direito. No direito anglo-saxão verifica-se um aumento gradativo da produção legislativa.

O sistema jurídico pátrio filia-se ao sistema romanístico.

Em suma, o sistema jurídico é o conjunto harmônico de regras. É a pluralidade coesa ou totalidade harmônica de normas. Entende-se por ordem jurídica um sistema de normas jurídicas, ou seja, uma estrutura escalonada de normas que formam uma unidade. A unidade do sistema jurídico surge da Constituição, constituindo o fundamento de validade de todo o ordenamento jurídico.

---

[140] NASCIMENTO, Walter Vieira do. **Lições de história do direito**. 13ª ed. rev. e aum., Rio de Janeiro: Forense, 2001, p. 148.

9.2 Divisão do Sistema Jurídico

O sistema jurídico é o conjunto harmônico de regras, compondo uma estrutura escalonada de normas que formam uma unidade. Entretanto, com o intuito didático surge a necessidade da divisão setorizada do direito em ramos ou disciplinas.

9.2.1 Direito Público e Privado

O estudo do direito é dividido em Público e Privado. Essa divisão é clássica, e acompanhou a evolução do direito. Desde o direito romano é conhecida a referida divisão: *Jus Publicum* e *Jus Privatum*. O *Jus Publicum* ocupava-se do governo do Estado e das relações entre os particulares e o Estado. O *Jus Privatum* tinha por objeto regular as relações entre os particulares. Nessa esteira, podemos estabelecer que no Direito Público, o Estado é o fim, e no Direito Privado o indivíduo é o fim.

André Franco Montoro anota que o critério romano era o da utilidade, ou interesse, visado pela norma. Seria de Direito Público, a regra que se referisse ao interesse do Estado, ou a sociedade representada pelo Estado; de Direito Privado, a que se orientasse no sentido do interesse dos indivíduos.[141] O referido critério apresenta falhas na medida em que em inúmeros casos não se pode vislumbrar se o interesse protegido refere-se ao Estado ou aos particulares. Ainda, regras tradicionalmente de Direito Privado apresentam normas de Direito Público, como, por exemplo, normas de direito de família.

Alguns autores apontam que as regras de Direito Público não apresentam conteúdo patrimonial, ao passo que as normas de Direito Privado apresentam conteúdo patrimonial. Este critério também não é preciso, pois o Estado com o objetivo de atingir seu desiderato realiza compras, que são regidas pelas normas de Direito Público (Lei de Licitações), apresentando conteúdo patrimonial.

A doutrina aponta um sem número de critérios utilizados para justificar a dicotomia do Direito em Público e Privado. Entretanto, nenhum

---

141 MONTORO, André Franco. **Introdução à ciência do direito**. 23ª ed., São Paulo: Revista dos Tribunais, 1995, p. 403.

desses critérios refoge a críticas. "O que revela o caráter não rigorosamente lógico, mas sim prático e histórico dessa divisão, que acompanha desde Roma a evolução do Direito e, apesar das críticas que recebeu durante séculos, não foi até hoje substituída com vantagem por qualquer outra."[142] Assim, cremos que a divisão do Direito em Público e Privado cumpre finalidade primordialmente didática.

Em princípio podemos estabelecer que o Direito Público regula as relações ou situações jurídicas em que o Estado é parte. É o Direito Privado regula as relações entre os particulares.

Em suma:

- Direito Público
  - Interno
    - Direito Constitucional
    - Direito Administrativo
    - Direito Financeiro
    - Direito Tributário
    - Direito Processual
    - Direito Penal
  - Externo
    - Direito Internacional Público
- Direito Privado
  - Comum
    - Civil
  - Especial
    - Direito Comercial
    - Direito do Consumidor
    - Direito do Trabalho
    - Direito Internacional Privado[143]

9.2.2 *Ramos do Direito Público*

O Direito Constitucional é o ramo do direito público que regula a organização do Estado. "Trata-se do ramo do Direito Público que estuda

[142] MONTORO, André Franco. **Introdução à ciência do direito**. 23ª ed., São Paulo: Revista dos Tribunais, 1995, p. 405.

[143] Citamos os principais ramos do direito, sendo certo que com a evolução social, diuturnamente verificamos o aparecimento de novos ramos (Direito Agrário, Urbanístico, da Infância e Juventude, Infortunístico etc.).

as normas que estruturam, basicamente, o Estado."[144] O Direito Constitucional é o ramo fundamental do Direito Público e do próprio sistema jurídico como um todo. O Direito Constitucional tem como base de estudo a Constituição Federal, que, como o próprio nome indica, é o que constitui o Estado. A finalidade precípua da Constituição é regular a estrutura básica do Estado.

A estrutura básica do Estado pode ser dividida em sentido amplo em três capítulos: 1. a forma do Estado; 2. a competência dos órgãos que compõem o Estado; e 3. os direitos fundamentais dos cidadãos do Estado.

O Direito Administrativo é o ramo do Direito Público que regula a atividade administrativa do Estado. A atividade administrativa é realizada de forma precípua pelo Poder Executivo. Como sabemos, na divisão dos Poderes: o Legislativo legisla, o Judiciário julga, o Executivo administra. Entretanto, todos os poderes para a consecução de sua atividade primordial realiza atos administrativos, que são regulados pelo Direito Administrativo. "O Estado moderno, para o completo atendimento de seus fins, atua em três sentidos – administração, legislação e jurisdição – e em todos eles pede orientação do Direito Administrativo, no que concerne à organização e funcionamento de seus serviços, à administração de seus bens, à regência de seu pessoal e à formalização dos seus atos de administração. Do funcionamento estatal só se afasta o Direito Administrativo quando em presença das atividades especificamente legislativas (feitura da lei) ou características judiciárias (decisões judiciais típicas). A largueza do conceito que adotamos permite ao Direito Administrativo reger, como efetivamente rege, toda e qualquer atividade de administração, provenha ela do Executivo, do Legislativo ou do Judiciário. E, na realidade, assim é, porque o ato administrativo não se desnatura pelo só fato de ser praticado no âmbito do Legislativo ou do Judiciário, desde que seus órgãos estejam atuando como administradores de seus serviços, de seus bens, ou de seu pessoal."[145]

---

[144] ACQUAVIVA, Marcus Cláudio. **Notas introdutórias ao estudo do direito**. 2ª ed., São Paulo: Ícone, 1990, p. 68.

[145] MEIRELLES, Hely Lopes. **Direito administrativo brasileiro**. 21ª ed. atual. por Eurico de Andrade Azevedo, Délcio Balestero Aleixo e José Emmanuel Burle Filho, São Paulo: Malheiros, 1996, p. 30.

Nesse sentido, a doutrina define o Direito Administrativo como o ramo do direito público que regula o exercício de atos administrativos, praticados por qualquer dos Poderes do Estado. Para Hely Lopes Meirelles "o conceito de Direito Administrativo Brasileiro, sintetiza-se no conjunto harmônico de princípios jurídicos que regem os órgãos, os agentes e as atividades públicas tendentes a realizar concreta, direta e imediatamente os fins desejados pelo Estado".[146]

Como desdobramento do direito administrativo surge o Direito Ambiental. O Direito Ambiental regula a preservação dos elementos da natureza. É composto de normas e princípios destinados a impedir a destruição ou degradação dos elementos da natureza.

O Direito Financeiro é o ramo do Direito Público que regula a atividade financeira do Estado. Seu instrumento fundamental é a Lei Orçamentária. O objeto do Direito Financeiro é a obtenção e o emprego das receitas públicas. O Direito Financeiro é definido como o ramo do Direito Público Interno que trata da captação e da gestão dos recursos econômicos com que os órgãos públicos contam para o desempenho de sua missão.[147]

Do Direito Financeiro surge o Direito Tributário que tem por objeto a imposição e a arrecadação dos tributos. O Direito Tributário passou a constituir um setor autônomo da realidade jurídica, desligando-se do Direito Financeiro, passando assim a ser encarado como um ramo do Direito.

O Direito Tributário é o ramo do Direito Público que regula as relações jurídicas entre o Estado (Fisco) e os particulares (contribuintes), no que concerne à instituição, fiscalização e extinção do tributo.

O Direito Processual é o ramo do Direito Público que regula a atividade jurisdicional do Estado. "Direito Processual é a regulamentação do exercício da função jurisdicional, que é função soberana do Estado e consiste em administrar justiça."[148]

---

[146] MEIRELLES, Hely Lopes. **Direito administrativo brasileiro**. 21ª ed. atual. por Eurico de Andrade Azevedo, Délcio Balestero Aleixo e José Emmanuel Burle Filho, São Paulo: Malheiros, 1996, p. 29.

[147] ACQUAVIVA, Marcus Cláudio. **Notas introdutórias ao estudo do direito**. 2ª ed., São Paulo: Ícone, 1990, p. 69-70.

[148] SANTOS, Moacyr Amaral. **Primeiras linhas de direito processual civil**. v. 1, 15ª ed., São Paulo: Saraiva, 1992, p. 14.

O Direito Penal é o ramo do Direito Público que regula a atividade repressiva do Estado. Para Paulo José da Costa Jr., o Direito Penal "pode ser definido como o conjunto de normas que descrevem os crimes, cominando sanções pela sua infração".[149]

O Direito Internacional Público é o ramo do Direito Público que regula as relações entre Estados Soberanos ou entre estes e os organismos internacionais, podendo ser conceituado como um corpo de regras costumeiras e convencionais, considerados legalmente obrigatórios pelos Estados ou organismos internacionais em suas relações recíprocas.

"O Direito Internacional Público é o conjunto de normas consuetudinárias e convencionais que regem as relações, diretas ou indiretas, entre Estados e organismos internacionais (ONU, UNESCO, OIT, OMS, FAO), que as consideram obrigatórias."[150]

9.2.3 Ramos do Direito Privado

O Direito Civil é o ramo do Direito Privado que regula o estado e a capacidade das pessoas e suas relações. Nesse sentido, preceitua o art. 1º do Código Civil: "Este Código regula os direitos e obrigações de ordem privada concernentes às pessoas, aos bens e às suas relações". O Direito Civil pode ser conceituado como o ramo do Direito Privado que disciplina as relações de natureza privada de ordem pessoal e patrimonial.

O Direito Comercial é o ramo do Direito Privado que regula as relações comerciais ou na atualidade o exercício profissional da atividade econômica. É o ramo do direito que disciplina a atividade empresarial. A unificação de parte do Direito Comercial com o Direito Civil, que foi realizada pelo Código Civil de 2002, não provocou a unificação desses ramos do direito. O Direito Comercial continua sendo ramo autônomo do direito com método e objeto de estudo próprios. Essa assertiva é confirmada pelo art. 22 da Constituição Federal que coloca o Direito Comer-

---

149 COSTA JR., Paulo José da. **Curso de direito penal**. v. 1. São Paulo: Saraiva, 1991, p. 3.

150 DINIZ, Maria Helena. **Compêndio de introdução à ciência do direito**. 8ª ed. atual., São Paulo: Saraiva, 1995, p. 239.

cial ao lado do Direito Civil. Com o novo Código Civil houve uma ampliação do Direito Comercial, denominado agora de Direito de Empresa ou Direito Empresarial.

O Direito do Consumidor é o ramo do Direito Privado que regula as relações de consumo. É o direito que regula a relação entre o fornecedor e o consumidor de produtos e serviços.

O Direito do Trabalho regula as relações de trabalho, podendo ser definido como o ramo do Direito Privado que regula as relações individuais e coletivas de trabalho e a condição social dos trabalhadores.

O Direito Internacional Privado é o ramo do Direito Privado que disciplina as relações entre particulares no plano internacional. É composto pelo conjunto de normas jurídicas que regem as relações privadas no seio da sociedade internacional. "O direito internacional privado é, para Haroldo Valladão, o ramo da ciência jurídica que resolve os conflitos de leis no espaço, disciplinando os fatos em conexão no espaço com leis divergentes".[151]

O Direito Internacional Privado é regido precipuamente por princípios, ou seja, normas mais genéricas, como, por exemplo, nacionalidade, domicílio, que ditam qual a norma a ser aplicada em caso de conflito. O inventário do *de cujus* que deixa bens em vários países suscita problemas de Direito Internacional Privado, por se tratar de um interesse não dos Estados, nos quais esses bens estejam situados, mas principalmente dos particulares que se sucederão na propriedade dos bens.

Segundo Maria Helena Diniz o Direito Internacional Privado é um ramo do Direito Público externo. A referida autora ensina que "o direito internacional privado regulamenta as relações do Estado com cidadãos pertencentes a outros Estados, dando soluções aos conflitos de lei no espaço ou aos de jurisdição. O direito internacional privado coordena relações de direito civil e criminal no território de um Estado estrangeiro. É ele que fixa, em cada ordenamento jurídico nacional, os limites entre esse direito

---

[151] STRENGER, Irineu. **Direito internacional privado**. 3ª ed. aum., São Paulo: LTr, 1996, p. 75.

e o estrangeiro, a aplicação extranacional do primeiro e a do direito estrangeiro no território nacional".[152]

10 CLASSIFICAÇÃO DAS NORMAS JURÍDICAS

Inúmeras são as classificações das Normas Jurídicas trazidas pela doutrina. Dessa forma, elencamos apenas as principais, e as que entendemos úteis ao estudo da dogmática do Direito. A finalidade do estudo da referida classificação é conhecer melhor o objeto de estudo da dogmática, ou seja, a própria norma jurídica.

10.1 Quanto à Hierarquia

As normas esparsas no sistema jurídico ou ordem jurídica se completam hierarquicamente, possuindo assim uma estrutura escalonada, que no nosso sistema jurídico, podem ser classificadas com fulcro no art. 59 da Constituição Federal em: 1. Constituição Federal. 2. Leis Constitucionais. 3. Leis Ordinárias, Leis Delegadas, Medidas Provisórias. 4. Decretos Legislativos e Resoluções.

A Constituição Federal é a norma fundante que encabeça todo o sistema; não integra o processo legislativo porque o antecede. A Constituição Federal é a regra fundamental do Estado; estrutura o poder e assegura os direitos fundamentais do cidadão em face do Estado.

As Leis Constitucionais são as que têm por conteúdo matéria constitucional, compreendendo as Emendas à Constituição e as Leis Complementares à Constituição. Parte da doutrina denomina ainda a Constituição de lei constitucional fundamental ou primária e as Emendas à Constituição de lei constitucional secundária. "Leis constitucionais são as mais importantes, por conterem os elementos estruturais da nação e a definição fundamental dos direitos do homem, considerados como indivíduo e como

[152] DINIZ, Maria Helena. **Compêndio de introdução à ciência do direito**. 8ª ed. atual., São Paulo: Saraiva, 1995, p. 240.

cidadão. Nesta escala hierárquica das leis, coloca-se bem alto e acima de todas a Constituição Federal."[153]

A Emenda à Constituição é o instrumento adequado para modificação ou ampliação do texto constitucional. O procedimento especial previsto (art. 60), marca a Constituição Federal como rígida. Dessa forma, somente a emenda poderá alterá-la; nenhuma outra espécie de lei poderá fazê-lo.

A Lei Complementar à Constituição destina-se, pelo próprio nome, a complementar a Carta Magna, conforme determinação desta. É o próprio texto constitucional que prevê essa complementação. Não havendo a referida determinação, não há que se falar em lei complementar.

A Lei Ordinária é o ato normativo com procedimento legislativo comum ou ordinário, sendo assim denominado, com o intuito de não ser confundida com as leis complementares e delegadas. A lei ordinária é elaborada pelo Poder Legislativo em sua atividade comum.

A Lei Delegada é o ato normativo elaborado pelo Presidente da República, em casos expressos, devido a delegação do Poder Legislativo (art. 68). As leis delegadas são equiparadas às leis ordinárias, pelas quais podem ser alteradas ou revogadas.

A Medida Provisória é o ato normativo com força de lei, editado pelo Presidente da República em caso de relevância e urgência. As medidas provisórias devem ser submetidas de imediato ao Congresso Nacional, que, estando em recesso, deverá reunir-se, extraordinariamente, no prazo de cinco dias.

O Decreto Legislativo é ato normativo administrativo de deliberação do Congresso Nacional sobre matéria de sua exclusiva competência. Os decretos legislativos não são remetidos ao Presidente da República para sanção, na medida em que não têm caráter de lei. A promulgação do decreto legislativo é realizada pelo Presidente do Senado.

As Resoluções regulam matéria de competência do Congresso Nacional, como do Senado e da Câmara, produzindo efeitos de natureza interna.

---

153 PEREIRA, Caio Mário da Silva. **Instituições de direito civil: introdução ao direito civil e teoria geral do direito civil**. v. 1, 19ª ed. rev. e atual., Rio de Janeiro: Forense, 1998, p. 62.

Cabe anotar, a existência de resoluções que produzem efeitos externos, como, por exemplo, os arts. 68, § 2º, e 155, V, ambos da Constituição Federal. Entretanto, segundo a correta técnica legislativa, o decretos legislativos produzem efeitos externos, ao passo que as resoluções produzem efeitos internos.

Parte da doutrina classifica, ainda, outras normas de hierarquia inferior, como os contratos (lei entre as partes), as sentenças, os testamentos etc.

Ressalta-se que um ato normativo só pode ser revogado por outro da mesma hierarquia, sendo praticamente ineficaz ato normativo de escalão inferior, quando incompatível com outro superior, sobretudo quando incompatível com a Lei Fundamental. Tomemos, como exemplo, a Lei Ordinária, que de um lado é inferior à Constituição e às Leis Complementares, e de outro, superior aos decretos legislativos e demais atos normativos inferiores, como, por exemplo, os atos administrativos, os contratos etc.

10.2 Quanto às Fontes

Com base nas fontes do direito, as normas podem ser classificadas em: 1. normas legais; 2. normas consuetudinárias; 3. normas jurisprudenciais; e 4. normas negociais.

As normas legais são as que resultam do processo legislativo. As normas consuetudinárias ou costumeiras são as que resultam dos costumes jurídicos. As normas jurisdicionais ou jurisprudenciais são as que resultam do processo jurisdicional. As normas negociais são as que resultam da autonomia da vontade.

Cabe ressaltar que, embora entendendo que a doutrina é verdadeira fonte do direito, não a incluímos na referida classificação, pois a mesma, embora seja fonte do direito, não se caracteriza como norma jurídica, vez que não possui a característica da obrigatoriedade.

10.3 Quanto à Imperatividade

De acordo com a imperatividade, a norma jurídica pode ser: 1. imperativa categórica; e 2. imperativa hipotética.

A norma imperativa categórica é aquela que vale por si só, tendo um valor que lhe é intrínseco. Expressa-se pela fórmula "Deve ser A". Exemplo: Não fume. A norma imperativa hipotética é aquela que carrega um mandamento que para ser válido necessita de uma hipótese. Expressa-se pela fórmula "Se ocorrer B, deve ser A".

10.4 Quanto à Eficácia (obrigatoriedade) ou Vontade das Partes

Com base na força obrigatória, as normas podem ser classificadas em: 1. cogente; e 2. dispositiva.

As normas cogentes (*jus cogens*) ou de ordem pública[154] são aquelas que ordenam ou proíbem de modo absoluto, prevalecendo sobre a liberdade de contratar das partes. As normas cogentes estabelecem procedimentos que são necessários à ordem social. "*ius cogens*, são insuscetíveis de derrogadas ou afastadas pela vontade das partes, e os direitos delas oriundos, a seu turno, não podem ser objeto de renúncia por aquele em cujo favor são instituídos, resultando frustro e ineficaz qualquer ato praticado com este propósito".[155] Exemplo: art. 14, § 6º, da CF. A norma cogente pode ser preceptiva (imperativas positivas), quando impõe uma conduta, manda agir de certa maneira, como, por exemplo, o art. 14, § 1º, I, da CF; ou proibitiva (imperativas negativas), quando proíbe uma conduta, por exemplo, o art. 437 do Código Civil.

---

154 As normas de ordem pública não se confundem com o direito público, tal como é conceituado atualmente. Pois, parte do direito privado é constituído de normas de ordem pública, isto é, de normas imperativas que não podem ser modificadas pela vontade das partes. É o caso de quase todas as normas de direito de família e de um número, cada vez maior, de normas relativas ao direito das obrigações, como os contratos de trabalho, locação de imóveis, empréstimos, seguros, defesa do consumidor etc., em que o Estado, através de normas imperativas, e tendo em vista o interesse público, restringe a liberdade contratual dos interessados. É esse um dos aspectos da conhecida tendência a publicização do direito privado. É o que anota André Franco Montoro. In **Introdução à ciência do direito**. 23ª ed., São Paulo: Revista dos Tribunais, 1995, p. 340-341.

155 PEREIRA, Caio Mário da Silva. **Instituições de direito civil: introdução ao direito civil e teoria geral do direito civil**. v. 1, 19ª ed. rev. e atual., Rio de Janeiro: Forense, 1998, p. 69.

As normas dispositivas (*jus dispositivum*) são aquelas que se limitam a prescrever uma conduta ou estabelecer um direito, dispondo ao destinatário da norma uma certa parcela de liberdade. Exemplo: art. 14, § 1º, II, da Constituição Federal. Ainda, a doutrina entende por norma dispositiva aquela que pode ser revogada pela vontade das partes. Exemplo: o art. 327 do Código Civil, determina que "Efetuar-se-á o pagamento no domicílio do devedor, salvo se as partes convencionarem diversamente, ou se o contrário resultar da lei, da natureza da obrigação". Trata-se de uma norma dispositiva, pois nada impede que os contratantes estipulem de forma diversa; não o fazendo, vigora a norma. "Leis supletivas ou permissivas instituem princípios não essenciais à organização e funcionamento do Estado, ou da vida social, e, por isso, não se impõem compulsoriamente. Às vezes, o legislador cinge-se a permitir uma conduta, deixando à liberdade individual segui-la ou não. Outras vezes, estatui normas destinadas a vigorar como subsidiárias da vontade manifestada pelas partes, preceitos que apenas suprem a deliberação dos interessados. Vigoram toda vez que estes deixem de adotar uma atitude contrária à sua aplicação, por conterem matéria relegada à conveniência privada das pessoas que intentem praticar o ato".[156]

Alguns autores classificam as normas dispositivas em interpretativas e integrativas. As normas interpretativas têm como fulcro o esclarecimento de outras normas, como, por exemplo, o art. 5º da Lei de Introdução às normas do Direito Brasileiro. As integrativas se destinam a sanar eventuais omissões da norma, esclarecendo como proceder, como, por exemplo, o art. 4º da Lei de Introdução às normas do Direito Brasileiro.[157]

10.5 Quanto à Flexibilidade

No que se refere à flexibilidade da interpretação, a norma pode ser: 1. rígida; e 2. flexível.

---

156 PEREIRA, Caio Mário da Silva. **Instituições de direito civil: introdução ao direito civil e teoria geral do direito civil**. v. 1, 19ª ed. rev. e atual., Rio de Janeiro: Forense, 1998, p. 69.

157 ACQUAVIVA, Marcus Cláudio. **Notas introdutórias ao estudo do direito**. 2ª ed., São Paulo: Ícone, 1990, p. 63-64.

A norma rígida não admite interpretação extensiva ou ampliativa de seus termos, como ocorre nos prazos legais (art. 10 do CPP e art. 114 do Código Civil).

A norma flexível é aquela que admite ampliação de seus termos (art. 138 do Código Civil).

10.6 Quanto à Origem

Tomando-se por base a origem, as normas jurídicas podem ser: 1. normas de direito positivo ou típicas; e 2. normas particulares ou atípicas.

As normas típicas são aquelas oriundas do Estado. São as denominadas normas de direito estatal.

As normas atípicas são aquelas oriundas dos grupos sociais particulares ou dos membros da sociedade considerados individualmente (Contratos, Estatutos). São as primeiras denominadas normas de direito não estatal e as segundas de normas individuais.

10.7 Quanto ao Âmbito ou Extensão Espacial

Quanto ao âmbito ou extensão espacial, as normas jurídicas podem ser classificadas em: 1. Normas de Direito Externo; e 2. Normas de Direito Interno. Tomando-se por base a estrutura político-administrativa ou o próprio âmbito territorial, as normas de direito interno podem ser classificadas em: 1. federais; 2. estaduais; 3. municipais; e 4. societárias.

A normas de direito externo são aquelas que compõem a ordem jurídica vigente em territórios distintos do nacional.

As normas de direito interno são as que vigoram no território nacional; compõem o direito positivo de um determinado país. As normas de direito interno do Brasil podem ser: Federais (abrangem todo o território nacional); Estaduais (abrangem apenas um Estado federado); Municipais (sua validade é limitada ao próprio município); e Societárias (seu âmbito se restringe aos filiados de uma sociedade qualquer).

No que se refere especificamente às leis. As leis federais são votadas pelo Congresso Nacional, com aplicação em todo o território nacional. As leis estaduais são votadas pelas Assembleias Legislativas dos Estados, com aplicação no território do Estado respectivo. As leis municipais são votadas pelas Câmaras Municipais, com aplicação no território do município respectivo.

10.8 Quanto ao Destinatário ou Extensão Pessoal

Quanto ao seu destinatário as normas podem ser classificadas em: 1. genéricas ou abstratas; e 2. individuais ou particulares.

As normas genéricas são as de direito geral, aquelas que abrangem a totalidade dos indivíduos que se integram no país (são as que pelo critério de extensão espacial, denominamos de nacionais).

As normas particulares são as de direito especial, aquelas que vinculam determinadas pessoas, como as que compõem um negócio jurídico ou uma lei que contenha disposições aplicáveis somente a um campo restrito de relações jurídicas, tendo em vista a atividade, situação do sujeito ou objeto.

Cabe anotar a existência das denominadas normas individualizadas, que são as que se dirigem a indivíduos singularmente considerados. Exemplo: sentença judicial. Para Miguel Reale as normas individualizadas são "as que pontualizam ou certificam, *in concreto*, as disposições anteriores, como se dá numa sentença judicial, ou numa provisão ou resolução administrativa".[158]

10.9 Quanto à Sanção

Cada norma jurídica prevê uma espécie de sanção decorrente de sua violação. Segundo esse critério, podemos classificar as normas jurídicas em: 1. perfeitas; 2. mais que perfeitas; 3. menos que perfeitas; e 4. imperfeitas.

As normas perfeitas (*leges perfectae*) são aquelas em que a sanção consiste na nulidade automática do ato ou na possibilidade de anulação do

---

[158] REALE, Miguel. **Lições preliminares de direito**. 27ª ed., São Paulo: Saraiva, 2002, p. 137.

ato praticado contra sua disposição, não implicando qualquer sanção de ordem pessoal. A sanção consiste no restabelecimento da ordem jurídica através da volta ao estado anterior. Exemplos: art. 166, I, do Código Civil e art. 51 e incisos do Código de Defesa do Consumidor.

As normas mais que perfeitas (*leges plus quam perfectae*) são aquelas cuja violação acarreta duas consequências, ou seja, a nulidade do ato e o restabelecimento da situação anterior, e ainda uma imposição de pena ou restrição ao infrator. Exemplo: o caso da bigamia. O art. 1.521, VI, do Código Civil é uma norma mais que perfeita porque sua violação acarreta a nulidade do casamento, conforme preceitua o art. 1.548, II; e acarreta também uma pena ao infrator, por crime de bigamia (art. 235 do CP). Assim, a violação do preceito legal citado acarreta a nulidade do casamento e a punição penal do culpado, nas formas dos artigos supramencionados.

As normas menos que perfeitas (*minus quam perfectae*) são aquelas cuja violação acarreta uma pena ou consequência restritiva ao infrator, não privando o ato de sua validade ou eficácia, ou seja, a violação não acarreta a nulidade ou anulabilidade do ato, mas ocasiona outras penalidades. Exemplo: o art. 1.523, I, do Código Civil proíbe o casamento do viúvo ou viúva que tiver filhos do cônjuge falecido, enquanto não fizer inventário dos bens do casal e der partilha aos herdeiros. O casamento celebrado em contrariedade a esta proibição não é atingido em sua validade, mas sujeita os cônjuges ao regime de separação de bens (art. 1.641, I).

Assim, o casamento realizado com infração de causa suspensiva não acarreta nulidade e consequentemente não atinge a validade do casamento, mas sujeita os cônjuges ao regime de separação de bens, configurando-se como norma menos que perfeita.

As normas imperfeitas (*leges imperfectae*) não são dotadas de sanção. Sua violação não acarreta qualquer sanção, quer a anulação do ato, quer outra penalidade. Na verdade, as normas imperfeitas são as leis meramente formais, que têm como desiderato a orientação. Exemplo: art. 197 da Constituição Federal. Para Maria Helena Diniz também são normas imperfeitas as obrigações decorrentes de dívida de jogo, dívidas prescritas e juros não convencionados. São as denominadas obrigações naturais.[159]

---

[159] DINIZ, Maria Helena. **Compêndio de introdução à ciência do direito**. 8ª ed. atual., São Paulo: Saraiva, 1995, p. 347.

10.10 Quanto à Natureza das Disposições

Quanto à natureza de suas disposições as normas podem ser divididas em: 1. norma substantiva ou material; e 2. norma adjetiva ou formal.

A norma substantiva ou material é aquela que define e regula relações jurídicas ou cria direitos e deveres. Exemplo: Código Civil.

A norma adjetiva ou formal tem uma natureza instrumental, pois define os procedimentos a serem cumpridos para se efetivar as relações jurídicas ou fazer valer os direitos previstos na norma substantiva. Exemplo: Código de Processo Civil.

10.11 Quanto à Sistematização

Quanto à sistematização as normas podem ser: 1. normas codificadas; 2. normas consolidadas; e 3. normas extravagantes ou esparsas.

As normas codificadas são aquelas que constituem um corpo orgânico de norma de determinado ramo do direito. Não se trata de um conjunto de leis, mas uma lei única que dispõe de forma sistemática a matéria. Exemplo: Código Penal, Código Civil.

As normas consolidadas são as que reúnem de forma sistemática todas as leis existentes e relativas a determinada matéria. Exemplo: Consolidação das Leis do Trabalho (CLT). As leis consolidadas distinguem-se das codificadas, na medida em que a primeira reúne leis existentes e a segunda cria lei ou normas novas, como um Código.

As normas esparsas ou extravagantes são as editadas isoladamente. Exemplo: Lei de Falência, Lei do Inquilinato.

11 DOGMÁTICA HERMENÊUTICA

No estudo da dogmática do direito imperioso é verificar a ciência do direito, como teoria da interpretação. A hermenêutica é a teoria da interpretação.

Conforme estudamos, o direito objetivo é o conjunto de todas as normas em vigor no Estado. As normas jurídicas são abstratas e genéricas, se subjetivando em cada caso concreto. Pois bem, aplicar o texto abstrato ao caso concreto, a norma jurídica ao fato real, é tarefa dos operadores do direito.[160] A norma jurídica é abstrata, genérica, estática, inerte, surgindo apenas quando interpretada e aplicada, sendo certo que a interpretação e aplicação da norma constitui a essência do direito, a fim de que possa atingir o seu conteúdo finalístico.

A aplicação do direito a casos concretos não se confunde com a interpretação. São momentos distintos da vida jurídica. A interpretação, como esclarecimento do sentido e alcance da norma, precede o ato de aplicação desta em cada caso concreto apresentado.

O primeiro passo consiste em fixar o verdadeiro sentido da norma jurídica e, em seguida, determinar o seu alcance ou extensão. É o trabalho de interpretação, hermenêutica ou exegese. Feita esta operação surge o momento posterior da aplicação do direito.

A interpretação jurídica consiste em determinar o verdadeiro sentido e alcance de uma norma jurídica. Clóvis Beviláqua nos diz que interpretar a lei é revelar o pensamento que anima suas palavras.[161] Washington de Barros Monteiro adverte que interpretar uma lei é determinar-lhe com exatidão seu verdadeiro sentido, descobrindo os vários elementos significativos que entram em sua compreensão e reconhecendo todos os casos a que se estende sua aplicação. Para Savigny, interpretar é a reconstrução do pensamento contido na lei. Interpretar a lei será, pois, reconstruir a *mens legis*, seja para entender corretamente seu sentido, seja para suprir-lhe as lacunas.[162] Para Paulo Dourado de Gusmão interpretar a lei é determinar

---

160 A lei é norma abstrata. Ao ser posta em relação com a prodigiosa diversidade dos fatos, passando do estado platônico para o estado positivo, pode dar ensejo à interpretação, para fixar-lhe o exato sentido e extensão. Eis aí, a desafiar a nossa argúcia, o árduo problema da interpretação das leis. É o que anota Washington de Barros Monteiro. In **Curso de direito civil: parte geral**, v. 1, 5ª ed. rev. e aum., São Paulo: Saraiva, 1967, p. 36.

161 BEVILÁQUA, Clóvis. **Teoria geral do direito civil**. 4ª ed., São Paulo: Ministério da Justiça, 1972, § 35.

162 MONTEIRO, Washington de Barros. **Curso de direito civil: parte geral**. v. 1., 5ª ed. rev. e aum., São Paulo: Saraiva, 1967, p. 36.

o seu sentido objetivo, prevendo as suas consequências.[163] A interpretação visa descobrir o sentido objetivo do texto jurídico.

Conforme verificamos, a explicação e a compreensão constituem duas maneiras de conhecer. O mundo da natureza se explica, ao passo que o mundo da cultura se compreende. A lei ética é uma realidade da cultura. Interpretar a norma é compreender, do latim *comprehendere* (unir, ligar, apreender, entender, perceber, ouvir), que significa tomar ciência de algo, dominar o seu significado.[164]

11.1 Hermenêutica, Interpretação e Exegese

É comum o emprego dos termos interpretação, hermenêutica e exegese como sinônimos; entretanto, no campo da técnica jurídica, os mesmos não se confundem.

Hermenêutica, do grego *hermeneutiké*, que significa arte de interpretar.[165] A hermenêutica é a teoria geral da interpretação, em sentido técnico, é a teoria científica da interpretação. Segundo o entendimento de Carlos Maximiliano, a hermenêutica é a teoria científica da arte de interpretar.[166] A hermenêutica jurídica é a ciência que tem por objeto o estudo e a sistematização dos processos aplicáveis para determinar o sentido e o alcance das expressões do direito. Para Paulo Dourado de Gusmão, a hermenêutica jurídica é a parte da ciência do direito que trata da interpretação e aplicação do direito.

---

163 GUSMÃO, Paulo Dourado de. **Introdução ao estudo do direito**. 32ª ed., Rio de Janeiro: Forense, 2002, p. 217.

164 Nesse sentido, ACQUAVIVA, Marcus Cláudio. **Notas introdutórias ao estudo do direito**. 2ª ed., São Paulo: Ícone, 1990, p. 143-146.

165 A palavra hermenêutica provém do grego, *Hermeneúein*, interpretar, e deriva de *Hermes*, deus da mitologia grega, filho de Zeus e de Maia, considerado o intérprete da vontade divina. Habitando a Terra, era um deus próximo à Humanidade, o melhor amigo dos homens. É o que anota Paulo Nader. In **Introdução ao estudo do direito**. 14ª ed. rev. e amp., Rio de Janeiro: Forense, 1997, p. 303.

166 MAXIMILIANO, Carlos. **Hermenêutica e aplicação do direito**. 18ª ed., Rio de Janeiro: Forense, 1998, p. 1.

Interpretar deriva do latim *interpretare*, do verbo derivado de *interpres*, mago, vidente, sacerdote, que na Roma antiga era o intermediário, o intérprete entre as divindades e os homens. Ainda, o vocábulo *interpres*, designava o adivinho que lia o futuro da pessoa pelas entranhas. Assim, interpretar é desentranhar o sentido e alcance das coisas. Interpretar é fixar o verdadeiro sentido e alcance da norma. A interpretação é a aplicação prática dos preceitos teóricos da hermenêutica.[167] Nesse sentido, Paulo Nader anota que "os princípios provêm da ciência e as aplicações, da arte. No mundo do Direito, hermenêutica e interpretação constituem um dos muitos exemplos de relacionamento entre princípios e aplicações. Enquanto a hermenêutica é teórica e visa estabelecer princípios, critérios, métodos, orientação geral, a interpretação é de cunho prático, aplicando os ensinamentos da hermenêutica. Não se confundem, pois, os dois conceitos, apesar de ser muito frequente o emprego indiscriminado de um e de outro. A interpretação aproveita os subsídios da hermenêutica".[168]

Finalmente, a palavra exegese, deriva do grego *exegeomai*, *exegesis*, apresentando o mesmo radical de extrair, externar, exteriorizar, expor, que quer dizer, conduzir, guiar. Por isso, o termo exegese foi reservado para designar o sentido de algo ligado ao mundo humano. Entretanto, o sentido da palavra encontra-se ligado à interpretação bíblica. Modernamente, alguns classificam a exegese como a minuciosa interpretação de um texto.

11.2 Elementos da Interpretação Jurídica

Conforme verificamos segundo a doutrina corrente, interpretar é fixar o verdadeiro sentido e alcance de uma norma jurídica. Nessa esteira, André Franco Montoro destaca três elementos que integram o conceito de interpretação: "fixação do sentido", "alcance" e "norma jurídica".

Toda norma jurídica tem sua razão de ser, um sentido, uma finalidade. Por exemplo, as férias, que têm a finalidade de descanso.

---

167 Nesse sentido, ACQUAVIVA, Marcus Cláudio. **Notas introdutórias ao estudo do direito**. 2ª ed., São Paulo: Ícone, 1990, p. 145-146.

168 NADER, Paulo. **Introdução ao estudo do direito**. 14ª ed. rev. e amp., Rio de Janeiro: Forense, 1997, p. 303.

Além do sentido, existe o alcance da norma, que significa delimitar o seu campo de incidência ou atuação, como, por exemplo, o Estatuto dos Funcionários Públicos e a Consolidação das Leis do Trabalho estabelecem normas que têm o mesmo sentido, mas alcance diferente. O Estatuto aplica-se aos servidores públicos ao passo que a CLT se aplica aos empregados em geral.

O conceito se completa com a expressão norma jurídica, que abrange em sua acepção mais ampla, desde as normas constitucionais até as normas contratuais e testamentárias, de caráter individual.

11.3 Espécies de Interpretação Jurídica

A interpretação jurídica apresenta vários momentos ou processos de realização. Ora, para descobrir o sentido e alcance da norma jurídica, o intérprete percorre fases ou momentos de interpretação, tais como: momento ou processo literal, lógico, histórico, teleológico, sociológico. Embora com pequenas variações de um autor para outro, a doutrina corrente enumera três critérios para classificar as espécies de interpretação:

1. quanto à origem ou à fonte de que promana;
2. quanto ao método utilizado pelo intérprete; e
3. quanto aos resultados.

Quanto à origem ou agente de que emana, a interpretação pode ser: judiciária ou usual; legal ou autêntica; administrativa; e doutrinária ou científica.

A interpretação judicial surge das decisões prolatadas pela Justiça. A interpretação judicial é fruto do trabalho diuturno do judiciário, sendo encontrada nas Sentenças, Acórdãos e Súmulas dos Tribunais, formando por vezes a jurisprudência. A interpretação autêntica emana da própria lei ou ato normativo, surgindo do próprio poder que interpreta seu ato normativo. A interpretação doutrinária surge do trabalho científico dos doutrinadores e juristas em suas obras e pareceres. A interpretação administrativa é a realizada pelos órgãos da administração pública, através de portarias, resoluções, circulares, deliberações, despachos etc.

No tocante ao método utilizado pelo intérprete, a interpretação pode ser: gramatical ou filológica; lógico-sistemática; histórica; sociológica e teleológica.

A interpretação gramatical tem como fulcro o significado, o alcance e função gramatical dos elementos que compõem a norma jurídica. "A interpretação gramatical é a que estabelece o sentido objetivo da lei com base em sua letra."[169] A interpretação lógico-sistemática investiga a norma, situando-a no sistema jurídico que se insere a lei, procurando ainda estabelecer uma ordem lógica ou concatenação entre as várias partes (artigos ou incisos) do texto legal interpretado. O método lógico parte da unidade e coerência do sistema jurídico. "Como a norma interpretada faz parte de um sistema de normas integradas, denominado ordenamento jurídico, o intérprete deverá confrontar o resultado obtido com a interpretação lógica, com o conhecimento que tem do sistema como um todo, principalmente com as do instituto jurídico a que ela pertence, de modo a que o sentido inicialmente apurado seja compatível com o sistema jurídico. Essa fase é conhecida por interpretação sistemática. É a adaptação do sentido de uma lei ao espírito do sistema".[170] A interpretação histórica investiga as condições históricas do momento da elaboração da norma (*occasio legis*), através dos próprios antecedentes da norma, como sua justificativa, exposição de motivos etc., e, ainda, elementos históricos remotos (*origo legis*). A interpretação sociológica verifica a adaptação da lei à realidade e necessidade social, ou seja, o sentido social da norma. "Entende-se, pois, por interpretação sociológica a investigação das razões sociais motivadoras da lei, de seus efeitos sociais e de seu sentido atual."[171]A interpretação teleológica investiga a finalidade da norma, o que busca servir ou tutelar. É a investigação do fim ou da razão de ser da lei.

---

[169] GUSMÃO, Paulo Dourado de. **Introdução ao estudo do direito**. 32ª ed., Rio de Janeiro: Forense, 2002, p. 218.

[170] GUSMÃO, Paulo Dourado de. **Introdução ao estudo do direito**. 32ª ed., Rio de Janeiro: Forense, 2002, p. 218.

[171] GUSMÃO, Paulo Dourado de. **Introdução ao estudo do direito**. 32ª ed., Rio de Janeiro: Forense, 2002, p. 219.

No que tange aos efeitos ou resultados a interpretação da norma jurídica pode ser: declarativa, extensiva ou restritiva.

A interpretação declarativa ou especificadora se limita a declarar o pensamento expresso ou contido de forma explícita na norma jurídica, não havendo necessidade de maiores ilações científicas. "É aquela em que a fórmula clara da lei torna evidente o seu sentido completo."[172] A interpretação extensiva é aquela que conclui que o alcance da norma é mais amplo do que indicam seus termos (*plus scripsit quam voluit*). "A interpretação extensiva consiste em ampliar a incompleta fórmula legislativa."[173] A interpretação restritiva é aquela que conclui que o legislador escreveu mais do que realmente pretendia ou podia (*minus scripsit quam voluit*). "A interpretação restritiva restringe o alcance da fórmula ampla da lei."[174] Assim, o intérprete restringe o sentido ou incidência da norma, buscando o seu sentido real.

Em suma:

- Interpretação
  - Quanto à origem
    - judiciária ou usual
    - legal ou autêntica
    - administrativa
    - doutrinária ou científica
  - Quanto ao método
    - gramatical ou filológica
    - lógico-sistemática
    - histórica
    - sociológica
    - teleológica
  - Quanto ao resultado
    - declarativa
    - extensiva
    - restritiva

[172] GUSMÃO, Paulo Dourado de. **Introdução ao estudo do direito**. 32ª ed., Rio de Janeiro: Forense, 2002, p. 219.

[173] GUSMÃO, Paulo Dourado de. **Introdução ao estudo do direito**. 32ª ed., Rio de Janeiro: Forense, 2002, p. 219.

[174] GUSMÃO, Paulo Dourado de. **Introdução ao estudo do direito**. 32ª ed., Rio de Janeiro: Forense, 2002, p. 219.

11.4 Necessidade de Interpretação

Alguns afirmam que sendo a norma suficientemente clara, inexiste a necessidade de interpretação. É inclusive o que diz o brocardo latino *in claris cessat interpretatio* (dispensa-se a interpretação quando o texto é claro). Entretanto, é evidente a necessidade de interpretação jurídica em qualquer norma jurídica. Desde a Roma antiga verifica-se a necessidade de interpretar qualquer norma jurídica. Segundo ULPIANO: *quamvis sit manifestissimum edictum praetoris, attamen non est negligenda interpretatio eius* (embora claríssimo o edito do pretor, contudo não se deve descurar da sua interpretação).

"Toda a lei deve ser interpretada, mesmo quando clara, pois não é condição da interpretação ser ela obscura. Dessa forma, não procede o aforismo *in claris non fit interpretatio*, pois só interpretando-a poder-se-á saber se ela é clara."[175]

O art. 5º da Lei de Introdução às normas do Direito Brasileiro, contempla a necessidade de interpretação em qualquer norma jurídica ao ditar que: "Na aplicação da lei, o juiz atenderá aos fins sociais a que ela se dirige e às exigências do bem comum". Ora, frente ao texto legal, verificamos que toda a lei necessita de interpretação, visando a descoberta dos fins sociais e as exigências do bem comum.

11.5 Integração da Norma Jurídica

Por vezes o caso concreto não encontra norma jurídica abstrata para se subjetivar, ou seja, o caso não se encontra regulado em nenhum texto legal. Quando esse fato ocorre, a doutrina costuma afirmar que existe a lacuna do direito. Na verdade, a lacuna não é do direito, mas da norma. O direito ou sistema jurídico é completo, apesar de incompleta a norma. Assim, ao lado da interpretação, vislumbramos a integração do direito, que consiste no processo de preenchimento das lacunas existentes na lei, ou, ainda, a completude do sistema jurídico.[176]

---

[175] GUSMÃO, Paulo Dourado de. **Introdução ao estudo do direito**. 32ª ed., Rio de Janeiro: Forense, 2002, p. 217.

[176] A ordem jurídica é um sistema. O sistema jurídico é um complexo de normas. A integração do direito tem a finalidade de completar o sistema jurídico através do preenchimento das lacunas da lei. A lei é incompleta, o sistema jurídico é sempre completo.

Na interpretação parte-se da lei existente. Na integração parte-se da inexistência da lei. André Franco Montoro ensina que "podem existir lacunas na lei, mas não no sistema jurídico, porque esse possui outras fontes, além dos textos legais e, por isso, fornece ao aplicador do direito elementos para solucionar todos os casos. Na omissão da lei, cabe-lhe encontrar ou mesmo criar uma norma especial para o caso concreto. Trata-se, então, não apenas, propriamente, da interpretação de uma norma preexistente, mas de integração de uma norma no ordenamento jurídico. Em síntese, podemos dizer que há interpretação, em sentido estrito, quando existe uma norma, prevendo o caso; recorre-se a integração, quando não existe essa norma explícita".[177]

Dessa forma, não havendo norma existente para o caso concreto, a tarefa do aplicador do direito consiste em verdadeira integração do direito, conforme verificamos da leitura do art. 4º da Lei de Introdução às normas do Direito Brasileiro, que dita: "Quando a lei for omissa, o juiz decidirá o caso de acordo com a analogia, os costumes e os princípios gerais do direito". Assim, para realização da integração jurídica, o operador do direito deve se valer de dois elementos: a analogia e os princípios gerais do direito. Quanto ao costume, conforme verificamos, trata-se de verdadeira fonte do direito.

A analogia é a aplicação à apreciação da relação jurídica às normas de direito objetivo aplicáveis a casos semelhantes, ou seja, consiste em aplicar, a um caso não previsto, a norma que rege hipótese semelhante. Por exemplo, aplicar à tutela um preceito legal referente à curatela; ou, ainda, as regras da televisão aplicáveis ao rádio.

No que se refere aos princípios gerais do direito, cabe preliminarmente investigar o que sejam princípios. Por princípios entende-se um conjunto de proposições que alicerçam ou embasam um sistema e lhe garantem validade.[178] "Princípios são proposições básicas, fundamentais, típicas, que condicionam todas as estruturas subsequentes. Neste sentido, princípios são os alicerces, as bases, os fundamentos da ciência."[179] Assim, os princípios

---

177 MONTORO, André Franco. **Introdução à ciência do direito**. 23ª ed., São Paulo: Revista dos Tribunais, 1995, p. 380.

178 GASPARINI, Diógenes. **Direito Administrativo**. 2ª ed. rev. e aum., São Paulo: Saraiva, 1992, p. 5.

179 CRETELLA JR., José. **Primeiras lições de direito**. Rio de Janeiro: Forense, 1997, p. 222.

gerais do direito são os princípios que decorrem do próprio fundamento da legislação positiva que, embora não se mostrando expressos, constituem pressupostos lógicos necessários das normas legislativas.[180]

André Franco Montoro ensina que "para as doutrinas de inspiração positivista, princípios gerais do direito são aqueles historicamente contingentes e variáveis, que inspiram a formação de cada legislação concretamente considerada. Para as concepções racionalistas, pelo contrário, a expressão princípios gerais do direito, refere-se não a valores historicamente contingentes e variáveis, mas a princípios universais, absolutos e eternos, correspondentes aos princípios do direito natural. Uma visão compreensiva e objetiva da matéria nos leva a concluir que, entre os princípios gerais do direito, devem ser incluídos os valores contingentes e variáveis, a que se refere a concepção positivista, e os princípios universais referidos pelas doutrinas de inspiração racionalista, desde que, uns e outros, estejam devidamente fundamentados".[181]

Os princípios são os pressupostos básicos que dão sustentáculo ao sistema jurídico. Como o própria etimologia[182] demonstra é o começo, a origem, a base, e assim diz respeito aos primeiros e básicos direitos. De fato, os princípios são o ponto de partida e o fundamento de qualquer sistema jurídico. Assim, na ausência da lei, cabe ao operador do direito buscar o começo, o fundamento que ampare o caso em questão.

11.6 A Nova Hermenêutica

O direito do século XXI consolidou a ideia de uma nova hermenêutica. O dogmatismo foi substituído pela hermenêutica. Nesse ponto, há uma clara influência pós-positivista, com a aproximação do direito e da

---

180 ACQUAVIVA, Marcus Cláudio. **Notas introdutórias ao estudo do direito**. 2ª ed., São Paulo: Ícone, 1990, p. 169.

181 MONTORO, André Franco. **Introdução à ciência do direito**. 23ª ed., São Paulo: Revista dos Tribunais, 1995, p. 381-382.

182 FERREIRA, Aurélio Buarque de Holanda. **Novo aurélio século XXI: o dicionário da língua portuguesa**. 3ª ed. rev. e amp., Rio de Janeiro: Nova Fronteira, 1999, p. 1639: "Princípio do latim *principium, principii*. "Princípio do latim *principiu*. Momento ou local ou trecho em que algo tem origem; começo".

ética, com o consequente afastamento da neutralidade jurídica. Assim, o papel da jurisdição ganha ênfase, em especial no que tange à argumentação jurídica e discricionariedade do Poder Judiciário.

A norma jurídica se consolida com a interpretação. Há nesta atividade um aspecto volitivo. Vontade e valor do intérprete estão presentes no resultado da norma jurídica. Entretanto, segundo o positivismo, o direito é o texto da lei. O juiz é a boca da lei. No momento atual, não há como negar a vontade e o suporte axiológico na atividade interpretativa. O intérprete reconstrói a norma. "A função do intérprete e aplicador seria, portanto, a de reconstruir racionalmente a ordem jurídica vigente, identificando os princípios fundamentais que lhe conferem sentido. Rompe-se, assim, com a dicotomia hermenêutica clássica que contrapõe a descoberta (cog-nição passiva) e a invenção (vontade ativa), na busca de significados jurídicos. O hermeneuta, diante de um caso concreto, não está criando direito novo, mas racionalizando o sistema normativo, identificando os princípios que podem dar coerência e justificar a ordem jurídica e as instituições políticas vigentes. Cabe ao intérprete se orientar pelo substrato ético-social, promovendo, historicamente, a reconstrução do Direito, com base nos referenciais axiológicos indicados pelos princípios jurídicos".[183]

A interpretação como técnica do direito surge no século XIX, em especial com o advento do Código Civil Francês, em 1804, que deu origem à Escola da Exegese. Antes do século XIX não se pode indicar a existência da interpretação do direito, sendo certo que o direito romano conheceu apenas a análise gramatical da norma.

Após o século XIX, a doutrina indica três momentos relativos à interpretação do direito: 1. Interpretação calcada exclusivamente na norma legal, que se verifica por meio de uma postura estritamente legalista ou dogmática; 2. Interpretação calcada também na história, que encara a lei como uma realidade histórica; 3. Interpretação livre. Nessa esteira, Limongi França afirma que "os sistemas interpretativos podem dividir-se em três, a saber: a) o dogmático, exegético ou jurídico-tradicional; b) o histórico-evolutivo; c) o da livre pesquisa ou livre criação do direito".[184]

---

183 SOARES, Ricardo Maurício Freire. **Hermenêutica e interpretação jurídica**. São Paulo: Saraiva, 2010, p. 61.

184 FRANÇA, R. Limongi. **Hermenêutica jurídica**. 9ª ed. rev., São Paulo: RT, 2009, p. 27.

Para a Escola da Exegese, o direito é o texto da lei. A função do jurista é revelar a norma por meio de uma atividade lógica exata. A função do operador do direito é aplicar a lógica formal. O raciocínio do jurista é meramente dedutivo. Essa Escola, como afirmamos, teve origem na França no século XIX. Os preceitos da Escola da Exegese estiveram presentes na Alemanha por meio do pandectismo e na Inglaterra pela denominada Escola Analítica. Os postulados básicos desta doutrina são: 1. A lei traz todo o direito (dogmatismo legal); 2. Subordinação à vontade do legislador, sendo a função do intérprete buscar a vontade do legislador; 3. Entendimento de que o Estado é o único produtor da norma jurídica.[185]

A interpretação e aplicação do direito ocorre por meio de um processo lógico-dedutivo, mas também valorativo. Nesse sentido, Miguel Reale escreve os pontos essenciais da hermenêutica estrutural: "a) toda norma jurídica é de natureza teleológica (finalística) fundada na consistência axiológica (valorativa) do Direito; b) toda interpretação jurídica dá-se numa estrutura de significações, e não de forma isolada; c) cada preceito significa algo situado no todo do ordenamento jurídico. Pois bem, dessa compreensão estrutural do problema resulta, em primeiro lugar, que o trabalho do intérprete, longe de reduzir-se a uma passiva adaptação a um texto, representa um trabalho construtivo de natureza axiológica, não só por se ter de captar o significado do preceito, correlacionando-o com outros da lei, mas também porque se deve ter presentes os da mesma espécie existentes em outras leis: a sistemática jurídica, além de ser lógico-formal, como se sustentava antes, é também axiológica ou valorativa".[186] O mesmo autor conclui que: "se a Hermenêutica Jurídica atual não consagra as teses extremadas do Direito Livre, desenvolve, de maneira mais orgânica, a compreensão histórico-evolutiva, entendendo a norma jurídica, como temos ensinado ultimamente, em termos de: a) um modelo operacional de uma classe ou tipo de organização ou de comportamentos possíveis; b) que deve ser interpretado no conjunto do ordenamento jurídico; c) implicando a apreciação dos fatos e valores que, originariamente, o constituíram; d) assim como em função dos fatos e valores supervenientes".[187]

---

185 NADER, Paulo. **Introdução ao estudo do direito**. 22ª ed. rev. e atual., Rio de Janeiro: Forense, 2002, p. 273.

186 REALE, Miguel. **Lições preliminares de direito**. 27ª ed., São Paulo: Saraiva, 2002, p. 291.

187 REALE, Miguel. **Lições preliminares de direito**. 27. ed., São Paulo: Saraiva, 2002, p. 291.

A interpretação jurídica e a própria atividade do operador do direito sofreu ao longo dos tempos uma sensível evolução. Partiu-se da mera descoberta ou revelação lógico-matemática do significado da lei para a ideia da construção do sentido da norma pelo intérprete.

12 ZETÉTICA DA APLICAÇÃO DOGMÁTICA

A aplicação dogmática ao caso concreto opera-se através de uma profunda investigação científica, constituindo-se um problema relativo à zetética.[188] Conforme afirmado, a interpretação e aplicação do direito são momentos distintos da vida jurídica. A aplicação do direito é ato posterior à interpretação. A aplicação é a atuação concreta da norma jurídica.

Como capítulos da dogmática jurídica a interpretação e a aplicação do direito apresentam uma faceta científica. A aplicação do direito consiste na investigação da norma que deve ser aplicada no caso concreto. "A aplicação do Direito consiste no enquadrar um caso concreto em norma adequada. Submete às prescrições da lei uma relação da vida real; procura e indica o dispositivo adaptável a um fato determinado. Por outras palavras: tem por objeto descobrir o modo e os meios de amparar juridicamente um interesse humano."[189] A aplicação dogmática é o juízo realizado pelo operador do direito em que se verifica se o fato se enquadra ou se não é contemplado no preceito, ou, ainda, se está ou não está de acordo com o poder ou competência atribuída pela norma jurídica.

A aplicabilidade significa qualidade daquilo que é aplicável. Assim, a aplicabilidade da norma jurídica pressupõe a possibilidade de ser aplicável, ou seja, a possibilidade de produzir efeitos jurídicos. "As normas jurídicas, inclusive as constitucionais, são criadas para reger relações sociais, condutas humanas; enfim, para serem aplicadas. Aplicabilidade exprime uma possibilidade de aplicação. Esta consiste na atuação concreta da

---

188 Zetética, do grego *zetetiké*, designando a arte de procurar. A zetética é o método de investigação no conjunto de preceitos, para resolução de um problema filosófico.

189 MAXIMILIANO, Carlos. **Hermenêutica e aplicação do direito**. 18ª ed., Rio de Janeiro: Forense, 1998, p. 8.

norma. Aplica-se a lei, interpretando, diz Cossio. Mas uma norma só é aplicável plenamente se estiver aparelhada para incidir, o que suscita várias questões, além da interpretação, como: Estará em vigor? Será válida ou legítima? Será apta para produzir os efeitos pretendidos, ou precisará de outras normas que lhe desenvolvam o sentido? Em outras palavras: tem, ou não tem, eficácia? Sociologicamente, pode-se dizer que as normas constitucionais, como outras, são eficazes e aplicáveis na medida em que são efetivamente observadas e cumpridas. Juridicamente, no entanto, a aplicabilidade das normas constitucionais (também de outras) depende especialmente de saber se estão vigentes, se são legítimas, se têm eficácia. A ocorrência desses dados constitui condição geral para aplicabilidade das normas constitucionais."[190]

Assim, o estudo da aplicação das normas jurídicas esbarra na precisão dos termos existência, vigência, validade e eficácia da norma jurídica. A precisão das referidas palavras é indicada pela Teoria Geral do Direito. Para o estudo de toda e qualquer realidade ou instituto jurídico é importante estabelecer uma nítida diferenciação desses conceitos, afastando a imprecisão da nomenclatura, que traz em seu bojo graves equívocos.

12.1 Existência, Vigência, Validade e Eficácia

O sociologismo jurídico encara o problema reduzindo a vigência à eficácia ao determinar que vigente é o direito que se concretiza na realidade social apresentando aplicação eficaz e não aquele que encontra-se somente no texto frio da letra da lei, e não conseguiu lograr-se como norma de direito na sociedade. Assim, a vigência equivale a influência social, a eficácia.

O dogmatismo jurídico distingue com exatidão a vigência e a eficácia da norma jurídica. A vigência significa a existência específica da norma e a eficácia é o fato de que a norma é efetivamente aplicada e respeitada.

Para Miguel Reale, "a validade de uma norma de direito pode ser vista sob três aspectos: o da validade formal ou técnico-jurídica (vigência), o da validade social (eficácia ou efetividade) e o da validade ética (funda-

---

[190] SILVA, José Afonso. **Aplicabilidade das normas constitucionais**. 3ª ed. rev., ampl. e atual., São Paulo: Malheiros, 1998, p. 51-52.

mento). Podemos dizer que a regra jurídica deve, normalmente, reunir os três seguintes requisitos de validade: a) fundamento de ordem axiológica; b) eficácia social, em virtude de sua correspondência ao querer coletivo; e c) validade formal ou vigência, por ser emanada do poder competente, com obediência aos trâmites legais".[191] Nesse prisma a norma jurídica é encarada em três aspectos: dogmático (técnico-jurídico); axiológico (ético); e sociológico (histórico-social).

O problema das incertezas terminológicas pode ser sanado particularizando de forma clara os termos existência, vigência, validade e eficácia da norma jurídica.[192]

12.1.1 Existência

A existência da norma jurídica é condição indispensável para que possa ser revestida de vigência, validade e eficácia.

O ingresso da lei no sistema jurídico ocorre com a promulgação. A promulgação, do latim *promulgare, promulgatione*, que significa divulgação, é o ato pelo qual o Chefe do Poder Executivo atesta ou declara a existência da lei. Segundo Pontes de Miranda, a promulgação "constitui mera atestação da existência da lei e promulgação de sua executoriedade". Dessa forma, com a promulgação a lei torna-se executória. A promulgação decorre da sanção e tem o significado de proclamação. Mas, é com a publicação que a lei torna-se conhecida e vigente, ou melhor, com a publicação a lei se presume conhecida de todos, tornando-se obrigatória para todos os cidadãos na data indicada para a sua vigência. Assim, com a promulgação, a lei

---

191 REALE, Miguel. **Lições preliminares de direito**. 27ª ed., São Paulo: Saraiva, 2002, p. 105-116.

192 Nesse sentido: TEIXEIRA, J. H. Meirelles. **Curso de direito constitucional**. rev. Maria Garcia. Rio de Janeiro: Forense Universitária, 1991, p. 285-295; FERRARI, Regina Maria Macedo Nery. **Efeitos da declaração de inconstitucionalidade**. 4ª ed. rev., São Paulo: Revista dos Tribunais, 1999, p. 49-55; DINIZ, Maria Helena. **Norma constitucional e seus efeitos**. 3ª ed. atual., São Paulo: Saraiva, 1997, p. 24-35; DINIZ, Marcio Augusto de Vasconcelos. **Controle de constitucionalidade e teoria da recepção**. São Paulo: Malheiros, 1995, p. 45-51.

torna-se executória. Com a publicação a lei torna-se obrigatória. A promulgação obriga o Estado, ao passo que a publicação obriga a coletividade.

"No sistema jurídico brasileiro, a lei ordinária passa a ter existência jurídica após a sua publicação no Diário Oficial da União. É bem verdade que, em doutrina, se concebe a promulgação como pressuposto de existência da lei e a publicação como condição de vigência. Mas é razoável, todavia, afirmar que a publicação é também um requisito necessário à existência da lei, porque faz parte do processo legislativo."[193]

A existência da norma é a entrada válida ou inválida da norma no mundo jurídico. Existência é a pertinência da norma no sistema jurídico, pertencendo ao encadeamento lógico dessa ordem. No sistema jurídico pátrio a norma passa a ter existência jurídica após a promulgação e publicação no Diário Oficial.

12.1.2 Vigência

A vigência da norma equivale ao seu período de vida, desde o início da sua obrigatoriedade e observância até sua revogação, quando deixa de existir no mundo jurídico. "A vigência da norma equivale ao seu período de vida, à carga de obrigatoriedade do respeito à norma elaborada pelo órgão competente, isto é, desde o seu nascimento até quando deixa de existir no mundo jurídico pelo surgimento de uma outra norma que disponha sobre a mesma matéria em sentido contrário, ou quando o ordenamento jurídico prevê a sua anulação por vício através de processos específicos, ou, ainda, quando ela própria prevê o período determinado para sua existência. E mais, quando condiciona essa existência a um termo casual e fortuito, como, por exemplo, no caso das calamidades públicas."[194]

"Vigência é a potencialidade da lei para incidir, para atribuir ao suporte fático um significado jurídico. A vigência da lei é pressuposto de sua

---

[193] DINIZ, Marcio Augusto de Vasconcelos. **Controle de constitucionalidade e teoria da recepção**. São Paulo: Malheiros, 1995, p. 47-48.

[194] FERRARI, Regina Maria Macedo Nery. **Efeitos da declaração de inconstitucionalidade**. 4ª ed. rev., atual. e ampl., São Paulo: Revista dos Tribunais, 1999, p. 54.

incidência. Assim, embora exista e seja – regra geral – válida, poderá não incidir. Tal ocorre, por exemplo, no período de *vacatio legis*. Bem por isso, afirma Arnaldo Vasconcelos, a vigência significa disponibilidade temporal da norma; é um marco intermediário entre a existência, que se formaliza pela promulgação e a eficácia, que decorre de sua observância social."[195]

Para Paulo Nader, "o atributo jurídico denominado vigência significa que a norma, por atender a determinados requisitos técnico-formais de elaboração e positividade, acha-se posta à executoriedade. É com ela que a norma jurídica obtém obrigatoriedade e são estabelecidos seus marcos temporais de validez: início e fim da obrigatoriedade".[196]

Segundo José Afonso da Silva, a vigência tomada no seu sentido técnico-formal indica que norma foi regularmente promulgada e publicada, com a condição de entrar em vigor em data determinada. "Vigência (do verbo *viger*, do latim *vigere*) é, no sentido indicado, a qualidade da norma que a faz existir juridicamente e a torna de observância obrigatória, isto é, que a faz exigível, sob certas condições. Vigência, pois, é o modo específico da existência da norma jurídica. Vigência não se confunde com eficácia, mas para que a eficácia se verifique é necessário que a norma comece a vigorar. A vigência é condição de efetivação da eficácia, ainda que a plenitude desta, tratando-se de norma constitucional, não raro, dependa de outras normas integrativas. A Constituição – e assim as leis em geral – contém uma cláusula de vigência; cláusula que determina o momento em que ela começará a vigorar e, com isso, tornar-se apta a produzir os efeitos próprios de seu conteúdo."[197]

Meirelles Teixeira ensina que "vigência, do verbo 'viger' (lat. *vigere*), é a qualidade da norma que a faz existir como norma jurídica, que a torna de observância obrigatória, isto é, que a faz exigível, conquanto não derrogada. Por vigência da norma deve-se entender a sua exigibilidade, isto é, a possibi-

---

195 DINIZ, Marcio Augusto de Vasconcelos. **Controle de constitucionalidade e teoria da recepção**. São Paulo: Malheiros, 1995, p. 50.

196 NADER, Paulo. **Filosofia do direito**. 6ª ed., Rio de Janeiro: Forense, 1998, p. 69.

197 SILVA, José Afonso. **Aplicabilidade das normas constitucionais**. 3ª ed., rev., ampl. e atual., São Paulo: Malheiros, 1998, p. 52-53.

lidade de exigir-se o seu cumprimento, a sua observância, enquanto não formalmente derrogada. Norma vigente, destarte, é toda norma regularmente promulgada, enquanto não derrogada por outra norma, incidindo, portanto, sobre os fatos, situações e comportamentos por ela previstos e regulados".[198]

A vigência da norma equivale ao seu período de vida, desde seu nascimento até sua morte, quando deixa de existir. A vigência é o interregno entre o início e o fim da obrigatoriedade da norma. Refere a possibilidade da norma ser aplicada.

"Vigente é o ordenamento jurídico atual, no sentido de que existe no momento presente, isto é, o conjunto de normas que rege, aqui e agora, a conduta dos indivíduos na sociedade. Assim, com vigência nos referimos à vida das normas jurídicas."[199] "No sentido técnico-jurídico é a dimensão temporal e espacial da obrigatoriedade do direito, determinável, começando da data em que for publicada a norma no Diário Oficial, ou da data nela prevista, terminando na de sua revogação total ou parcial, expressa ou tácita, quando lei posterior dispuser em sentido contrário. Vigente, assim, a lei sancionada e publicada no Diário Oficial, enquanto não revogada, ou o tratado internacional, aprovado por decreto legislativo, enquanto não denunciado."[200] Dessa forma, a vigência é o período de tempo no qual a norma se mantém obrigatória.

12.1.3 *Validade*

A norma vigente é uma norma de direito positivo. Ocorre que nem toda norma de direito positivo é válida. Para Miguel Reale, "vigência ou validade formal é a executoriedade compulsória de uma regra de direito, por haver preenchido os requisitos essenciais à sua feitura ou elaboração". O referido

---

198 TEIXEIRA, J. H. Meirelles. **Curso de direito constitucional**. Texto revisto e atualizado por Maria Garcia. Rio de Janeiro: Forense Universitária, 1991, p. 285-286.

199 FERRARI, Regina Maria Macedo Nery. **Efeitos da declaração de inconstitucionalidade**. 4ª ed. rev., atual. e ampl., São Paulo: Revista dos Tribunais, 1999, p. 51.

200 GUSMÃO, Paulo Dourado de. **Introdução ao estudo do direito**. 32ª ed., Rio de Janeiro: Forense, 2002, p. 56.

autor enumera três requisitos de validade: 1. Legitimidade do órgão emanador da regra; 2. Competência *ratione materiae*; 3. Legitimidade do procedimento.[201] "A vigência é problema bem mais complexo e profundo do que o ligado ao seu sentido técnico-jurídico, que reclama a satisfação de requisitos formais, como a verificação da competência do órgão emanador da regra; a compatibilidade de uma norma com as normas subordinadas de caráter constitucional ou não; a obediência a trâmites ou processos que condicionam sua gênese em um dado ordenamento etc.".[202]

"Dizer que uma norma é válida significa que ela foi elaborada conforme o procedimento estabelecido pelo sistema jurídico, isto é, uma norma é válida enquanto e na medida em que for produzida em concordância com os requisitos exigidos pelo ordenamento jurídico. Dessa forma, e tendo em conta a hierarquia que permite um escalonamento normativo num sistema jurídico, válida é a norma produzida em conformidade com a norma superior de tal sistema, vale dizer, que é concordante e não contraditória com as demais."[203]

"A validade (ou validade técnico-formal) da norma jurídica seria, pois, sua conformidade com outra norma que regula a sua produção e, por vezes, o seu conteúdo, vale dizer, que constitui o seu fundamento. Em nosso sistema jurídico a validade da lei ordinária decorre do fato de ter sido elaborada de acordo com as regra de competência e forma, previstas na Constituição, bem como no que se refere ao seu conteúdo, não infringir as normas e princípios plasmados no Texto Constitucional. Qual seria neste passo, o fundamento de validade da Constituição? Apesar de terem surgido várias opiniões a respeito do tema (norma hipotética fundamental, espírito do povo, etc.), inclinamo-nos no sentido de que o seu fundamento de validade é a vontade geral, tal como concebida pelo contratualismo originário ou, como preferem os neocontratualistas, o consenso, o assentimento popular."[204]

---

201 REALE, Miguel. **Lições preliminares de direito.** 27ª ed., São Paulo: Saraiva, 2002, p. 105-116.

202 REALE, Miguel. **Filosofia do direito.** 17ª ed., São Paulo: Saraiva, 1996, p. 600-601.

203 FERRARI, Regina Maria Macedo Nery. **Efeitos da declaração de inconstitucionalidade.** 4ª ed. rev., atual. e ampl., São Paulo: Revista dos Tribunais, 1999, p. 54-55.

204 DINIZ, Marcio Augusto de Vasconcelos. **Controle de constitucionalidade e teoria da recepção.** São Paulo: Malheiros, 1995, p. 49.

Regina Maria Macedo Nery Ferrari faz referência ao fundamento de validade da norma, admitindo que, para ser válida frente a um determinado ordenamento jurídico, deve ter sido produzida em concordância com as normas superiores do sistema, vale dizer, em um ordenamento jurídico escalonado, as normas superiores estabelecem todos os requisitos de produção das normas inferiores. "Diversas correntes procuram analisar o que devemos considerar como direito válido. Podemos englobá-las em dois grandes grupos. Um que considera a questão sob um ponto de vista formal e outro que faz sua consideração a partir de uma concepção objetiva, colocando a justiça como essência do direito. Do ponto de vista formal, só serão válidas as normas que reunirem determinados requisitos, isto é, para uma norma ser válida, necessita ser produzida de acordo com os requisitos estabelecidos pelas normas superiores do sistema, ou seja, num ordenamento jurídico, onde encontramos um escalonamento normativo, a norma de nível superior, e assim por diante, de tal forma que, em um sistema normativo, podemos reconduzir o fundamento de sua validade a uma única norma, que é a norma fundamental desse sistema. Nessa linha de pensamento, tão bem desenvolvida pelos positivistas, uma norma é válida enquanto e na medida em que for produzida em concordância com os requisitos exigidos pelo ordenamento determinado; é inválida quando sua produção não cumprir essas exigências, o que vale dizer, num sentido puramente técnico, que esta norma, face a este sistema normativo, não existe."[205]

José Afonso da Silva ao tratar da legitimidade anota que "as normas ordinárias e mesmo as complementares são legítimas quando se conformam, formal e substancialmente, com os ditames da constituição. Importa dizer: a legitimidade dessas normas decorre de uma situação hierárquica em que as inferiores recebem sua validade da superior. São legítimas na medida em que sejam constitucionais, segundo um princípio de compatibilidade vertical".[206]

Para Miguel Reale "toda regra jurídica, além de eficácia e validade, deve ter um fundamento. O Direito, consoante outra lição de Stammler,

---

205 FERRARI, Regina Maria Macedo Nery. **Efeitos da declaração de inconstitucionalidade**. 4ª ed. rev., atual. e ampl., São Paulo: Revista dos Tribunais, 1999, p. 50-52.

206 SILVA, José Afonso. **Aplicabilidade das normas constitucionais**. 3ª ed. rev., ampl. e atual., São Paulo: Malheiros, 1998, p. 55.

deve ser, sempre, "uma tentativa de Direito justo", por visar a realização de valores ou fins essenciais ao homem e à coletividade. O fundamento é o valor ou fim objetivado pela regra de direito. É a razão de ser da norma, ou *ratio juris*. Impossível é conceber-se uma regra jurídica desvinculada da finalidade que legitima sua vigência e eficácia".[207]

Meirelles Teixeira ao tratar da validade e legitimidade da norma ensina que "a expressão validade (*validitá*, em italiano, *validité*, em francês) reservamo-la para significar aquela qualidade de uma norma, que lhe assegura vigência e aplicabilidade, por conformar-se a uma outra norma, que lhe é superior na hierarquia normativa. Assim, válida dir-se-á a norma de lei ordinária que plenamente se conforme com a Constituição ou com lei porventura superior; do mesmo modo, válida será a norma de um regulamento que se conforme plenamente com as normas da lei regulamentada e evidentemente também com a Constituição. Também dizem-se válidos os atos administrativos (e os atos jurídicos em geral) que se conforme com a Constituição e com as demais normas vigentes. A desconformidade de uma norma com outra, que lhe seja superior, acarreta-lhe a nulidade, absoluta ou relativa. A desconformidade de uma norma ordinária com a Constituição produz, como consequência, sempre a sua nulidade absoluta, insanável – a sua inconstitucionalidade. Observe-se que o emprego indiscriminado desse dois vocábulos 'validez' e 'validade' —, nos vários sentidos acima apontados, é também encontradiço em muitos autores. Finalmente, por legitimidade deve-se entender a consonância ou conformidade da norma com superiores princípios ético-filosóficos. É nesse sentido que se fala em legitimidade da Constituição – formal ou material, a primeira, legitimidade de origem – Constituição elaborada por representantes autênticos da Nação, ou por esta diretamente aprovada, através do *referendum*; a segunda, conformidade da Constituição, em seu conteúdo, com os superiores princípios da Justiça, da convivência internacional, do Bem Comum. O emprego do vocábulo 'legitimidade', para designar o que há pouco denominamos 'validade', (por exemplo, no Direito Administrativo, especial-

---

207 REALE, Miguel. **Lições preliminares de direito**. 27ª ed., São Paulo: Saraiva, 2002, p. 115.

mente no italiano, é frequente falar-se em *legitimità* e *illegitimità* dos atos administrativos, no sentido de validade ou nulidade dos mesmos), também deve ser evitado, eis que poderá constituir-se também em fonte de confusão. Note-se, entretanto, que nesse campo dos atos administrativos será correto o uso daquelas expressões, legitimidade e ilegitimidade, mas no sentido de conformidade ou desconformidade de tais atos com o princípio supremo orientador da atividade administrativa – o interesse público. Assim, um ato administrativo poderá apresentar-se válido (isto é, conforme à lei, à normatividade a que está subordinado) e não obstante ilegítimo (isto é, contrário ao interesse público, não inspirado por esse interesse mas por motivos subalternos). Um ato nestas condições poderá configurar aquilo que, em Direito Administrativo, se denomina 'desvio de poder': uso de um poder ou competência para finalidade diversa daquelas para as quais a lei os estabeleceu. Uma verdadeira teoria da legitimidade, quer constitucional, quer legal, quer, finalmente, dos atos administrativos, resolve-se sempre afinal, como é fácil perceber-se, numa filosofia dos valores – éticos, jurídicos, econômicos, etc.".[208]

A norma válida é aquela que guarda conformidade com o sistema jurídico. A norma encontra seus requisitos de validez no próprio sistema jurídico. Ainda, a validade da norma jurídica encontra-se ligada ao seu aspecto axiológico. A norma jurídica encontra seu fundamento de existência nos valores sociais e no sistema jurídico em que esta inserida. Assim, podemos afirmar que a norma é valida na medida em que preenche os requisitos de validade de ordem extrínseca e intrínseca.

Os requisitos extrínsecos são aqueles afetos ao sistema jurídico normativo positivo. Nesse sentido a validade da norma encontra-se em normas procedimentais ou formais do próprio sistema jurídico. "Norma formalmente válida é a promulgada por um ato legítimo da autoridade, de acordo com o trâmite ou processo estabelecido em norma, que lhe é superior, não tendo sido ela revogada. Assim, um norma só será válida se se fundar em uma superior, reveladora da competência do órgão emissor e do processo

---

208 TEIXEIRA, J. H. Meirelles. **Curso de direito constitucional**. Texto revisto e atualizado por Maria Garcia. Rio de Janeiro: Forense Universitária, 1991, p. 294-295.

para sua elaboração. Logo, uma norma só terá vigência se foi obedecido o procedimento exigido para sua edição, estabelecido na norma constitucional, e se foi criada por órgão competente para tanto".[209]

Os requisitos intrínsecos são aqueles afetos aos fatores e valores sociais, em especial a Justiça. Nesse sentido, a validade ou fundamento da norma encontra-se nos preceitos de ordem axiológica.

Assim, os requisitos de validade são os seguintes:

1. Respeito à Lei Maior e às normas procedimentais para elaboração da norma jurídica; e

2. As normas devem traduzir os princípios de direito natural, ou seja, guardando consonância com a ordem natural das coisas, bem como a preservação de valores jurídicos, como a Justiça.

Na atualidade um dos critérios de legitimidade da norma é o respeito aos direitos humanos e a participação da sociedade na elaboração da norma jurídica. O direito deve guardar consonância com os fatores e valores sociais. A legitimação do direito encontra-se na sua correspondência aos fatos e valores sociais, aspirações e anseios da sociedade ou, ainda, na sua participação na elaboração do arcabouço jurídico que sustenta e informa toda a sociedade.

Em suma:

Requisitos de Validade	Ordem Extrínseca – Direito Positivo
	Ordem Intrínseca – Direito Natural

12.1.4 Eficácia

A eficácia é a efetiva aplicação e observância da norma. A eficácia refere-se aos efeitos ou consequências de uma norma jurídica. A eficácia pode ser jurídica ou social. A eficácia social é a efetiva conduta social, sendo a norma aplicada e respeitada. A eficácia jurídica é a qualidade de produção de efeitos jurídicos. É a capacidade da norma de produzir efeitos

[209] DINIZ, Maria Helena. **Norma constitucional e seus efeitos**. 3ª ed. atual., São Paulo: Saraiva, 1997, p. 26.

jurídicos. Nesse sentido fala-se em aplicabilidade da norma jurídica, que significa aquilo que é aplicável, ou seja, possibilidade de ser aplicada e consequentemente de produzir efeitos jurídicos.

A eficácia jurídica diz respeito à produção dos efeitos jurídicos, ou mais especificamente, à possibilidade de aplicação da norma. Nesse sentido, eficácia refere-se à aplicabilidade, exigibilidade ou executoriedade, mas isso somente quanto à sua possibilidade de produção de efeitos jurídicos (eficácia jurídica) e não quanto à efetividade, que significa a efetivação da norma, ou seja, a norma está efetivamente regendo a conduta social para a qual foi criada (eficácia social).

Em suma:

Eficácia	Jurídica – Eficácia – Aplicabilidade Social – Efetividadade

Para Miguel Reale, "a eficácia se refere, pois, à aplicação ou execução da norma jurídica, ou por outras palavras, é a regra jurídica enquanto momento da conduta humana. A sociedade deve viver o Direito e como tal reconhecê-lo. Reconhecido o Direito, é ele incorporado à maneira de ser e de agir da coletividade. Tal reconhecimento, feito ao nível dos fatos, pode ser o resultado de uma adesão racional deliberada dos obrigados, ou manifestar-se através do que Maurice Hauriou sagazmente denomina 'assentimento costumeiro', que não raro resulta de atos de adesão aos modelos normativos em virtude de mera intuição de sua conveniência ou oportunidade. O certo é, porém, que não há norma jurídica sem um mínimo de eficácia, de execução ou aplicação no seio do grupo. O Direito autêntico não é apenas declarado mas reconhecido, é vivido pela sociedade, como algo que se incorpora e se integra na sua maneira de conduzir-se. A regra de direito deve, por conseguinte, ser formalmente válida e socialmente eficaz".[210]

Para Paulo Dourado de Gusmão, "a eficiência (*guteng*) do direito depende do fato de sua observância no meio social no qual é vigente. Eficaz

---

210 REALE, Miguel. **Lições preliminares de direito**. 27ª ed., São Paulo: Saraiva, 2002, p. 112-113.

é o direito efetivamente observado e que atinge sua finalidade. É, assim, um fato, consistindo na observância efetiva da norma por parte de seus destinatários e, no caso de inobservância, na sua aplicação compulsória pelos órgãos com competência para aplicá-la. Significa, com palavras de Kelsen, direito é o que é realmente aplicado e obedecido".[211]

Segundo o entendimento de Maria Helena Diniz, "a eficácia vem a ser a qualidade do texto normativo vigente de produzir, ou irradiar, no seio da coletividade, efeitos jurídicos concretos, supondo, portanto, não só a questão de sua condição técnica de aplicação, observância, ou não, pelas pessoas a que se dirige, mas também de sua adequação em face da realidade social, por ele disciplinada, e aos valores vigentes na sociedade, o que conduziria ao seu sucesso. A eficácia diz respeito, portanto, ao fato de se saber se os destinatários da norma ajustam, ou não, seu comportamento em maior ou menor grau, às prescrições normativas, ou seja, se cumprem, ou não, os comandos jurídicos se as aplicam ou não. Casos há em que o órgão competente emite normas, que por violentarem a consciência coletiva, não são observadas nem aplicadas, só logrando, por isso, ser cumpridas de modo compulsório, a não ser quando caírem em desuso; consequentemente, têm vigência, mas não possuem eficácia. A eficácia de uma norma, por sua vez, indica, em seu sentido técnico, que ela tem possibilidade de ser aplicada, de exercer, ou produzir, seus próprios efeitos jurídicos, porque se cumpriram as condições para isto exigidas (eficácia jurídica), sem que haja qualquer relação de dependência da sua observância, ou não, pelos seus destinatários".[212]

"Assim, a norma válida e em vigor, e portanto capaz de produzir efeitos, pode permanecer no mundo jurídico independentemente de sua efetividade, ou do fato de ser efetivamente aplicada ou observada. Colocados os termos, podemos admitir que uma norma pode ter eficácia jurídica sem ter eficácia social."[213]

---

211 GUSMÃO, Paulo Dourado de. **Introdução ao estudo do direito**. 32ª ed., Rio de Janeiro: Forense, 2002, p. 57.

212 DINIZ, Maria Helena. DINIZ, Maria Helena. **Norma constitucional e seus efeitos**. 3ª ed. atual., São Paulo: Saraiva, 1997, p. 30-31.

213 FERRARI, Regina Maria Macedo Nery. **Efeitos da declaração de inconstitucionalidade**. 4ª ed. rev., atual. e ampl., São Paulo: Revista dos Tribunais, 1999, p. 54.

"A doutrina distingue a eficácia jurídica da eficácia social. A primeira refere-se à realização da lei no plano fático, seja por sua observância espontânea, ou por sua aplicação, por parte dos órgãos competentes previstos no sistema; a última significa a aplicabilidade, exigibilidade ou executoriedade da lei. Afirma-se, por outro lado, que uma norma não observada por ninguém, nem muito menos aplicada pelos órgãos competentes não pode ser considerada eficaz."[214] "Há quem faça distinção entre eficácia e efetividade. A primeira, dependendo de a norma alcançar o resultado jurídico pretendido pelo legislador, enquanto a efetividade, do fato da observância efetiva da norma, por parte das autoridades e de seus destinatários."[215]

Paulo Nader distingue os termos Eficácia e Efetividade da norma jurídica. "Por eficácia devemos designar o resultado social positivo alcançado pelas normas jurídicas. Lei eficaz é aquela que provoca as consequências sociais almejadas pelo autor ao elaborá-la. Ao programar um conjunto de normas, o órgão criador tem por mira atender à realidade social, que apresenta algum tipo de problema. O instrumento normativo é empregado como recurso técnico capaz de resolver a questão. Como processo de adaptação social, o Direito é estabelecido de acordo com a situação histórica, sob medida para os fatos que desafiam o administrador. Por efetividade nomeamos o fenômeno social de obediência às normas jurídicas. Por serem passíveis de transgressão, as normas nem sempre alcançam plena efetividade. O índice de adesão às regras depende de vários fatores, sendo certo que a coercibilidade – força a serviço do Direito – atua como um dos estímulos da efetividade. A adequação do Direito ao fato, a racionalidade das fórmulas adotadas, o grau de justiça contido na solução preconizada para o problema social são também alguns motivos que induzem à obediência. A noção de efetividade compreende, ainda, a aplicação das normas pelos órgãos encarregados da administração da justiça: tribunais e administradores. Cada instrumento normativo apresenta graus de efetividade, podendo ser aferidos mediante pesquisa sociológica, que deverá detectar os fatores de adesão e os de desobediência, de cujas informações o legislador deverá

---

214 DINIZ, Marcio Augusto de Vasconcelos. **Controle de constitucionalidade e teoria da recepção**. São Paulo: Malheiros, 1995, p. 52.

215 GUSMÃO, Paulo Dourado de. **Introdução ao estudo do direito**. 32ª ed., Rio de Janeiro: Forense, 2002, p. 57.

tirar o devido proveito, seja para o aprimoramento da lei ou visando à substituição. A importância da efetividade é significativa, pois sem ela o Direito não realizará os processos adaptativos necessários à condução dos interesses sociais".[216]

José Afonso da Silva ensina que eficácia social significa a real efetivação da norma; significa que ela está efetivamente regendo a realidade social nela descrita. O termo efetividade exprime tecnicamente essa qualidade da norma jurídica. No sentido jurídico, diz-se da norma que tem capacidade de produzir efeitos jurídicos.[217] "Uma norma só é aplicável na medida em que é eficaz. Por conseguinte, eficácia e aplicabilidade das normas constitucionais constituem fenômenos conexos, aspectos talvez do mesmo fenômeno, encarados por prismas diferentes: aquela potencialidade; esta como realizabilidade, praticidade. Se a norma não dispõe de todos os requisitos para sua aplicação aos casos concretos, falta-lhe eficácia, não dispõe de aplicabilidade. Esta se revela, assim, como possibilidade de aplicação. Para que haja essa possibilidade, a norma há de ser capaz de produzir efeitos jurídicos".[218]

Para o citado autor a eficácia do direito apresenta dois sentidos: "a eficácia social designa uma efetiva conduta acorde com a prevista pela norma; refere-se ao fato de que a norma é realmente obedecida e aplicada; nesse sentido, a eficácia da norma diz respeito, como diz Kelsen, ao fato real de que ela é efetivamente aplicada e seguida, da circunstância de uma conduta humana conforme à norma se verificar na ordem dos fatos. É o que tecnicamente se chama efetividade da norma. Eficácia é a capacidade de atingir objetivos previamente fixados como metas. Tratando-se de normas jurídicas, a eficácia consiste na capacidade de atingir os objetivos nela traduzidos, que vêm a ser, em última análise, realizar os ditames jurídicos objetivados pelo legislador. Por isso é que se diz que a eficácia jurídica da norma designa a qualidade de produzir, em maior ou menor grau, efeitos

---

216 NADER, Paulo. **Filosofia do direito**. 6ª ed., Rio de Janeiro: Forense, 1998, p. 52-53.

217 SILVA, José Afonso. **Aplicabilidade das normas constitucionais**. 3ª ed. rev., ampl. e atual., São Paulo: Malheiros, 1998, p. 13.

218 SILVA, José Afonso. **Aplicabilidade das normas constitucionais**. 3ª ed. rev., ampl. e atual., São Paulo: Malheiros, 1998, p. 60.

jurídicos, ao regular, desde logo, as situações, relações e comportamentos de que cogita; nesse sentido, a eficácia diz respeito à aplicabilidade, exigibilidade ou executoriedade da norma, como possibilidade de sua aplicação jurídica. O alcance dos objetivos da norma constitui a efetividade. Esta é, portanto, a medida da extensão em que o objetivo é alcançado, relacionando-se ao produto final. Por isso é que, tratando-se de normas jurídicas, se fala em eficácia social em relação à efetividade, porque o produto final objetivado pela norma se consubstancia no controle social que ela pretende, enquanto eficácia jurídica é apenas a possibilidade de que isso venha a acontecer. Os dois sentidos da palavra eficácia, acima apontados, são, pois, diversos. Uma norma pode ter eficácia jurídica sem ser socialmente eficaz, isto é, pode gerar certos efeitos jurídicos, como, por exemplo, o de revogar normas anteriores, e não ser efetivamente cumprida no plano social".[219]

Não se pode isolar a norma jurídica da sociedade em que está inserida, nem dos precedentes históricos e valores que informam o nascedouro da norma. Uma norma não surge de um esquema ideal, mas dos anseios, fatores e valores da sociedade. Assim, se houver um descompasso entre a norma jurídica e a sociedade, a norma embora vigente não possui eficácia. A eficácia social da norma não surge do simples consentimento social (aprovação tácita), mas com o assentimento social (aprovação expressa). "Os legisladores podem promulgar leis que violentam a consciência coletiva, provocando reações por parte da sociedade. Há leis que entram em choque com a tradição de um povo e que não correspondem aos seus valores primordiais. Isto não obstante, valem, isto é, vigem. Há casos de normas legais, que, por contrariarem as tendências e inclinações dominantes no seio da coletividade, só logram ser cumpridas de maneira compulsória, possuindo, desse modo, validade formal, mas não eficácia espontânea no seio da comunidade".[220]

Ante o exposto, concluímos no sentido que uma coisa é a norma vigente, solenemente promulgada e publicada, outra é a norma eficaz, aplicável, exigível, com força obrigatória; outra, ainda, é a norma efetivamente cumprida e aplicada. Assim, segundo o pensamento de Miguel

---

219 SILVA, José Afonso. **Aplicabilidade das normas constitucionais**. 3ª ed. rev., ampl. e atual., São Paulo: Malheiros, 1998, p. 65-66.

220 REALE, Miguel. **Lições preliminares de direito**. 27ª ed., São Paulo: Saraiva, 2002, p. 112.

Reale, a regra de Direito deve viger para atualizar efetivamente este ou aquele valor. A norma jurídica deve ser formalmente válida socialmente eficaz. Dessa forma, estarão cumpridos os aspectos axiológicos e teleológicos inseridos em toda e qualquer norma jurídica.

12.2 Âmbito de Aplicação das Normas Jurídicas

Toda norma jurídica tem seu campo de atuação e aplicação limitado, ou seja, apresenta um âmbito temporal, espacial, material e pessoal, dentro do qual a norma tem vigência ou validade. Neste sentido, Meirelles Teixeira distingue várias esferas da vigência do direito, a saber: vigência temporal, territorial, material e pessoal.[221]

Em suma:

Atuação da Norma
- âmbito temporal
- âmbito espacial – territorial
- âmbito material
- âmbito pessoal

O aspecto primordial encontra-se nos problemas relativos ao âmbito temporal e espacial do direito, ou para usar a fórmula consagrada, a vigência das leis no tempo e no espaço. Essa problemática é tratada pela Lei de Introdução às normas do Direito Brasileiro, que se constitui de uma verdadeira lei geral de aplicação das normas. "A Lei de Introdução é aplicável a toda ordenação jurídica, já que tem as funções de: regular a vigência e a eficácia das normas jurídicas, apresentando soluções ao conflito de normas no tempo e no espaço; fornecer critérios de hermenêutica; estabelecer mecanismos de integração das normas, quando houver lacunas (art. 4º); garantir não só a eficácia global da ordem jurídica, não admitindo erro de direito (art. 3º) que a comprometeria, mas também a certeza, segurança e estabilidade do ordenamento, preservando as situações consolidadas em

---

221 TEIXEIRA, J. H. Meirelles. **Curso de direito constitucional**. Texto revisto e atualizado por Maria Garcia. Rio de Janeiro: Forense Universitária, 1991, p. 287.

que o interesse individual prevalece (art. 6º)."[222] "O tema central da Lei de Introdução ao Código Civil é a própria lei. Aí se cuida da vigência da lei e sua revogação; da impossibilidade de alegar-se a sua ignorância; da aplicação da lei e de suas lacunas; da interpretação da lei e de sua eficácia no tempo e no espaço."[223]

12.2.1 A Norma no Âmbito Temporal

Para Meirelles Teixeira, "a vigência temporal são os limites do tempo, que marcam o momento exato em que a norma começa a obrigar, até o da sua derrogação".[224]

A lei, como todo fenômeno histórico, tem seu tempo. Entra em vigor na data estabelecida e vigora até o termo nela fixado ou até que outra a revogue. Surge o problema de saber se é a nova lei ou a antiga que se deve aplicar a certas relações jurídicas. É o problema do conflito das leis no tempo, estudado pelo chamado direito intertemporal, retroativo ou transitório. Como todos os fenômenos culturais e naturais, as leis nascem, modificam-se e morrem.[225] "As normas jurídicas têm vida própria, pois nascem, existem e morrem. Esses momentos dizem respeito à determinação do início da vigência, à continuidade de sua vigência e à cessação da sua vigência."[226]

O âmbito temporal das leis é disciplinado pela Lei de Introdução às normas do Direito Brasileiro. As normas nascem com a promulgação, mas começam a vigorar com a publicação, ou melhor, com a publicação a lei

---

222 DINIZ, Maria Helena. **Curso de direito civil brasileiro: teoria geral do direito civil.** v. 1., 7ª ed. atual., São Paulo: Saraiva, 1989, p. 45.

223 RODRIGUES, Silvio. **Direito civil: parte geral**. v. 1, 2ª ed. rev. e aum., São Paulo: Max Limonad, 1964, p. 35.

224 TEIXEIRA, J. H. Meirelles. **Curso de direito constitucional**. Texto revisto e atualizado por Maria Garcia. Rio de Janeiro: Forense Universitária, 1991, p. 287.

225 MONTORO, André Franco. **Introdução à ciência do direito**. 23ª ed., São Paulo: Revista dos Tribunais, 1995, p. 388-389.

226 DINIZ, Maria Helena. **Curso de direito civil brasileiro: teoria geral do direito civil.** v. 1., 7ª ed. atual., São Paulo: Saraiva, 1989, p. 62.

torna-se obrigatória na data indicada para sua vigência. O art. 1º da Lei de Introdução às normas do Direito Brasileiro dita que: "Salvo disposição em contrário, a lei começa a vigorar em todo o País 45 (quarenta e cinco) dias depois de oficialmente publicada". Assim, depreende-se do referido preceito legal que a obrigatoriedade da norma de direito não se inicia no dia da publicação, mas da data indicada para o início de sua obrigatoriedade. Nesse caso, a lei torna-se obrigatória ou vigente a partir da data nela prevista.

A data da publicação no Diário Oficial nem sempre coincide com a do início da vigência da lei, pois o legislador pode postergar a sua entrada em vigor para data posterior, estabelecendo expressamente. O lapso temporal compreendido entre a publicação da lei e a sua entrada em vigor denomina-se *vacatio legis*. Conforme permite o dispositivo legal fica ao arbítrio do legislador fixar a data da vigência da lei. Dessa forma, por vezes o legislador estabelece como obrigatória a data de publicação da lei. Noutras, o período da *vacatio legis* é maior, para conceder-se tempo mais amplo para adaptação. No que tange à obrigatoriedade da norma brasileira no exterior o prazo é de três meses depois de oficialmente publicada, conforme dispõe o art. 1º, § 1º, da Lei de Introdução às normas do Direito Brasileiro.

Em resumo, a promulgação atesta a existência da lei, ao passo que a publicação, a obrigatoriedade, sendo o início desta na data indicada para a entrada em vigor da lei. Com a promulgação a lei torna-se executória. Com a publicação a lei torna-se obrigatória. A promulgação obriga o Estado, ao passo que a publicação obriga a coletividade.

Preceitua o art. 2º da Lei de Introdução às normas do Direito Brasileiro que: "Não se destinando à vigência temporária, a lei terá vigor até que outra a modifique ou revogue". Dessa forma, podemos concluir que a lei perde sua eficácia ou vigência em duas hipóteses:

1. Se a lei já tem fixado o seu tempo de duração, com o decurso do prazo determinado ela perde sua eficácia e vigência.

2. Se ela não tem prazo determinado de duração, permanece atuando no mundo jurídico até que seja modificada ou revogada por outra de hierarquia igual ou superior (art. 2º, LINDB); é o princípio da continuidade das leis.

O citado art. 2º trata da revogação. Revogar é tornar sem efeito uma norma, retirando sua obrigatoriedade. A revogação é gênero que contém duas espécies: 1. ab-rogação, a supressão total da norma anterior; e 2. derrogação, quando torna sem efeito apenas uma parte da norma.

Em suma:

Revogação	Ab-rogação → Revogação Total
	Derrogação → Revogação Parcial

Cabe anotar que, quando a lei revogadora for revogada, o fato não tem efeito repristinatório[227] sobre a lei por ela revogada, ou seja, a lei por ela revogada não se restaura, senão quando houver expresso pronunciamento a esse respeito, conforme dita o art. 2º, § 3º, da Lei de Introdução às normas do Direito Brasileiro: "Salvo disposição em contrário, a lei revogada não se restaura por ter a lei revogadora perdido a vigência".

O art. 2º, § 1º, da Lei de Introdução às normas do Direito Brasileiro trata das espécies de revogação aludindo que: "a lei posterior revoga a anterior quando expressamente o declare, quando seja com ela incompatível ou quando regule inteiramente a matéria de que tratava a lei anterior". A doutrina com fulcro na referida norma legal afirma que a revogação pode ser expressa, quando o legislador assim o declarar, ou tácita, se houver incompatibilidade entre a lei nova e a antiga, e se a lei nova regular inteiramente o assunto tratado pela lei anterior.

O art. 9º da Lei Complementar n. 95/98, com a redação dada pela Lei Complementar n. 107/01, expurgou do sistema jurídico a revogação tácita ao estabelecer que "a cláusula de revogação deverá enumerar, expressamente, as leis ou disposições legais revogadas". Note-se que pela redação anterior[228] a revogação expressa só surgiria quando necessária. Pelo texto

---

227 Repristinação, termo formado da partícula *re* (retornar, retomar) e *pristinus* (adjetivo latino, anterior, precedente), que significa revigoração de normas legais em virtude de cessação da vigência de lei que as havia revogado.

228 Art. 9º da Lei Complementar n. 95/98: "Quando necessária a cláusula de revogação, esta deverá indicar expressamente as leis ou disposições legais revogadas".

atual do art. 9º, sempre existe a necessidade, que surge para evitar dúvidas acerca da revogação e garantir, em último plano, a segurança jurídica.

No sentido amplo, o termo revogação é empregado para designar a não recepção de norma jurídica do sistema jurídico anterior, a declaração de inconstitucionalidade pelo Supremo Tribunal Federal, o desuso da norma pelo costume *contra legem*, ou seja, qualquer fenômeno que provoque a extinção da norma no sistema jurídico. Qualquer ato capaz de expurgar a norma do sistema jurídico.

No sentido restrito e técnico, revogação é termo afeto ao processo legislativo. A norma é extinta do sistema jurídico por outro ato normativo da mesma espécie. Saliente-se que o princípio geral é o de que as normas se revogam por outras da mesma hierarquia ou de hierarquia superior. Neste caso, o conflito de normas é resolvido não mais com base no critério cronológico, mas com base no critério hierárquico, formulado no princípio *lex superior derogat inferiori*. Assim, deve ser aplicada a norma de hierarquia superior, mesmo que a norma de hierarquia inferior seja posterior no tempo. No caso do conflito entre o critério temporal e hierárquico, o último prevalece. Ainda, a lei geral não revoga a de caráter especial.

Em termos constitucionais, cada pessoa de direito público tem competência para elaborar suas próprias regras jurídicas, nos termos da competência conferida pela Constituição Federal.

O sistema jurídico pátrio, também, estabelece a cessação da eficácia das normas por intermédio da declaração judicial de inconstitucionalidade pelo Supremo Tribunal Federal.

Ainda, podemos indicar o costume *contra legem*, como fato revogatório da lei. O costume *contra legem* é aquele que contraria disposição de lei. Segundo nosso entendimento, a norma jurídica surge dos fatores e valores sociais, tendo como finalidade a justiça. Assim, se o poder normativo surge da sociedade, em casos excepcionais a mesma é dotada do poder de revogar a norma através do costume *contra legem*. Na verdade, o costume *contra legem* produz a perda da eficácia social ou efetividade da norma. A referida posição embora minoritária encontra respaldo na doutrina, sendo pouco aceita pela jurisprudência. Nesse sentido: "O sistema jurídico brasileiro não admite possa uma lei perecer pelo desuso, porquanto, assentada no princípio da supremacia da lei escrita (fonte principal do direito), sua obrigatoriedade só termina com sua revogação por outra lei. Noutros termos, significa que não pode ter existência jurídica o costume *contra legem*".[229]

"No direito anglo-americano (*common law*), o precedente judicial (*case law*) tem vigência da data em que for prolatado, perdendo-a da data da primeira sentença que decidir em sentido contrário, que, se reiterada, então, precedente, ou, ainda, de quando a Corte Suprema o julgar inconstitucional ou dispuser em sentido contrário. O costume tem vigência enquanto observado, perdendo-a com o desuso."[230]

Em suma:

- Revogação
  - 1. por outra lei
    - expressa
    - tácita
      - dispõe de maneira incompatível
      - regula inteiramente o assunto
  - 2. pelo decurso do tempo preestabelecido (Lei Temporária)
  - 3. declaração judicial de inconstitucionalidade pelo STF
  - 4. pelo desuso e/ou costume *contra legem*

12.2.1.1 Retroatividade ou Irretroatividade das Normas

A retroatividade ou irretroatividade das normas, como princípios absolutos são inaceitáveis diante do direito moderno. A eficácia retroativa das leis é excepcional; não se presume, devendo emanar do texto expresso.

O art. 5º, XXXVI, do texto constitucional, combinado com o art. 6º da Lei de Introdução às normas do Direito Brasileiro, estabelece os casos de irretroatividade: o direito adquirido, o ato jurídico perfeito e a coisa julgada. O direito adquirido é aquele que já se incorporou ao nosso pa-

---

229 STJ, REsp n. 30.705-7/SP, Rel. Min. Adhemar Maciel, 6ª Turma, v.u., DJU 3-4-1995.

230 GUSMÃO, Paulo Dourado de. **Introdução ao estudo do direito**. 32ª ed., Rio de Janeiro: Forense, 2002, p. 56.

trimônio ou personalidade. O ato jurídico perfeito é aquele que já se consumou segundo a lei vigente ao tempo em que se efetuou (art. 6º, § 2º, da LINDB). A coisa julgada é a decisão judicial de que não cabe mais recurso (art. 6º, § 3º, da LINDB c/c o art. 467 do CPC).

Cabe ressaltar que no direito penal vigoram dois princípios: 1. irretroatividade da lei mais severa; e 2. retroatividade da lei mais benigna.

12.2.2 A Norma no Âmbito Espacial

Para Meirelles Teixeira, "a vigência territorial é o espaço ou território onde se aplica a norma. A Constituição brasileira, por exemplo, aplica-se, em regra, no território brasileiro (terrestre, marítimo, aéreo), e excepcionalmente algumas de suas normas poderão aplicar-se a brasileiros que se achem no estrangeiro (por exemplo, as regras sobre nacionalidade, serviço militar, pagamento de impostos, exercício de direitos políticos etc.). Em regra, as normas de *status* gozam desse benefício de extraterritorialidade".[231]

A norma jurídica tem o seu âmbito de atuação ou vigência no espaço, território ou dentro do órgão que promana. Em razão da soberania estatal, a norma tem sua aplicação delimitada pelas fronteiras do Estado. É a chamada territorialidade da lei. Assim, o Código Civil tem seu âmbito espacial de atuação em todo o território nacional, a Constituição do Estado de São Paulo, no Estado de São Paulo, a Lei Orgânica do Município de São Paulo, no Município de São Paulo.

O problema da atuação da lei no espaço ganha fôlego com o advento de relações jurídicas regidas por diferentes legislações dentro da comunidade internacional, como, por exemplo, o MERCOSUL. Assim, urge a necessidade da investigação de qual lei será aplicada. É o problema do conflito das leis no espaço, matéria tratada pelo direito internacional privado.

André Franco Montoro ensina que existem dois sistemas possíveis para resolver questões da vigência territorial da norma: "1. o sistema da

---

[231] TEIXEIRA, J. H. Meirelles. **Curso de direito constitucional**. Texto revisto e atualizado por Maria Garcia. Rio de Janeiro: Forense Universitária, 1991, p. 287.

territorialidade, pelo qual deve-se aplicar a todas as pessoas e coisas, situadas no território de um país, o direito desse país (*lex non valet extra territorium*), sistema que prevaleceu no regime feudal; 2. o sistema pessoal ou da extraterritorialidade, pelo qual se aplica nas relações jurídicas a lei pessoal, ou de origem das pessoas; esse sistema imperou entre os bárbaros que invadiram o Império Romano e se aplica porque eram tribos nômades".[232]

Na verdade vislumbramos dois princípios básicos: 1. territorialidade; e 2. extraterritorialidade. Pelo princípio da territorialidade aplica-se a norma no território do Estado. Quanto à extraterritorialidade aplica-se a norma em território de outro Estado, segundo os princípios e convenções internacionais.

Os dois sistemas elencados são incompatíveis com o Estado contemporâneo, principalmente com a união entre os Estados, MERCOSUL, Comunidade Econômica Europeia. Nos Estados contemporâneos a adoção absoluta de qualquer dos dois sistemas poderá levar ao isolamento de um Estado em relação à comunidade internacional, ou levar ao comprometimento da ordem jurídica interna e a respectiva soberania nacional, devido a constante aplicação de direito alienígena. O divisor de águas entre os dois sistemas é o da territorialidade moderada. O Brasil seguindo a tendência do atual Direito Internacional Privado adotou a doutrina da territorialidade moderada.

"Em razão da soberania estatal, a norma aplica-se no espaço delimitado pelas fronteiras do Estado. Todavia esse princípio da territorialidade não pode ser aplicado de modo absoluto, ante o fato da comunidade humana alargar-se no espaço, relacionando-se com pessoas de outros Estados, como seria o caso do brasileiro que herda de um parente bens situados na Itália; do brasileiro que casa com francesa, na Inglaterra; do norte-americano divorciado que pretende convolar núpcias com brasileira no Brasil; da empresa brasileira que contrata com a empresa alemã etc. Sem comprometer a soberania nacional e a ordem jurídica internacional, os Estados modernos têm permitido que, em seu território, se apliquem, em determi-

---

232 MONTORO, André Franco. **Introdução à ciência do direito**. 23ª ed., São Paulo: Revista dos Tribunais, 1995, p. 397.

nadas hipóteses, normas estrangeiras, admitindo assim o sistema da extraterritorialidade, para tornar mais fáceis as relações internacionais, possibilitando conciliar duas ou mais ordens jurídicas pela adoção de uma norma que dê solução mais justa."[233]

A vigência da lei no espaço, ou o chamado aspecto da territorialidade ou extraterritorialidade da lei, é tratada pela Lei de Introdução às normas do Direito Brasileiro. Na esfera penal a matéria é tratada nos arts. 5º e 7º do Código Penal.

Os arts. 8º e 9º da Lei de Introdução às normas do Direito Brasileiro adotam o princípio da territorialidade em relação ao regime de bens e obrigações.

"Art. 8º Para qualificar os bens e regular as relações a eles concernentes, aplicar-se-á a lei do país em que estiverem situados.

Art. 9º Para qualificar e reger as obrigações, aplicar-se-á a lei do país em que se constituírem."

Os arts. 7º e 10 da Lei de Introdução às normas do Direito Brasileiro adotam o princípio da extraterritorialidade, também denominado pela doutrina de estatuto pessoal, na medida em que a norma de um Estado acompanha o cidadão no estrangeiro, aplicando-se aos fatos concretos a lei de seu país de origem. O denominado estatuto pessoal tem como fulcro a lei da nacionalidade ou lei do domicílio. Os citados arts. 7º e 10 adotam a lei do domicílio da pessoa para regular o começo e o fim da personalidade, o nome, a capacidade e os direitos de família e sucessão.

"Art. 7º A Lei do país em que for domiciliada a pessoa determina as regras sobre o começo e o fim da personalidade, o nome, a capacidade e os direitos de família.

Art. 10. A sucessão por morte ou por ausência obedece à lei do país em que era domiciliado o defunto ou o desaparecido, qualquer que seja a natureza e a situação dos bens."

---

[233] DINIZ, Maria Helena. **Curso de direito civil brasileiro: teoria geral do direito civil**. v. 1., 7ª ed. atual., São Paulo: Saraiva, 1989, p. 65.

No que se refere à autoridade competente para conhecer e julgar as ações no caso de conflitos de jurisdição, estabelece o sistema jurídico pátrio que serão da competência dos juízes brasileiros, independentemente da nacionalidade das partes, do domicílio do autor, ou, ainda, de outros fatores, aquelas causas:

1. Em que o réu for domiciliado no Brasil (art. 12 da LINDB e art. 21, I, do CPC);

2. Que versarem sobre obrigação a ser cumprida no Brasil (art. 12 da LINDB e art. 21, II, do CPC);

3. Que se originarem de fato ocorrido ou ato praticado no Brasil (art. 21, III, do CPC);

4. Que forem relativas a imóveis situados no Brasil (art. 12, § 1º, da LINDB e art. 23, I, do CPC);

5. Referentes a inventário e partilha de bens, situados no Brasil (art. 23, II, do CPC).

Na esfera penal, o art. 5º do Código Penal adota o princípio da territorialidade, e o art. 7º, do mesmo diploma, o princípio da extraterritorialidade. A doutrina[234] elenca quatro princípios para aplicação espacial da lei penal: 1. princípio da territorialidade; 2. princípio da nacionalidade; 3. princípio da defesa; 4. princípio da justiça penal universal; e 5. princípio da representação.

Pelo princípio da territorialidade, a lei penal tem aplicação no território do Estado, tendo como fundamento a soberania. A nacionalidade do sujeito ativo ou passivo e a titularidade do bem jurídico lesado não são levados em consideração na aplicação normativa.

Segundo o princípio da nacionalidade, a lei penal tem aplicação em face do cidadão, pouco importando a presença ou não no território do Estado. O critério utilizado é o da nacionalidade, podendo ser: nacionalidade ativa ou passiva. Na nacionalidade ativa aplica-se a lei penal ao sujeito

---

234 JESUS, Damásio E. de. **Direito penal: parte geral**. v. 1, São Paulo: Saraiva, 1993, p. 105-107.

ativo do delito, independentemente da nacionalidade do sujeito passivo. Na nacionalidade passiva, para aplicação da lei penal exige-se que o fato praticado pelo nacional no estrangeiro atinja um bem jurídico tutelado pelo Estado.

De acordo com o princípio da defesa, real ou de proteção, a lei penal tem aplicação desde que o bem jurídico lesado pelo crime seja nacional, independentemente do local de sua prática ou da nacionalidade do sujeito ativo.

Para o princípio da justiça universal, da justiça penal cosmopolita e da jurisdição mundial, o Estado possui o poder de punir qualquer crime, independentemente da nacionalidade do sujeito ativo e passivo, ou o local de sua prática. A lei penal tem aplicação encontrando-se o criminoso dentro do território do Estado.

E, finalmente, pelo princípio da representação, a lei penal tem aplicação em aeronaves e embarcações privadas, quando realizada no estrangeiro e aí não venha a ser julgada.

O direito penal pátrio adotou os cinco princípios, sendo o princípio da territorialidade a regra geral. Os outros princípios foram aplicados nos casos da extraterritorialidade da lei penal.

Em suma:

Aplicação da Lei Penal

1. Princípio da territorialidade → Art. 5º
2. Princípio da defesa → Art. 7º, I, e § 3º
3. Princípio da justiça universal → Art. 7º, II, *a*.
4. Princípio da nacionalidade ativa → Art. 7º, II, *b*.
5. Princípio da representação → Art. 7º, II, *c*

Código Penal

"Art. 5º Aplica-se a lei brasileira, sem prejuízo de convenções, tratados e regras de direito internacional, ao crime cometido no território nacional."

"Art. 7º Ficam sujeitos à lei brasileira, embora cometidos no estrangeiro:

I – os crimes:

a) contra a vida ou a liberdade do Presidente da República;

b) contra o patrimônio ou a fé pública da União, do Distrito Federal, do Estado, do Território, do Município, de empresa pública, sociedade de economia mista, autarquia ou fundação instituída pelo Poder Público;

c) contra a administração pública, por quem está a seu serviço;

d) de genocídio, quando o agente for brasileiro ou domiciliado no Brasil;

II – os crimes:

a) que por tratado ou convenção, o Brasil se obrigou a reprimir;

b) praticados por brasileiro;

c) praticados em aeronaves ou embarcações brasileiras, mercantes ou de propriedade privada, quando em território estrangeiro e aí não sejam julgados.

§ 1º Nos casos do inciso I, o agente é punido segundo a lei brasileira, ainda que absolvido ou condenado no estrangeiro.

§ 2º Nos casos do inciso II, a aplicação da lei penal brasileira depende do concurso das seguintes condições:

a) entrar o agente no território nacional;

b) ser o fato punível também no país em que foi praticado;

c) estar o crime incluído entre aqueles pelos quais a lei brasileira autoriza a extradição;

d) não ter sido o agente perdoado no estrangeiro ou, por outro motivo, não estar extinta a punibilidade, segundo a lei mais favorável.

§ 3º A lei brasileira aplica-se também ao crime cometido por estrangeiro contra brasileiro fora do Brasil, se, reunidas as condições previstas no parágrafo anterior: não foi pedida ou foi negada a extradição; houve requisição do Ministro da Justiça."

Por fim, cabe anotar, que a extraterritorialidade pode ser incondicionada ou condicionada. Na extraterritorialidade incondicionada a aplicação da lei penal não se subordina a qualquer requisito (§ 1º). Na extraterritorialidade condicionada a aplicação da lei penal brasileira se subordina a ocorrência de certos requisitos (§§ 2º e 3º).

12.2.3 *A Norma no Âmbito Material*

Para Meirelles Teixeira, "a vigência material é a esfera de aplicação da norma a certos assuntos, matérias ou coisas".[235] A norma jurídica encontra limitação em sua aplicação em razão da própria matéria tratada (*ratione materiae*). Por exemplo, o Código de Defesa do Consumidor tem seu âmbito material de aplicação limitada às relações jurídicas de consumo.

12.2.4 *A Norma no Âmbito Pessoal*

Para Meirelles Teixeira, "a vigência pessoal é o conjunto de pessoas às quais se aplica a norma".[236] A norma jurídica, também, tem seu âmbito de atuação em razão das pessoas (*ratione personae*). Como regra, as normas jurídicas são dirigidas a toda sociedade, configurando-se como normas genéricas ou gerais. Por vezes, a norma jurídica é limitada a determinada categoria de pessoas, como, por exemplo, o Estatuto dos Funcionários Públicos tem seu âmbito de atuação pessoal, os funcionários públicos; o Estatuto da Criança e Adolescente, os menores. Ainda, vislumbramos a existência de normas individuais, aquelas que vinculam determinadas pessoas, ou seja, que se aplicam a indivíduos singularmente considerados, como os contratos, as sentenças, os testamentos.

13 TEORIA DOS DIREITOS SUBJETIVOS

13.1 Direito Subjetivo

Na primeira parte do estudo da dogmática do direito já verificamos a existência de um direito objetivo. "O direito objetivo é o complexo de normas jurídicas que regem o comportamento humano, prescrevendo uma

[235] TEIXEIRA, J. H. Meirelles. **Curso de direito constitucional**. Texto revisto e atualizado por Maria Garcia. Rio de Janeiro: Forense Universitária, 1991, p. 287.

[236] TEIXEIRA, J. H. Meirelles. **Curso de direito constitucional**. Texto revisto e atualizado por Maria Garcia. Rio de Janeiro: Forense Universitária, 1991, p. 287.

sanção no caso de sua violação (*jus est norma agendi*)".[237] Ao lado desse direito objetivo, coloca-se o direito subjetivo, também denominado por alguns como direito-faculdade, direito-poder ou direito-prerrogativa. Esse direito é aquele de que nos valemos diuturnamente, configurando-se como um verdadeiro poder de que dispomos, onde reina a nossa vontade.

Os manuais de direito civil estabelecem a distinção entre o direito objetivo (*norma agendi*), estabelecendo que as regras de direito objetivamente delimitam as condutas humanas, dentro do qual é facultado ao destinatário ou sujeito da relação jurídica exigir a prestação que a norma lhe atribui (*facultas agendi*).

O direito subjetivo surge da relação jurídica, ou seja, para que exista um direito subjetivo deve existir como antecedente lógico a relação jurídica.

Com o intuito de estudar a teoria dos direitos subjetivos, indispensável tratar da relação jurídica.

13.2 Relação Jurídica

A vida em sociedade produz relações sociais, que normadas ou protegidas pela ordem jurídica, transformam-se em relações jurídicas. As relações jurídicas são as relações sociais a que o sistema jurídico dá real ou singular importância, na medida em que as qualifica com o intuito de protegê-las e prever-lhes consequências.[238] A relação jurídica é aquela relação social que a ordem jurídica entende como relevante. A relação social normada pelo direito é erigida à categoria de relação jurídica.

Para Maria Helena Diniz "as normas de direito regulam comportamentos humanos dentro da sociedade. Isto é assim porque o homem, na vida social, está sempre em interação, influenciando a conduta de outrem, o que dá origem às relações sociais que, disciplinadas por normas jurídicas, transformam-se em relações de direito".[239] Assim, só haverá relação jurídica

---

[237] DINIZ, Maria Helena. **Compêndio de introdução à ciência do direito**. 8ª ed. atual., São Paulo: Saraiva, 1995, p. 224.

[238] Nesse sentido, POLETTI, Ronaldo. **Introdução ao direito**. 3ª ed. rev., São Paulo: Saraiva, 1996, p. 227.

[239] DINIZ, Maria Helena. **Compêndio de introdução à ciência do direito**. 8ª ed. atual., São Paulo: Saraiva, 1995, p. 459.

se a relação social estiver normada pelo direito. Sem norma incidente, numa relação social ou fática, essa relação não é erigida à categoria jurídica. "Relação jurídica é aquela relação humana que o ordenamento jurídico acha de tal modo relevante que lhe dá o prestígio de sua força coercitiva." Relação jurídica é o vínculo social regulado pelo direito.[240]

Paulo Dourado de Gusmão define "a relação jurídica como o vínculo que une duas ou mais pessoas, decorrente de um fato ou de um ato previsto pela norma jurídica, que produz efeitos jurídicos, ou, mais singelamente, vínculo jurídico entre pessoas, em que uma dela pode exigir de outra determinada obrigação".[241] Pedro Salvetti Neto conceitua relação jurídica "como o vínculo ético a unir dois ou mais indivíduos, criando, entre eles, direitos e obrigações recíprocas."[242] Para Roberto Senise Lisboa "entende-se por relação jurídica o vínculo entre duas partes estabelecido por lei ou pela vontade humana, que importa na transmissão de algum bem, a título provisório (transitório) ou definitivo (permanente), para satisfação de interesses".[243] Ferrara define a relação jurídica como a relação complexa total, intercedente entre duas ou mais pessoas, munida de consequências jurídicas.

Segundo Giorgio Del Vecchio, a relação jurídica consiste num vínculo entre as pessoas, em razão do qual uma pode pretender um bem a que a outra é obrigada.[244]

13.2.1 Elementos da Relação Jurídica

A relação jurídica possui os seguintes elementos:

---

[240] RODRIGUES, Silvio. **Direito civil: parte geral**. v. 1, 2ª ed. rev. e aum., São Paulo: Max Limonad, 1964, p. 56.

[241] GUSMÃO, Paulo Dourado de. **Introdução ao estudo do direito**. 32ª ed., Rio de Janeiro: Forense, 2002, p. 254.

[242] SALVETTI NETTO, Pedro. **Curso de teoria do estado**. 6ª ed., São Paulo: Saraiva, 1984, p. 164.

[243] LISBOA, Roberto Senise. **A relação de consumo e seu alcance no direito brasileiro**. Coleção Saber Jurídico, São Paulo: Oliveira Mendes, 1997, p. 1.

[244] Anotação em Aula na disciplina Teoria Geral do Direito ministrada pelo Prof. André Franco Montoro no primeiro semestre de 1999.

1. sujeitos (ativo e passivo);
2. vínculo de atributividade;
3. objeto (imediato e mediato);
4. fato propulsor; e
5. proteção jurídica.

13.2.1.1 Sujeitos de Direito

A relação jurídica dá-se entre os sujeitos de direito. O sujeito ativo é o titular do direito subjetivo de ter ou de fazer o que a norma jurídica não proíbe. O sujeito passivo é o que deve respeitar o direito do ativo, é titular de um dever jurídico.

13.2.1.2 Vínculo de Atributividade

O vínculo de atributividade é o liame jurídico que existe entre os sujeitos de direito. A ligação ou nexo entre as partes é estabelecida pela lei ou pela vontade humana (negócio jurídico). Para a existência da relação jurídica, surge a necessidade de uma relação intersubjetiva, ou seja, o vínculo de atributividade, que no dizer de Miguel Reale "é a concreção da norma jurídica no âmbito do relacionamento estabelecido entre duas pessoas. É o vínculo que confere a cada um dos participantes da relação o poder de pretender ou exigir algo determinado ou determinável".[245]

13.2.1.3 Objeto

A relação jurídica recai sobre um objeto, o bem jurídico. Bem é a coisa, *res*, objeto existente em função da relação jurídica, fixada a partir da vontade humana ou da lei. Somente pode ser objeto de direito o bem suscetível de valoração econômica ou moral.

A relação jurídica incide sobre um objeto imediato, que é a prestação devida pelo sujeito ativo, por ter a permissão de exigir uma obrigação de

---

[245] REALE, Miguel. **Lições preliminares de direito**. 27ª ed., São Paulo: Saraiva, 2002, p. 214-215.

dar, fazer ou não fazer; e sobre um objeto mediato, que é o bem móvel, imóvel ou semovente, sobre o qual recai o direito, abrangendo ainda os direitos da personalidade.[246]

Verifica-se o objeto imediato através das formas de cumprimento obrigacional (obrigação de dar, fazer e não fazer). O poder do sujeito ativo recai sobre um objeto imediato. O sujeito passivo deverá cumprir a prestação obrigacional, limitando sua liberdade, pois deverá dar, fazer ou não fazer algo em atenção ao interesse do sujeito ativo. Infere-se daí que o sujeito ativo tem o direito de exigir do sujeito passivo uma obrigação.

Na obrigação de dar a prestação do obrigado é a entrega ou restituição da coisa (objeto mediato) que pode ser certa ou incerta. A obrigação de fazer vincula o devedor à prestação de um serviço ou ato positivo, material ou imaterial, seu ou de terceiro, em benefício do credor ou de terceira pessoa. Tem por objeto imediato qualquer comportamento humano, lícito e possível, do devedor ou de outra pessoa à custa daquele, seja a prestação de trabalho físico ou material. A obrigação de não fazer consiste naquela em que o devedor assume o compromisso de se abster de algum ato, que poderia praticar livremente se não se tivesse obrigado a atender interesse jurídico do credor ou de terceiro.

O objeto mediato é o bem jurídico (coisas ou pessoas). Bem Jurídico são as coisas materiais ou imateriais que têm valor econômico ou moral e que podem servir de objeto a uma relação jurídica.

13.2.1.4 Fato Propulsor

A relação jurídica surge de um fato propulsor, idôneo a produção de efeitos jurídicos, que trata de um acontecimento dependente ou não da vontade humana, a que a norma jurídica concede a qualidade de criar, modificar ou extinguir direitos. O fato propulsor é o denominado fato jurídico. "Fato jurídico é tudo aquilo a que uma norma jurídica atribui um efeito jurídico."[247]

---

246 DINIZ, Maria Helena. **Compêndio de introdução à ciência do direito**. 8ª ed. atual., São Paulo: Saraiva, 1995, p. 474.

247 GOMES, ORLANDO. **Introdução ao direito civil**. 14ª ed. atual. por Humberto Theodoro Júnior, Rio de Janeiro: Forense, 1999, p. 237.

O fato propulsor é aquele que cria a relação jurídica, surgindo assim os direitos subjetivos. O direito objetivo é o conjunto de normas, sendo que o direito subjetivo não surge diretamente, havendo um fato propulsor, que a doutrina denomina fato jurídico. Podemos vislumbrar os fatos jurídicos em sentido amplo (*lato sensu*) e os em sentido estrito (*stricto sensu*). Os fatos jurídicos em sentido amplo abrangem os fatos humanos (ato jurídico) e naturais (fato jurídico em sentido estrito).

Segundo Maria Helena Diniz, o fato jurídico em sentido amplo é o acontecimento, previsto na norma jurídica, em razão do qual nascem, se modificam, subsistem e se extinguem as relações jurídicas.[248]

O fato jurídico *lato sensu* é o acontecimento que origina os direitos subjetivos e consequentemente cria relação jurídica, concretizando o preceito de direito. Realmente, do direito objetivo não surge diretamente o direito subjetivo; é necessário um fato ou causa, que se denomina fato jurídico. Ora, a norma é abstrata, não surgindo de modo direto as situações subjetivas. As normas preveem e regulam de forma abstrata as causas do surgimento, da extinção ou da modificação dos direitos, sendo certo que as referidas causas hipotéticas e abstratas são denominadas de fatos jurídicos.

Os fatos jurídicos em sentido amplo (*lato sensu*) abrangem os fatos jurídicos em sentido restrito (*stricto sensu*) e os atos jurídicos.

O fato jurídico *stricto sensu* seria o acontecimento independente da vontade humana, produzindo efeito jurídico, podendo ser ordinário como a morte, nascimento, maioridade; e extraordinários, como o caso fortuito e de força maior. Para a configuração de caso fortuito e de força maior exige-se a presença de dois requisitos: objetivo (inevitabilidade do evento) e o subjetivo (ausência de culpa na produção do acontecimento). A força maior surge de um fenômeno da natureza, por exemplo, raio, inundação, terremoto, etc., sendo pois inevitável. A força maior pode ser um fato previsto, mas superior às forças humanas, não podendo ser evitado. O caso fortuito surge

---

248 Fato Jurídico *lato sensu*: "Acontecimentos em virtude dos quais nascem, subsistem e se extinguem as relações jurídicas" (Washington de Barros Monteiro). "É o acontecimento em virtude do qual começam e terminam as relações jurídicas" (Savigny). "São os acontecimentos em virtude dos quais começam, se modificam, ou terminam as relações jurídicas" (Caio Mário da Silva Pereira).

de causa desconhecida, como, por exemplo, rompimento de fio da rede elétrica. O caso fortuito pode ser causado por fato de terceiro como greve, motim etc. O caso fortuito é imprevisível, entretanto, se previsto pode ser evitado. O caso fortuito é fruto do acaso. O Código Civil pátrio não diferenciou o caso fortuito e o de força maior, embora rigorosamente não sejam a mesma coisa. Por exemplo, uma tempestade é um caso de força maior para quem possui um barômetro e caso fortuito para quem não possui.

Em suma:

Força Maior → Inevitável

Caso Fortuito → Imprevisível

Código Civil → Força Maior = Caso Fortuito = Inevitável

O ato jurídico em sentido estrito é o que gera consequências jurídicas previstas em lei e não pelas partes interessadas, não havendo regulamentação da autonomia privada. O negócio jurídico funda-se na autonomia privada, ou seja, no poder de autorregulação dos interesses que contém a enumeração de um preceito, independente do querer interno. Apresenta-se, então, o negócio jurídico como uma norma concreta estabelecida pelas partes.[249] Serpa Lopes explica que o negócio jurídico "é um produto da vontade, destinada a produzir um dado efeito jurídico. Esta vontade requer uma manifestação; a manifestação necessita de um conteúdo. Por isso que o negócio jurídico se funda sobre a vontade manifestada, está claro que seu conteúdo também depende de um ato de vontade do declarante, pois é ele o melhor juiz de suas próprias necessidades".[250]

Os atos jurídicos são ações humanas que estão de acordo com o sistema jurídico, podendo ter efeitos ou consequências previstas na lei (ato jurídico *stricto sensu* ou em conformidade com a vontade do agente (negócio jurídico). Das ações humanas verifica-se também a ocorrência dos atos ilícitos que são contrários ao sistema jurídico, sujeitando assim as pessoas que os comete à consequência que a ordem legal lhes impõe (deveres e

---

[249] DINIZ, Maria Helena. **Curso de direito civil brasileiro: teoria geral do direito civil.** v. 1, 7ª ed. atual., São Paulo: Saraiva, 1989, p. 72-220.

[250] SERPA LOPES, Miguel Maria de. **Curso de direito civil: introdução, parte geral e teoria dos negócios jurídicos**, v. 1. São Paulo: Freitas Bastos, 1962, p. 471.

penalidades) e, portanto, tem efeitos jurídicos independente da vontade humana.[251] "O ato ilícito é o praticado em desacordo com a ordem jurídica, violando direito subjetivo individual. Causa dano a outrem, criando o dever de reparar tal prejuízo. Logo, produz efeito jurídico, só que este não é desejado pelo agente, mas imposto pela lei".[252]

Em suma:

- Fato Jurídico (*lato sensu*)
  - Fato Jurídico — Fato Natural (*stricto sensu*)
    - Ordinários
    - Extraordinários
  - Ato Jurídico – Fato Humano (Sentido Amplo)
    - Ato Lícito
      - Ato Jurídico (*stricto sensu*)
      - Negócio Jurídico
    - Ato Ilícito

13.2.1.5 Proteção Jurídica

No caso de sujeito passivo não cumprir as suas obrigações, o sujeito ativo dispõe da proteção jurídica para proteger ou reaver o seu direito. A

---

251 "A conduta humana pode ser obediente ou contraveniente à ordem jurídica. O indivíduo pode conformar-se com as prescrições legais, ou proceder em desobediência a elas. No primeiro caso encontram-se os atos jurídicos, entre os quais se inscreve o negócio jurídico, estudado acima, caracterizando-se como declaração de vontade tendente a uma finalidade jurídica, em consonância com o ordenamento legal. No segundo estão os atos ilícitos, concretizados em um procedimento, em desacordo com a ordem legal. O ato lícito, pela força do reconhecimento do direito tem o poder de criar faculdades para o próprio agente. É jurígeno. Mas o ato ilícito, pela sua própria natureza, não traz a possibilidade de gerar um situação em benefício do agente. O ato lícito, pela sua submissão mesma à ordem constituída, não é ofensivo ao direito alheio; o ato ilícito, em decorrência da própria iliceidade que o macula, é lesivo do direito de outrem. Então, se o negócio ilícito é gerador de direitos ou de obrigações, conforme num ou noutro sentido se incline a manifestação de vontade, o ato ilícito é criador tão somente de deveres para o agente, em função da correlata obrigatoriedade de reparação, que se impõe àquele que, transgredindo a norma, causa dano a outrem". É o que ensina Caio Mario da Silva Pereira. In: PEREIRA, Caio Mário da Silva. **Instituições de direito civil: introdução ao direito civil e teoria geral do direito civil**. v. 1, 19ª ed. rev. e atual., Rio de Janeiro: Forense, 1998, p. 415.

252 DINIZ, Maria Helena. **Curso de direito civil brasileiro: teoria geral do direito civil**. v. 1, 7ª ed. atual., São Paulo: Saraiva, 1989, p. 276.

proteção jurídica pode ser extrajudicial (notificações) ou judicial (ações judiciais).

Em suma:

Sujeito { Ativo → É o titular do direito subjetivo.
Passivo → É o sujeito de um dever jurídico.

Vínculo de Atributividade → Relação intersubjetiva = liame

Objeto { Imediato → É a prestação (obrigação)
Mediato → Bem Jurídico (coisas ou pessoas)

Fato Propulsor (Fato Jurídico) → Vincula os sujeitos

Proteção Jurídica → Tutela Estatal

13.3 Natureza Jurídica do Direito Subjetivo

Existem inúmeras teorias no campo da ciência do direito que se preocupam em explicar a natureza jurídica do direito subjetivo, que vão desde a negação de sua existência até a confirmação. Entendemos que as principais correntes ou teorias são as seguintes:

- Vontade (Windscheid);
- Interesse (Ihering);
- Eclética (Jellinek);
- Vontade-Potência (Del Vecchio);
- Normativa (Kelsen);
- Situação de Fato (Duguit); e
- Situações Subjetivas (Autores Modernos).

13.3.1 Teoria da Vontade (Bernard Windscheid)

A teoria da vontade, chamada de teoria subjetiva entende que o direito subjetivo "é o poder ou senhorio da vontade reconhecido pela ordem jurídica" (Windscheid).[253] O direito subjetivo é a expressão da vontade, a sua existência fica sempre na dependência da vontade do titular. Em suma, o direito subjetivo é a vontade juridicamente protegida. É o poder do querer.

A crítica à referida teoria surge na medida em que a existência do direito subjetivo nem sempre depende da vontade do titular:

1. Os incapazes, tanto os menores como os privados de razão e os ausentes, apesar de não possuírem vontade no sentido psicológico, têm direito subjetivo e os exercem através de seus representantes legais. Assim, os incapazes não têm condições de manifestar juridicamente a sua vontade. Da mesma forma, os direitos do nascituro desde a concepção prescindem de qualquer vontade.

2. O credor pode não pretender cobrar o devedor. O direito subjetivo subsiste apesar do titular não exercê-lo. O fato do não exercício não implica na extinção do direito subjetivo.

3. O empregado pode não querer gozar as férias ou renunciar à sua estabilidade. O direito subjetivo persiste mesmo contra a vontade do titular.

4. A transferência *causa mortis* é imediata e independe da vontade do herdeiro, que se investe no direito subjetivo de proprietário dos bens herdados.

Dessa forma, claramente verifica-se que o direito subjetivo pode existir apesar de seus titulares não possuírem vontade no sentido psicológico ou vontade juridicamente reconhecida.

13.3.2 Teoria do Interesse (Rudolf Von Ihering)

A teoria do interesse, também chamada de teoria objetiva em oposição à teoria subjetiva, afirmava que o direito subjetivo seria "o interesse juridicamente protegido" (Ihering), não sendo mais definido como a vontade juridicamente protegida.[254] O referido autor apontava a presença de dois

---

[253] Anotação em Aula na disciplina Teoria Geral do Direito ministrada pelo Prof. André Franco Montoro no primeiro semestre de 1999.

[254] Anotação em Aula na disciplina Teoria Geral do Direito ministrada pelo Prof. André Franco Montoro no primeiro semestre de 1999.

elementos no direito subjetivo: o elemento interno e externo. O elemento interno é o direito subjetivo que carrega o interesse. O elemento externo carrega a proteção do direito, ou seja, os remédios jurídicos que o Estado concede a pessoa para a defesa de seus direitos. O direito subjetivo é esse "interesse enquanto protegido".

Ihering define o direito objetivo como a soma dos princípios jurídicos aplicados pelo Estado, a ordem legal da vida. E o direito subjetivo, como a transfusão da regra abstrata no direito concreto da pessoa interessada.[255]

A referida teoria sofre restrições na medida em que o termo interesse tem sentido muito amplo, pois há interesse moral, político, material, espiritual, religioso, ou seja, de várias espécies, e nem todo o interesse se reveste de proteção jurídica, e, ao contrário, há direito subjetivo sem interesse. Por exemplo, existem casos em que o titular não tem nenhum interesse em proteger o seu direito, e nem por isso desaparece o direito subjetivo. O credor não cobra o devedor, pois não tem interesse em reaver a dívida. O direito subjetivo não desaparece.

Podemos verificar que não existe interesse sem vontade, assim, as críticas feitas à teoria subjetiva são repetidas na teoria objetiva, com pequenas variações. O nascituro, por exemplo, não tendo vontade não pode chegar a ter interesse.

13.3.3 Teoria Eclética (Georg Jellinek)

A teoria eclética surge da conjugação dos dois elementos: vontade e interesse. Assim, o direito subjetivo seria o bem ou interesse protegido pelo reconhecimento do poder da vontade. Jellinek define o direito subjetivo como o poder da vontade humana dirigido a um bem ou interesse reconhecido e protegido pela ordem jurídica.[256]

As críticas feitas isoladamente à teoria da vontade e à do interesse foram acumuladas na teoria eclética. Como muito bem assinala Miguel

---

255 POLETTI, Ronaldo. **Introdução ao direito**. 3ª ed. rev., São Paulo: Saraiva, 1996, p. 245.

256 POLETTI, Ronaldo. **Introdução ao direito**. 3ª ed. rev., São Paulo: Saraiva, 1996, p. 246.

Reale, "o ecletismo é sempre uma soma de problemas, sem solução para as dificuldades que continuam nas raízes das respostas, pretensamente superadas. As mesmas objeções feitas, isoladamente, à teoria da vontade e à do interesse, continuam, como é claro, a prevalecer contra a teoria eclética de Jellinek".[257]

13.3.4 Teoria da Vontade-Potência (Giorgio Del Vecchio)

Giorgio Del Vecchio define o direito subjetivo como a faculdade do querer e de pretender, atribuída a um sujeito, à qual corresponde uma obrigação por parte dos outros. A vida do direito subjetivo se desenvolve em duas fases. Enquanto respeitado, predomina o elemento interno, positivo – a faculdade do querer e de fazer. A pretensão dirigida aos outros mantém-se latente, por assim dizer. Por outras palavras, existe tão só em potência. Se, porém, surge uma violação do direito subjetivo, quer sob a forma de ameaça, quer sob a forma de fato consumado, logo a esfera jurídica do titular do direito subjetivo se perturba e se manifesta a exigência ou pretensão do lesado perante o perturbador, ou seja, o elemento da pretensão passa a afirmar-se efetivamente perante quem ameaça violar ou viola o direito subjetivo. O sujeito do direito subjetivo defende-se e faz prevalecer o seu direito. A possibilidade jurídica de agir, ínsita no direito subjetivo, traduz-se então em ato.[258]

Assim, para Del Vecchio o direito subjetivo seria a possibilidade lógica de querer no âmbito normativo.[259]

13.3.5 Teoria Normativa (Hans Kelsen)

Kelsen adota através da teoria normativa o monismo jurídico, ou seja, a referida teoria nega a existência do direito subjetivo, aludindo que o direito

---

[257] REALE, Miguel. **Lições preliminares de direito**. 27ª ed., São Paulo: Saraiva, 2002, p. 253.

[258] POLETTI, Ronaldo. **Introdução ao direito**. 3ª ed. rev., São Paulo: Saraiva, 1996, p. 246.

[259] Anotação em Aula na disciplina Teoria Geral do Direito ministrada pelo Prof. André Franco Montoro no primeiro semestre de 1999.

objetivo não é algo distinto do direito subjetivo, sendo que o direito subjetivo é o próprio direito objetivo, vez que se trata de uma consequência prevista na própria norma jurídica. Para Kelsen o direito subjetivo decorre da norma.

13.3.6 *Teoria da Situação de Fato (Léon Duguit)*

A teoria da situação de fato nega a existência do direito subjetivo, afirmando que nem o indivíduo nem a coletividade possuem direitos. Para Duguit a regra de direito cria um comportamento (positivo ou negativo), configurando-se numa situação de caráter objetivo. Duguit identifica no direito subjetivo uma situação de fato de natureza subjetiva protegida pelo direito, e com isso abre perspectivas novas para a explicação do problema do direito subjetivo.[260]

13.3.7 *Situações Subjetivas (Autores Modernos)*

As duas últimas teorias (Kelsen e Duguit), negam a existência do direito subjetivo, que encontra-se ao lado das normas de direito, reduzindo o mesmo à própria norma jurídica, da qual seria um modo característico da norma, ou uma situação de fato juridicamente garantida.

Como pondera Antonio Bento Betioli, "o direito subjetivo, apesar de intimamente ligado ao direito objetivo, não se confunde com a norma. A circunstância de os dois formarem um par inseparável, um não existindo sem o outro, não prova que sejam a mesma coisa. Comparando, seria o mesmo erro de quem afirmasse que existindo entre as noções de pai e filho uma dependência necessária, não houvesse diferença entre eles".[261] Ainda, anota-se que a posição adotada por Duguit torna-se radical, na medida em que transforma o direito subjetivo numa simples situação decorrente do direito objetivo.

---

[260] POLETTI, Ronaldo. **Introdução ao direito**. 3ª ed. rev., São Paulo: Saraiva, 1996, p. 149.

[261] BETIOLI, Antonio Bento. **Introdução ao direito: lições de propedêutica jurídica.** 4ª ed., São Paulo Letras & Letras, 1996, p. 249.

Ronaldo Poletti ensina que "as teorias modernas sobre o direito subjetivo superam sua compreensão como algo ligado ao ser da pessoa natural ou jurídica. O direito subjetivo é uma situação subjetiva prevista pela norma jurídica. Mas as situações subjetivas – possibilidades de ser ou conduzir-se nos limites atributivos das regras de direito – não se resumem ao direito subjetivo, como no caso de algumas ações, isto é, a faculdade de agir perante os órgãos jurisdicionais nem sempre implicam um direito subjetivo. Há ações sem direito material, sem direito subjetivo, apenas um direito de por si solicitar a prestação jurisdicional do Estado, favorável ou desfavorável. As situações subjetivas, além do direito subjetivo, compreendem o interesse legítimo para a propositura de uma ação, como também o pátrio poder".[262]

Dessa forma, podemos concluir que o direito objetivo é um conjunto de preceitos e sob sua garantia surgem situações subjetivas, nas quais as pessoas (físicas e coletivas) se situam. Assim, as normas ao mesmo tempo que traçam deveres, indicam a possibilidade de agir de forma abstrata. A norma é um modelo abstrato. A partir do momento que a norma se subjetiva (sai do abstrato), surgem situações subjetivas.

13.4 Situação Subjetiva

A ação do sujeito de direito ou uma pretensão efetiva, prevista no modelo abstrato da norma, faz surgir as situações subjetivas,[263] de várias espécies, sendo certo que não podemos reduzir e classificar todas as ações dos sujeitos de direito em um único instituto ou a uma mesma natureza jurídica. Miguel Reale define situação subjetiva como a "possibilidade de ser, pretender ou fazer algo, de maneira garantida, nos limites atributivos das regras de direito".[264]

---

262 POLETTI, Ronaldo. **Introdução ao direito**. 3ª ed. rev., São Paulo: Saraiva, 1996, p. 247-248.

263 As regras jurídicas têm, como seus destinatários, sempre as pessoas que compõem a sociedade. Resta, agora, esclarecer em que consiste essa possibilidade que têm as pessoas físicas e jurídicas de ser, de pretender, ou de agir como referência ao sistema de regras jurídicas em um determinado País. É este o problema do direito subjetivo, ou, mais amplamente, das situações subjetivas. É o que ensina Miguel Reale. In **Lições preliminares de direito**. 27ª ed., São Paulo: Saraiva, 2002, p. 247.

264 REALE, Miguel. **Lições preliminares de direito**. 27ª ed., São Paulo: Saraiva, 2002, p. 257.

As situações subjetivas podem ser classificadas em quatro espécies básicas:

1. Direito subjetivo;
2. Faculdade jurídica;
3. Legítimo interesse; e
4. Poder-dever.

O direito subjetivo, como espécie de situação subjetiva é a possibilidade de exigir-se, de maneira garantida, aquilo que as normas de direito atribuem a alguém como próprio. Miguel Reale ensina que só existe direito subjetivo quando a situação subjetiva implicar na possibilidade de uma pretensão, unida à exigibilidade de uma prestação ou de um ato de outrem.[265]

A faculdade jurídica, como espécie de situação subjetiva, é o poder de obter, por ato próprio, um resultado jurídico independentemente de outrem. O direito de testar, vender, alugar um bem é uma faculdade jurídica. A faculdade jurídica não é sinônimo de direito subjetivo, vez que para realização do direito subjetivo exige-se uma pretensão unida à exigibilidade de uma prestação ou ato de terceiro, ao passo que a realização da faculdade jurídica independe de ato de terceiro, como, por exemplo, emancipação.

O interesse legítimo é a pretensão razoável, que é condição indispensável à postulação em juízo, ou seja, para se recorrer à via judicial deve estar presente a pretensão razoável. Trata-se de uma condição indispensável para o exercício do direito de ação. O direito de ação nada mais é do que o direito subjetivo de pleitear ao Poder Judiciário uma decisão sobre uma pretensão. A pretensão é o bem jurídico que o autor deseja obter por meio da atuação jurisdicional. Pois bem, para o exercício do direito de ação o bem jurídico, deve ser razoável. Para Paulo Nader o "interesse legítimo é a condição preliminar indispensável à postulação em juízo, segundo o qual o interessado evidencia a relevância do objeto questionado. Ao receber a

---

[265] REALE, Miguel. **Lições preliminares de direito**. 27ª ed., São Paulo: Saraiva, 2002, p. 257.

petição do advogado, cumpre ao juiz verificar se a matéria envolve legítimo interesse econômico ou moral".[266] Nesse sentido, os processualistas ensinam que o exercício do direito de ação está sujeito a três condições: legitimidade, interesse; e possibilidade jurídica do pedido.

A legitimidade refere-se às partes, sendo denominada também legitimação para agir, ou *legitimatio ad causam*. É a pertinência subjetiva da ação, isto é, a regularidade do poder de demandar de determinada pessoa sobre determinado objeto. Somente podem demandar aqueles que forem sujeitos da relação jurídica material trazida a juízo. Cada um deve propor as ações relativas aos seus direitos.

O interesse processual é a necessidade de se recorrer ao Judiciário para a obtenção do resultado pretendido, independentemente da legitimidade ou legalidade da pretensão. É a real necessidade de socorrer-se do Poder Judiciário, ou seja, o autor não pode obter o mesmo resultado por outro meio extraprocessual. O interesse processual nasce diante da resistência que alguém oferece à satisfação da pretensão de outrem. Essa resistência pode ser formal, declarada ou simplesmente resultante da inércia de alguém que deixa de cumprir o que o outro acha que deveria.

A possibilidade jurídica do pedido consiste na formulação de pretensão que, em tese, exista na ordem jurídica como possível, ou seja, que a ordem jurídica brasileira preveja a providência do pretendido pelo interessado. No direito civil o exemplo clássico era o requerimento de divórcio antes da Emenda Constitucional n. 9 à Constituição de 1967, e da Lei n. 6.515/77, que o trouxeram ao sistema jurídico pátrio o instituto do divórcio. No direito penal o exemplo é o do pedido de pena de morte ou outra inexistente no sistema jurídico pátrio.

Cabe anotar que, do ponto de vista constitucional, o direito de ação é amplo, genérico e incondicionado, conforme verifica-se da leitura do art. 5º, XXXV, da Constituição Federal, que trata da garantia constitucional genérica do direito de ação. Entretanto, o chamado direito processual de

---

266 NADER, Paulo. **Introdução ao estudo do direito**. 22ª ed. rev. e atual., São Paulo: Forense, 2002, p. 300.

ação não é incondicionado e genérico, sendo o seu exercício condicionado a certos requisitos, ligados à pretensão, denominados condições de ação. São condições que se possa exigir, na espécie, o provimento jurisdicional.[267]

O Poder-dever é a situação subjetiva que retrata a condição da pessoa que está obrigada, por força de lei, a fazer alguma coisa em benefício de alguém, investindo-se de autoridade,[268] como por exemplo, o funcionário público que age no interesse da coletividade, o pátrio poder dos pais. Para Miguel Reale não existe propriamente um direito subjetivo, mas um poder de fazer algo, como expressão de uma competência ou atribuição conferidas a uma pessoa, pública ou privada, sem que exista propriamente uma pretensão e obrigação correlatas, nem o exercício de uma faculdade.[269]

13.5 Classificação dos Direitos Subjetivos

Com a evolução das relações jurídicas, que caminham, *pari passu*, com as relações sociais, modernamente torna impossível estabelecer uma classificação que contemple todas as espécies de direito subjetivo.

Entretanto, entendemos que a classificação que melhor se coaduna com o nosso objeto de estudo é a proposta por André Franco Montoro, que o faz tomando como critério: o sujeito ativo, o sujeito passivo, o objeto de direito e a finalidade do direito, conforme abaixo demonstramos:

Sujeito Ativo	Direitos Individuais Direitos Institucionais Direitos Individuais e Institucionais
Sujeito Passivo	Direitos Absolutos Direitos Relativos

[267] Nesse sentido, GRECO FILHO, Vicente. **Manual de processo penal**. São Paulo: Saraiva, 1991, p. 93-99.

[268] NADER, Paulo. **Introdução ao estudo do direito**. 22ª ed. rev. e atual., São Paulo: Forense, 2002, p. 300.

[269] REALE, Miguel. **Lições preliminares de direito**. 27ª ed., São Paulo: Saraiva, 2002, p. 259.

Objeto	Direitos Reais Direitos Obrigacionais Direitos da Personalidade
Finalidade	Direito-Interesse Direito-Função

Os Direitos Individuais são os direitos próprios e exclusivos dos indivíduos, aqueles em que somente a pessoa individual, em sua qualidade de pessoa humana, pode ser titular, como, por exemplo, o direito de votar e ser votado. Os Direitos Institucionais são os direitos próprios e exclusivos de instituições, aqueles que somente as instituições, na sua qualidade de pessoa coletiva, podem ser titular; como, por exemplo, o direito de ingressar com Ação Civil Pública. Os Direitos Individuais e Institucionais são os direitos comuns a indivíduos e instituições, aqueles comuns tanto a pessoas naturais e coletivas, ou seja, são os que podem ter, como titular, pessoas físicas ou jurídicas; como, por exemplo, o direito de propriedade.

Os Direitos Absolutos são aqueles que são dirigidos a sujeitos passivos indeterminados, ou seja, a todos os membros da comunidade, sendo certo que todos são obrigados a respeitar. Produzem efeitos *erga omnes* (em relação a todos). Os Direitos Relativos são aqueles que tem sujeito passivo determinado; como, por exemplo, o direito do locador de receber aluguéis é relativo a determinado devedor (locatário). Produzem efeitos *inter partes*.

Ainda, no que tange ao sujeito passivo, vislumbramos os denominados direitos subjetivos públicos. O direito subjetivo público é aquele que se exerce ou se opera em face do Estado. Assim, sempre que o sujeito passivo da relação jurídica for o Estado, fala-se em direito subjetivo público. "Reiterando, é o direito subjetivo a autorização dada pela norma de direito objetivo, para que determinada pessoa reclame de outra pessoa, também determinada, o cumprimento de certa prestação. O credor da prestação, ou o sujeito ativo da relação jurídica tem o direito subjetivo; o devedor, ou o sujeito passivo da relação, tem o dever subjetivo. Se a relação jurídica é de direito privado, temos direitos privados subjetivos; todavia, sendo de direito público, e estando o Estado no polo negativo da relação jurídica, isto é, como devedor, notamos os direitos públicos subjetivos do indivíduo; caso contrário, ou seja, encontrando-se o Estado no polo positivo da relação jurídica, observamos os direitos públicos subjetivos do Estado e o dever público subjetivo dos indivíduos. Assim, quando o Estado tributa, expropria, convoca para o serviço militar, exige cumprimento do dever do voto etc."[270]

Os Direitos da Personalidade são os direitos de defender caracteres próprios da pessoa, como, por exemplo, a integridade física e moral. Os Direitos Reais são os direitos sobre coisas materiais e imateriais, como o direito de propriedade. Os Direitos Obrigacionais são os direitos sobre uma ação ou prestação de outra pessoa; chamam-se, por isso, também direitos pessoais. No dizer de Washington de Barros Monteiro, os direitos obrigacionais "vinculam uma pessoa a outra, através das declarações de vontade e da lei, tendo por objeto determinada prestação".[271]

O Direito-Interesse é o que tem por finalidade o benefício ou interesse por próprio titular, como o direito à vida. Direito-Interesse é o direito subjetivo concedido ou reconhecido no interesse do titular, como meio de permitir-lhe a satisfação de suas necessidades materiais e espirituais. O Direito-Interesse é aquele que quando exercido beneficia o próprio titular do direito. Mas, ao lado do Direito-Interesse, há o Direito-Função, instituído em benefício de outras pessoas. O Direito-Função é aquele cuja finalidade não é o benefício do titular, mas o de outras pessoas, como os direitos do pai em relação ao tutelado e, em geral, os direitos ou poderes das autoridades, que lhes são concedidos, não para seu interesse próprio, mas para benefício social, como, por exemplo, o legislador que legisla em benefício da coletividade.[272] O Direito-Função quando exercido pelo titular do direito, beneficia terceiro. Como o poder familiar, o direito de julgar e legislar em favor da comunidade.

---

270 SALVETTI NETO, Pedro. **Curso de teoria do estado.** 6ª ed., São Paulo: Saraiva, 1984, p. 164.

271 MONTEIRO, Washington de Barros. **Curso de direito civil: parte geral**. v. 1, 5ª ed. rev. e aum., São Paulo: Saraiva, 1967, p. 3.

272 MONTORO, André Franco. **Introdução à ciência do direito**. 23ª ed., São Paulo: Revista dos Tribunais, 1995, p. 484.

14 PÓS-POSITIVISMO

O positivismo jurídico não tem mais lugar no direito do século XXI. A complexidade e a dinâmica social não se coadunam com o direito construído pela modernidade. Os conceitos do Estado moderno, como segurança jurídica e legalidade, devem ser aperfeiçoados pelo direito atual, que podemos indicar pelo termo pós-positivismo.

A absolutização do dogma por meio da tutela do Estado não encontra mais guarida no direito contemporâneo. O próprio perfil do Estado Democrático e Social de Direito contribuiu para uma nova leitura do direito, no sentido de ser necessário a verificação da validade da norma como forma de controle do Estado de Direito. "A evolução das sociedades ocidentais e capitalistas após o final da Segunda Guerra e, sobretudo, a análise dos sistemas jurídicos que permitiram o estabelecimento dos Estados autocráticos sob o signo do nacional-socialismo levaram ao incremento da discussão acerca do pensamento positivo no campo do direito. A partir daí uma série de críticas que já vinham sendo embrionariamente concebidas foi reformulada de modo a demonstrar que o pensamento positivo não podia oferecer uma explicação consistente para o fenômeno jurídico, levando à busca por alternativas teóricas mais satisfatórias do ponto de vista dos valores democráticos. A ideia de que uma conduta deve ser adotada, exclusivamente, porque uma autoridade reconhecida assim o determinou parecia efetivamente insuficiente para explicar a normatividade das regras jurídicas, e, tanto quanto isso, afastavam qualquer validação externa ao fenômeno político-jurídico".[273]

A modernidade foi marcada pela presença e surgimento de três institutos: o Estado, o Direito Positivo e o Capital, este último caracterizado pelo mercado competitivo, livre e capitalista.[274] O Estado e o seu direito

---

273 DIAS, Jean Carlos. **O controle judicial de políticas públicas**. Coleção Professor Gilmar Mendes, v. 4. São Paulo: Método, 2007, p. 27-28.

274 SAAVEDRA, Giovani Agostini. **Jurisdição e democracia: uma análise a partir das teorias de Jürgen Habermas, Robert Alexy, Ronald Dworkin e Niklas Luhmann**. Porto Alegre: Livraria do Advogado, 2006, p. 16: "Apesar de toda essa controvérsia, existem pontos que não estão em discussão como, por exemplo, o fato de que a modernidade marcou um grande processo de diferenciação em que surgiram três importantes instituições na socie-

trazem a segurança jurídica. É o direito positivo, posto, imposto pelo Estado. O direito e o Estado passam a ser vistos como "necessários para garantir a paz e para possibilitar a sobrevivência, a liberdade e a felicidade dos homens".[275]

No prisma jurídico, o Estado e o direito positivo são as marcas do Estado Moderno. A modernidade se caracterizou, também, pelo advento do capitalismo. A pós-modernidade marca o declínio do marxismo.

Primeiramente, o positivismo jurídico pode ser definido como a escola de direito que tem por fundamento o direito positivo, ou seja, aquele posto, imposto, positivado pelo Estado. "No âmbito do Direito, o positivismo representa a tentativa de compreender o Direito como um fenômeno social objetivo. Recusa-se, assim, uma postura preocupada em fazer derivar o Direito de outras fontes que não as sociais (jusnaturalismo), ao mesmo tempo, que se renega a fazer depender a existência do Direito de juízos morais particulares".[276]

O conceito de positivismo jurídico foi construído em oposição ao jusnaturalismo, que tem como fundamento o direito natural. Segundo nosso entendimento, o direito natural é o conjunto mínimo de preceitos dotados de caráter universal, imutável, que surge da natureza humana e que se configura como um dos princípios de legitimidade do direito. Os direitos naturais são inerentes ao indivíduo, devem estar em qualquer sociedade e precedem a formação do Estado e do direito positivo.

O reconhecimento do direito natural não implica a exclusão de outros fatores e valores sociais que influenciam a realidade jurídica. Daí a impor-

---

dade: (a) o mercado; (b) o Estado laico; (c) o direito positivo". SOUZA, Jessé. **A modernização seletiva: uma reinterpretação do dilema brasileiro**. Brasília: Editoria Universidade de Brasília, 2000, p. 59: "Apesar da enorme divergência com relação ao quadro de referência teórico, existe um ponto em comum na visão dos clássicos das ciências sociais sobre a peculiaridade da moderna sociedade capitalista: Estado racional burocratizado e mercado competitivo capitalista são percebidos como as instituições estruturantes do novo sistema social nascente".

275 HÖFFE, Otfried. **Justiça política: fundamentação de uma filosofia crítica do direito e do Estado**. Rio de Janeiro: Vozes, 1991, p. 24.

276 BARZOTTO, Luis Fernando. **Positivismo jurídico** (verbete). In: Dicionário de filosofia do direito. Vicente de Paula Barreto (coord.). Rio de Janeiro: Renovar; São Leopoldo, RS: Unisinos, 2006, p. 643.

tância da fundamentação pós-positivista. Assim, há uma aproximação entre o direito positivo e o direito natural. Luís Roberto Barroso faz uma análise interessante acerca da aproximação entre o positivismo e naturalismo jurídico por meio do conceito pós-positivismo ao afirmar que "o jusnaturalismo moderno, desenvolvido a partir do século XVI, aproximou a lei da razão e transformou-se na filosofia natural do Direito. Fundado na crença em princípios de justiça universalmente válidos, foi o combustível das revoluções liberais e chegou ao apogeu com as Constituições escritas e as codificações. Considerado metafísico e anticientífico, o direito natural foi empurrado para a margem da história pela ascensão do positivismo jurídico, no final do século XIX. Em busca de objetividade científica, o positivismo equiparou o Direito à lei, afastou-o da filosofia e de discussões como legitimidade e justiça e dominou o pensamento jurídico da primeira metade do século XX. Sua decadência é emblematicamente associada à derrota do fascismo na Itália e do nazismo na Alemanha, regimes que promoveram a barbárie sob a proteção da legalidade. Ao fim da 2ª Guerra, a ética e os valores começam a retornar ao Direito. A superação histórica do jusnaturalismo e o fracasso político do positivismo abriram caminho para um conjunto amplo e ainda inacabado de reflexões acerca do Direito, sua função social e sua interpretação. O pós-positivismo busca ir além da legalidade estrita, mas não despreza o direito posto; procura empreender uma leitura moral do Direito, mas sem recorrer a categorias metafísicas. A interpretação e aplicação do ordenamento jurídico hão de ser inspiradas por uma teoria de justiça, mas não podem comportar voluntarismos ou personalismos, sobretudo os judiciais. No conjunto de ideias ricas e heterogêneas que procuram abrigo neste paradigma em construção incluem-se a atribuição de normatividade aos princípios e a definição de suas relações com valores e regras; a reabilitação da razão prática e da argumentação jurídica; a formação de uma nova hermenêutica constitucional; e o desenvolvimento de uma teoria dos direitos fundamentais edificada sobre o fundamento da dignidade humana. Nesse ambiente, promove-se uma reaproximação entre o Direito e a filosofia".[277]

---

[277] BARROSO, Luís Roberto. **Neoconstitucionalismo e constitucionalização do direito. O triunfo tardio do direito constitucional no Brasil.** *In.*: Revista de Direito Constitucional e Internacional 58:129-173. São Paulo: Revista dos Tribunais, jan./mar., 2007, p. 133.

O pós-positivismo surge da crítica ao positivismo formulada por autores como Giovanni Sartori, Nicola Matteucci, que indicaram a incompatibilidade entre o positivismo e o constitucionalismo, e posteriormente por influência de Ronald Dworkin.

Para indicarmos as características fundamentais do positivismo e concluir com as mudanças oriundas do pós-positivismo, indispensável é o embasamento de Norberto Bobbio. Este jurista encara o positivismo jurídico em três dimensões:[278] 1. Como modo de estudo do fenômeno jurídico (positivismo metodológico e conceitual). 2. Como teoria do direito (positivismo teórico). 3. Como ideologia da justiça (positivismo ideológico).

O positivismo metodológico e conceitual se caracteriza pela neutralidade científica, ou seja, a postura avalorativa entre o investigador e o objeto investigado pela separação entre o direito e a moral. O direito é encarado como um fato e não como valor. A tese da neutralidade integra a essência do positivismo. "O direito é considerado como um conjunto de fatos, de fenômenos ou de dados sociais em tudo análogos àqueles do mundo natural; o jurista, portanto, deve estudar o direito do mesmo modo que o cientista estuda a realidade natural, isto é, abstendo-se absolutamente de formular juízos de valor. Na linguagem juspositivista o termo direito é então absolutamente avalorativo, isto é, privado de qualquer conotação valorativa ou ressonância emotiva: o direito é tal que prescinde do fato de ser bom ou mau, de ser um valor ou um desvalor".[279]

O positivismo teórico se assenta nos seguintes pressupostos: 1. A definição do direito por meio do elemento da coatividade, pois as normas são feitas para valer por meio da força (teoria coativa do direito). 2. Teoria estatal do direito, que reconhece a legislação como fonte preeminente do direito (teoria legislativa do direito). 3. Norma jurídica imperativa (teoria imperativa do direito); 4. A supremacia da lei e redução da jurisprudência,

---

278 BOBBIO, Norberto. ***Giusnaturalismo e positivismo giuridico***. Milano: Edizioni di Comunita, 1965, p. 100-126; BOBBIO, Norberto. **O positivismo jurídico: lições de filosofia do direito**. São Paulo: Ícone, 1995, p. 131-134.

279 BOBBIO, Norberto. O positivismo jurídico: lições de filosofia do direito. São Paulo: Ícone, 1995, p. 131.

doutrina e costume ao papel de fontes secundárias e aparentes (teoria das fontes do direito); 5. A concepção do direito como um sistema ordenado, coerente e pleno, negando-se a existência de antinomias e lacunas, e afirmando que o sistema jurídico possui regras para resolver todos os tipos de problemas, surgindo assim, a teoria da coerência e da completude (teoria da coerência e completude do ordenamento jurídico). 6. Concepção lógico-mecanicista de aplicação do direito (teoria da interpretação lógica ou mecanicista).

O positivismo ideológico é uma doutrina de justificação do direito dirigida a proporcionar razões para sua obediência. É a teoria da obediência absoluta da lei.

Podemos concluir, indicando como características do positivismo jurídico: 1. A neutralidade científica, que consiste em uma postura avalorativa na investigação do direito. 2. A coatividade e a imperatividade como elemento essencial e típico do direito, fruto da concepção legalista estatal da norma jurídica. 3. O direito legislado como única fonte do direito e consequente redução da jurisprudência, costume e doutrina como fontes secundárias do direito. 4. O sistema jurídico é completo, apresentando sempre uma solução ao caso concreto. O direito se apresenta como um sistema unitário de normas. 5. Aplicação mecânica do direito. 6. O positivismo importa em obediência absoluta a lei.

Dentre as características do positivismo jurídico, vislumbramos que apenas deve prosperar a visão do sistema jurídico com ordem coerente, devendo as demais teses passar necessariamente por uma revisão.

A reformulação do positivismo ante ao desenvolvimento e complexidade social é imperiosa, sendo que para efetividade do direito no século XXI, podemos afirmar: 1. a impossibilidade da neutralidade científica; 2. a pluralidade de normas jurídicas, que não podem ser reduzidas a uma estrutura comum, pois dentro do sistema jurídico verifica-se a existência de normas de direito estatal e não estatal. Ainda, nem todas as normas são imperativas e coativas; 3. a pluralidade de fontes do direito com a consequente verificação da importância da construção jurisprudencial; 4. a coerência do sistema jurídico; 5. a discricionariedade judicial embasada no raciocínio; 6. a possibilidade do questionamento da validade da lei.

A neutralidade científica é uma marca evidente do positivismo jurídico, que consiste em uma postura avalorativa na investigação do direito. Dessa visão, surge a tese conceitual da separação entre o direito e a moral. O direito é concebido como fato, excluindo-se a moral, os fatores e valores da sociedade. A neutralidade científica é impossível, devendo em especial nas ciências humanas ser afastada. "Essa pretensão de neutralidade mitiga o fato de que as bases da legitimação democrática do direito são solapadas quando o sistema jurídico se fecha e passa a produzir internamente o direito, a justiça e sua legitimidade. A legitimidade democrática das leis e da atuação dos tribunais está exatamente centralizada no fato de que a referência de seu conteúdo são as tematizações oriundas da esfera pública, e não o código interno do direito".[280] O direito do século XXI é embasado nas opções éticas construídas pela sociedade e nos valores absolutos.

O positivismo encara a coatividade e a imperatividade como elementos essenciais da norma jurídica. O conceito do direito em função da coação é fruto da concepção estatal da norma jurídica. A coatividade é inerente a norma estatal, sendo que a finalidade do direito é disciplinar o uso da força. Entretanto, dentro do sistema jurídico verifica-se a existência de normas de direito estatal e não estatal.

O direito é norma imperativa, que se vincula à concepção legalista estatal do direito. A norma jurídica não é apenas imperativa, se verificada a existência de vários enunciados normativos, dificilmente reduzidos a uma estrutura comum. Há normas que não são imperativas. Essa assertiva é verificada pela distinção que Hart faz entre regras primárias e secundárias. As primeiras impõem obrigações e a segunda categoria tem por finalidade estabelecer como são aplicadas.[281]

O positivismo jurídico encara o direito legislado como única fonte do direito e consequente redução da jurisprudência, costume e doutrina como fontes secundárias do direito. O direito legislado não é a única fonte de

---

280 SAAVEDRA, Giovani Agostini. **Jurisdição e democracia: uma análise a partir das teorias de Jürgen Habermas, Robert Alexy, Ronald Dowrkin e Niklas Luhmann**. Porto Alegre: Livraria do Advogado, 2006, p. 33.

281 DWORKIN, Ronald. **Levando os direitos a sério**. São Paulo: Martins Fontes, 2002, p. 31.

produção normativa. É possível verificar no sistema jurídico a existência de outras instâncias infra e supraestatais que disputam com este a produção jurídica. Nesse contexto, verifica-se, ainda, a reformulação do legicentrismo, ou seja, o direito legislador como única fonte do direito, imperante na doutrina positivista, para reconhecer o papel criativo da jurisprudência como fonte do direito. Em suma, houve a superação da norma jurídica como sinônima de direito estatal e a verificação de que o sistema jurídico não é fechado.

O positivismo jurídico reduz o direito a um conjunto de normas emanadas do Estado. Dessa forma, o Estado seria a única fonte do direito, vez que as fontes da norma jurídica são unicamente aquelas elaboradas e formalizadas pelos órgãos do Poder Público. Nessa concepção, o problema das fontes do direito pode ser simplificado, afirmando, dogmaticamente, que o Estado é a única fonte do direito.

Parte da doutrina juspositivista é baseada no princípio da prevalência de uma determinada fonte do direito, ou seja, aquela que emana diretamente do Estado (lei) sobre todas as outras. Em que pese o esforço do positivismo jurídico, não há como negar a existência da pluralidade de fontes no sistema jurídico, não havendo como reduzir sua importância no mundo jurídico.

Na concepção contemporânea o direito objetivo compreende as normas de direito estatal e não estatal. Parte da doutrina não admite outra fonte como manifestação jurídica. É a chamada tese do monismo jurídico, que nega aos ordenamentos jurídicos não elaborados pelos Estados, qualquer caráter jurídico. Para os doutrinadores filiados ao monismo jurídico, só existe a ordem jurídica estatal. Em contrapartida, para os adeptos do pluralismo jurídico, ao lado do direito estatal, existem normas não estatais, emanadas de grupos sociais particulares institucionalizados. Conforme verificamos, no que tange ao sistema jurídico é clara a sua interação com o meio exterior e a sua complexidade.

Daí a indagação: O sistema jurídico é do tipo aberto ou fechado? É auto ou heterorregulado?

De um primeiro prisma, podemos afirmar que o sistema jurídico é auto-organizado e autoproduzido. Entretanto, essa assertiva é relativa em face da sociedade. Assim, o sistema jurídico é aberto, na medida em que sofre influência ou interação com o meio exterior. A vida social estabelece as características do sistema jurídico. Este é um reflexo da sociedade em que está inserido e admite mudanças. Cabe anotar que mesmo os autores que concebem o sistema jurídico como autopoiético admitem a interferência da sociedade.

Para Niklas Luhmann o sistema jurídico é autopoiético. O sistema não possui influência do sistema político e social e se sustenta pelo próprio código interno, indicando o que é legal (*recht*) ou ilegal (*unrecht*). Só é direito aquilo que se encontra no sistema jurídico e é este que determina o que é o direito. "Também as questões de legitimidade e da validade do direito são entendidas na teoria de Niklas Luhmann como acessíveis somente ao nível interno do sistema jurídico. Segundo essa concepção, a legitimidade passa a surgir da própria legalidade, ou seja, o direito se diferencia como um sistema autônomo que produz o seu próprio direito e sua própria legitimidade. Dessa forma, não existe relação do sistema jurídico com o sistema político, ou com um processo de formação democrática da legislação que se realiza da esfera pública".[282] Esse pensamento é equivocado, pois a legitimidade do direito é construída em outras esferas. A teoria de Niklas Luhmann está superada em especial no que se refere ao fato de que o direito se autoproduz sendo o ponto da sua própria legitimidade. Indubitavelmente há um intercâmbio entre o sistema e o entorno.

A justiça não é considerada por Luhmann, pois o sistema jurídico é por si mesmo justo. Não se pode negar que a justiça é reconhecida e recepcionada pelo sistema jurídico, tornando seu valor fundamental.

A modernidade calcada na teoria de Niklas Luhmann, pregou a autonomia do direito. O direito construído pela modernidade é capaz de abarcar a complexidade da sociedade contemporânea? A resposta é negativa. A sociedade de massa não pode ser regulada por um sistema autopoiético. "Conceitos tradicionais que configuraram o grande discurso humanista do iluminismo europeu: a razão, a finalidade, o sujeito, a ação, determinadas concepções da política, da economia, do direito etc. são pensados

[282] SAAVEDRA, Giovani Agostini. **Jurisdição e democracia: uma análise a partir das teorias de Jürgen Habermas, Robert Alexy, Ronald Dowrkin e Niklas Luhmann**. Porto Alegre: Livraria do Advogado, 2006, p. 17.

por Luhmann como importantes para sua época e surgidos com radical caráter de novidade em seu tempo. Porém, para nossa época, não são mais que recordações valiosas".[283] A ordem jurídica não é uma unidade sistemática fechada. Os elementos que a compõem se encontram em uma situação de mútua interação e dependência com a sociedade. O sistema jurídico é incompleto e inacabado, pois está aberto a mudanças históricas, ou seja, é aberto ao tempo e à sociedade.

Nessa mesma esteira, o sistema jurídico é complexo, pois se verifica uma pluralidade de fontes do direito. Nesse aspecto, destacamos a produção jurídica da jurisprudência.

Conforme estudamos, a jurisprudência é verdadeira fonte do direito, sendo que se verifica o papel criativo na jurisdição. Daí a definição da jurisprudência como a decisão reiterada dos tribunais sobre uma mesma matéria jurídica, constituindo uma das mais importantes fontes do direito, devido ao seu dinamismo, ou seja, o judiciário responde prontamente aos anseios da sociedade por intermédio da formação da jurisprudência. Na verdade, a jurisprudência surge da interpretação e aplicação do direito, realizada pelos juízes e Tribunais. O direito vivo oriundo da atividade dos Tribunais e da interpretação jurídica ganha corpo no pós-positivismo.

Para o positivismo jurídico, o sistema é completo, apresentando sempre uma solução ao caso concreto. O direito se apresenta como um sistema unitário de normas. Segundo nosso entendimento, normas no sentido amplo do termo, ou seja, normas e princípios. A lei nem sempre apresenta uma solução ao caso concreto. Daí o jurista deve resolver o conflito com fundamento no sistema jurídico que é coeso e completo.

Vislumbramos uma coerência no sistema jurídico, que surge da atividade do jurista. Daí nossa definição de sistema jurídico como o conjunto de todas as normas em vigor no Estado, completadas pelas técnicas de interpretação e integração do direito, tendo por finalidade a justiça. Em suma, o sistema jurídico é o conjunto harmônico de regras. É a pluralidade coesa ou totalidade harmônica de normas. A unidade do sistema jurídico surge

---

283 SAAVEDRA, Giovani Agostini. **Jurisdição e democracia: uma análise a partir das teorias de Jürgen Habermas, Robert Alexy, Ronald Dowrkin e Niklas Luhmann**. Porto Alegre: Livraria do Advogado, 2006, p. 26.

da Constituição, constituindo o fundamento de validade de todo o ordenamento jurídico.

O positivismo, ainda, vislumbra que a função do jurista seria descritiva com a função de descrever a norma jurídica. E a ideia da aplicação mecânica do direito. Com o fortalecimento da jurisprudência como fonte do direito verifica-se um abandono da concepção mecanicista do direito em favor da discricionariedade judicial. A aplicação do direito não é uma atividade puramente lógica, pois envolve uma série de raciocínios e atividades valorativas. A atividade intelectual do jurista não se restringe a deduções formais, mas há também o emprego de induções generalizadoras, analogias, intuições e outros processos não estritamente lógicos. "A interpretação do direito feita pelo juiz não consiste jamais na simples aplicação da lei com base num procedimento puramente lógico. Mesmo que disto não se dê conta, para chegar à decisão ele deve sempre introduzir avaliações pessoais, fazer escolhas que estão vinculadas ao esquema legislativo que ele deve aplicar."[284] A interpretação do direito não é insular, pois o intérprete analisa outros aspectos do fenômeno jurídico, como o sistema, princípios e normas implícitas.

O século XIX foi marcado pelo formalismo do direito embasado em uma concepção legalista e estatal do sistema jurídico. O final do século XX e início do século XXI conheceu o pluralismo jurídico sustentado na visão da pluralidade do direito, com especial olhar para a vertente filosófica e sociológica.

O dogmatismo encarou a obediência absoluta à lei como preceito básico. O positivismo foi construído nessa convicção. É o dogmatismo. Nesse sentido, verificou-se a tendência da codificação do direito. Essa tem influência direta do iluminismo que considerou a necessidade de substituir o acúmulo de normas consuetudinárias por normas escritas e organizadas sistematicamente e impostas coativamente à obediência dos cidadãos.

Na modernidade o direito conheceu as codificações, com o intuito de garantir a segurança jurídica. Outro aspecto importante é o dogma da

---

284 BOBBIO, Norberto. **O positivismo jurídico: lições de filosofia do direito**. São Paulo: Ícone, 1995, p. 237-238.

autonomia das vontades, essência da liberdade contratual. Esse quadro foi superado pela pós-modernidade. "Essa doutrina tradicional vai senso superada pela utilização na práxis dos Tribunais de novas formas de contrato, pela promulgação acelerada de legislações esparsas que vão relegando os códigos a uma função residual e por tantas outras formas novas de conceitos e princípios jurídicos. Dessa forma justificam a consideração de uma condição pós-moderna do direito".[285]

O positivo jurídico encontra-se vinculado ao constitucionalismo no sentido de construir um Estado Democrático de Direito. O neoconstitucionalismo por sua vez surge para edificar o Estado Democrático e Social de Direito embasado no pós-positivismo.

---

[285] SAAVEDRA, Giovani Agostini. **Jurisdição e democracia: uma análise a partir das teorias de Jürgen Habermas, Robert Alexy, Ronald Dowrkin e Niklas Luhmann**. Porto Alegre: Livraria do Advogado, 2006, p. 19-20.

III SOCIOLOGIA DO DIREITO

III

Sociologia do Direito

SOCIOLOGIA DO DIREITO

1 A SOCIEDADE E O DIREITO

O conhecimento da sociologia do direito pode ser dividido para fins didáticos em duas partes: 1. a sociedade e o Direito; e 2. o Direito como fato social.

A investigação relativa à sociedade e o direito visa introduzir o estudo da Sociologia Jurídica (O Direito como Fato Social). No estudo da dogmática do direito já verificamos o sentido do direito. Cumpre analisar a sociedade.

1.1 A Sociedade

Maria Helena Diniz anota que "o homem é um ser gregário por natureza, é um ser eminentemente social, não só pelo instinto sociável, mas também por força de sua inteligência que lhe demonstra que é melhor viver em sociedade para atingir seus objetivos".[1] O homem vive em grupos, a fim de que sejam satisfeitas diversas necessidades.

O homem torna-se um ser eminentemente social, na medida em que nasce e vive em sociedade, ou seja, um animal político e gregário, no entender de Aristóteles, que assim o conceituava (*Politikon Zoon* – Animal Político) em sua obra Política. "O homem é um ser feito para a convivência social (é um ser político no sentido grego da palavra, que aqui não repre-

---

1 DINIZ, Maria Helena. **Curso de direito civil brasileiro: teoria geral do direito civil**. v. 1, 7ª ed. atual., São Paulo: Saraiva, 1989, p. 5.

senta homem de Estado, mas sim o homem de vida pública)".[2] Inspirado em Aristóteles, Santo Tomás de Aquino, no seu escrito Summa Theologica, considera o homem como sendo sociável por natureza.

Marcus Cláudio Acquaviva anota que, "para outros, entretanto, o homem não é, propriamente, um ser social; pelo contrário, sua natureza agressiva o leva a bater-se contra seus semelhantes, e somente um poder político severo pode coibir seus excessos. Tal a posição de Thomas Hobbes, para quem o homem é um ser antissocial por índole. O homem é lobo do próprio homem, adverte Hobbes. Contudo prossegue a necessidade de sobrevivência pessoal, que o impele para a vida comunitária. Esta, por não ter um fundamento natural, exige uma disciplina férrea, imposta pelo Estado. Ele é o próprio Leviatã, monstro bíblico,[3] o crocodilo, que habitava o rio Nilo, devorando as populações ribeirinhas, da mesma forma que o Estado, segundo Hobbes deve agir com os súbitos recalcitrantes".[4]

Na verdade, a própria natureza humana inclina-se para a vida em sociedade. Como poderia o ser humano, por si só, prover à sua sobrevivência, especialmente na infância? Ao nascer, o homem, paulatinamente se adapta ao modo de ser da sociedade, sendo condicionado a agir de acordo com os valores desta, num processo assimilativo chamado socialização.

1.2 Conceito de Sociedade

O homem, como qualquer ser animal, depende de outros para a realização de seus objetivos.

---

[2] Aristóteles, **A Ética**. Trad. Paulo Cássio M. Fonseca. Série Clássicos. Bauru, SP: Edipro, 1995, p. 14.

[3] **Interpretação Bíblica** - Leviatã = monstro do mar = crocodilo. Criado por DEUS – Salmos 104:26.

Sua natureza e hábitos – Jó 41. Poder de DEUS exibido em sua destruição – Salmos 74:14.

Ilustra – Reis poderosos e cruéis – Isaías 27:10 e o Poder e a severidade de DEUS – Jó 41:10.

[4] ACQUAVIVA, Marcus Cláudio. **Notas introdutórias ao estudo do direito**. 2ª ed., São Paulo: Ícone, 1990, p. 20.

Do ponto de vista puramente biológico, segundo Georges Thines e Agnes Lempereur, a sociedade é *a comunidade animal natural que agrupa indivíduos da mesma espécie, ligados entre si pela potência dos fenômenos interatrativos, e ocupando um biótipo que a comunidade condiciona estreitamente.*[5]

O conceito de sociedade, em sentido lato, é *a reunião permanente ou persistente de seres da mesma espécie, submetidos à obediência de normas de conduta, habitando um dado território, compondo uma organização caracterizada pela repartição de funções e perseguindo um determinado fim.* Através da referida definição, para alguns tanto as sociedades humanas, como os agregados do reino animal, atendem ao substrato do conceito de sociedade, na medida em que ambas são integradas por membros da mesma natureza, em caráter permanente ou pelo menos vocacionado a ser duradouro, os quais convivem sob a égide de normas de conduta, ocupando um dado território e repartindo funções na busca de objetivos comuns. Ainda, nessa mesma linha de raciocínio, entendem que a sociedade animal possui regras de conduta, e que invariavelmente são observadas tanto quanto nossas leis.

Cabe anotar a existência de uma discriminação conceitual entre a sociedade (reunião estável de seres humanos), e o agregado (reunião estável de irracionais), pois a sociabilidade humana implica uma complexidade de relações muito mais profunda do que aquela constatada no agregado animal. A sociedade propriamente dita, a humana, mostra-se dinâmica, mutável, no mais das vezes evolutiva, ao passo que o agregado animal é estático, não muda. Sendo fruto da cultura, da experiência vivenciada pelo homem, a sociedade segue no rumo de formas de convivência cada vez mais perfeitas. Poderá haver erros, retrocesso, degeneração, mas a verdade é que a sociedade estará sempre mudando, em busca de novos ideais.[6]

---

5 Marcus Cláudio Acquaviva anota o conceito de sociedade extraído do **Dicionário geral das ciências humanas**, p. 852, Lisboa, Edições 70, 1984. In ACQUAVIVA, Marcus Cláudio. **Notas introdutórias ao estudo do direito**. 2ª ed., São Paulo: Ícone, 1990, p. 20.

6 ACQUAVIVA, Marcus Cláudio. **Notas introdutórias ao estudo do direito**. 2ª ed., São Paulo: Ícone, 1990, p. 21.

O conceito de sociedade torna-se difícil, na medida em que o termo é empregado em vários sentidos. No estudo da sociologia, o vocábulo designa o grupo social, significando qualquer agrupamento de pessoas em processo de interação.

A sociedade é a união moral estável, sob uma única autoridade, de várias pessoas, físicas ou morais, que tendem a um fim comum (Régis Jolivet).[7]

A definição que mais se destaca é a do jurista italiano Giorgio Del Vecchio: *complexo de relações pelo qual vários indivíduos convivem e trabalham conjuntamente, de modo a formarem uma nova e superior unidade*. Torna-se de real importância a análise dos elementos da referida definição:

Relações – A vida em sociedade produz um relacionamento que os sociólogos denominam de interação, que é a ação que se exerce mutuamente entre duas ou mais pessoas (ação recíproca). Os membros da sociedade tornam-se sujeitos de liames éticos, surgindo as relações sociais. Cabe anotar que das relações sociais surgem as relações jurídicas.

Convivem e trabalham conjuntamente – Fica evidenciada a permanência, a estabilidade, o desejo de todos de viver permanentemente em sociedade. E isto se chama *affectio societatis*, sendo que cada membro da sociedade encontra-se invariavelmente ligado aos demais membros.

Nova unidade – A expressão nova unidade designa a personalidade jurídica, ou seja, ao nascimento de uma nova pessoa, com existência autônoma dos diversos indivíduos que a compõem, constituindo um ente coletivo, também dotado de direitos e deveres perante seus filiados, sem se confundir com as pessoas naturais de seus filiados. A sociedade ou pessoa coletiva tem como objetivo alcançar uma finalidade comum. O Código Civil, ao tratar das sociedades ou associações civis, no seu art. 20, alude que "As pessoas jurídicas têm existência distinta da do seus membros".

Superior unidade – Os indivíduos que formam uma sociedade, considerados isoladamente, podem deixar a sociedade ou virem a falecer, sem que, com isso, a existência da sociedade seja afetada. Pois as sociedades

---

7 Anotação em Aula na disciplina Teoria Geral do Direito ministrada pelo Prof. André Franco Montoro no primeiro semestre de 1999.

constituem novas e superiores unidades, dotadas de fins próprios, que transcendem as finalidades individuais. Dessa forma, Del Vecchio emprega a expressão superior unidade, para designar a supremacia do objetivo social quando comparado ao objetivo particular de cada indivíduo que integra a sociedade.[8 e 9]

1.3 Espécies de Sociabilidade

O homem, como ser gregário, vive em grupos, para realização de seus fins, surgindo a sociedade. Conforme verificado, existe uma diferença conceitual entre "sociedade" e "agrupamentos" ou "simples agregados", sendo certo que na sociedade encontra-se presente a interação social, reflexo de uma série de vínculos entre os indivíduos.

Nessa linha de raciocínio José Geraldo Brito Filomeno ensina que "O termo 'sociedade' deve ser encarado como gênero de agrupamentos mais ou menos complexos de seres humanos, podendo-se entender, por outro lado, 'comunidade', como uma espécie de sociedade na qual se observa a existência muito predominante de vínculos propriamente jurídicos, aqui entendidos como os derivados de normas formais de comportamento".[10] Assim, no seio da sociedade verifica-se a existência de várias espécies de sociabilidade. Mais adiante será estudado que as relações jurídicas surgem das relações sociais.

Pois bem, as espécies de sociabilidade, ou a sociedade tomada num sentido *lato sensu*, podem ser classificadas quanto a sua origem e quanto a sua finalidade.

No que se refere à origem, as espécies de sociabilidade podem ser naturais, sendo denominadas de comunidades, ou contratuais, sendo denominadas de sociedades ou associação. As comunidades resultam de uma

---

8 FILOMENO, José Geraldo Brito. **Manual de teoria geral do estado e ciência política**. 2ª ed., São Paulo: Forense Universitária, 1997, p. 23-27.

9 ACQUAVIVA, Marcus Cláudio. **Notas introdutórias ao estudo do direito**. 2ª ed., São Paulo: Ícone, 1990, p. 21-22.

10 FILOMENO, José Geraldo Brito. **Manual de teoria geral do estado e ciência política**. 2ª ed., São Paulo: Forense Universitária, 1997, p. 36.

tendência instintiva, natural do ser humano (sociedade conjugal), sendo assim designadas de sociedades naturais. As associações resultam da própria razão e servem para melhorar as condições de vida material ou aprimorar a vida cultural (sociedades culturais, mercantis e esportivas), sendo assim designadas de sociedades contratuais.

Tönnies elenca dois tipos de sociabilidade:

– comunidade (*Gemeinschaft*); e

– sociedade ou associação (*Gesellsachft*).[11]

Essas duas categorias de relacionamento social têm como fulcro a vontade humana. A vontade natural, orgânica, inerente ao ser, corresponde à comunidade. A comunidade surge como produto espontâneo da vida social, que se estrutura naturalmente. De outra feita, a vontade de escolha, ou refletida, conduz à sociedade. Assim, a associação, ao contrário da comunidade, nasce da vontade dos indivíduos que, com o intuito de realizar certo propósito, unem-se entre si.

Georges Gurvith, ao analisar os elementos mais simples da realidade social (microssociologia), distingue dois níveis fundamentais: a sociabilidade espontânea e a sociabilidade organizada.[12]

José Geraldo Brito Filomeno anota que, para Max Weber, "a comunidade resultaria do sentimento subjetivo (de origem emotiva, afetiva ou tradicional) que os indivíduos têm ao constituir um todo, enquanto a associação seria resultante da vontade orientada por motivos racionais que leva os indivíduos a unirem-se para comporem os seus interesses ou os porem em comum no intuito de alcançar certo fim".[13]

A família é a expressão mais geral da sociedade comunitária. A sociedade comercial é exemplo do tipo societário.

Ainda, cabe anotar que parte da doutrina classifica as sociedades em: necessárias e contingentes. As sociedades necessárias são aquelas em que o

---

[11] Classificação de sociabilidade mais tradicional, utilizada como ponto de partida pela quase totalidade dos juristas e sociólogos.

[12] Anotação em aula na disciplina Teoria Geral do Direito ministrada pelo Prof. André Franco Montoro no primeiro semestre de 1999.

[13] FILOMENO, José Geraldo Brito. **Manual de teoria geral do estado e ciência política.** 2ª ed., São Paulo: Forense Universitária, 1997, p. 38.

homem não pode fugir, pois ao nascer já se encontra ligado à mesma (sociedade familiar, política e religiosa). As sociedades contingentes surgem do acordo de vontade do grupo social (sociedades desportivas, comerciais e culturais).

Em suma:

Origem { Comunidades – Naturais
Sociedades (Associações) – Contratuais

Quanto à finalidade ou causa final, as sociedades podem ser classificadas em: Associações (sentido lato), Sociedades e Sociedade Política.

As associações no sentido lato do termo são aquelas instituídas sem a finalidade lucrativa, podendo ser divididas em: associações civis, fundações e partidos políticos. As associações civis têm como fulcro o aprimoramento cultural, educacional, esportivo ou religioso de seus membros, ou outro objetivo declarado no contrato, não havendo finalidade lucrativa (arts. 53 a 61 do Cód. Civil). As fundações visam o objetivo estipulado por seu instituidor, que somente poderá constituir para fins religiosos, morais, culturais ou de assistência (arts. 62 a 69 do Cód. Civil). Os partidos políticos são associações civis que têm por objetivo assegurar, no interesse do regime democrático, a autenticidade do sistema representativo e defender os direitos fundamentais definidos na Constituição Federal (art. 17 da CF c/c a Lei n. 9.096/95). Os partidos políticos, após adquirirem personalidade jurídica, na forma da lei civil, registrarão seus estatutos no Tribunal Superior Eleitoral).

As sociedades no sentido lato do termo são aquelas instituídas com finalidade lucrativa. A sociedade civil ou sociedade simples visa o fim econômico e lucrativo, sendo exercida por certas profissões liberais ou prestadoras de serviços (arts. 997 a 1.038 do Cód. Civil). As sociedades comerciais ou empresárias também visam o lucro, sendo realizada mediante atividade mercantil, comercial ou empresarial, possibilitando a realização de um empreendimento. As sociedades simples terão seu assento no Registro Civil das Pessoas Jurídicas e as Sociedades Empresárias no Registro Público das Empresas Mercantis a cargo das Juntas Comerciais (art. 1.150 do Código

Civil). Roberto Senise Lisboa ressalta que há vários pontos de aproximação e distanciamento entre a sociedade civil e a sociedade comercial.[14]

A sociedade política é o Estado, que tem por objetivo ou finalidade o bem comum. Do ponto de vista sociológico, o Estado configura-se como espécie de sociedade: a política. Celso Bastos define a sociedade política como "aquela que tem em mira a realização dos fins daquelas organizações mais amplas que o homem teve necessidade de criar para enfrentar o desafio da natureza e das outras sociedades rivais. As sociedades políticas sempre estiveram circunscritas ao território sob sua jurisdição. São tidas por tais: as tribos, as cidades-estados gregas, o Império Romano, a sociedade feudal e o Estado".[15] O mesmo autor indica que o Estado é a mais complexa das organizações criadas pelo homem.[16]

O Código Civil divide as referidas sociedades (Pessoas Jurídicas de Direito Privado) em: 1. as associações; 2. as sociedades; 3. as fundações; 4. as organizações religiosas; 5. os partidos políticos.[17]

Ainda, segundo Marcus Cláudio Acquaviva, no que tange à finalidade, as sociedades podem ser classificadas em civis e religiosas. As sociedades civis têm como fulcro a prosperidade material ou cultural de seus filiados,

---

14 *Vide* LISBOA, Roberto Senise. **Manual elementar de direito civil**. 2ª ed. rev. e atual. em conformidade com o Novo Código Civil. São Paulo: Revista dos Tribunais, 2002, p. 245-246.

15 BASTOS, Celso Ribeiro. **Curso de teoria do Estado e ciência política**. 3ª ed., São Paulo: Saraiva, 1995, p. 4.

16 BASTOS, Celso Ribeiro. **Curso de teoria do Estado e ciência política**. 3ª ed., São Paulo: Saraiva, 1995, p. 6: "O Estado é a mais complexa das organizações criadas pelo homem. Pode-se até mesmo dizer que ele é sinal de um alto estágio de civilização. Nesse sentido o Estado aparece num momento histórico bem preciso (século XVI). Não se nega que a Antiguidade Clássica (as cidades gregas e o Império Romano) já apresentasse sinais precursores dessa realidade. Todavia, preferem os autores localizar o seu aparecimento no início dos tempos modernos, uma vez que só então, em última análise, se reúnem, nas entidades políticas assim denominadas, todas as características próprias do Estado".

17 Art. 44 do Código Civil.

ao passo que as sociedades religiosas têm como objetivo o aprimoramento espiritual de seus pares.[18]

Em suma, segundo nosso entendimento:

- Causa Final ou Finalidade
  - Associações (sentido lato) (sem lucro)
    - Associações Civis
    - Fundações
    - Partidos Políticos
  - Sociedades (lucro)
    - Sociedades Civis ou Simples
    - Sociedades Comerciais ou Empresárias
  - Sociedade Política (Bem Comum)

2 SOCIOLOGIA JURÍDICA

2.1 O Direito como Fato Social

Segundo Miguel Reale, a Sociologia tem por fim o estudo do fato social na sua estrutura e funcionalidade, para saber, em suma, como os grupos humanos se organizam, se desenvolvem, em função dos múltiplos fatores que atuam sobre as formas de convivência. Ainda, segundo o mesmo autor, a Sociologia Jurídica tem como objeto de estudo a eficácia ou efetividade da norma jurídica no plano do fato social.[19]

Para André Franco Montoro, a Sociologia Jurídica não possui um quadro definido de problemas e uma nítida caracterização de seu objeto. Entretanto, o mesmo autor sistematiza e desenvolve o estudo da Sociologia Jurídica, inspirada em Georges Gurvitch, estabelecendo o seguinte plano de estudo:

---

18 ACQUAVIVA, Marcus Cláudio. **Notas introdutórias ao estudo do direito**. 2ª ed., São Paulo: Ícone, 1990, p. 23.

19 REALE, Miguel. **Lições preliminares de direito**. 27ª ed., São Paulo: Saraiva, 2002, p. 19-20.

1. A Microssociologia Jurídica, que estuda os elementos mais simples ou átomos da realidade jurídica, a saber:

– relações jurídicas fundamentais;

– sedimentos jurídicos fundamentais.

2. A Macrossociologia Jurídica Diferencial, ou simplesmente Sociologia Jurídica Diferencial, que é a tipologia jurídica:

– dos "ordenamentos jurídicos" dos grupos particulares (ordenamento jurídico sindical, esportivo, religioso, agrário etc.);

– dos "sistemas jurídicos", correspondentes às sociedades globais (direito primitivo, direito americano, direito soviético, direito europeu, direito brasileiro etc.).

3. A Macrossociologia Genética do Direito, ou Sociologia Jurídica Genética, que estuda as transformações do direito no meio social, incluindo:

– o estudo dos diversos fatores sociais na gênese do direito e das instituições jurídicas;

– o estudo da influência do direito sobre os demais fatores da vida social.[20]

Entende André Franco Montoro que uma visão objetiva e ampla do direito, como fato social, exige a consideração de seus três campos fundamentais: a microssociologia, a tipologia jurídica diferencial dos grupos particulares e das sociedades globais e a sociologia genética do direito.

Nessa esteira, a investigação científica da sociologia jurídica exige o estudo dos seguintes campos fundamentais: Macrossociologia Jurídica, Microssociologia Jurídica e Sociologia Genética do Direito.

---

[20] MONTORO, André Franco. **Introdução à ciência do direito.** 23ª ed., São Paulo: Revista dos Tribunais, 1995, p. 520-522.

Em suma:

Investigação do Direito como Fato Social

1. Macrossociologia Jurídica
→ Sistemas Jurídicos
→ Ordenamentos Jurídicos

2. Microssociologia Jurídica
→ Relações Jurídicas
→ Sedimentos Jurídicos

3. Sociologia Genética do Direito
→ Ação da Sociedade sobre o Direito
→ Ação do Direito sobre a Sociedade

2.2 Macrossociologia Jurídica

A macrossociologia jurídica, também denominada de sociologia diferencial ou tipológica, tem como objeto de estudo os elementos e dados mais complexos do direito no âmbito da realidade social. A macrossociologia jurídica estuda o direito das Sociedades Globais (Nações, Comunidades Internacionais) e dos Grupos Sociais Particulares (Família, Empresa e Sindicato). A macrossociologia jurídica investiga as relações sociais das referidas sociedades e as espécies de direito correspondente.

Das Sociedades Globais surgem os Sistemas ou Ordens Jurídicas, como o sistema jurídico americano, o germânico ou feudal. Dos Grupos Sociais Particulares surgem os ordenamentos jurídicos ou as chamadas normas de direito não estatal, com características peculiares de cada grupo, como o Estatuto do Clube Pinheiros e o Código de Ética Médica. Ao estudarmos os ordenamentos desses grupos sociais particulares, vislumbramos cristalinamente a existência de um Poder Legislativo, que cria as normas, ao lado de um Poder Jurisdicional, que aplica a norma, e que se exercem dentro da esfera da instituição.

Cabe anotar que a existência desse direito não estatal dá-se apenas nos Grupos Sociais Particulares Institucionalizados, ou seja, que possuem a característica de instituição. A instituição é o organismo que perpetua-se no meio social, configurando-se pela sua organização e finalidade própria e que não se confunde com a vida individual de seus membros. A realização e os objetivos da instituição permanecem juridicamente no seio da sociedade, independentemente da vontade de seus membros, na medida em que a instituição busca o bem comum. Nesse sentido, afirma Renard: "Instituição é o bem comum organizado".[21]

André Franco Montoro apresenta como características da instituição:

"1. ideia-finalidade ou fim objetivo; é sempre a ideia de um bem comum a realizar, e não se confunde com as intenções ou motivos subjetivos de seus membros;

2. organização própria, com órgãos, funções e hierarquia, que também se impõe, objetivamente a seus membros;

3. duração ou continuidade no tempo: os indivíduos passam, a instituição permanece".[22]

Em suma:

Características da Instituição	1. Objetivo 2. Organização 3. Duração

Assim, a cada Grupo Social Particular Institucionalizado, surge um correspondente ordenamento jurídico, com características próprias. Caminhando ao lado do direito estatal, temos normas de direito não estatal, que são erigidas à verdadeira manifestação de direito.

Cabe anotar que algumas vozes negam a existência do referido direito não estatal como manifestação de direito, como os Positivistas, em espe-

---

21 MONTORO, André Franco. **Introdução à ciência do direito**. 23ª ed., São Paulo: Revista dos Tribunais, 1995, p. 178.

22 MONTORO, André Franco. **Introdução à ciência do direito**. 23ª ed., São Paulo: Revista dos Tribunais, 1995, p. 178.

cial Kelsen, surgindo assim o denominado monismo jurídico. De outra feita, para pluralismo jurídico existe dentro da vida social uma pluralidade de ordenamentos. André Franco Montoro elenca como manifestações importantes desse direito: o direito social comum; o direito social do trabalho; o direito social do esporte; o direito social da igreja; o direito social da escola; o direito social da família; e, num plano diferente, mas com características semelhantes, o direito social internacional.

Com o desenvolvimento da vida social a existência do direito não estatal é uma realidade solar. Duas são as características principais do direito não estatal:

1. As normas dos Grupos Sociais Particulares são aplicadas e elaboradas pelo próprio grupo. Dessa forma, os grupos institucionalizados apresentam um poder legislativo, que é o responsável pela produção ou elaboração das normas *interna corporis*; e um poder jurisdicional que é o responsável pela aplicação das referidas normas.

2. O direito não estatal é reconhecido pelo Estado, na medida em que é coeso com o mesmo, fazendo pois parte do sistema jurídico.

2.3 Microssociologia Jurídica

A Microssociologia Jurídica, também denominada sociologia analítica, tem como objeto de estudo os elementos mais simples do direito no âmbito da realidade social. É o estudo dos dados mais elementares ou microscópicos da realidade social em contraposição com a realidade jurídica. A microssociologia jurídica investiga as relações e os sedimentos sociais e as manifestações de direito correspondente, que são as relações jurídicas elementares (Contratos, Obrigações) e sedimentos jurídicos de profundidade (direito organizado, direito espontâneo e os *standards* jurídicos).

Georges Gurvitch denominou esses elementos mais simples que são estudados pela microssociologia de espécies jurídicas fundamentais, e os dividiu em: relações jurídicas fundamentais e sedimentais jurídicos de profundidade.[23]

[23] MONTORO, André Franco. **Introdução à ciência do direito**. 23ª ed., São Paulo: Revista dos Tribunais, 1995, p. 527.

Em suma:

Relações Sociais → Relações Jurídicas
Sedimentos Sociais → Sedimentos Jurídicos

As relações sociais são uma série de vínculos entre os indivíduos, que os sociólogos denominam de interação social. As relações sociais disciplinadas pelo direito transformam-se em relações jurídicas. Segundo Roberto Senise Lisboa, "entende-se por relação jurídica o vínculo entre duas partes estabelecidas por lei ou pela vontade humana, que importa na transmissão de algum bem, a título provisório (transitório) ou definitivo (permanente), para a satisfação de interesses".[24] Para Giorgio Del Vecchio, a relação jurídica consiste num vínculo entre pessoas, em razão do qual uma pode pretender um bem a que outra é obrigada.[25]

O sedimento social, como o próprio nome designa, é aquilo que está sedimentado no meio social. André Franco Montoro ensina que "os sedimentos sociais vão desde a superfície da realidade social, como os edifícios, instrumentos e produtos, condutas coletivas estabelecidas; símbolos e padrões sociais, condutas sociais inovadoras, até as camadas mais profundas da vida social, representadas pelos valores e ideias do espírito coletivo".[26] O sedimento jurídico é o que se encontra sedimentado na realidade jurídica, ou seja, o direito organizado, o direito espontâneo e os *standards* jurídicos. O direito organizado surge da sociedade, como as leis, contratos, sentenças. O direito espontâneo é o direito não organizado pela sociedade, surgindo de forma natural e dinâmica, como os costumes jurídicos, reações sociais e valores de justiça. Os *standards* jurídicos são expressões que variam no tempo e no espaço, configurando-se como um critério básico de avaliação de certos conceitos jurídicos indefinidos, por exemplo, "bom pai de família", "castigo moderado",

---

24 LISBOA, Roberto Senise. **A relação de consumo e seu alcance no direito brasileiro.** Coleção Saber Jurídico, São Paulo: Oliveira Mendes, 1997, p. 1.

25 Anotação em aula na disciplina Teoria Geral do Direito ministrada pelo Prof. André Franco Montoro no primeiro semestre de 1999.

26 MONTORO, André Franco. **Introdução à ciência do direito.** 23ª ed., São Paulo: Revista dos Tribunais, 1995, p. 528.

"mulher honesta" etc.; que o operador do direito deve analisar em cada caso concreto.

Alguns autores, como Savigny, entendem que o direito espontâneo é o direito efetivo e real, sendo que o Estado apenas reconhece o citado direito, com o intuito de dar maior proteção às normas que surgiram da própria sociedade. De outra feita, os filiados ao positivismo jurídico, em especial Kelsen, afirmam que o direito espontâneo se confunde com as regras sociais de conduta. Para o positivismo, o Estado é a única fonte formal do direito. Para André Franco Montoro, a existência de um direito vivo, subjacente ao direito elaborado pelo Estado, é uma realidade incontestável.[27] Conforme afirmamos, a existência de fontes de direito não estatal é uma realidade solar.

Por meio dos estudos da Sociologia Jurídica (Macro e Micro), verificamos que se encontra confirmado o velho brocardo jurídico, *Ubi societas, ibi jus* (onde houver sociedade, haverá direito).

Ainda, em conformidade com o referido estudo, acrescentado pelos ensinamentos preciosos de André Franco Montoro, verificamos que o sociólogo, por meio do estudo da realidade social, parte das realidades mais complexas para decompô-las em partes, até chegar aos elementos mais simples e irredutíveis:

1. sociedades globais;
2. grupos sociais particulares; e
3. relações e sedimentos sociais.

Através do mesmo método, partindo da realidade social para a realidade jurídica, se localizará:

1. sistemas jurídicos que correspondem às sociedades globais;
2. ordenamentos jurídicos que correspondem aos grupos sociais particulares; e
3. relações jurídicas e sedimentos jurídicos que correspondem às relações sociais e aos sedimentos sociais.

---

27 MONTORO, André Franco. **Introdução à ciência do direito**. 23ª ed., São Paulo: Revista dos Tribunais, 1995, p. 540.

Em suma:

Realidade Social		Realidade Jurídica
Sociedades Globais	—	*Sistemas Jurídicos*
Comunidade Europeia		Direito Europeu
USA		Direito Norte-americano
Grupos Sociais Particulares	—	*Ordenamentos Jurídicos*
Liga de Vôlei		Direito Esportivo
Igreja Católica		Direito Canônico
Espécies Sociais	—	*Espécies Jurídicas*
Relações Sociais		Relações Jurídicas
Sedimentos Sociais		Sedimentos Jurídicos[28]

2.4 Sociologia Genética do Direito

A Sociologia Genética do Direito estuda a atuação da sociedade sobre o direito e a atuação do direito sobre a sociedade. Este estudo ocorre através do exame da influência dos diversos fatores sociais na formação do direito; e através do exame da influência do direito sobre os diversos setores da vida social.

2.4.1 A Influência da Sociedade sobre o Direito

O entendimento da influência da sociedade sobre o direito dá-se através do estudo do direito como produto dos processos sociais. O direito é resultado de um complexo de fatores, valores e interações sociais. O direito é um setor da realidade social. "O Sociologismo Jurídico é a corrente que considera o direito sobre o prisma predominante de fato social. O direito seria um elemento dos fatos sociais, e seria examinado de acordo com

28 MONTORO, André Franco. **Introdução à ciência do direito.** 23ª ed., São Paulo: Revista dos Tribunais, 1995, p. 530.

as causas dos fatos do mundo físico-químico. Há uma certa condicionalidade entre o fenômeno jurídico e a realidade histórico-social".[29]

O direito como setor da realidade social emana da sociedade sob múltiplos aspectos:

1. Como resultado do Poder Social;
2. Como reflexo dos objetivos, valores e necessidades sociais;
3. Como manifestação ou efeito de fatores sociais: históricos, geográficos, técnicos, econômicos, culturais, psicológicos, morais e religiosos etc.[30]

Em suma:

O direito emana	1. Poder Social 2. Valores Sociais 3. Fatores Sociais

2.4.2 A Influência do Direito sobre a Sociedade

Conforme verificado, o direito é produto do Poder Social e dos Fatores e Valores Sociais, sendo ao mesmo tempo um importante instrumento de controle social, denominado controle social formal. Se, de um lado, o direito é o resultado de múltiplos fatores sociais, de outro, é o instrumento mais qualificado de controle e transformação social, porque detentor do poder de coação. Nessa qualidade, as normas atuam poderosamente sobre a conduta dos membros da sociedade. E, nesse sentido, o direito é também produtor de condutas sociais.

O direito como forma de controle social formal exterioriza-se a partir do momento que uma norma jurídica entra em vigor, passando a atuar no seio da sociedade.

Miguel Reale ensina que "a validade da norma de direito pode ser vista sob três aspectos: o da validade formal ou técnico-jurídica (vigência),

---

29 PAES, P. R. Tavares. **Introdução ao estudo do direito**. 2ª ed. rev. ampl., São Paulo: Revista dos Tribunais, 1997, p. 26.

30 MONTORO, André Franco. **Introdução à ciência do direito**. 23ª ed., São Paulo: Revista dos Tribunais, 1995, p. 581.

o da validade social (eficácia ou efetividade) e o da validade ética (fundamento)".[31] Segundo André Franco Montoro, "é preciso distinguir, de um lado, sua vigência (ou entrada em vigor), que é automática, e, de outro, sua eficácia (ou aplicação efetiva), que depende da conduta ou comportamento dos membros da sociedade. Como diz Kelsen a vigência da norma pertence ao plano do dever-ser, e a eficácia, ao plano ser. Dizer que uma norma é vigente (está em vigor) é diferente do que se diz quando se afirma que ela é efetivamente aplicada e respeitada, isto é, tem eficácia".[32]

Assim, verificamos que uma norma, que não é respeitada e cumprida, pode ter vigência, mas não tem eficácia. Assim, a inadequação do preceito legal à realidade social produz seu desuso.

A norma jurídica possui uma função no meio social. A ordem jurídica produz o controle social formal, que atua ao lado do controle social informal que surge por meio da ordem social. Assim, o direito nada mais é do que uma forma de conservação das estruturas sociais, ou seja, o direito é o mantenedor da ordem social.

De outra feita, os sociólogos do direito atribuem a norma jurídica diferentes funções: ordenadora, educativa, conservadora e transformadora. Segundo André Franco Montoro, o direito pode ser encarado sob duas perspectivas diferentes: 1. como elemento de conservação das estruturas sociais; ou 2. como instrumento de promoção das transformações institucionais da sociedade.

Nessa esteira, entendemos que a norma jurídica, como espécie de controle social formal, se apresenta ora como norma mantenedora, ora como promocional ou transformadora. Tomemos, como exemplo, o direito à vida. A norma que garante o aludido direito tem apenas uma função mantenedora, sendo certo que o referido direito sempre existiu, o sistema jurídico apenas o mantém. Diferente do que ocorre no campo do direito do consumidor, que serviu de instrumento para mudanças na prática das relações de consumo.

---

31 REALE, Miguel. **Lições preliminares de direito**. 27ª ed., São Paulo: Saraiva, 2002, p. 102.

32 MONTORO, André Franco. **Introdução à ciência do direito**. 23ª ed., São Paulo: Revista dos Tribunais, 1995, p. 592-593.

Em suma:

Funções da Norma Jurídica { 1. Mantenedora; 2. Promocional }

2.5 Necessidade das Normas

O direito só pode ser imaginado em função do homem vivendo em sociedade. *Ubi societas, ibi jus* (onde houver sociedade, haverá direito), já dizia Aristóteles. Dessa forma, não se pode conceber a vida em sociedade sem se pressupor a existência de normas reguladoras das relações entre os homens, que estes mesmos julguem obrigatórias. Tais normas determinam, de um modo mais ou menos intenso, o comportamento do homem no grupo social.

O homem é essencialmente coexistência, pois não existe apenas, mas coexiste, isto é, vive necessariamente em companhia de outros homens. Com isso, espontânea e até inconscientemente é levado a formar grupos sociais: família, escola, associação esportiva, cultural. Em virtude disso, estabelecem os indivíduos entre si relações de coordenação, subordinação, integração e delimitação; relações essas que não se dão sem o concomitante aparecimento de normas de organização de conduta social.[33]

2.5.1 Controle Social

Por nascermos no convívio social, raramente nos damos conta de sua importância. A interação que mantemos com as pessoas faz parte do nosso cotidiano. Com o intuito de disciplinar o convívio social, ou seja, as múltiplas relações sociais que passamos, a própria sociedade estabelece formas de controle. Pois bem, a partir do momento que nos organizamos em sociedade, surge a necessidade de regras e normas para estabelecer o convívio social. O controle social é uma condição básica da vida social.

As regras e normas que disciplinam a vida em sociedade advêm da própria sociedade, ou seja, a própria sociedade elege, estabelece seus valores

---

[33] DINIZ, Maria Helena. **Curso de direito civil brasileiro: teoria geral do direito civil**. 7ª ed. atual., São Paulo: Saraiva, 1989, v. 1, p. 5.

e os meios de controle social necessários. Assim, os valores e as normas nascem do consenso social. A consequência lógica desse consenso é a ordem social e a ordem jurídica. A ordem social é mantida em níveis razoáveis através do chamado controle social informal, ao passo que o equilíbrio na ordem jurídica é conseguido por meio do controle social formal. Assim, sabemos que ao lado da Ordem Jurídica existe uma Ordem Social, sendo certo que vislumbramos duas formas de controle social: informal e formal.

Em suma:

Controle Social	Informal Formal
Regras	Ordem Social → Controle social informal Ordem Jurídica → Controle social formal

O controle social informal se exterioriza através de um emaranhado de figuras, como a religião, a escola, a família. De outra feita, o controle social formal se mostra única e tão somente pelas normas jurídicas e no âmbito criminal através das penas e sanções aplicáveis ao caso concreto. Sem dúvida, os valores ético-sociais não são protegidos pelo Direito Penal, pois existe um desvalor entre a ação e o ato. Cabe anotar que o direito penal, como meio de controle social formal, é utilizado nos conflitos mais agudos. O direito penal só protege aqueles bem mais valiosos para a sociedade, e ainda quando não existem outros meios de natureza não penal.[34]

Conforme afirmado, o controle social é uma condição básica da vida em sociedade. Através do controle social se assegura o cumprimento das expectativas de conduta e os interesses contidos nas normas que regem a convivência humana. O controle social determina, pois, os limites da liberdade humana em sociedade, constituindo, ao mesmo tempo, um instrumento de socialização de seus membros. Não há dúvida de que o controle social é indispensável, não se podendo imaginar uma sociedade sem controle social.

[34] Atualmente, existe uma preocupação por parte da doutrina na justificação da atuação do direito penal, ou seja, sendo o mesmo a resposta mais brusca do Estado, deve dar-se de forma legítima.

Finalmente, cabe anotar que o controle social formal pode ser visto em dois planos:

1. Controle Social Formal Direto, realizado pela intervenção direta da lei, na solução de conflitos e aplicações a casos concretos;

2. Controle Social Formal Indireto, representado pela simples ação da presença de norma jurídica, condicionando o comportamento social.

3 SOCIEDADE DA INFORMAÇÃO

> "Um sistema não é uma cabeça. Um móvel não é gente. Todos os processos e todos os aparelhos resultarão inúteis para as organizações, se as cabeças dos indivíduos que os empregam não estiverem convenientemente organizadas. E essas cabeças estarão organizadas, se estiver organizada devidamente a mesma parte do corpo do chefe que as dirige. Assim como se podem escrever asneiras com uma máquina de escrever do último modelo, também se podem fazer disparates com os sistemas e aparelhos mais perfeitos para ajudar a não fazê-lo. Sistemas, processos, móveis e máquinas, aparelhos, são como todas as coisas mecânicas e materiais, elementos puramente auxiliares. O verdadeiro processo é PENSAR. A máquina fundamental é a INTELIGÊNCIA" (Fernando Pessoa).
>
> "Os computadores são inúteis, pois tudo o que sabem é fornecer respostas" (Pablo Picasso).
>
> "A tecnologia não poderá substituir o cérebro pelo computador e muito menos o pensamento pela digitação" (René Ariel Dotti).
>
> "Mais do que máquina, precisamos de Humanidade. Mais do que inteligência, precisamos de afeição e doçura. Sem essas feições a vida será de violência e tudo será perdido" (Charles Chaplin).

Vivemos numa sociedade em que a informação tornou-se objeto valorativo central contemporâneo, surgindo a denominada sociedade da informação. Essa deixa de ser um puro conceito ideal e passa a ser encarada como um objeto jurídico, na medida em que influi nas relações jurídicas com efeitos determinados sobre os particulares e os cidadãos. Daí advém a necessidade de estudá-la à luz dos princípios próprios da ciência do direito, sem menosprezar as contribuições trazidas por outros ramos do conhecimento, história, sociologia e antropologia. No mundo jurídico, o papel do operador do direito é o de interpretar as normas e investigar os meios capazes de torná-las efetivas, como verdadeiros preceitos jurídicos. Daí falar-se em direito da sociedade da informação, que ora denominamos direito informacional. O direito informacional é o ramo da ciência jurídica que surgiu com a sociedade da informação.

No último quartil do século XX verificamos uma intensa transformação na sociedade, frequentemente denominada de revolução tecnológica.[35] Esse fato social já havia sido tratado pela ficção nos livros "Admirável Mundo Novo", de Aldous Huxley, e "1984", de George Orwell. Este último romance cunhou as expressões "Grande Irmão" e "Polícia do Pensamento", antecipando as modernas técnicas de vigilância e monitoramento do indivíduo.

Podemos afirmar que a referida revolução teve como consequência o nascimento de uma sociedade baseada na informação, ganhando assim o adjetivo "sociedade da informação". A penetração da tecnologia da informação na sociedade se verifica no cotidiano de qualquer pessoa.

O termo sociedade da informação surgiu pela voz do então Presidente da Comissão Europeia, Jacques Delors, por ocasião do Conselho Europeu (1993), ao lançar pela primeira vez a ideia das infraestruturas da informação.[36]

A sociedade da informação é constituída em tecnologias de informação e comunicação que envolve a aquisição, o armazenamento, o processamento e a distribuição da informação por meios eletrônicos, como rádio, televisão, telefone e computadores, entre outros. Essas tecnologias não transformam a sociedade por si só, mas são utilizadas pelas pessoas em seus contextos sociais, econômicos e políticos, criando uma nova estrutura social, que tem reflexos na sociedade local e global, surgindo assim a sociedade da informação.

---

[35] CASTELLS, Manuel. **A era da informação: a sociedade em rede**. v. 1, 6ª ed., São Paulo: Paz e Terra, 2002, p. 39: "No fim do segundo milênio da Era Cristã, vários acontecimentos de importância histórica transformaram o cenário social da vida humana. Uma revolução tecnológica concentrada nas tecnologias da informação começou a remodelar a base material da sociedade em ritmo acelerado".

[36] MARQUES, Garcia; MARTINS, Lourenço. **Direito da informática**. Coimbra: Almedina, 2000, p. 43.

A sociedade da informação é aquela em que o desenvolvimento encontra-se calcado em bens imateriais, como os dados, informação e conhecimento. O conceito de sociedade da informação é amplo, e não se reduz ao aspecto tecnológico, abrangendo qualquer tratamento e transmissão da informação, que passa a possuir valor econômico. "A economia do imaterial substitui em grande parte a economia dos bens materiais. As variáveis centrais da sociedade industrial – o trabalho e o capital – são substituídas pelas variáveis centrais da sociedade pós-industrial – a informação e o conhecimento".[37] A produção foi substituída não só pela informação, mas pelo conhecimento e o saber.

O termo sociedade da informação designa a sociedade marcada pelo avanço tecnológico no tratamento da informação. "Sociedade da Informação é um estágio de desenvolvimento social caracterizado pela capacidade de seus membros (cidadãos, empresas e administração pública) de obter e compartilhar qualquer informação, instantaneamente, de qualquer lugar e da maneira mais adequada".[38] "Sociedade da Informação se contempla com o efeito de uma mudança ou deslocamento de paradigma nas estruturas industriais e nas relações sociais, tal como a chamada revolução industrial modificou, no último quarto do século XIX, as sociedades de fundamento essencialmente agrário. A expressão Sociedade da Informação designa uma forma nova de organização da economia e da sociedade. O fator diferencial da Sociedade da Informação é que cada pessoa e organização não só dispõem de meios próprios para armazenar conhecimento, mas também têm uma capacidade quase ilimitada para acessar a informação gerada pelos demais e potencial para ser um gerador de informação para outros. Embora essa capacidade sempre tenha existido, de forma seletiva e mais ou menos rudimentar, o peculiar da Sociedade da Informação é o caráter geral e ilimitado da informação".[39]

---

37 GONÇALVES, Maria Eduarda. **Direito da informação: novos direitos e formas de regulação na sociedade da informação.** Coimbra, Portugal: Almedina, 2003, p. 28-29.

38 **Telefônica**, A sociedade da informação: presente e perspectivas, p. 16. Disponível em www.telefonica.com.br/sociedadedainformacao/informes_home.htm. Acesso em 17-11-2005.

39 **Telefônica**, A sociedade da informação: presente e perspectivas, p. 17. Disponível em www.telefonica.com.br/sociedadedainformacao/informes_home.htm. Acesso em 17-11-2005.

A sociedade da informação caracteriza-se pela revolução tecnológica, a qual passou a fornecer as bases da economia do conhecimento em geral.

De uma perspectiva mais concreta, a sociedade da informação é posterior ao pós-modernismo,[40] e passou a se desenvolver a partir da década de 80, gerando um ambiente marcado pela globalização, neoliberalismo, desregulamentação, Estado mínimo, privatizações, delegação de funções estatais a agências reguladoras e outras instituições estruturadas no modelo empresarial, poder difuso compartilhado por poderes locais, regionais e estruturas continentais em rede, dentre outros pontos importantes.

A expressão sociedade da informação é entendida no contexto dessa sociedade pós-industrial, no que ela apresenta de qualitativamente relacionado à informação. Isso significa que não engloba toda a sociedade contemporânea, na medida em que muitas regiões e populações estão hoje excluídas do ambiente informacional, mas sim aquele setor dominante do mundo globalizado, o qual se caracteriza pela informação, comunicação e pelo domínio da tecnologia de ponta.

3.1 Da Sociedade Agrícola à Sociedade da Informação

A literatura indica três marcos no desenvolvimento social, que são a revolução agrícola, industrial e tecnológica. Esses marcos causaram grandes mudanças na estrutura social. Marco Antônio Ferreira de Melo alude acerca dessas mudanças por intermédio de três paradigmas: agrícola, industrial

---

40 Pós-modernidade representa a superação dos paradigmas construídos pela modernidade, em especial no que tange as transformações econômicas e o progresso científico e tecnológico. O ano de 1968 é o ponto fulcral da revisão dos valores e costumes sociais. SANTOS, Jair Ferreira dos. **O que é pós-modernismo**. São Paulo: Brasiliense, 2004, p. 7-8: "Pós-modernismo é o nome aplicado às mudanças ocorridas nas ciências, nas artes e nas sociedades avançadas desde 1950, quando, por convenção, se encerra o modernismo (1900-1950). Ele nasce com a arquitetura e a computação nos anos 50. Toma corpo com a arte Pop nos anos 60. Cresce ao entrar pela filosofia, durante os anos 70, como crítica da cultura ocidental. E amadurece hoje, alastrando-se na moda, no cinema, na música e no cotidiano programado pela tecnociência (ciência+tecnologia invadindo o cotidiano desde alimentos processados até microcomputadores), sem que ninguém saiba se é decadência ou renascimento cultural".

e digital. A revolução agrícola inseriu o homem no sistema produtivo. Com a revolução industrial verificaram-se novos tipos de energia e, finalmente, a revolução tecnológica traz a informação como produtora de riqueza.[41]

Alvin Tofler, em seu livro "A terceira onda", relaciona três movimentos: 1. a revolução agrícola; 2. a revolução industrial; e 3. a revolução da informação. Esse autor ressalta a evolução tecnológica como promotora determinante de mudanças.[42]

A sociedade industrial caracteriza-se pelo valor atribuído aos bens produzidos por terceiros. Na sociedade pós-industrial, verifica-se a crescente importância nos serviços prestados por outros. A sociedade da informação tem como paradigma a informação tratada por terceiros.

Com a revolução agrícola o homem evolui da condição de caçador e coletor para criador e agricultor. Esse fato social é indicado no mundo acadêmico como verdadeira revolução, na medida em que o impacto da agricultura na vida cotidiana do homem provocou mudanças profundas, surgindo inclusive conceitos de terra e propriedade, sendo que o homem paulatinamente foi se fixando. Essa evolução não foi brusca ou surgiu por intermédio de um fato ou marco histórico. Pelo contrário, a passagem da coleta para o cultivo ocorreu como fruto de um longo processo evolutivo de percepção do mundo da natureza, que deu ensejo ao surgimento do mundo da cultura.

A revolução agrícola provoca inclusive mudanças na estrutura familiar. A caça era atividade do homem e a função da mulher era a coleta dos alimentos e a guarda dos filhos. Com o surgimento da agricultura, o homem passa a condição de agricultor. E a rotina de colheita, cuidados da casa e das crianças se firmam como atividades femininas.

As grandes descobertas e invenções foram trazendo comodidade ao homem. A roda, o carro de bois e o animal de tração, o vapor, a metalurgia, são exemplos de transformações que tiveram impacto social.

---

41 MELO, Marco Antônio Machado Ferreira de. **A tecnologia, direito e a solidariedade**. In Direito, sociedade e informática: limites e perspectivas da vida digital, p. 21-34. Aires José Rover (org.). Florianópolis: Fundação Boiteux, 2000.

42 TOFLER, Alvin. **A terceira onda**. Tradução de João Távora. 28ª ed. Rio de Janeiro: Record, 2005.

A agricultura e a domesticação de animais surgiram na pré-história com evolução paulatina, dando origem às civilizações. Nos séculos XVIII e XIX, verificam-se a queda da fertilidade dos solos e a consequente escassez de alimentos, surgindo o sistema de rotação do plantio. No final do século XIX e início do século XX, surgem as máquinas e motores a combustão, marcando o início da industrialização.

Na atualidade, verificamos mudanças rápidas e contínuas no avanço tecnológico, sendo esse fenômeno denominado de revolução da informação, surgindo conceitos como "Era da Informação", "Sociedade da Informação" ou a "Sociedade em Rede", no dizer de Manuel Castells.

A "sociedade da informação" tem como principal valor a informação, o conhecimento. Na era agrícola, a terra se configurava como o fator primordial da geração de riquezas. Na era industrial a riqueza surge da máquina a vapor e da eletricidade. Na era do conhecimento, a informação e o conhecimento são os atores centrais da produção econômica. Marco Antônio Machado Ferreira de Melo lembra da revolução digital iniciada com a invenção do *microchip*: "Em 1974, a Intel desenvolve o *microchip* que reuniu centenas de componentes eletrônicos em uma pequena placa, utilizando-se da tecnologia do silício. Nasce o microprocessador. O *microchip* serviu de paradigma para o avanço tecnológico da informática, que aliada à telemática, nestas últimas décadas, testemunha uma mudança radical na forma de armazenamento, processamento e recuperação da informação. O desenvolvimento da tecnologia dos microprocessadores permitiu que novas invenções viessem a ser incorporadas ao setor produtivo. Primeiramente para substituir o trabalho humano em operações insalubres ou de difícil acesso. Alcançava-se a era da automação, fator preponderante para o desenvolvimento das ciências que passaram a ter nesta nova tecnologia uma aliada para suas investigações. Na Revolução Digital o conhecimento para a ser o principal meio de geração da riqueza".[43]

João Antonio Zuffo ressalta a informação como bem cultural e econômico: "É preciso conscientizar-se, profundamente, de que ciência e tecnologia são ingredientes culturais básicos e de que, na Infoera, não só

---

43 MELO, Marco Antônio Machado Ferreira de. **A tecnologia, direito e a solidariedade**. In Direito, sociedade e informática: limites e perspectivas da vida digital, p. 21-34. Aires José Rover (org.). Florianópolis: Fundação Boiteux, 2000, p. 30.

são fundamentais para a criação de novos postos de trabalho criativo e intuitivo, mas também são inseparáveis de outras formas de cultura voltadas para a área de humanidades, como ainda irão se fundir, embora progressivamente, com estas últimas. Numa cibersociedade, em que o conhecimento e a educação ocupam papel central no processo de desenvolvimento e progresso social, as políticas governamentais de desenvolvimento científico-tecnológico são fundamentais no processo de manutenção da identidade cultural e soberania nacional".[44]

O surgimento da sociedade da informação não está adstrito apenas ao aspecto técnico. A velocidade do acesso à informação influencia a vida cotidiana do indivíduo e dos grupos sociais com reflexos de ordem econômica, política e social. As relações sociais e consequentemente as relações jurídicas sofreram impactos e mudanças com o surgimento dessa sociedade calcada na informação. Podemos, sem medo de errar, falar em nova economia, novo direito, nova sociedade etc.

A sociedade da informação do século XXI substituiu a sociedade industrial do século XX, provocando mudanças no cotidiano das pessoas. A informação não é a grande novidade da era atual, mas a velocidade e quantidade da informação que evoluíram em termos inimagináveis. Até mesmo o Estado é colocado em xeque frente à informação.

A sociedade contemporânea é a sociedade da informação. Essa é a conclusão de Rodrigo da Cunha Lima Freire: "Nas últimas décadas o mundo vem experimentando notáveis transformações em função da aceleração dos mecanismos de difusão das informações, proporcionada, especialmente, pelo desenvolvimento tecnológico das telecomunicações e da microeletrônica. A facilitação do acesso à informação pelos diversos meios de comunicação, como o rádio, a televisão, os telefones e os computadores – especialmente com o advento de novas tecnologias como a *internet*, o satélite, a telefonia celular e a rede de fibra óptica mundial – modificou – e vem modificando – substancialmente as relações sociais, econômicas e

[44] ZUFFO, João Antonio. **A sociedade e a economia no novo milênio: os empregos e as empresas no turbulento alvorecer do Século XXI**, livro 1: a tecnologia e a infossociedade. Barueri, SP: Manole, 2003, p. XVIII.

jurídicas, razão pela qual se pode dizer que a sociedade contemporânea é da informação".[45]

As mudanças tecnológicas vividas pela sociedade a colocam num patamar de ficção científica. "A Infoera, a era da informação e do conhecimento, está crescentemente se impondo na estrutura social mundial, atingindo os mais recônditos lugares de nosso planeta. A imensa revolução da informática, traduzida pela evolução tecnológica das metodologias de produção na microeletrônica, assim como pela evolução tecnológica do processamento de dados e do processamento de informações e, finalmente, pela evolução tecnológica das telecomunicações propriamente ditas, está agora se espraiando, propagando-se e disseminando-se para todos os demais setores das atividades socioeconômicas. Nesse afã difusivo, independentemente das flutuações econômicas, está contaminando, com seu ritmo alucinante, turbulento e febril, todas as organizações, todas as associações e, enfim, todos os seres humanos".[46]

Como afirmamos, com o surgimento do *microchip*, surge a revolução digital. Na pré-história, o homem vivia da caça e da coleta de plantas e frutas. A revolução agrícola, com a domesticação dos animais, causou maior agilidade na comunicação. O domínio do homem sobre a natureza causou um impacto na informação. Com o advento da revolução industrial o homem passou a dominar as máquinas. A máquina a vapor e a eletricidade revolucionaram a informação, que ganha impulso com o surgimento dos automóveis, telégrafo e telefone. Com o advento da sociedade da informação, o conhecimento e sua propagação atingem índices inimagináveis, quebrando inclusive a noção de tempo e espaço. Nessa era, a informação transforma-se em fonte de valor e poder.[47] A informação e o conhecimento

---

45 FREIRE, Rodrigo da Cunha Lima. **O processo civil na sociedade da informação: estudo de um caso**. In Revista dos Instituto dos Advogados de São Paulo 17:241-260. São Paulo: Revista dos Tribunais, 2006, p. 247.

46 ZUFFO, João Antonio. **A sociedade e a economia no novo milênio: os empregos e as empresas no turbulento alvorecer do Século XXI**, livro 1: a tecnologia e a infossociedade. Barueri, SP: Manole, 2003, p. XVII-XVIII.

47 CASTELLS, Manuel. **A galáxia da internet: reflexões sobre internet, os negócios e a sociedade**. Rio de Janeiro: Jorge Zahar, 2003, p. 186: "Geração de conhecimento e processamento de informação são fontes de valor e poder na Era da Informação".

são fontes de riqueza. "No centro desta transformação está a afirmação da informação como principal fonte de riqueza ou recurso estratégico na sociedade pós-industrial ou sociedade da informação."[48]

3.2 Direito, Informação e Conhecimento

Na vida cotidiana, assistimos televisão, falamos pelo telefone fixo ou celular, consultamos saldo pela *internet* ou pelos caixas de pagamento automático (ATM – *Automatic Teller Machines*), ou seja, estamos vivendo na sociedade da informação, uma nova era em que a informação flui em velocidade e quantidades imaginadas apenas nos livros de ficção. Essa superestrutura de informações é denominada de "infovia", "supervia" ou "autoestradas da informação".

A informação é o novo paradigma da sociedade, que num conceito amplo é denominada de "A Era do Conhecimento". Nas inovações tecnológicas a informação e o conhecimento passaram a desempenhar um novo e estratégico papel, que ocasionou uma mudança de paradigma para a sociedade. "Tais inovações constituem-se em elementos de ruptura (para alguns), ou de forte diferenciação (para outros), em relação ao padrão precedente, ainda que resultantes, em grande medida, de tendência e vetores que não são propriamente novos ou recentes."[49]

Para José de Oliveira Ascensão "as autoestradas da informação são meios de comunicação entre computadores, que seriam caracterizados por grande capacidade, rapidez e fidedignidade".[50]

A quantidade de informação tem despertado preocupação, pois não há mais tempo para o amadurecimento e questionamento da informação, de onde surge o verdadeiro saber.

---

48 GONÇALVES, Maria Eduarda. **Direito da informação: novos direitos e formas de regulação na sociedade da informação**. Coimbra, Portugal: Almedina, 2003, p. 7.

49 LASTRES, Helena Maria Martins; ALBAGLI, Sarita. **Chaves para o terceiro milênio na era do conhecimento**. In Informação e globalização na era do conhecimento. Rio de Janeiro: Campus, 1999, p. 8.

50 ASCENSÃO, José de Oliveira. **A sociedade da informação**. In Direito da sociedade da informação, v. I. Coimbra: Coimbra Editora, 1999, p. 164.

Mas, o que é informação? A informação é inerente à socialização do próprio homem. O conceito de informação é complexo e não há muito consenso sobre ele. Para alguns, informação é uma mensagem. Para outros, a informação é o conteúdo e a substância da comunicação. A evolução social caminhou *pari passu* com a evolução da informação. A sociedade criou a linguagem para transmitir a informação e aprendeu a escrever para armazená-la. Com o advento da informática verificou-se a multiplicação da informação.

A informatização da sociedade é uma realidade solar. O que estamos assistindo, agora, é uma transformação radical da relação entre a informação e a sociedade, do modo como a sociedade processa a informação e mecaniza suas relações culturais. A informação é processada pela informática. É esta a revolução da informática. Nossa tarefa é investigar o que isso significa nas relações entre a sociedade e o direito.

A informática processa a informação. "O termo informática significa informação-automática, sendo um neologismo de origem francesa, derivado da expressão *information automatique* adotada por Philippe Dreyfus, em 1962, por analogia com o termo inglês *datamation*. A informática é a ciência do uso da informação".[51]

Antônio de S. Limongi França afirma que a informática "cuida não só dos sistemas ligados à documentação de textos, mas também de todos os sistemas tratados pelo computador, já que ele fornece informações como resultados do processamento de dados recebidos, sendo assim um produtor de informações por meios automáticos. A informática é a parte da cibernética que estuda os sistemas dinâmicos determinados, com vistas à sua execução em um computador eletrônico, estudando também o modo pelo qual o computador irá processá-los".[52]

A informação, comunicação, conhecimento e saber são quatro estágios distintos do intelecto humano. A informação, o conhecimento e o saber são objetos da comunicação. A informação é a transmissão do co-

---

[51] PAESANI, Liliana Minardi. **Direito de informática: comercialização e desenvolvimento internacional do software**. 6ª ed., São Paulo: Atlas, 2007, p. 9.

[52] FRANÇA, Antônio de S. Limongi. **Cibernética jurídica** (verbete). In Enciclopédia saraiva do direito, 14:95-96. Coord. Prof. R. Limongi França. São Paulo: Saraiva: 1977.

nhecimento. Conjunto de dados e conhecimentos. "O conceito de informação implica, em rigor, um estado de consciência sobre os factos ou dados; o que quer dizer que pressupõe um esforço (de carácter intelectual, antes de mais) que permita passar da informação imanente (dos factos ou dos dados brutos) à sua percepção e entendimento, o que implica, normalmente, a sua recolha, tratamento e organização. O conceito de saber transcende esse plano: consiste na capacidade de extrapolar para além dos factos e de retirar a partir deles conclusões originais".[53]

"O desenvolvimento das tecnologias de informação e a expansão das redes de computadores proporcionaram não apenas uma maior velocidade e dinamismo às comunicações e relações entre os indivíduos e agrupamentos humanos, abrindo novos e largos horizontes de uso, como também teve importantes implicações na mobilidade dos fluxos econômicos, nas relações humanas, na produção de conhecimento, no trabalho e na produtividade, nas relações dos indivíduos com os organismos públicos, nas relações entre os Estados, entres outros aspectos".[54]

A transformação tecnológica e organizativa deu ensejo ao desenvolvimento da denominada "nova economia". Segundo a análise de Castells, a nova economia apresenta três características marcantes: 1. baseada no conhecimento e na informação; 2. economia global; 3. organizada em rede.[55]

O conhecimento e a informação são produtores de riqueza. A sociedade da informação deve evoluir necessariamente para a sociedade do conhecimento. Embora seja comum designarmos a existência de uma nova era, denominada "Era do Conhecimento", a mesma ainda não foi atingida. Informação e conhecimento são conceitos distintos. A informação existe em larga escala, embora parte da sociedade esteja excluída dessa realidade.

---

[53] GONÇALVES, Maria Eduarda. **Direito da informação: novos direitos e formas de regulação na sociedade da informação**. Coimbra, Portugal: Almedina, 2003, p. 17.

[54] MACHADO, Jorge Alberto S. (Org.). **Trabalho, economia e tecnologia: novas perspectivas para a sociedade global**. 2ª ed., São Paulo: Tendenz; Bauru: Práxis, 2003, p. 9-10.

[55] CASTELLS, Manuel. A cidade na nova economia. In **Trabalho, economia e tecnologia: novas perspectivas para a sociedade global**. 2ª ed., MACHADO, Jorge Alberto S. (Org.). São Paulo: Tendenz; Bauru: Práxis, 2003, p. 15-18.

O acesso à informação não significa acesso ao conhecimento. Conhecimento se traduz em amadurecimento, em análise da informação. Trata-se de capacidade intelectual.

Manuel Castells indaga "se o que importa são as pessoas de alta capacidade intelectual e de conhecimento, como se produzem essas pessoas?".[56] No rol da resposta não poderia deixar de constar educação. A educação de qualidade é a base do indivíduo e consequentemente da sociedade.

A informação é o ponto nevrálgico da sociedade contemporânea, sendo o paradigma das transformações vivenciadas, superando modelos diferentes baseados em energia, vapor e eletricidade, terra, trabalho e capital. A informação é o principal produtor de riqueza. Vivemos numa sociedade em que a informação, o conhecimento e a comunicação se tornaram fatores centrais tanto na vida pública quanto privada. Esse objeto é estudado no direito público e privado. No aspecto público fala-se em cidadania digital e acesso a informação. Na esfera privada a proteção da intimidade ganha novos contornos e preocupações.

Nesse contexto social de valorização da informação o direito viu-se impelido a construir instrumento de proteção da informação dos dados pessoais. "Com a expansão do intervencionismo estatal e dos aparelhos administrativos, foi crescendo a quantidade de dados e informação, de variadíssima natureza, recolhidos pelo Estado para o desempenho das suas missões. Os regimes democráticos foram, do mesmo passo, reconhecendo aos cidadãos o direito a tomarem conhecimento dos documentos e da informação detidos pelas administrações públicas, tendo alguns Estados consagrado, constitucional ou legalmente, os princípios da administração aberta e do livre acesso aos documentos administrativos. Se o âmbito da liberdade de acesso se expandiu por esta via, em contrapartida, a tendência, mais recente, para a valorização económica da informação tem tido o efeito contrário: o de fazer acom-

---

56 CASTELLS, Manuel. A cidade na nova economia. In **Trabalho, economia e tecnologia: novas perspectivas para a sociedade global**. 2ª ed., MACHADO, Jorge Alberto S. (Org.). São Paulo: Tendenz; Bauru: Práxis, 2003, p. 23.

panhar direitos exclusivos ou de um preço, o que constrange, naturalmente, a liberdade".[57]

Em suma, a sociedade da informação não se confunde com a chamada sociedade do conhecimento. Isso porque a sociedade da informação é desigual, vez que a informação é hoje privilégio de zonas geográficas específicas e de grupos sociais definidos: ela corresponde a esse momento presente, em que a informação não é equanimente compartilhada. Já a sociedade do conhecimento é um ideal a ser alcançado, dependendo da satisfação de condições para construção de um conhecimento compartilhado, pluralista e participativo.

A sociedade da informação fez surgir o direito informacional, que tem por objeto os direitos emergentes do mundo contemporâneo.

3.3 Direito Informacional

O mundo da informática e da informação passa a integrar a nossa realidade social e, consequentemente, seguindo o brocardo jurídico, *ubi societas, ibi jus* (onde houver sociedade haverá direito), a informação integra o direito. Atualmente, verificamos a informatização da sociedade. Estamos assistindo hoje a uma transformação radical da relação entre a informática, a informação e a sociedade. Até os limites de tempo e espaço são questionados pela informática, com o advento da *internet*. "Os instrumentos informáticos penetram de tal modo na sociedade que têm modificado não só nossa linguagem, mas também nosso estilo de vida, incidindo profundamente nos meios de comunicação e nas relações interindividuais."[58]

As mudanças sociais oriundas da informática refletem-se em todos os setores da realidade social (economia, política etc.), e também na área jurídica. A informática do direito representa a influência dos diversos meios de informação no mundo jurídico e o direito informacional apresenta a informação como objeto do direito. Assim, a informática do direito tem

---

[57] GONÇALVES, Maria Eduarda. **Direito da informação: novos direitos e formas de regulação na sociedade da informação**. Coimbra, Portugal: Almedina, 2003, p. 17.

[58] PAESANI, Liliana Minardi, **Direito de informática: comercialização e desenvolvimento internacional do software**. São Paulo: Atlas, 1998, p. 13.

por objeto de estudo a atuação da informática no campo do direito. O direito de informática é o ramo do direito que tem por finalidade regular esse novo setor da realidade social, qual seja, a informática. O direito informal é mais amplo, contém o direito da informática, e tem por objeto a informação.

Indubitavelmente, verificamos uma nova estrutura social. Esse desenvolvimento é identificado por intermédio de várias denominações: sociedade pós-industrial, da informação, do conhecimento, pós-moderna, de risco. O que muda, na verdade, é o enfoque da mudança. Mas, claramente, a sociedade atual é marcada pelo desenvolvimento científico e tecnológico, com ênfase nos processos de comunicação e informação.[59]

O avanço tecnológico e seus reflexos nas relações jurídicas influenciam a sociedade e consequentemente o direito. Esse fato decorre, num primeiro momento, da revolução industrial e, na atualidade, na revolução da informática, que leva a formação da chamada sociedade da informação, sem prejuízo das diversidades espaciais e temporais eventualmente constatadas.

A sociedade da informação, preocupação atual, e suas relações vêm trazendo permanente evolução no direito e na sociedade, decorrente da crescente modificação vivida no seio social pelo homem. A evolução e revolução da sociedade importam em mudanças estruturais influenciando vários setores da sociedade. O homem busca o desenvolvimento, sendo certo que quando atingido influencia toda a sociedade e época vivida. "O mundo, a sociedade, tem por meta natural o desenvolvimento e sempre esteve envolto por constantes transformações, mudanças que são fomentadas por uma contínua evolução tecnológica. As revoluções tecnológicas foram e são marcadas por inúmeros desdobramentos no mundo social, institucional e jurídico. São quebras de modelos, de paradigmas (...) A noção de paradigma é importante para que tenhamos a noção de que os movimentos tecnológicos experimentados pela humanidade provocaram mudanças na vida das pessoas e na sociedade. Através da história das descobertas e das invenções, encontramos momentos de ruptura do paradig-

---

[59] GONÇALVES, Maria Eduarda. **Direito da informação: novos direitos e formas de regulação na sociedade da informação.** Coimbra, Portugal: Almedina, 2003, p. 27.

ma vigente, quebras de modelos, de mudanças de perfis sociais, culturais, políticos, científicos."[60]

O direito evolui com a tensão social. "A história da humanidade foi construída por grandes e fundamentais revoluções que mudaram os rumos da raça humana, das ciências sociais, econômicas, políticas e culturais, fazendo evoluir o direito."[61]

O direito informacional surge da influência da sociedade da informação, ou seja, a sociedade em que a informação, o conhecimento e a comunicação se tornaram aspectos centrais do desenvolvimento social e das relações públicas e privadas. A sociedade da informação construiu novos direitos, como o direito sobre o conteúdo da base de dados e ampliou o alcance de direitos já consagrados, como o direito de autor.

3.3.1 Conceito

O direito informacional é o conjunto de institutos jurídicos que convergem para a tutela da informação. Maria Eduarda Gonçalves escreve que "um conjunto de temas de direito que convergem num tronco comum: a informação como um recurso central da economia e da sociedade".[62] A mesma autora acrescenta que "o Direito da Informação agrupará, assim, as normas e princípios jurídicos cujo objecto são as relações jurídicas geradas em torno da utilização das novas tecnologias da informação e da comunicação para a recolha, o processamento e/ou a transmissão da informação. Os domínios cobertos são potencialmente vastos: eles estendem-se dos regimes da propriedade intelectual sobre programas de computador (meios de tratamento da informação), bases de dados ou produtos multimédia (informação propriamente dita) ou de um modo mais geral as criações

---

60 MELO, Marco Antônio Machado Ferreira de. **A tecnologia, direito e a solidariedade**. In Direito, sociedade e informática: limites e perspectivas da vida digital, p. 21-34. Aires José Rover (org.). Florianópolis: Fundação Boiteux, 2000, p. 21.

61 MELO, Marco Antônio Machado Ferreira de. **A tecnologia, direito e a solidariedade**. In Direito, sociedade e informática: limites e perspectivas da vida digital, p. 21-34. Aires José Rover (org.). Florianópolis: Fundação Boiteux, 2000, p. 22.

62 GONÇALVES, Maria Eduarda. **Direito da informação: novos direitos e formas de regulação na sociedade da informação**. Coimbra, Portugal: Almedina, 2003, p. 23.

intelectuais produzidas em redes como a *internet*, aos regimes aplicáveis a recolha, utilização e circulação de diferentes categorias de informação (pessoal, administrativa ou outras); e envolverão ainda o quadro regulador da comunicação nas redes globais".[63]

Essa parte do estudo do direito apresenta três características marcantes: 1. fim da dicotomia entre o direito público e o direito privado, pois o direito informacional vale-se de institutos dos dois ramos tradicionais do direito; 2. instrumentos de autorregulação, com a redução da atuação jurisdicional do Estado; 3. aumento da tutela coletiva, ante a sociedade massificada da informação.

3.3.2 Objeto de Estudo

O direito informal apresenta método e objeto de estudo próprio. A sociedade da informação é o ambiente de investigação do direito informacional. O método de aplicação do direito ao caso concreto não é apenas dedutivo, mas indutivo e intuitivo. O sistema jurídico tem condições de responder prontamente a esse novo setor da realidade social que surgiu com o desenvolvimento das tecnologias da informação.

O direito informacional configura-se como novo ramo do direito, que tem por objeto a informação e as tecnologias de tratamento da informação (imprensa, telefone, rádio, televisão, *internet*), tendo por finalidade regular esse novo setor da realidade social. "Da necessidade de regular a informação, isto é, de definir direitos e deveres sobre este novo recurso, de delimitar o seu exercício, de clarificar as condições em que os novos instrumentos técnicos devem poder ser utilizados, de defender a sociedade e o indivíduo contra eventuais maus usos da informação, nasceu um campo novo do direito, o Direito da Informação."[64]

A influência da sociedade da informação no direito verifica-se em dois planos: 1. o surgimento e o aprimoramento de direitos (os novos direitos da

---

[63] GONÇALVES, Maria Eduarda. **Direito da informação: novos direitos e formas de regulação na sociedade da informação**. Coimbra, Portugal: Almedina, 2003, p. 21.

[64] GONÇALVES, Maria Eduarda. **Direito da informação: novos direitos e formas de regulação na sociedade da informação**. Coimbra, Portugal: Almedina, 2003, p. 7.

sociedade da informação); 2. a necessidade da regulação desse novo setor da realidade social.

Para Maria Eduarda Gonçalves "na era da informática, a formação dos direitos e da regulação é acompanhada, sugerimos, por dois tipos de tensões: – a tensão entre os direitos de natureza privada sobre a informação, *maxime* o direito de propriedade, e a liberdade de informação; e – a tensão entre as proibições, outras restrições ou condições de acesso à informação (ou a determinadas categorias de informação) e a liberdade de informação".[65]

"Importa observar que os problemas jurídicos suscitados pela utilização da informática e pelo desenvolvimento do mercado da informação, e, mais ainda, pela *internet*, são relativamente recentes e nem sempre encontram respostas claras e, muito menos, definitivas nos quadros jurídicos existentes. Nalguns dos domínios já regulados subsistem dúvidas quanto à sua interpretação e aplicação. Noutros, a legislação encontra-se em vias de elaboração, sendo, não obstante, possível antecipar linhas de uma futura regulação jurídica. Finalmente, noutras áreas ainda, o único recurso à disposição do estudioso, assim, como o prático, é a reflexão doutrinal. Sobre todas elas nos apoiaremos na procura de um entendimento de conteúdos e do sentido do Direito da Informação."[66]

O direito informacional desenvolve-se no ambiente da sociedade da informação, que exige produção jurídica compatível com os anseios dessa nova sociedade, calcada na revolução tecnológica. Pauta-se por uma perspectiva holística e interdisciplinar, não devendo de forma alguma ser reduzida a um direito informático ou aplicação de tecnologias computacionais a este ou àquele ramo do direito.

O direito informacional é o direito da sociedade da informação. O foco de estudo é o direito da sociedade da informação e não somente o direito na sociedade da informação, tendo em vista o caráter específico desse novo direito, o qual não apenas existe e se processa nessa sociedade,

---

[65] GONÇALVES, Maria Eduarda. **Direito da informação: novos direitos e formas de regulação na sociedade da informação**. Coimbra, Portugal: Almedina, 2003, p. 12.

[66] GONÇALVES, Maria Eduarda. **Direito da informação: novos direitos e formas de regulação na sociedade da informação**. Coimbra, Portugal: Almedina, 2003, p. 30.

mas adquire contornos próprios. Além disso, a expressão já se encontra consagrada, seja na literatura portuguesa, seja na brasileira. Esse direito é por nós denominado direito informacional, que surge da influência da sociedade da informação, ou seja, a sociedade em que a informação, o conhecimento e a comunicação tornaram-se aspectos centrais do desenvolvimento social e das relações públicas e privadas. A sociedade da informação construiu novos direitos, como o direito sobre o conteúdo de bases de dados, informático, e ampliou o alcance de direitos já consagrados, como o direito do autor.

O direito da sociedade da informação surge com a finalidade de regular esse novo setor da realidade social. Da necessidade de regular a informação, isto é, definir direitos e deveres sobre esses novos recursos, de delimitar o seu exercício, de defender a sociedade e o indivíduo contra eventuais maus usos da informação, nasceu esse novo ramo do direito, o direito informacional. Esse não é apenas aquele adaptado ao serviço dos meios eletrônicos, mas toda uma realidade jurídica afetada pelas mudanças sociais da atualidade, provocadas pela revolução tecnológica. A tecnologia eletrônica é uma parte, sim, desse universo jurídico, reorganizado por imposições econômicas, filosóficas, políticas e de toda ordem, sem precedentes na história da humanidade. É uma parte fundamental, mas não a única. Essa compreensão mais ampla de sociedade de informação, por prismas de análise diferentes, está presente no direito informacional e constitui seu objeto de estudo.

Claro que isso não implica deixar de lado os campos de estudo especificamente tecnológicos, na medida em que interessam a esse direito e constituem a novidade no meio ambiente em que se processam essas relações jurídicas específicas. O campo da informática não se constitui somente da tecnologia computacional e sua capacidade de armazenamento e processamento de informação, mas, sobretudo, de suas conexões na rede mundial de computadores, a *internet*.

O direito informacional tem por objeto de estudo o direito da sociedade da informação com ênfase nos impactos provocados pelas transformações tecnológicas no âmbito das relações jurídico-sociais. A sociedade da informação, como afirmamos, envolve a aquisição, o armazenamento e a distribuição acelerada de conhecimento e informação em geral por múltiplos meios, com óbvios reflexos no plano dos direitos objetivos e subjetivos.

Preocupa-se, essencialmente, com: 1. o direito do ciberespaço, direito da rede ou direito da *internet* – estuda a regulação nacional e internacional e compreende as fontes estatais e não estatais; 2. direito de informática; 3. direito das telecomunicações; e 4. direito da telemática. Assim, a missão desse ramo do direito é proteger a informação, que se transformou em valor primordial para o desenvolvimento social. A informação é um valor econômico e um axioma individual e coletivo. Ainda, os ramos tradicionais do direito investigam a informação. Esse objeto perpassa por todo o direito, do constitucional ao contratual.

3.3.3 Mudança de Paradigma no Estudo do Direito

O direito informacional surge como um novo olhar, sendo que a ciência do direito é aplicada num contexto marcado por novas estruturas: de poder, de estratégias decisórias, de padrões normativos, de formas contratuais entre agentes econômicos e, ainda, de permanente conflito entre o nacional e o transnacional.

A importância da informação na sociedade globalizada com a consequente aplicação das tecnologias da informação trouxe profundas implicações para os mais diversos setores da vida social e, por conseguinte, para o âmbito específico do direito. A transnacionalização e a formação de novos blocos socioeconômicos, a interdependência das esferas produtivas e financeiras e os mecanismos inéditos de resolução de conflitos, oriundos desses novos contextos sociais, abalaram o pensamento jurídico construído em torno de conceitos e princípios característicos da modernidade, tais como soberania, legalidade, direito subjetivo, território, segurança e cidadania.

A evolução tecnológica é contínua, verificando-se diuturnamente um avanço no processamento e armazenamento de dados. Esse contexto exige do jurista uma nova visão, no sentido de compreender e encontrar mecanismos adequados de regulação e controle. É pacífico o reconhecimento dos efeitos da informatização sobre as relações sociais, criando novos conflitos e a necessidade de proteção de novos direitos, fazendo surgir o direito da sociedade da informação.

O direito informacional exige uma releitura de todos os institutos jurídicos, revendo conceitos tradicionais, sendo certo que o direito torna-se mais complexo. A sociedade da informação modificou profundamente as relações sociais, econômicas e de poder no mundo globalizado, afetando consequentemente o direito. É por isso que a investigação do direito necessita rever seus métodos e conhecimento, em geral adquiridos numa formação tradicional, agora inadequada à nova realidade, em temas que vão do local do contrato às fronteiras do Estado, guardião único do direito, passando pelos direitos intelectuais e as formas não estatais de controle social.

O direito informacional é dinâmico, pois, para acompanhar a evolução rápida e contínua da sociedade atual, urge a necessidade de revisão de paradigmas, em especial aquele que define o direito como o conjunto de regras positivadas pelo Estado. Essa sociedade exige outras fontes do direito para a resolução dos conflitos sociais, incluindo aí as não estatais. Daí o direito não se resumir ao fato social normativo, mas incluir também a dinâmica da sociedade, sendo que as normas e os princípios jurídicos tornam-se balizas jurídicas para resolver os casos concretos. O direito informacional exige do operador do direito não a postura de um simples aplicador da norma ao caso concreto, mas uma postura criativa. Sob o plano político-constitucional é relativizada a tendência de se apresentar o Estado como fonte exclusiva do Direito.

3.3.3.1 Novas Questões

A sociedade da informação deve necessariamente enfrentar questões éticas, pois a técnica não pode permanecer autônoma, sem valor, como simples fração matemática. A sociedade da informação deve enfrentar as questões relativas aos alimentos transgênicos, manipulação genética e outras questões que surgem do avanço científico e tecnológico.

Maria Garcia ressalta a importância da presença da ética, mesmo nas ciências exatas, lembrando do discurso do físico Robert Oppenheimer, um dos idealizadores da bomba atômica: "referindo-se à conferência de Oppenheim no Instituto de Tecnologia de Massachussetts (MIT), em 1947, dois anos depois de Hiroshima e Nagasaki, sob o título descompromissado 'A física no mundo contemporâneo', sublinha um trecho estranhamente deslocado, como se Oppenheim não conseguisse se convencer de que devia excluí-lo de uma declaração que, de resto, afirmava o vigor da abordagem científica do conhecimento. Esta passagem deve ter chocado seus ouvintes em 1947, ainda mais do que hoje em dia. Após mencionar a herança de preocupação deixada pela Segunda Guerra Mundial e pelo desenvolvimento da bomba atômica, inseriu este estranho parágrafo: 'Apesar da visão e da sabedoria clarividente de nossos estadistas na época da guerra, os físicos sentiram uma responsabilidade particularmente íntima por sugerir, apoiar e, enfim, em grande parte, conseguir desenvolver as armas atômicas. Tampouco podemos esquecer que essas armas, por terem sido de fato utilizadas, dramatizaram impiedosamente a desumanidade e maldade da guerra moderna. Falando cruamente, de um modo que nenhuma vulgaridade, nenhuma hipérbole é capaz de suprimir, os físicos conheceram o pecado; e esse é um conhecimento que não podem esquecer'".[67]

A sociedade da informação provoca profundas mudanças nas relações sociais. Fala-se em amizade virtual, adultério pela rede, em substituição a um relacionamento real, efetivo. Essa nova realidade requer que o operador do direito seja capaz de enfrentar os comportamentos desejáveis socialmente, sobretudo na perspectiva de uma conduta adequada, distante da tradicional visão do direito como ameaça, pena e coação em geral. Sem descurar de sua formação técnica, o jurista precisa abrir seus horizontes para um contexto científico e social ampliado, no qual deverá agir. É fundamental, porém, que não perca de vista o problema da exclusão, tornado mais e mais agudo pela complexidade social.

3.4 O Papel do Estado na Sociedade da Informação

A necessidade premente de instrumentos de autorregulação não elimina a preocupação e interferência do Estado no âmbito do direito informacional. O direito constitucional voltou sua atenção para as novas formas de relações jurídicas que exigem o olhar estatal. Nessa esteira, Gomes Canotilho adverte que "as instituições e os indivíduos presentes numa ordem constitucional estão hoje mergulhados numa sociedade técnica, informativa e de risco que obriga o jurista constitucional a preocupar-se com o espaço entre a técnica e o direito de formar a evitar que esse espaço se

67 GARCIA, Maria. **Limites da ciência: a dignidade da pessoa humana: a ética da responsabilidade**. São Paulo: Revista dos Tribunais, 2004, p. 41.

transforme numa terra de ninguém jurídica. Não se admirem, por isso, as angústias constitucionais perante os fenómenos da biotecnologia ('inseminações', 'clonagens'), das autoestradas da informação (*Information Superhighways*) e da segurança de cidadãos perante o caso de tecnologias criptográficas".[68]

Os governos devem implementar políticas públicas com a finalidade de tratar desse novo objeto que é a informação. Nesse sentido, a informação torna-se preocupação do Estado e consequentemente do direito constitucional. "Cabe aos Estados, nas sociedades contemporâneas, uma função de ordenação e de regulação das relações sociais e de composição de interesses individuais e sociais, frequentemente no âmbito da prossecução de políticas públicas. No domínio em análise, o direito será condicionado pela política que, de modo explícito ou implícito, o Estado defina para a informação, sua produção e circulação: mais ou menos liberal, tudo dependerá da apreciação dos interesses económicos e sociais envolvidos e da sua ponderação à luz de princípios da ordem constitucional".[69]

Nessa relação com o Estado, fala-se em cidadania digital, na medida em que a sociedade da informação amplia a possibilidade da participação nos negócios do Estado. "Os riscos tecnológicos facilitam a politização da vida social e econômica, conduzindo ao questionamento das formas centralizadas e hierarquizadas de exercício do poder típicas da administração público-estatal e à reclamação de processos decisionais mais negociados e participados pelos cidadãos."[70] A era da *internet* traz a possibilidade da maior participação democrática.

Os avanços da sociedade da informação ora são encarados como algo positivo para o desenvolvimento social, em especial como meio condutor da cidadania, que se exteriorizaria pela participação popular, pleno exercício das liberdades de expressão e informação. Mas, como todo avanço, esse

---

[68] CANOTILHO, J. J. Canotilho. **Direito constitucional e teoria da constituição**. Coimbra, Portugal: Almedina, 1998, p. 23.

[69] GONÇALVES, Maria Eduarda. **Direito da informação: novos direitos e formas de regulação na sociedade da informação**. Coimbra, Portugal: Almedina, 2003, p. 24.

[70] GONÇALVES, Maria Eduarda. **Direito da informação: novos direitos e formas de regulação na sociedade da informação**. Coimbra, Portugal: Almedina, 2003, p. 9.

traz problemas, como a desigualdade social, a exclusão digital e a violação dos direitos e garantias individuais, em especial a intimidade. "A sociedade da informação é configurada, ora como uma oportunidade histórica de realização dos direitos da cidadania, designadamente das liberdades de informação e de expressão, ora como um risco de agravamento das desigualdades sociais no acesso à informação (entre 'inforricos' e 'infopobres'), de violação das garantias de protecção da vida privada ou de perda de segurança das transacções".[71]

3.4.1 Cidadania Digital

O advento da sociedade da informação não trouxe somente benefícios sociais indiscutíveis. Grande parte da população mundial permanece à margem desse processo, e os resultados satisfatórios das novas tecnologias não lhes proporcionam qualquer favor, seja pela impossibilidade de acesso à informação, seja pela impossibilidade de fornecimento do produto ou do serviço de nova tecnologia em regiões menos desenvolvidas, ou pela falta de investimentos governamentais para a implementação das tecnologias supervenientes à informatização.

A cidadania é investigada no ambiente da sociedade da informação sob o enfoque do desenvolvimento da democracia. No plano político, a efetivação da cidadania, em um período marcado pela democracia televisiva, exige a discussão do aprimoramento da participação política do povo (direta, representativa, partidária, parlamentar e governamental), em uma época histórica marcada pelo emprego quotidiano de complexo aparato tecnológico e virtual em todas as relações humanas, inclusive no campo do exercício do poder político.

A cidadania surge no ambiente informacional e seus reflexos como construtora da democracia na sociedade atual. O ator principal da democracia ainda é o Estado, mas um Estado também em crise no exercício do seu papel de representante da sociedade. Compreender como as novas ferramentas tecnológicas da sociedade da informação podem estar contri-

---

71 GONÇALVES, Maria Eduarda. **Direito da informação: novos direitos e formas de regulação na sociedade da informação**. Coimbra, Portugal: Almedina, 2003, p. 31.

buindo para a ampliação da cidadania, potencializando a democracia, e, também, como os mais diversos canais de informação podem ser utilizados em prol do bem comum, dentro de um Estado Democrático de Direito. Assim, os institutos do direito constitucional no ambiente da sociedade da informação ganham novo enfoque.

Outro aspecto de destaque é que a tecnologia contemporânea parece libertar-se de suas amarras éticas, antes controladas pelo Estado territorial e soberano. Esse capitalismo da sociedade da informação passa a alimentar-se da contradição entre inclusão e exclusão e as redes começam a constituir uma nova morfologia social na teia das interações humanas. É assim que o papel dos Estados nacionais na definição das direções que devem tomar a pesquisa e a evolução tecnológica torna-se marginal, muito diminuído; é o setor privado quem as define. A evolução e o futuro do Estado é outro questionamento importante.

3.5 Direito e Informática

A informática processa a informação. Três denominações podem ser designadas para indicar a relação entre o direito e a informação: Informática do Direito, Direito de Informática e Direito Informacional.

A informática do direito concebe o direito como objeto da informática, investigando a atuação da ciência da computação no campo do direito. A informática do direito se preocupa com a influência da informática na realidade jurídica, em especial como um novo instrumento de trabalho. Representa a influência dos diversos meios de informação no mundo jurídico. A informática do direito também é denominada de juscibernética. Para Mario G. Losano, a juscibernética seria toda e qualquer aplicação da cibernética do direito.[72]

No direito de informática, a informática é tratada como objeto do direito, sendo o ramo do direito que tem por finalidade regular as relações oriundas da informática. Como estudamos, o direito informacional é mais

---

72 LOSANO, Mario G. **Informática jurídica**. Tradução de Giacomina Faldini, revisão técnica de Afonso Costa Manso. São Paulo: Saraiva: Universidade de São Paulo, 1976, p. 14.

amplo, na medida em que contém o direito de informática, e tem por objeto a informação.

Importante ressaltar que a informática do direito, embora tenha por objeto de estudo a aplicação da ciência da computação aplicada ao universo jurídico, deve ser alvo de preocupação e reflexão do jurista.

3.5.1 Informática do Direito

A finalidade da informática é processar a informação. O processo da informação se dá por meio do sistema informático. O sistema informático é o conjunto de elementos *hardware* e *software*. O termo *hardware* costuma indicar, dentro de um sistema informático, a parte física, ou seja, o conjunto de circuitos e unidades que o compõem. O *software* é o instrumento que transforma a máquina em elaborador e processador de informações. É o meio de controle de funcionamento da máquina. "Tecnicamente, *software*, em sentido estrito, coincide com o programa; em sentido amplo, compreende, além do programa, o suporte magnético, o manual de instruções e a documentação acessória".[73]

Conforme verificamos, a finalidade da informática é processar a informação, utilizando para isto um sistema informático. Essa aplicação aparece para os operadores do direito como uma nova ferramenta de trabalho. O computador eletrônico, máquina a serviço do homem, penetra rapidamente em todos os setores da vida social. No campo do Direito, o computador já se mostra como um importante instrumento de trabalho.

Segundo o pensamento de Liliana Minardi Paesani, a primeira tentativa de aproximação ou aplicação da informática no direito tinha por base o entendimento de que os problemas da lei e do mundo jurídico podem ser considerados como problemas de comunicação. Assim, a informática surge como a ciência do sistema de controle e da comunicação nas máquinas e nos seres vivos.[74] Mario G. Losano indica, como fase inicial da infor-

---

[73] PAESANI, Liliana Minardi. **Direito de informática: comercialização e desenvolvimento internacional do software**. São Paulo: Atlas, 1998, p. 24.

[74] PAESANI, Liliana Minardi. **Direito de informática: comercialização e desenvolvimento internacional do software**. São Paulo: Atlas, 1998.

mática jurídica, a utilização dos computadores pelas indústrias norte-americanas e depois pela administração pública na área da concorrência: "No início, os computadores foram usados nas grandes indústrias. A administração pública utilizou-se deles apenas depois de um certo tempo, mais precisamente, a parte da administração pública que primeiramente se preocupou em usar os computadores foi aquela em contato com a indústria. Nos Estados Unidos, com efeito, existe um conjunto de normas conhecidas como legislação 'antitrust', ou antimonopólio, que prevê sanções contra as sociedades que assumem ou se aproveitam da sua posição dominante no mercado nacional para obter vantagens incompatíveis com um regime da livre concorrência. Ora, as indústrias das quais se ocupa a Divisão Antitrust são as indústrias de grandes dimensões, isto é, aquelas que haviam sido as primeiras a racionalizar a própria administração utilizando os computadores eletrônicos. Consequentemente, o primeiro setor da administração pública que foi obrigado a pensar na introdução dos computadores dentro da própria atividade foi a Divisão Antitrust dos Estados Unidos, pois que somente o controle atuado mediante um computador eletrônico permitiria que a administração pública efetuasse o controle do comportamento de uma determinada empresa, dentro de um limite de tempo que não fosse longo demais".[75]

"Foram levantadas diversas críticas quanto à introdução da Cibernética no campo do Direito, denunciando-se a criação de legisladores e juízes automáticos sob a alegação de que a máquina jamais foi concebida para substituir o homem, devendo ser utilizada apenas para trabalhos mecânicos, libertando o jurista e o legislador para seus trabalhos de natureza criadora."[76] "Muitos o temem como competidor perigoso. Outros veem no seu emprego a destruição dos aspectos humanos, éticos e valorativos que constituem a própria essência do direito."[77] "Se o jurista se recusar a aceitar o computador, que formula um novo modo de pensar, o mundo, que certamente

[75] LOSANO, Mario G. **Lições de informática jurídica**. São Paulo: Editoria Resenha Tributária, 1974, p. 20-21.

[76] PAESANI, Liliana Minardi. **Direito de informática: comercialização e desenvolvimento internacional do software**. São Paulo: Atlas, 1998, p. 18-19.

[77] MONTORO, André Franco. **Estudos de filosofia do direito**. 2ª ed., São Paulo: Saraiva, 1995, p. 96.

não dispensará a máquina, dispensará o jurista. Será o fim do Estado de Direito e a democracia se transformará facilmente em tecnocracia."[78] "Na realidade, precisamos evitar duas posições radicais e antagônicas, igualmente falsas: a dos que não admitem qualquer colaboração dos computadores no campo do Direito e a dos que imaginam que as máquinas da Cibernética virão substituir totalmente o trabalho do jurista no futuro."[79]

Assim, enquanto houve quem de forma afoita anunciasse a existência de uma nova era de sentenças justas, matematicamente certas. Outros afirmavam a destruição dos valores éticos, tendo em vista a subordinação aos esquemas matemáticos dos computadores eletrônicos. Ora, é preciso colocar a inserção da informática no mundo do direito em seus devidos termos. Indubitavelmente, as conquistas produzidas pela informática são revolucionárias, mas se situam no plano instrumental dos meios, e não no plano superior dos fins, cujo quadro prioritário caberá sempre ao homem determinar com a liberdade natural do espírito. Como escreveu Fernando Pessoa: "Sistemas, processos, móveis e máquinas, aparelhos, são como todas as coisas mecânicas e materiais, elementos puramente auxiliares. O verdadeiro processo é PENSAR. A máquina fundamental é a INTELIGÊNCIA".

Dessa forma, podemos traçar algumas considerações gerais sobre o perfil jurídico do uso do *hardware* e do *software* no Direito. O *hardware* costuma indicar, dentro de um sistema informático, a parte física, ou seja, o conjunto de circuitos e unidades que o compõem. O *software* é o programa do computador.

A informática já é hoje um importante instrumento de trabalho dos operadores do direito. A *internet*, cada vez mais, passa a fazer parte do cotidiano dos operadores do direito, seja nos Tribunais, seja pelos Advogados, ou por outras instituições ligadas ao mundo jurídico. Indubitavelmente, a informática é apenas mais um instrumento de trabalho dos operadores do direito, capaz de influir na quantidade e qualidade da atividade jurídica,

---

78 BORRUSO, Renato. **Computer e diritto**, p. 29. In PAESANI, Liliana Minardi, **Direito de informática: comercialização e desenvolvimento internacional do *software***. São Paulo: Atlas, 1998, p. 14.

79 MONTORO, André Franco. **Estudos de filosofia do direito**. 2ª ed., São Paulo: Saraiva, 1995, p. 96.

mas o que se questiona é se a informática conseguirá substituir o homem nas atividades de reflexão e julgamento.

Na aplicação da norma abstrata ao caso concreto, o operador do direito se utiliza do raciocínio lógico. O questionamento que surge é se o computador pode substituir o homem nessa operação. Com isso, aflora a questão de se saber se o direito pode ser transformado em um número finito de fórmulas lógico-matemáticas. Pode ser o direito reduzido a um conjunto de regras formais que, memorizadas pelo computador, passarão a decidir sobre questões judiciais, livres das falhas humanas? Dessa forma, o direito pode ser transformado numa linguagem algorítmica?

Cabe esclarecer que o algoritmo é a sequência de passos com início e fim para executar determinada tarefa. "O algoritmo é um sistema de regras de transformação, com base nas quais determinadas grandezas dadas (informações de entrada ou problemas) podem ser transformadas em outras grandezas (informações de saída ou solução). Dentre as condições de existência de um algoritmo, uma das mais importantes é a que impõe a descrição, de modo finito, das regras de transformação. Já que, até hoje, a linguagem algorítmica é o único meio de comunicação entre o homem e o computador eletrônico, fica, assim, individualizado um primeiro limite também da juscibernética: ela será possível apenas na medida em que um determinado processo jurídico for traduzível em algoritmos, isto é, em um número finito de fórmulas lógico-matemáticas finitas."[80]

Segundo nos parece, no estágio atual da informática, o direito não pode ser reduzido a um número finito de algoritmos. O computador não está em condições de tomar decisões judiciais, mesmo que se pudesse transformar o direito em regras algorítmicas, porque não se poderia programá-lo para considerar as circunstâncias particulares de cada caso que fosse julgar; para solucionar problemas dos termos utilizados na linguagem jurídica, como os da generalidade, ambiguidade, transformação da palavra no tempo e transposição do vocábulo da linguagem natural para a jurídica, por constituírem um obstáculo à aplicabilidade do computador eletrônico

---

[80] LOSANO, Mario G. **Informática Jurídica**. Tradução de Giacomina Faldini, revisão técnica de Afonso da Costa Manso. São Paulo: Saraiva: Universidade de São Paulo, 1976, p. 54-55.

ao direito; para preencher lacunas normativas, axiológicas e ontológicas; e para evitar e resolver antinomias jurídicas.

Pablo Picasso, o gênio de muitas artes, dizia: "Os computadores são inúteis, pois tudo o que sabem é fornecer respostas". Com a referida frase, Picasso tem algo a nos ensinar. Para que uma resposta faça sentido é preciso que exista uma boa pergunta, que o contexto esteja claro e que os conhecimentos ou falta deles, em que essa questão se baseia, sejam bastante definidos. Os computadores – principalmente aqueles com os quais Picasso conviveu — eram meras calculadoras sofisticadas, utilizadas no estudo de operações complexas de guerra ou de engenharia, ou em aplicações mais simples como efetuar contas.

As respostas encontram-se nas telas dos computadores, mas o que interessa ao ser humano são as perguntas incômodas, os questionamentos produzidos pela filosofia, os contextos e os limites do conhecimento. E isso, indubitavelmente, encontra-se fora do alcance dos computadores. Tomemos, como exemplo, um programa simples, muito utilizado no meio empresarial, o sistema gerencial de vendas. O sistema gerencial pode acusar estatisticamente uma queda no faturamento do estabelecimento. O computador pode até mesmo indicar a causa: queda das vendas, estoques excessivos ou insuficientes etc. Mas o sistema não conseguirá analisar o fundo da questão. Não conseguirá realizar um plena investigação do problema levantado.

O sistema não conseguirá indicar que pode ter ocorrido uma enchente, que uma obra fechou a rua durante dois meses, que a maior concorrente se instalou no lado ou efetuou uma grande promoção. A referida investigação é importante para o deslinde da questão. O contexto faz a diferença. As perguntas e questionamentos do caso concreto fazem a diferença.[81]

Do simples exemplo citado por Fernando Barcellos Ximenes, transportado para a realidade jurídica, vislumbra-se claramente que os sistemas de informação são incapazes de trazer o conhecimento investigatório e valorativo humano.

Na resolução dos conflitos, mesmo partindo do raciocínio do dedutivo, não se pode limitar o trabalho do operador do direito a uma fórmula

---

81 XIMENES, Fernando Barcellos. **Muito além da era da imaginação**, Informática Exame/ Abril 96, p. 23.

matemática. O trabalho mental dos operadores do direito não se restringe às deduções formais, nem a processos indutivos. Na elaboração de uma sentença, de uma lei ou de um parecer, o jurista emprega induções generalizadoras, analogias, deduções e outros processos mentais não estritamente lógicos ou formais que alguns autores preferem denominar extralógicos. A esses processos ligam-se as diversas modalidades de intuição eurística (ou de descoberta) e de intuição de valores, principalmente a intuição da justiça, que está presente na elaboração de leis (e demais normas jurídicas), sentenças, decisões administrativas, pareceres e outros trabalhos jurídicos.

Assim, forçoso concluir que o computador torna-se inidôneo para julgar questões jurídicas, configurando-se apenas como um importante instrumento de trabalho. Torna-se impossível reduzir a realidade jurídico-social a fórmulas algorítmicas. Mesmo que fosse possível a redução do direito a fórmulas matemáticas, o seu emprego não encontraria legitimidade nos anseios da Justiça.

"Mesmo que o computador eletrônico, com a legislação contida na sua memória, partindo de casos reais, pudesse tomar algumas decisões sobre processos judiciais, seria preciso evitar, não há dúvida, a substituição da apreciação do juiz pela memória decisória da máquina."[82]

A Justiça exige que a apreciação seja feita pela própria comunidade, sendo impossível afastar o aspecto valorativo humano. A avaloração do direito e de qualquer outra ciência torna-se impossível. Nunca se poderá afastar o valor e raciocínio humano, a inteligência e criatividade humana. Em suma, o Pensar do Homem.

Concluímos, ao refletir acerca da grande questão levantada, se a informática conseguiria substituir o homem nas atividades de reflexão e julgamento, que o computador se torna inidôneo para julgar questões jurídicas, configurando-se apenas como um importante instrumento de trabalho. É impossível reduzir a realidade jurídico-social a fórmulas algorítmicas. Mesmo que fosse possível a redução do direito a fórmulas matemáticas, o seu emprego não encontraria legitimidade nos anseios da Justiça.

---

[82] DINIZ, Maria Helena. **Compêndio de introdução à ciência do direito**. 8ª ed. atual., São Paulo: Saraiva, 1995, p. 203.

IV FILOSOFIA DO DIREITO

IV

Filosofia do Direito

FILOSOFIA DO DIREITO

1 FILOSOFIA

A filosofia é redescobrir o mundo. Filosofar é olhar a realidade conhecida com uma visão crítica. A filosofia é o questionamento constante do mundo e dos problemas. Vislumbrando os objetos com o olhar filosófico, descobrimos uma nova realidade. A filosofia faz pensar. Daí o ódio mortal pela filosofia. Vozes se levantam afirmando que a filosofia não serve para nada. Não tem nenhuma utilidade prática. Não é bom que o povo pense e reflita. Dessa forma, cortam o mal pela raiz, retiram a filosofia dos currículos universitários, do ensino médio. Mas, há outras formas de acabar com a filosofia, como o dogmatismo, a intransigência e a intolerância.

Sócrates, impregnado pelo inconformismo filosófico, pregava nas praças da cidade. Foi acusado de corromper o povo e desconhecer os deuses. A pregação de Sócrates incomodou, expulsaram o filósofo da cidade. Na modernidade, também alguns querem expulsar os filósofos, mas sob o argumento do pragmatismo, afirmando que a filosofia não apresenta nenhuma utilidade prática no mundo moderno. Procura-se indicar a filosofia como algo pejorativo, concluindo pela sua inutilidade.

André Franco Montoro narra essa realidade nos seguintes termos:

"De acordo com uma concepção muito difundida, a filosofia seria a ciência das inutilidades. Sua história reduzir-se-ia a uma sequência de discussões estéreis sobre temas extravagantes. Não há melhor caricatura dessa imagem do que o problema que teria preocupado os filósofos da decadência medieval: se uma quimera voando no vácuo pode alimentar-se de substâncias segundas. Na mesma linha é da definição humorística de filosofia proposta por Voltaire: *quando dois homens discutem, falando um daquilo de que não entende e o outro fingindo que está entendendo, então eles fazem filosofia.* No campo da Filosofia Jurídica, Motulsky refere conceito semelhante de um jurista inglês, para quem *filosofia do direito é tudo o que, no campo do direito, não tem utilidade prática.* O mesmo aspecto é destacado num velho provérbio americano, *a filosofia não faz pães (philosophy makes no bread).* Daí a conhecida fórmula com que um anônimo escritor da Idade Média definiu ironicamente a Filosofia: *ciência transcendental que, com a qual ou sem a qual, o mundo continua tal e qual.*"[1]

A filosofia tem uma função reflexiva, como dissemos, é a visão crítica, a reflexão constante das coisas do mundo em que vivemos. A filosofia do direito não é diferente. O jusfilósofo é um ser incômodo, rebelde, questionador da realidade. A filosofia produz o reconhecimento verdadeiro e amplo da realidade jurídica.

1.1 A Filosofia é a Ciência das Inutilidades?

A noção da inutilidade da filosofia é tema presente em nossa sociedade. Cremos que por dois principais motivos:

1. Cultura; e
2. Ideologia Política.

A nossa cultura favoreceu a construção de uma sociedade mais ligada no "ter" do que no "ser". O trabalho prático é muito mais valorizado do que é o trabalho intelectual ou artístico. Isso é fruto de nossa colonização que gerou a formação cultural do país calcada no pragmatismo. O Brasil colônia foi invadido por homens rudes e pragmáticos, cujo objetivo era ganhar a vida e enriquecer. Esse pressuposto axiológico continua presente e atual, na medida em que a sociedade moderna valoriza mais o ter do que o ser.

Outro aspecto não de menos importância, que não pode ser deixado ao largo, é que nos últimos anos não houve um estímulo ao pensamento crítico, muito pelo contrário, esse sempre foi propositadamente colocado em segundo plano, surgindo até um menosprezo pelo pensamento especulativo, como coisa de vagabundo. O especulador é tido como um vadio.

---

1 MONTORO, André Franco. **Estudos de filosofia do direito.** 2ª ed., São Paulo: Saraiva, 1995, p. 6.

Quantos de nós já ouvimos a frase: "Nunca trabalhou, só estudou a vida inteira".

No plano teórico surge o ceticismo que conclui pela inutilidade da filosofia, vez que prega a incerteza, ou seja, considera inútil uma busca que não leva a lugar nenhum, ao nada, pois tudo é incerto. Para o dogmatismo existem verdades absolutas e indubitáveis. O dogmático prega a certeza do dogma, o cético prega a incerteza de toda coisa.

A filosofia não é dogmática, mas também não é excluída de valores. Nem tanto ao mar, nem tanto à terra. Cremos que o pensamento filosófico deve afastar o relativismo, subjetivismo e o pragmatismo. Indubitavelmente existem valores supremos que surgem da própria natureza humana, e que são imutáveis e universais.

A filosofia tem uma utilidade crítica. É a visão crítica do mundo. A filosofia do direito possui essa mesma visão, mas embasada em valores supremos e universais oriundos do jusnaturalismo. O direito positivo se preocupa com o direito como "é", sob uma visão utilitarista, o direito filosófico se preocupa com o direito como "deve ser", numa visão naturalista e justa. O jurista se preocupa com o útil, o filósofo com o bom.

A filosofia não é um sonho. Mas sonhar é preciso. A filosofia é a resposta ao sonho, aos momentos de reflexão. A filosofia é eminentemente reflexiva. Por falar em sonho, André Franco Montoro lembra que "cada um tem inteira liberdade de escolher entre duas coisas: ser filósofo ou ser sonâmbulo. Hoje, com o impacto dos meios de comunicação e a opressiva intervenção da propaganda, há, cada vez mais, a possibilidade de produção em série de 'sonâmbulos', ou pessoas sem capacidade de crítica. A própria forma de comunicação da televisão dispensa o telespectador de qualquer esforço pessoal. A imagem flui para a consciência sem necessidade de reflexão. Essa consideração nos permite vislumbrar a importância da Filosofia como instrumento de reflexão crítica, como arma contra um tipo de civilização em que o 'ter' é mais importante que o 'ser' e, principalmente, como despertadora de sonâmbulos e aquecedora".[2]

---

2 MONTORO, André Franco. **Estudos de filosofia do direito**. 2ª ed., São Paulo: Saraiva, 1995, p. 6.

1.2 Conceito de Filosofia

O vocábulo filosofia é de origem grega, *philos* (amigo) e *shofia* (sabedoria), significando amigo da sabedoria, ou seja, o que caracteriza a filosofia é o amor à sabedoria. Assim, o filósofo é o amante da sabedoria. "Se nos inspirarmos nas origens do pensamento ocidental verificaremos que a palavra filosofia significa amizade ou amor pela sabedoria. O termo é deveras expressivo. Os primeiros filósofos gregos não concordavam em ser chamados de sábios, por terem consciência do que muito ignoravam. Preferiram ser conhecidos como amigos da sabedoria, ou seja – filósofos. A filosofia reflete no mais alto grau essa paixão da verdade, o amor pela verdade que se quer conhecida sempre com maior perfeição, tendo-se em mira os pressupostos últimos daquilo que se sabe."[3] "Porém, este significado dura na história pouco tempo. Em Heródoto, em Tucídides, talvez nos pré-socráticos, uma ou outra vez, durante pouco tempo, tem este significado primitivo de amor à sabedoria. Imediatamente, passa a ter outro significado: significa a própria sabedoria. De modo que, já nos primeiros tempos da autêntica cultura grega, filosofia significa, não o simples afã ou o simples amor à sabedoria, mas a própria sabedoria."[4] Segundo afirma-se, o neologismo filosofia é atribuído a Pitágoras de Samos. Na sua modéstia, ao ser indagado quanto à condição de sábio, fato comum na época, preferiu ser chamado de filósofo, dizendo que Deus é o único ser a quem se poderia denominar *sofos*, isto é, sábio. A palavra filosofia, de Pitágoras aos dias atuais, sofreu variação semântica. De amizade à sabedoria, passou a designar, entre os gregos, a própria sabedoria, e posteriormente o conjunto da sabedoria ou conhecimento humano.

Os antigos consideravam como filosofia o conjunto do saber ou conhecimento humano, ou seja, o saber universal desinteressado. Com o passar do tempo, as ciências foram definindo seu objeto de estudo e, gradativamente, se separaram da filosofia. Pode-se afirmar que algumas ciências, desde a antiguidade, ganharam a sua autonomia, como a Matemática com Euclides, a Mecânica com Arquimedes.

---

3 REALE, Miguel. **Filosofia do direito**. 17ª ed., São Paulo: Saraiva, 1996, p. 5.

4 MORENTE, Manuel Garcia. **Fundamentos de filosofia: lições preliminares**. Trad. Guilhermo de la Cruz Coronado, 8ª ed., São Paulo: Mestre Jou, 1980, p. 26.

Aristóteles (384-322 a.C.) foi o primeiro a sistematizar o saber, ao criar a lógica, a física, a psicologia, a cosmologia, a zoologia, a metafísica, a ética, a política, a economia, a retórica e a estética. Nessa época, a filosofia designava o conjunto de conhecimentos do homem. Assim, o filósofo era o sábio que dominava todos os ramos do conhecimento humano e que possuía uma macrovisão da realidade. Para Platão (427-347 a.C.), a filosofia é o conhecimento, mas não qualquer conhecimento, o conhecimento adquirido pela reflexão, o saber adquirido através do método dialético. Não há diferença entre a concepção de Platão e de seu discípulo Aristóteles. Para Platão, a filosofia é o saber racional, reflexivo, saber adquirido mediante o método dialético. Para Aristóteles, a filosofia é o conhecimento de todas as coisas.[5]

Conforme afirmado, com a Idade Moderna as ciências se libertaram do estudo da filosofia, constituindo objeto e método próprio, ou seja, tornando-se ciência independente. O primeiro desmembramento da filosofia ocorreu com a teologia. Na Idade Média, a filosofia designa todo o conhecimento, exceto o conhecimento teológico. A filosofia nessa época englobava as coisas divinas e humanas. "Pode-se dizer, assim, que o saber humano durante a Idade Média dividiu-se em dois grandes setores: teologia e filosofia. A teologia são os conhecimentos acerca de Deus, e a filosofia os conhecimentos humanos acerca das coisas da Natureza e até mesmo de Deus por via racional. Nesta situação, a palavra filosofia continua designando todo o conhecimento, menos o de Deus."[6] Para Paulo Nader, "a filosofia começa a perder o seu caráter enciclopédico quando a Geometria, na Era Antiga, adquire autonomia científica. Na Idade Média, a Teologia se desprende da *scientia altior*, o mesmo ocorrendo com a Aritmética, em face do avançado estudo efetuado pelos árabes. A partir do séc. XVII, com o desenvolvimento que se opera em diversas áreas do saber, surgem as especializações e, em consequência, algumas ciências se destacam do tronco filosófico. Pelo esforço de Galileu e, posteriormente, de Newton, a Física

---

5 Aristóteles. **Os pensadores**. São Paulo: Nova Cultural, 1999; Platão. **Os pensadores**. São Paulo: Nova Cultural, 1999; STRATHERN, Paul. Aristóteles em 90 minutos. Trad. Maria Helena Geordane. Rio de Janeiro: Jorge Zahar, 1997.

6 MORENTE, Manuel Garcia. **Fundamentos de filosofia: lições preliminares**. Trad. Guilhermo de la Cruz Coronado, 8ª ed., São Paulo: Mestre Jou, 1980, p. 28.

também se estrutura em métodos e princípios próprios. Idêntico fenômeno se passa no séc. XIX, com a Biologia, com a História, com o Direito. Na quadra atual destacam-se a Psicologia, a Sociologia".[7]

Na realidade, é com o advento da Idade Moderna (século XVII) que se vislumbra, claramente, que o campo imenso da filosofia começa a dividir-se, surgindo a Matemática, a Física, a Biologia. Do renascimento até nossos dias, as ciências se libertaram, a Física com Galileu (século XVII), a Química com Lavoisier (século XVIII) etc. As ciências particulares deixam a filosofia, na medida em que constroem seus objetos e métodos próprios, e também porque os cientistas e as ciências foram se especializando. "A partir do século XVIII, não resta nenhum espírito humano capaz de conter numa só unidade a enciclopédia do saber humano; e então a palavra filosofia não designa a enciclopédia do saber; desse total foram desprendendo-se as matemáticas por um lado, a física por outro, a química, a astronomia etc."[8]

Assim, verificamos que desde a época de Aristóteles a filosofia designa a totalidade do conhecimento humano. Dessa forma, podemos afirmar que toda ciência se constitui da filosofia, tornando-se independente quando deixa de considerar seu objeto de estudo de um ponto de vista universal.

O homem, na busca do saber e do próprio conhecimento, penetra nos caminhos da filosofia e da ciência. Paulo Nader ensina que a ciência visa reunir um conjunto sistemático de conhecimentos, e a filosofia vai identificar-se como exercício da razão na busca perene da ordem do universo.[9]

José Renato Nalini anota que a filosofia "é o uso do saber em proveito do homem (Platão, Eutidemo). Platão observa que de nada serviria possuir a capacidade de transformar as pedras em ouro, a quem não soubesse valer-se do ouro, de nada serviria uma ciência que tornasse imortal a quem não soubesse servir-se da imortalidade e assim por diante. É neces-

---

[7] NADER, Paulo. **Filosofia do direito**. 6ª ed., Rio de Janeiro: Forense, 1998, p. 7-8.

[8] MORENTE, Manuel Garcia. **Fundamentos de filosofia: lições preliminares**. Trad. Guilhermo de la Cruz Coronado, 8ª ed., São Paulo: Mestre Jou, 1980, p. 29.

[9] NADER, Paulo. **Filosofia do direito**. 6ª ed., Rio de Janeiro: Forense, 1998, p. 6.

sária, portanto, uma ciência em que coincidam fazer e saber valer-se daquilo que se faz. Esta ciência é a Filosofia".[10]

Podemos afirmar que a ciência é o conhecimento limitado, ao passo que a filosofia é o conhecimento humano universal, ilimitado, ou seja, uma ciência geral. A filosofia na verdade é o conhecimento amplo e geral, mas de igual natureza e ocupando-se dos mesmos objetos das ciências particulares. Assim, se concluímos que a filosofia é uma ciência geral, qual o seu objeto de estudo? Divergem os filósofos e autores acerca do tema. Segundo García Morente "se a todo saber humano lhe tiram as matemáticas, a astronomia, a física, a química etc., o que resta, isso é a filosofia".[11] Na esteira de Jolivet a filosofia é a mais elevada e a mais perfeita das ciências, primeiro porque é perfeitamente racional ou sistemática, enquanto visa descobrir as causas e os princípios primeiros; segundo porque ela dispõe de método rigoroso apropriado ao seu objeto formal. Jolivet afirma que "a ciência e a filosofia não têm o mesmo objeto formal. Sem dúvida, de um ponto de vista material, ciência e filosofia se aplicam ao mesmo objeto: o mundo e o homem (objeto material). Mas cada disciplina estuda este objeto comum sob um aspecto que lhe é próprio (objeto formal). A ciência se aquartela na determinação das leis dos fenômenos. A filosofia quer conhecer a natureza profunda das coisas, suas causas supremas e seus fins derradeiros: visa, propriamente, em todas as suas partes, o conhecimento do que ultrapassa a experiência sensível (ou os fenômenos), e do que não é acessível senão à razão. Se, então, a filosofia é verdadeiramente uma ciência universal, o é enquanto tende a conhecer, não tudo, como o pensavam os antigos gregos, mas os primeiros princípios de tudo. Vê-se, por conseguinte, que uma explicação científica não é uma explicação filosófica; nem uma explicação filosófica, uma explicação científica. Os problemas da ciência não são os mesmos da filosofia: o encadeamento dos fenômenos, como a ciência os visa descobrir, deixa a questão da natureza profunda das coisas, de seu valor e seu fim, e o conhecimento das essências, dos valores e dos fins não nos saberia dar a ciência das ligações fenomenais".[12]

---

10 NALINI, José Renato. **Por que filosofia?** São Paulo: Revista dos Tribunais, 2008, p. 190.

11 MORENTE, Manuel Garcia. **Fundamentos de filosofia: lições preliminares**. Trad. Guilhermo de la Cruz Coronado, 8ª ed., São Paulo: Mestre Jou, 1980, p. 29.

12 JOLIVET, Régis. **Curso de filosofia**. Trad. de Eduardo Prado de Mendonça, 2ª ed., Rio de Janeiro: Agir, 1955, p. 12-13.

Ora, o objeto da filosofia são os assuntos não tratados pelas ciências particulares, em especial análise crítica dos postulados científicos. Nesse particular, a filosofia é encarada como a crítica às ciências particulares. "Todas as ciências têm, na sua base, certos pressupostos, postulados ou suposições que são aceitos, sem discussão ou crítica, como ponto de partida nas respectivas investigações. Cabe à Filosofia – e essa é uma de suas perspectivas mais importantes – o estudo desses problemas fundamentais."[13] "A filosofia seria isso mesmo: uma especulação infinita e desregrada em torno de qualquer assunto ou questão, ao sabor de cada autor, de suas preferências e mesmo de seus humores. Há mesmo quem afirme não caber à Filosofia resolver, e sim unicamente sugerir questões e propor problemas, fazer perguntas cujas respostas não têm maior interesse, e com fim unicamente de estimular a reflexão, aguçar a curiosidade. E já se afirmou até que a Filosofia não passava de uma ginástica do pensamento, entendendo por isso o simples exercício e adestramento de uma função – no caso, o pensamento em vez dos músculos – sem outra finalidade que essa."[14] Para André Franco Montoro "a essência da filosofia é a procura do saber e não a sua posse. A filosofia é sempre uma reflexão crítica e em profundidade sobre os grandes problemas que interessam ao homem".[15]

Segundo nosso entendimento, torna-se difícil estabelecer o objeto de estudo da filosofia, pois a mesma configura-se como uma ciência geral. Entretanto, os principais objetos de estudo da filosofia são: o ser, o dever e o conhecimento dos postulados das ciências particulares.

O primeiro objeto de estudo da filosofia é o ser (*ontos* = ser). O ser puro, considerado em si mesmo. O conceito de ser é imutável e geral. O segundo objeto de estudo da filosofia é o dever ser (*deontós* = dever ser). E, sendo a filosofia a crítica aos postulados das ciências particulares, o terceiro objeto de estudo da filosofia é o conhecimento das ciências particulares (*gnósis* = conhecimento).

---

13 MONTORO, André Franco. **Estudos de filosofia do direito**. 2ª ed., São Paulo: Saraiva, 1995, p. 11.

14 PRADO JR., Caio. **O que é filosofia**. São Paulo: Brasiliense, 1997, p. 6.

15 MONTORO, André Franco. **Estudos de filosofia do direito**. 2ª ed., São Paulo: Saraiva, 1995, p. 8.

Em suma:

Objeto de Estudo da Filosofia	Ser (Ontologia)
	Dever Ser (Deontologia — Axiologia)
	Conhecimento das Ciências Particulares (Gnoseologia — Epistemologia)

Ante as premissas estudadas, forçoso concluir que a filosofia abrange todo o conhecimento humano, possuindo um âmbito de estudo universal, sendo ao mesmo tempo a crítica aos postulados das ciências particulares, visando a causa de todas as coisas. Esse é o sentido do pensamento aristotélico que encara filosofia como o saber no sentido mais amplo e geral do termo.

Em suma:

Filosofia	Conhecimento Universal
	Crítica às Ciências Particulares (Assuntos não tratados pelas Ciências)

1.3 Conhecimento

Conforme verificamos, o homem, na busca do saber e do conhecimento, penetra nos meandros da filosofia e da ciência. A ciência tem como finalidade a busca do conhecimento. Mas, cabe anotar, que quando a ciência e a filosofia aludem acerca do conhecimento, não é qualquer conhecimento, mas apenas o científico e filosófico.

Comumente, ouvimos dizer acerca da existência da duas escolas: a "escola da vida" e a "escola acadêmica". Pois bem, a escola da vida nos ensina o conhecimento vulgar, ao passo que a escola acadêmica ensina o conhecimento científico e filosófico.

Ao longo da nossa existência acumulamos uma série de conhecimentos, sendo que esta forma de conhecimento é via de regra vago, incerto, espontâneo, ou seja, sem nenhuma sistematização. A partir do momento que o conhecimento vulgar é sistematizado, surge o conhecimento científico. Luiz Antonio Rizzatto Nunes ensina que "O conhecimento científico é uma espécie de otimização desse conhecimento vulgar. A ciência busca organizar e sistematizar o conhecimento do homem. O cientista é um ser preocupado com a veracidade e a comprovação de seu conhecimento, o que faz com que construa uma série de enunciados e regras rigorosas, que permitem a descoberta e a prova desse conhecimento. Enquanto o senso comum é difuso, desorganizado, assistematizado e advém de várias fontes desordenadas e simultâneas, o conhecimento científico tenta ser coerente, coeso, organizado, sistemático, ordenado e orientado a partir de fontes específicas e muitas vezes pré-constituídas".[16]

Para Jolivet no que tange as formas do saber o conhecimento pode ser empírico, científico e filosófico:

"O *conhecimento empírico*. A necessidade de saber gera de início os conhecimentos empíricos, que são o fruto do ato espontâneo do espírito, mas permanecem conhecimentos imperfeitos, pois que lhes falta por vezes a objetividade e se formam ao acaso, por generalização prematura, sem ordem nem método. Tais são, por exemplo, as receitas meteorológicas do camponês, os provérbios e máximas que resume as observações correntes sobre o homem e suas paixões, etc. Estes conhecimentos empíricos não são para desprezar. Ao contrário, constituem o primeiro degrau da ciência, que faz, tão somente, aperfeiçoar os processos que o empirismo emprega para adquirir seus conhecimentos. O *conhecimento científico* visa substituir o empirismo por conhecimentos certos, gerais e metódicos, isto é, verdades válidas para todos os casos, em todos os tempos e lugares, e ligadas entre si por suas causas e princípios. Tal é a ciência em geral. Sob este aspecto, nós o veremos, a filosofia é uma ciência, e mesmo a mais alta das ciências humanas. O uso, porém, hoje em dia, tende a restringir a aplicação do nome ciência às ciências da natureza, mais precisamente às ciências que chegam a formular leis necessárias e absolutas, fundadas no determinismo dos fenômenos da natureza. Tais são a Física, a Química, a Mecânica celeste, etc. O *conhecimento filosófico*, enfim, é a mais alta expressão da necessidade do saber. É uma ciência, enquanto quer conhecer as coisas por suas causas. Mas, enquanto todas as outras ciências se restringem a descobrir as causas mais imediatas, a Filosofia tem por fim descobrir as causas mais universais, isto é, as causas primeiras de todas as coisas".[17]

---

16 NUNES, Luiz Antonio. **Manual de introdução ao estudo do direito**. São Paulo: Saraiva, 1996, p. 18.

17 JOLIVET, Régis. **Curso de filosofia**. Trad. de Eduardo Prado de Mendonça, 2ª ed., Rio de Janeiro: Agir, 1955, p. 11-12.

Assim, o conhecimento em geral pode ser dividido em: vulgar, científico e filosófico. Como o próprio nome indica, o conhecimento vulgar é a sabedoria do povo, oriundo de experiências de pessoas mais velhas, provérbios e crenças populares, em última análise é o conhecimento da vida. O conhecimento vulgar surge da experiência cotidiana. É o primeiro grau do conhecimento de um objeto. O conhecimento científico é o conhecimento sistematizado, surgindo da experiência científica. É o segundo grau do conhecimento de um objeto. O conhecimento filosófico, além de sistematizado, é mais amplo. Assim, a ciência visa o conhecimento particular, ao passo que a filosofia visa o conhecimento geral. É o terceiro grau de conhecimento de um objeto.

Em suma:

Conhecimento	Vulgar → 1º Grau → Experiência Cotidiana (Assistematizado)
	Científico → 2º Grau → Experiência Científica (Sistematizado)
	Filosófico → 3º Grau → Experiência Filosófica (Sistematizado e Amplo)

1.4 Partes da Filosofia

A maioria dos autores, em especial os mais didáticos, dividem a filosofia em: Lógica, Psicologia, Moral e Metafísica. Entendemos que a referida divisão não apresenta um caráter científico e metodológico. Para García Morente o território da filosofia compreende: a ontologia, a metafísica, a lógica, a teoria do conhecimento, a ética, a estética, a filosofia da religião, a psicologia e a sociologia. Ainda, o referido autor divide a filosofia em duas partes: ontologia e gnoseologia. "A filosofia é o estudo de tudo aquilo que é objeto de conhecimento universal e totalitário. Pois bem: de conformidade com isto, a filosofia poderá dividir-se em dois grandes capítulos, em duas grandes ciências: um primeiro capítulo ou zona, que chamaremos ontologia, na qual a filosofia será o estudo dos objetos, todos os objetos, qualquer objeto, seja qual for; e outro segundo capítulo, no qual a filosofia será o estudo do conhecimento dos objetos. Teremos, assim, uma divisão da filosofia em duas partes: primeiro, ontologia ou teoria dos objetos conhecidos e cognoscíveis; segundo, gnoseologia (palavra grega que vem de *gnósis*, que significa sapiência, saber), que será o estudo do conhecimento dele, teremos estes dois grandes capítulos da filosofia."[18]

Em suma:

Filosofia { Ontologia → Teoria dos Objetos
Gnoseologia → Teoria do Conhecimento }

Miguel Reale denomina a Teoria do Conhecimento de Ontognoseologia, dada a correlação essencial que *a priori* se põe, em sua universalidade, entre o sujeito que conhece e o objeto do conhecimento em geral.

André Franco Montoro elenca quatro facetas da filosofia, que são as seguintes:

1. Filosofia como reflexão crítica ou busca do saber (filosofia).
2. Filosofia com concepção geral do mundo e da vida (Cosmovisão).
3. Filosofia como reflexão sobre os fundamentos ou pressupostos das ciências (Filosofia das Ciências ou Epistemologia).
4. Filosofia como reflexão sobre a totalidade das coisas ou sobre o ser enquanto ser (Ontologia, Metafísica ou Filosofia Primeira)[19]

Como outros autores, entendemos que os estudos filosóficos podem ser divididos em três partes: Lógica, Filosofia Especulativa e Filosofia Prática.[20] Nesse ponto, seguimos a classificação proposta por Jolivet com algumas modificações.

A lógica é a parte mais estudada da filosofia. A importância fundamental da lógica reside no fato de que a sua observância é condição *sine qua non* para qualquer investigação científica. O termo lógica vem do grego *logiké*, designando juízo, discurso, razão, raciocínio. A lógica é o ordenamento do pensamento correto na procura da verdade. É a ciência do raciocínio ou arte do raciocínio. É a arte e ciência do pensamento. Assim, a lógica é o estudo do raciocínio, como instrumento de aquisição e progres-

---

18 MORENTE, Manuel Garcia. **Fundamentos de filosofia: lições preliminares**. Trad. Guilhermo de la Cruz Coronado, 8ª ed., São Paulo: Mestre Jou, 1980, p. 31-32.

19 MONTORO, André Franco. **Estudos de filosofia do direito**. 2ª ed., São Paulo: Saraiva, 1995, p. 8.

20 JOLIVET, Régis. **Curso de filosofia**. Trad. de Eduardo Prado de Mendonça, 2ª ed., Rio de Janeiro: Agir, 1955, p. 16.

so de nossos conhecimentos. Ou, simplesmente, é o estudo do raciocínio e de seus elementos. A lógica é a ciência das estruturas formais do pensamento.

A lógica é dividida em lógica formal e material ou metodologia. A primeira, também designada da lógica menor, estuda as operações do pensamento, buscando as leis do raciocínio correto, ou seja, estuda a forma. A segunda, também denominada de lógica maior, estuda a aplicação das referidas operações do pensamento, ou seja, o método a ser aplicado em cada caso particular. A Lógica Formal se ocupa das estruturas do pensamento ou concatenação do pensamento independente de seu conteúdo. A Lógica Material se ocupa, não da estrutura, concatenação ou forma de argumentação, mas da validade dos materiais que a constituem. É a parte da lógica que examina a verdade ou valor da argumentação e de seus elementos.

A filosofia especulativa tem como finalidade o conhecimento puro, o mundo como é. A filosofia especulativa é dividida em filosofia da natureza e metafísica. A primeira visa o conhecimento da natureza, estudando a natureza material, o mundo material como tal (cosmologia) e o homem (psicologia). A segunda estuda o valor da razão, ou mais propriamente a crítica do conhecimento (gnoseologia), o ser em geral (ontologia) e a existência e natureza de Deus (teologia ou teodiceia). Assim, a crítica ao conhecimento, a Ontologia e a Teologia constituem em conjunto a Metafísica.

A filosofia prática estuda o fazer humano (filosofia da arte) e o agir humano (moral).

Em suma:

- Partes da Filosofia
  - Lógica
    - Lógica formal ou menor
    - Lógica material ou maior
  - Especulativa
    - Filosofia da Natureza
      - Cosmologia
        - Psicologia
      - Metafísica
        - Gnoseologia
        - Ontologia
        - Teologia
  - Prática
    - Filosofia da Arte
    - Moral

De uma forma simplista, podemos afirmar que a filosofia orienta o pensamento correto por meio da lógica, a pesquisa correta mediante a metodologia e a ação correta por intermédio da ética.

Em suma:

Orientação Filosófica	Lógica → Pensar Corretamente Metodologia → Pesquisar Corretamente Ética → Agir Corretamente

1.5 Divisão da Filosofia

A filosofia é dividida por fundamento no critério histórico. Dessa feita, a filosofia é inicialmente separada em: 1. antiga; 2. medieval; 3. moderna; e 4. contemporânea.

Os manuais de filosofia indicam a segmentação da filosofia baseada em quatro grandes eras:

1. Filosofia Antiga, que indica a época em que se estabeleceu os fundamentos do pensamento ocidental e influenciou todo o desenvolvimento da filosofia. Compreende a antiga filosofia greco-romana, do século VII a.C. até o século VI d.C., podendo ser estudada em três períodos: pré-socrático, sofístico ou socrático e helenístico-romano.

2. Filosofia Patrística, que abrange o pensamento da Idade Média construída pelos doutores da Igreja, que pode ser pontuada com o início do Cristianismo até o século VIII. O principal expoente é Santo Agostinho.

3. Filosofia Escolástica, que contempla a filosofia cristã que se estruturou do século IX até o século XIV, tendo como pensador central Santo Tomás de Aquino.

4. Filosofia Moderna, que surge em meados do século XV até nossos dias. Essa fase teve seu início marcado pelo humanismo renascentista e caminha pelo racionalismo, empirismo, iluminismo, positivismo, idealismo hegeliano e materialismo marxista, para citar as principais correntes do mundo moderno. O século XX é caracterizado pela crise da razão por influência de Sören Kierkegaard (1813-1885) e Friedrich Wilhelm Nietzsche (1844-1900) e da fenomenologia cujo precursor foi Edmund Husserl (1859-

1938). Martin Heidegger (1889-1976) faz também uma crítica ao pensamento analítico, dando ensejo a construção do existencialismo, que foi uma das correntes mais importantes e populares do século XX. No final do século XX e começo do século XXI após a tendência pós-positivista, vivemos no período que a doutrina denomina de pós-modernismo.

2 FILOSOFIA DO DIREITO

Conforme estudado, a filosofia é o conhecimento ou saber geral, unificado. A filosofia do direito, como parte da filosofia, seria o conhecimento geral do direito. "Ora a filosofia do direito, esclareça-se desde logo, não é disciplina jurídica, mas é a própria Filosofia enquanto voltada para uma ordem de realidade, que é a realidade jurídica. Nem mesmo se pode afirmar que seja Filosofia especial, porque é a Filosofia, na sua totalidade, na medida em que se preocupa com algo que possui valor universal, a experiência histórica e social do direito. O direito é realidade universal. Onde quer que exista o homem, aí existe o direito como expressão de vida e de convivência. É exatamente por ser o direito fenômeno universal que é ele suscetível de indagação filosófica. A Filosofia não pode cuidar senão daquilo que tenha sentido de universalidade."[21]

Nos parece que a filosofia do direito é uma parte da filosofia, pois muito embora seja o fenômeno jurídico universal, a filosofia do direito tem seu foco delimitado na realidade jurídica, o que a caracteriza como uma parte da filosofia.

A filosofia do direito é uma parte da filosofia, buscando uma forma de conhecimento geral, mas um conhecimento geral especialíssimo, a realidade jurídica. A filosofia do direito busca o conhecimento jurídico em seus aspectos e elementos universais.

A filosofia tem por objeto de estudo a crítica aos postulados das ciências particulares. "A missão da Filosofia do Direito é, portanto, de crítica da experiência jurídica, no sentido de determinar as suas condições transcendentais, ou seja, aquelas condições que servem de fundamento à experiência, tornando-a possível."[22]

---

21 REALE, Miguel. **Filosofia do direito**. 17ª ed., São Paulo: Saraiva, 1996, p. 10.

22 REALE, Miguel. **Filosofia do direito**. 17ª ed., São Paulo: Saraiva, 1996, p. 10.

A filosofia do direito estuda os princípios ou pressupostos fundamentais da ciência jurídica, tendo sua temática constante na epistemologia e axiologia jurídica. A epistemologia jurídica estuda a ciência tal como é. A axiologia jurídica estuda como deve ser, ou mais propriamente os valores jurídicos.

Como ocorre na filosofia geral, não existe unanimidade acerca de qual seria o objeto de estudo da filosofia do direito. Para alguns, a filosofia do direito tem por finalidade investigar o direito sobre o prisma de como deve ser. A ciência do direito estuda o direito tal como é. Em resumo, a ciência do direito estuda o "ser", ao passo que a filosofia do direito estuda o "dever ser". Para Kelsen, o objeto de estudo da filosofia do direito limita-se à Axiologia Jurídica, isto é, ao estudo do problema da justiça e dos valores jurídicos.

Nessa esteira, a filosofia do direito teria por objeto de estudo dois campos básicos:

1. O ideal do direito, que consiste na pesquisa do que deve ser o direito, investigado através da axiologia (*áxios* = valor) e da deontologia (*deontós* = dever ser).

2. O conceito de direito, que consiste na definição lógica e na caracterização dos aspectos científicos e metodológicos do Direito (epistemologia jurídica).

Miguel Reale divide a filosofia do direito em duas partes: 1. Parte Geral; e 2. Parte Especial. A parte geral é denominada de ontognoseologia jurídica, que determina a consistência da realidade jurídica, sendo analisadas a parte *objecti* (ontologia) e *subjecti* (Gnoseologia). A parte especial é dividida em: 1. Epistemologia Jurídica ou doutrina das ciências do direito, tendo por objeto o problema da vigência e dos valores lógicos do direito; 2. Deontologia Jurídica ou doutrina dos valores éticos do direito (problema do fundamento do direito); e 3. Culturologia Jurídica ou doutrina do sentido histórico do direito (problema da eficácia social do direito).[23]

André Franco Montoro elenca três problemas básicos para a filosofia do direito:

---

[23] REALE, Miguel. **Filosofia do direito**. 17ª ed., São Paulo: Saraiva, 1996.

"1. O problema ontológico: qual a realidade fundamental ou ser do direito?

2. O problema axiológico ou deontológico: qual deve ser a orientação do direito?

3. O problema epistemológico: quais os processos de conhecimento e a natureza da ciência do direito?".[24]

Nesse sentido, o jusfilósofo Noberto Bobbio divide a filosofia do direito em três partes: 1. Teoria do Direito; 2. Teoria da Justiça; e Teoria da Ciência do Direito.

Conforme afirmamos, os principais objetos de estudo da filosofia são: o ser, o dever e o conhecimento das ciências particulares. No mesmo sentido da filosofia, a filosofia do direito apresenta três principais objetos de estudo relacionados ao ser, ao dever ser e ao conhecimento da ciência do direito.

Em suma:

Objeto de Estudo da Filosofia	Ontologia (ser) Axiologia (dever ser) Epistemologia (conhecimento)

Objeto de Estudo da Filosofia do Direito	Ontologia Jurídica Axiologia Jurídica Epistemologia Jurídica

A Ontologia Jurídica, do grego *ontos* (ser) e *logos* (estudo), designa o estudo do direito enquanto ser. A ontologia jurídica estuda o direito enquanto é, verificando a realidade jurídica e investigando suas características essenciais. É a própria Teoria Geral do Direito. Assim, a Ontologia é a teoria do objeto jurídico.

Epistemologia, provém do grego *episteme* (ciência) e *logos* (estudo). Conforme verifica-se da própria etimologia, epistemologia jurídica é o estudo da ciência jurídica, ou, mais precisamente, a teoria da ciência do direito. A referida teoria se preocupa com o objeto, o método e as caracterís-

24 MONTORO, André Franco. **Estudos de filosofia do direito**. 2ª ed., São Paulo: Saraiva, 1995, p. 46.

ticas da ciência jurídica. Assim, a epistemologia jurídica é a teoria do conhecimento jurídico (gnoseologia).

A Axiologia Jurídica, do grego *axiós*, que significa apreciação, estimativa, pode ser entendida como a parte da filosofia jurídica que investiga os valores jurídicos, em especial a Justiça. Nesse diapasão, importante lembrar o estudo da Deontologia Jurídica, do grego *deontós*, designando "dever". É a própria ética, que estudaremos no momento oportuno, sob a denominação de "O Mundo Ético".

Em resumo, do mesmo modo que a filosofia, os objetos principais da filosofia do direito são: o ser, o dever ser e o conhecimento científico.

Segundo nosso entendimento, a visão do jurista é o direito como "é", investigando os aspectos fatuais, avalorativos e ontológicos, ao passo que a visão do filósofo é o direito como "deve ser", investigando os aspectos ideológicos, valorativos e deontológicos. O jurista busca o direito tal como é (Direito Objetivo). O filósofo busca o direito tal como deve ser (Direito Ideal), com o intuito de satisfazer um certo valor, em especial a Justiça. O jurista se preocupa com o legal, sendo o cerne do questionamento "O que é de direito". O filósofo se preocupa com o justo, sendo o cerne do questionamento "O que é o direito". Assim, podemos estabelecer o seguinte quadro:

Ciência	Jurista	Direito Objetivo	O Direito como é (investigação fatual, avalorativa e ontológica).	O que é de Direito = Legal
Filosofia	Jusfilósofo	Direito Ideal	O Direito como deve ser (investigação ideológica, valorativa e deontológica).	O que é o Direito = Justo

"O filósofo do direito não se contenta em conhecer a realidade empírica do direito, mas quer investigar-lhe o fundamento, a justificação: e ei-lo assim colocado diante do problema do valor do direito. A filosofia do direito pode, consequentemente, ser definida como o estudo do direito do ponto de vista de um determinado valor, com base no qual se julga o direito passado e se procura influir no direito vigente."[25]

---

[25] BOBBIO, Norberto. **O positivismo jurídico: lições de filosofia do direito**. São Paulo: Ícone, 1995, p. 138.

Dessa forma, dividimos a filosofia do direito em dois capítulos: Epistemologia Jurídica e Axiologia Jurídica. Na epistemologia jurídica procuramos investigar o direito tal como é, sob o enfoque do cientista do direito. A epistemologia estuda a realidade ou ser do direito (problema ontológico) e os processos de conhecimento e natureza do direito (gnoseologia). A axiologia jurídica estuda os valores do direito, sob o enfoque do jusfilósofo. A axiologia estuda como deve ser o direito (problema deontológico) e o principal valor ou fundamento do direito, que é a Justiça (Teoria da Justiça).

Em suma:

- Filosofia do Direito
  - Epistemologia Jurídica
    - Ontologia Jurídica
    - Gnoseologia Jurídica
  - Axiologia Jurídica
    - Deontologia Jurídica
    - Teoria da Justiça

3 EPISTEMOLOGIA JURÍDICA

A Epistemologia, do grego *episteme* (ciência) e *logos* (estudo), significa etimologicamente o estudo da ciência.

A ciência, segundo Aristóteles, tinha por objeto os princípios e as causas. Santo Tomás de Aquino, por sua vez, a definiu como "assimilação da mente dirigida ao conhecimento da coisa". Ciência, do latim *scire*, etimologicamente quer dizer: conhecimento, saber. Aristóteles já a definia: "é o conhecimento das coisas por suas causas". Hoje podemos dizer que a ciência é forma particular de conhecimento, fruto do raciocínio e da observação aperfeiçoada, da razão e da experiência.[26]

A epistemologia jurídica é o estudo da ciência do direito. A epistemologia jurídica busca o conhecimento da realidade jurídica. É o pleno conhecimento científico. O pleno conhecimento científico é alcançado através do estudo da ontologia e gnoseologia. A ontologia jurídica é o estudo

[26] FONTANA, Dino F. Fontana. **História da filosofia psicologia e lógica**. 3ª ed., São Paulo: Saraiva, 1969, p. 434.

do ser do direito, de sua realidade e características essenciais. A gnoseologia jurídica é a teoria do conhecimento ou saber jurídico. Sua finalidade fundamental é a determinação do objeto das ciências jurídicas. A epistemologia jurídica não é somente a doutrina da Ciência do Direito, mas tem como tema central a definição do Direito, a posição enciclopédica e a natureza do objeto do Direito.

A epistemologia jurídica é a teoria da ciência ou do conhecimento do direito. Em resumo, a epistemologia jurídica é o conhecimento jurídico em todas as suas modalidades (ser ou objeto).

3.1 Ontologia Jurídica

A ontologia, do grego *ontos* (ser) e *logos* (estudo), etimologicamente designa a teoria ou estudo do ser. A ontologia é o estudo da questão mais geral da metafísica, a do "ser enquanto ser", ou seja, do ser considerado independentemente de suas determinações ou características particulares. Cabe distinguir ontológico, que se refere ao ser em geral, de ôntico, que se refere ao ser em particular. Em resumo, a ontologia é a teoria do ser em geral, da essência do real. A ontologia é a teoria dos objetos ou seres. "Objeto é tudo aquilo que se pode dizer alguma coisa, ou, do ponto de vista lógico, tudo que se possa ser sujeito de um predicado. Assim, um número, uma árvore, um personagem histórico, um ente da mitologia, uma lei jurídica, são objetos."[27] O sujeito, no momento em que se investe de um predicado, passa à categoria do ser. O termo objeto designa aquilo que se projeta (*jectum*) diante de (*ob*) outra coisa, sendo esta o sujeito. "Objeto é algo que se põe diante do sujeito para o sujeito. Objeto é tudo aquilo que pode ser sujeito lógico de um juízo. É tudo aquilo a respeito do que se pode predicar algo. Predica-se pelo juízo, pelo ato do intelecto que afirma algo de algo. Ou que nega."[28]

---

[27] MONTORO, André Franco. **Estudos de filosofia do direito**. 2ª ed., São Paulo: Saraiva, 1995, p. 48.

[28] CRETELLA JR., José. **Primeiras lições de direito**. Rio de Janeiro: Forense, 1997, p. 28.

O direito é um objeto cultural; logo, a ontologia jurídica é o estudo do ser direito. O direito como objeto é passível de observação no quadro geral da Teoria dos Objetos.

Em suma:

Ontologia → Estudo do ser = objeto.

Ontologia Jurídica → Estudo do ser (objeto) Direito

A ontologia jurídica, mais comumente denominada de Teoria Geral do Direito, tem por objeto de estudo o "ser" do Direito, ou seja, estuda a realidade jurídica, investigando suas características essenciais. É a própria Teoria Geral do Direito, que é a compreensão da realidade e do sentido fundamental do direito no meio social em que está inserido. "Pode-se dizer até que a teoria geral do direito, enquanto teoria positiva de todas as formas de experiência jurídica, isto é, aplicável aos vários campos do saber jurídico, é uma ciência da realidade jurídica, que busca seus elementos na filosofia do direito e nas ciências jurídicas auxiliares como a sociologia do direito e a história jurídica, para, estudando-os, tirar conclusões sistemáticas que servirão de guia ao jurista e até mesmo ao sociólogo ou ao historiador do direito, sem as quais não poderiam atuar cientificamente."[29] Kelsen sustentava que o objeto da Teoria Geral do Direito é o estabelecimento de conceitos gerais facilitadores da interpretação do direito positivo. Para Miguel Reale a Teoria Geral do Direito "representa a parte geral comum a todas as formas de conhecimento positivo do Direito, aquela na qual se fixam os princípios ou diretrizes capazes de elucidar-nos sobre a estrutura das regras jurídicas e sua concatenação lógica, bem como sobre os motivos que governam os distintos campos da experiência jurídica".[30] Paulo Dourado de Gusmão anota que "a Teoria Geral do Direito destina-se a estabelecer elementos formais, essenciais e comuns a qualquer norma jurídica, independentemente de seu conteúdo, bem como formular os conceitos jurídicos fundamentais, indispensáveis ao raciocínio jurídico".[31] "Seu objeto

---

[29] DINIZ, Maria Helena. **Compêndio de introdução à ciência do direito**. 8ª ed. atual., São Paulo: Saraiva, 1995, p. 200.

[30] REALE, Miguel. **Filosofia do direito**. 17ª ed., São Paulo: Saraiva, 1996, p. 18.

[31] GUSMÃO, Paulo Dourado de. **Introdução ao estudo do direito**. 32ª ed., Rio de Janeiro: Forense, 2002, p. 16.

consiste na análise e conceituação dos elementos estruturais e permanentes do Direito, como suposto e disposição da norma jurídica, coação, relação jurídica, fato jurídico, fontes do direito".[32]

A finalidade primordial da Teoria Geral do Direito é verificar como o direito se mostra na realidade, é o estabelecimento de conceitos gerais para a ciência do direito. A ontologia jurídica estuda o ser ou a natureza fundamental do direito, investigando que espécie de ser é o direito.

Podemos afirmar que André Franco Montoro, na sua obra Introdução à Ciência do Direito, ao demonstrar as cinco realidades do direito, realiza um estudo ontológico, na medida em que investiga a realidade jurídica, ou seja, o que o direito é na realidade, o ser do direito. Miguel Reale também realiza uma pesquisa ontológica. Através do que denomina de ontognoseologia jurídica, investiga as estruturas ônticas da realidade social do direito.

A ontologia jurídica busca a integridade do direito em seus diferentes aspectos. A verificação da integridade geral da realidade do direito, produzida pela ontologia jurídica, constitui-se verdadeiro denominador comum para o estudo dos diversos ramos do direito. A Teoria Geral do Direito, ou Ontologia Jurídica, estuda o fenômeno jurídico na sua atualidade.

Cabe anotar que, para alguns, a expressão Teoria Geral do Direito designa o plano científico, ao passo que a expressão ontologia jurídica designa o plano filosófico.

3.2 Gnoseologia Jurídica

A Gnoseologia Jurídica, expressão que deriva do grego *gnósis*, significa conhecimento ou saber. A gnoseologia é a teoria do conhecimento em todas as suas modalidades. Na gnoseologia se incluem todas as disciplinas que se preocupam com o conhecimento do direito, como a lógica e a metodologia.

José Cretella Jr. anota que "a gnoseologia dos tempos modernos passa a ocupar o lugar da primitiva ontologia, destronando-a, erigindo-se como

---

32 NADER, Paulo. **Introdução ao estudo do direito**. 14ª ed., Rio de Janeiro: Forense, 1997, p. 6.

o *punctum saliens* das considerações do pensador de nossos dias. Tudo girava em torno do ser; agora tudo vai gravitar em torno do conhecer. A filosofia, que era uma metafísica ou 'filosofia do ser', passa a ser uma gnoseologia ou 'filosofia do conhecer'. A ontognoseologia tem por objeto o estudo das inter-relações do ser e do conhecer acentuando a importância do ato do conhecimento, sem, entretanto, deixar de lado a indagação ontológica".[33]

4 CLASSIFICAÇÃO DAS CIÊNCIAS

A filosofia, enquanto conhecimento geral, divide ou classifica as ciências particulares. Ao longo do conhecimento filosófico surgiram várias classificações de ciência, sendo que destacamos as seguintes classificações.

4.1 Augusto Comte

Augusto Comte, em seu **Curso de Filosofia Positiva**, classificou as ciências em abstratas e concretas. As ciências abstratas abrangem: 1. Matemática. 2. Astronomia (Mecânica Universal). 3. Física. 4. Química. 5. Biologia. 6. Sociologia.

O critério dessa classificação é a "complexidade crescente e a generalidade decrescente" de cada ciência. A matemática é a menos complexa, porque se ocupa apenas com as relações da quantidade, e a mais geral, pois pode ser aplicada a todas as espécies de fenômenos. A sociologia é a mais complexa, e ao mesmo tempo a menos geral, porque só se aplica à vida social. Como justificativa do critério utilizado, Comte afirma que, na natureza, os fatos mais simples são sempre os mais gerais, e a dificuldade de conhecimento do objeto aumenta proporcionalmente a sua complexidade.

As ciências abstratas são as que estudam as leis gerais que regem os fenômenos da natureza em todas suas combinações. As concretas são as

---

[33] CRETELLA JR., José. **Primeiras lições de direito**. Rio de Janeiro: Forense, 1997, p. 12.

que estudam os seres reais, ou seja, as referidas combinações que a natureza cria na realidade. Assim, devido à dependência das ciências abstratas, Comte não classificou as ciências concretas.

Na classificação proposta por Comte, a Ciência do Direito é uma ciência concreta oriunda da Sociologia. A Sociologia, também denominada por Comte como Física Social, seria a Ciência Social Geral (Ciência Abstrata), da qual seriam partes a Ciência do Direito, a Ciência Política, a Pedagogia, a Economia etc. (Ciências Concretas).

Em suma:

- Augusto Comte
  - Ciências
    - Abstratas
      - 1. Matemática
      - 2. Astronomia (Mecânica Universal)
      - 3. Física
      - 4. Química
      - 5. Biologia
      - 6. Sociologia
    - Concretas
  - Critérios da Classificação
    - Complexidade Crescente
    - Generalidade Decrescente
  - Direito
    - Ciência Concreta – Parte da Sociologia

4.2 Ampère – Wilhelm Dilthey

Ampère dividiu as ciências em duas partes, utilizando como critério a dicotomia: 1. Ciências Cosmológicas, relativas ao mundo, ou ao não eu; 2. Ciência Noológicas, relativas ao espírito.

Dilthey, inspirado no critério dicotômico proposto por Ampère, desenvolveu a referida classificação da ciência, distinguindo duas espécies fundamentais: 1. Ciências da natureza; 2. Ciências do espírito (ciências humanas e culturais), subdivididas em ciência do espírito subjetivo e ciência do espírito objetivo.

As ciências da natureza, ciências naturais ou cosmológicas têm por objeto o mundo físico-natural, sendo o método de estudo a explicação.

As ciências do espírito, humanas, culturais ou noológicas, têm por objeto o mundo do pensamento ou das ações humanas, ou seja, o mundo da cultura. Cultura é a natureza transformada pelo homem. O método de estudo da ciência cultural é a compreensão. As ciências do espírito subjetivo, ou psicológicas, se ocupam do espírito humano no próprio sujeito (mundo do pensamento). As ciências do espírito objetivo se ocupam do espírito humano nos objetos ou produtos culturais e constituem as ciências culturais propriamente ditas, na medida em que descrevem as ações humanas: históricas, morais, sociais, inclusive o direito.

Dilthey afirmava que "a natureza se explica, enquanto que a cultura se compreende", tal fato se dá devido a diversidade de objeto de estudo, que propõe método de estudo próprio para cada ciência.[34] Explicar consiste em ordenar os fatos segundo nexos ou laços objetivos e neutros de causalidade ou funcionalidade. Compreender é ordenar os fatos sociais segundo suas conexões de sentido, isto é, finalisticamente, segundo uma ordem de valores. "Na ciência humana, o cientista, por mais que pretenda ser cientificamente neutro, não vê os fatos sociais apenas em seus possíveis enlaces causais, porque há sempre uma tomada de posição perante os fatos, que se resolve num ato valorativo. Logo, pode e deve existir objetividade no estudo dos fatos sociais, mas é impossível uma atitude comparável à neutralidade avalorativa de um analista em seu laboratório ante uma reação química."[35]

Na classificação proposta por Dilthey, a Ciência do Direito faz parte das ciências do espírito humano objetivo, que modernamente são chamadas de ciências culturais ou humanas.

Em suma:

Ampère
- Ciências
  - Cosmológicas
  - Noológicas
- Critérios da Classificação → Dicotomia

---

[34] A essa diversidade de objetos corresponde uma diferença de um método no estudo de cada ciência: "explicação", no caso das ciências naturais; "compreensão" no caso das ciências culturais. É o que ensina André Franco Montoro. In **Introdução à ciência do direito**. 23ª ed., São Paulo: Revista dos Tribunais, 1995, p. 64.

[35] DINIZ, Maria Helena. **Compêndio de introdução à ciência do direito**. 8ª ed. atual., São Paulo: Saraiva, 1995, p. 22.

- Dilthey
  - Ciências
    - Naturais do Espírito
      - Ciências do Espírito Humano Subjetivo
      - Ciências do Espírito Humano Objetivo
  - Objeto de estudo
    - Ciências Naturais → Mundo Físico
    - Ciências do Espírito → Mundo do Pensamento
  - Método de Estudo
    - Ciências Naturais → Explicação
    - Ciência do Espírito → Compreensão
  - Direito → Ciência do Espírito Humano Objetivo

4.3 Aristóteles

Historicamente, Aristóteles dividiu as ciências segundo a atividade humana. Sob este ponto de vista, as ciências dividem-se em: 1. Especulativas ou Teóricas; 2. Práticas; e 3. Produtivas ou Poéticas.

As ciências especulativas têm como finalidade o conhecimento puro, sem preocupação prática, sendo caracterizadas pelo pensar (Física, Matemática, Filosofia ou Metafísica). As ciências práticas têm como finalidade as ações humanas, traçando regras para o agir corretamente, sendo caracterizadas pelo agir (Ética, Política e a Economia). As ciências produtivas têm como finalidade os meios necessários para a realização de obras exteriores, seu fim último é a produção de coisas úteis e belas, caracterizando-se pelo fazer (Poética, Retórica e Dialética).

Conforme vislumbramos, a classificação de Aristóteles baseia-se nos três modos da atividade humana: “saber”, “agir” e “fazer”.

Na classificação de Aristóteles, embora não citada expressamente, a Ciência do Direito é uma ciência prática, na medida em que se preocupa com o agir.

Em suma:

- Aristóteles
  - Ciências
    - Teóricas
    - Práticas
    - Produtivas
  - Critério → Atividade Humana
  - Direito → Ciência Prática

4.4 Outras Classificações[36]

A doutrina elenca outras classificações de menor importância acadêmica, mas que merecem citação, tais como:

4.4.1 Spencer

Com o intuito de refutar a classificação de Augusto Comte, Spencer, através de novo critério, classificou as ciências em: 1. abstratas (Matemática e Lógica); 2. abstrato-concretas (Mecânica Aplicada, Física e Química); e 3. concretas (Astronomia, Geologia, Biologia, Psicologia e Sociologia).

Na classificação de Spencer, a Ciência do Direito, embora não mencionada expressamente, é uma ciência concreta, sendo parte da Sociologia.

4.4.2 Karl Pearson

Pearson classificou as ciências em três grupos: 1. ciências abstratas (Lógica, Matemática, Estatística); 2. ciências concretas físicas (Física, Química); e 3. ciências concretas biológicas (Biologia, Psicologia e Sociologia).

Na Classificação de Pearson, a Ciência do Direito não foi mencionada, podendo ser classificada como Ciência concreta biológica, como parte da Sociologia

4.4.3 Hermann Ulrich Kantorowicz

Kantorowicz classificou as ciências agrupando-as em três ramos: 1. ciência da realidade; 2. ciência de sentido objetivo; e 3. ciência dos valores.

Na Classificação de Kantorowicz, a Ciência do Direito é classificada como espécie das ciências dos valores.

---

36 Anotação em aula na disciplina Teoria Geral do Direito ministrada pelo Prof. André Franco Montoro no primeiro semestre de 1999.

4.4.4 *Carlos Cossio*

Carlos Cossio classificou as ciências de acordo com o objeto, em três ramos: 1. ciências formais (Conhecimento por Intelecção); 2. ciências naturais (Conhecimento por Explicação); e 3. ciências culturais (Conhecimento por Compreensão).

Na Classificação de Cossio, a Ciência do Direito é uma ciência cultural.

4.4.5 *Wilhelm Windelband*

Windelband classificou as ciências dividindo-as em dois grupos: 1. Nomotéticas, ou de leis; e 2. Ideográficas, ou de acontecimento. As primeiras são ciências generalizadoras, pesquisam o geral, como por exemplo as ciências naturais. As segundas são individualizadoras, pesquisam o especial e o singular, como por exemplo a História.

Na classificação de Windelband, a Ciência do Direito é uma ciência ideográfica, na medida em que seu objeto é singular, ou seja, a norma jurídica.

4.4.6 *Hans Kelsen*

Kelsen classificou as ciências em: 1. explicativas; e 2. normativas. As ciências explicativas se ocupam do "ser", ao passo que as ciências normativas se ocupam do "dever ser".

Na classificação de Kelsen, a Ciência do Direito é uma ciência normativa, vez que a norma jurídica é seu objeto de estudo.

4.5 Classificação Contemporânea das Ciências

Na modernidade, a classificação de Aristóteles ganhou maior dimensão. Entretanto, a classificação proposta por Aristóteles é incompleta, porque omite ciências importantes como a história; é imperfeita, pois confunde as ciências propriamente ditas com as artes técnicas e as belas artes. Ademais, não é bastante exata, porque as três atividades: saber, agir e produzir se interpenetram comumente.

A classificação científica baseia-se em Aristóteles, e ainda toma como fundamento a ordem universal[37], com as modificações introduzidas pelo pensamento filosófico e científico. Nessa esteira, André Franco Montoro sintetiza a classificação distinguindo, inicialmente, duas espécies fundamentais de ciência:

1. ciências teóricas, especulativas ou puras; e
2. ciências práticas, normativas ou aplicadas

4.5.1 *Ciência Teórica ou Especulativa*

Ciência teórica ou especulativa é a que tem por finalidade conhecer por conhecer (contemplativa, limita-se a ver, conhecer). Assim, essas ciências são denominadas ciências puras. As ciências teóricas subdividem-se em:

1. ciências físicas ou naturais;
2. ciências do tipo matemático ou formais; e
3. ciências do tipo metafísico.

As ciências físicas ou naturais são aquelas que se ocupam do mundo físico-natural. A ciência física, nesta classificação, não significa uma disciplina particular, como a física propriamente dita, mas, sim, qualquer ciência do tipo natural. Trata-se de espécies ou categorias de conhecimento científico, e inclui a física (em sentido estrito), a química, a biologia. Com o desenvolvimento dos estudos relativos ao mundo da cultura, a natureza inclui também a cultura, surgindo assim a seguinte divisão: ciências naturais, que se preocupam com o mundo físico natural propriamente dito; e as ciências culturais, que tratam da natureza transformada pelo homem.[38]

---

[37] **Ordem Universal** – O estudo da ordem universal pertence ao campo de estudo da filosofia. A noção de ordem é uma das ideias primeiras do pensamento lógico, e ao mesmo tempo uma realidade da natureza. A existência de ordem nas coisas é um fato. A filosofia considera a existência de duas ordens universais: 1ª ordem física, que são as ciências especulativas ou teóricas; 2ª ordem do agir humano, que são as ciências operativas ou práticas.

[38] Modernamente, com o desenvolvimento dos estudos relativos ao mundo "da cultura", em oposição ao mundo da "natureza", devem-se distinguir explicitamente, entre as ciên-

As ciências do tipo matemático, lógico-formais, ou simplesmente formais, estudam o aspecto quantitativo, desprezando o conteúdo material dos objetos, limitando-se a considerar apenas seus aspectos formais, como a estrutura lógica, a relação entre coisas e objetos.

As ciências do tipo metafísico, ou ontologia, é a ciência que estuda o ser enquanto ser. Por isso é, também, chamada ontologia (ciência do ser).

4.5.2 Ciência Prática ou Normativa

Ciência prática ou normativa é a que tem por finalidade a ação, conhecer não apenas por conhecer, mas para dirigir a ação, tendo, assim, uma finalidade ulterior, além do conhecimento. É o caso da medicina, da engenharia, da arquitetura, cujo objetivo é curar, construir ou planejar. As ciências práticas ou normativas se subdividem em:

1. ciências morais, éticas, humanas ou ativas; e
2. ciências artísticas ou factivas.

As ciências morais ou ativas têm por finalidade dar normas ao agir, ou seja, dirigem a atividade humana, através de normas do agir. As ciências artísticas ou factivas são as que têm por finalidade dar normas ao fazer, ou seja, dirigem a produção de coisas exteriores, através das normas do fazer. As ciências artísticas ou factivas podem ser subdivididas em: a) artes, propriamente ditas, cuja finalidade é a produção do belo (música, escultura, poesia); e b) técnicas, que visam à produção do útil (engenharia – arte de construir, medicina – arte de curar).

Assim concluímos que o objeto da moral é o agir, ao passo que o objeto da arte é o fazer. André Franco Montoro ensina que "o fazer é transitivo, exige um objeto exterior. Quem faz, faz alguma coisa. O agir é intransitivo; é imanente; e indica, fundamentalmente, a atividade interna e pessoal do homem. Assim, podemos dizer que as ciências morais são as que

---

cias teóricas naturais, em sentido amplo: a) as ciências naturais, propriamente ditas, que se ocupam do mundo físico-natural; b) as ciências culturais, que estudam a natureza transformada pelo homem. É o que ensina, André Franco Montoro. In **Introdução à ciência do direito**, 23ª ed., São Paulo: Revista dos Tribunais, 1995, p. 71.

dirigem a atividade humana propriamente dita. E ciências artísticas são as que dirigem a produção de coisas exteriores”.[39]

Ante o exposto, vislumbramos, em uma acepção ampla, três modalidades essenciais de conhecimento científico: ciências teóricas ou especulativas; ciências éticas ou morais e ciências técnicas ou artísticas. De outra feita, de forma básica e corrente, podemos distinguir dois tipos de ciências: naturais e humanas.

Em síntese, temos os seguintes esquemas:

- Ordem Universal
  - Teórica ou Especulativa
    - Física ou Natural
    - Matemática
    - Metafísica
  - Prática ou Normativa
    - Lógica
    - Moral
    - Artística
      - Belas Artes – Estéticas
      - Artes Úteis – Utilidade

- Ciência
  - Teórica ou Especulativa
    - Física ou Natural
      - Natural propriamente dita
      - Cultural
    - Matemática
    - Metafísica
  - Prática ou Normativa
    - Moral
    - Artística
      - Arte propriamente dita
      - Técnica

- Conhecimento Científico
  - Teórica ou Especulativa
  - Ética ou Moral
  - Técnica ou Artística

- Ciências
  - Naturais
  - Humanas

39 MONTORO, André Franco. **Introdução à ciência do direito**. 23ª ed., São Paulo: Revista dos Tribunais, 1995, p. 73.

5 CIÊNCIA DO DIREITO

5.1 O Direito no Quadro das Ciências

Conforme estudado, a ciência apresenta uma tríplice perspectiva, Teórica, Moral e Técnica. A ciência do direito pode ser considerada ou classificada nas três modalidades, tendo em vista o enfoque empregado para visualizar a realidade científico-jurídica. Se considerarmos as ciências em sua acepção mais ampla, podemos classificá-las nas três modalidades fundamentais.

Sob o enfoque das ciências teóricas ou especulativas, que têm como fulcro o conhecimento, vislumbramos a existência de uma Teoria do Direito, que se limita ao conhecimento do que é o próprio direito, ou o que é uma parte ou capítulo da ciência ou realidade jurídica estudada. Como exemplo, podemos citar o naturalismo, o positivismo, como teorias da ciência do direito. Ainda no campo da ciência penal, o garantismo, o abolicionismo etc.

A teoria do direito é uma realidade solar, sendo certo que, diuturnamente, estudamos a ciência do direito por meio das suas respectivas teorias. Qualquer capítulo da realidade jurídica é estudado teoricamente, como, por exemplo, teoria dos contratos, do Estado etc.

No prisma das ciências éticas ou morais, que têm como fulcro a orientação do agir humano, vislumbramos a existência de uma Moral do Direito, cuja finalidade é ordenar a conduta social dos homens, com a preocupação fundamental da justiça.

Na perspectiva das ciências técnicas ou artísticas, que têm como fulcro a atividade produtiva do homem (como fazer), vislumbramos a existência de uma Técnica e Arte do Direito. No campo da técnica do direito, que se preocupa com normas do fazer, verificamos a existência de normas técnicas, que nos ensinam como elaborar uma petição, recurso ou sentença. Outrossim, cabe anotar a existência da técnica legislativa, técnica da interpretação, técnica de aplicação do direito e técnica processual. Ainda, no que se refere à arte ou estética do direito, vislumbramos os aspectos estéticos e artísticos, através do estilo da lei, redação de trabalhos e textos legais, a eloquência jurídica e as vestes talares.

Concluindo, conforme ensina André Franco Montoro, ao tratar da posição do direito no quadro das ciências, a ciência do direito pode ser considerada sob a tríplice perspectiva de teoria, técnica e ética. "É inegável a existência de uma teoria e uma técnica e uma estética no direito. Mas o direito é, essencialmente, uma ciência ética, moral ou humana. Ou, de forma mais precisa, uma ciência normativa ética. A finalidade do direito não é o simples conhecimento teórico da realidade jurídica, embora esse seja importante. Não é, também, a formulação de quaisquer regras técnicas, eficazes e úteis, apesar da grande importância da técnica jurídica. A finalidade do direito é dirigir a conduta humana na vida social. É ordenar a convivência de pessoas humanas. É dar normas ao agir, para que cada pessoa tenha o que lhe é devido. É em suma dirigir a liberdade, no sentido da justiça."[40]

Em suma:

Ciência do Direito	Teórica ou Especulativa Técnica ou Artística Ética ou Moral

5.2 Cientificidade do Direito

Divergem os doutrinadores acerca da cientificidade do direito,[41] ou seja, o direito pode ser erigido à categoria de ciência, e sendo ciência qual o seu objeto de estudo.

Indubitavelmente, o direito é uma ciência, sendo que conforme conceituamos entende-se por ciência qualquer forma de conhecimento

---

40 MONTORO, André Franco. **Introdução à ciência do direito**. 23ª ed., São Paulo: Revista dos Tribunais, 1995, p. 94-95.

41 Alguns defensores do caráter científico do direito – Hans Kelsen, Jacques Novicow, Carlos Cossio, Angel Latorre (autores alienígenas); Paulo Doutorado de Gusmão, Wilson de Souza Campos Batalha e André Franco Montoro (autores indígenas). Alguns autores que se posicionam contra a cientificidade do direito – André Wilhelm Lundstedt, Paul Koschaker, Julius Hermann von Kirchmann (autores alienígenas); Paulino Jacques, Queirós Lima e Pedro Lessa (autores indígenas), conforme anotação em aula na disciplina Teoria Geral do Direito ministrada pelo Prof. André Franco Montoro no primeiro semestre de 1999.

racional e sistematizado. Na medida em que o direito é um conhecimento sistemático da realidade jurídica, torna-se assim ciência ou uma forma de conhecimento científico.

Entretanto, levantam-se vozes contra a cientificidade do direito. O argumento usado é a relatividade das leis e a singularidade do direito. Nessa esteira de raciocínio, Kirchmann afirmou em 1847, numa conferência em Berlim, sob o título "O Direito não é uma ciência" que: "três palavras retificadoras do legislador tornam inútil toda uma biblioteca jurídica". A instabilidade do direito representava, para Kirchmann, a mais flagrante impossibilidade de sua aceitação como ciência. Nessa esteira, Antonio Bento Betioli transcreve os pensamentos de Blaise Pascal: "quase nada se vê de justo ou de injusto que não mude de qualidade mudando de clima. Três graus de elevação no polo derrubam a jurisprudência. Um meridiano decide da verdade; em poucos anos de posse, as leis fundamentais mudam; o direito tem suas épocas".[42]

Nesse sentido, alguns autores negam a cientificidade do direito, sob o argumento da falta de validade universal. Assim, afirmam que três são os requisitos do conhecimento ou saber científico: 1. conhecimentos adquiridos metodicamente; 2. conhecimentos que tenham sido objeto de observação sistemática; e 3. conhecimentos que constroem teorias, valores, conceitos e verdades científicos universais. O direito não seria ciência, na medida em que não apresenta o terceiro requisito, pois seu estudo encontra-se calcado na dogmática que varia no tempo e no espaço. Aliado a esse fato, surge outro argumento que é a falta de objeto de estudo.

O direito é uma ciência, pois seu objeto de estudo não é o sistema dogmático puro, mas a realidade ou experiência jurídica.[43] Essa evolui e constrói conceitos, valores e verdades universais, independentemente da variação dogmática espacial e temporal. A ciência do direito apresenta conceitos jurídicos universais, como, por exemplo, herança, propriedade e contrato.

---

[42] BETIOLI, Antonio Bento. **Introdução ao direito: lições de propedêutica jurídica**. 4ª ed., São Paulo: Letras & Letras, 1996, p. 367.

[43] REALE, Miguel. **Lições preliminares de direito**. 22ª ed., São Paulo: Revista dos Tribunais, 1995, p. 83: "A ciência do direito, como investigação positiva desse campo da realidade social que chamamos experiência jurídica".

André Franco Montoro ensina que toda ciência possui um objeto, que se divide em: material e formal. O objeto material é o setor da realidade de que se ocupa cada ciência. O objeto formal é o aspecto pelo qual a ciência considera ou estuda esse setor da realidade. Por exemplo, o objeto material das ciências éticas é a atividade humana. O objeto formal é o bem. O objeto material da ciência do direito é o homem vivendo em sociedade. O objeto formal é o bem num de seus aspectos fundamentais, que é a justiça. Conclui o citado autor que o direito possui as duas características de uma ciência normativa ética:

1. tem por objeto material a "atividade humana" (social);

2. tem por objeto formal o "bem", em um de seus aspectos fundamentais, que é a justiça.[44]

Hans Kelsen entende o direito como ciência normativa, sendo o ordenamento jurídico o objeto da Ciência do Direito.

Na medida em que o conceito de ciência é o conhecimento sistematizado da realidade natural, social ou cultural, o direito, como conhecimento sistematizado de uma parcela da realidade cultural, torna-se ciência. Assim, concluímos pela cientificidade da ciência do direito, sendo certo que o mesmo apresenta a preponderância de ciência normativa. Essa também é a conclusão de João Batista Herkenhoff que em sua obra "1000 perguntas – introdução ao direito" traz importante pesquisa acerca do problema da cientificidade do direito.[45]

5.3 Ciências Auxiliares do Direito

Para a realização de seus objetivos, o Direito se socorre de disciplinas ou ciências auxiliares. Estas disciplinas auxiliares variam de acordo com o ramo do direito a que prestam sua colaboração. Por exemplo, a medicina presta colaboração a diversos ramos do direito. De um modo geral, podemos dizer que todas as ciências são auxiliares do direito, porém não são erigidas

---

44 MONTORO, André Franco. **Introdução à ciência do direito**. 23ª ed., São Paulo: Revista dos Tribunais, 1995, p. 95-96.

45 HERKENHOFF, João Baptista. **1000 perguntas – introdução ao direito**. Rio de Janeiro: Thex Ed.: Biblioteca da Universidade Estácio de Sá, 1996, p. 34-40.

à categoria de disciplina jurídica, sendo ciências particulares de que determinado ramo do direito se utiliza para o desempenho de seus fins.

Do ponto de vista puramente científico, o direito apresenta três ciências afins, ou seja, a filosofia do direito, a ciência dogmática do direito e a sociologia do direito.

Para Miguel Reale, o direito apresenta as seguintes ciências afins:

1. Filosofia do Direito;
2. Ciência do Direito;
3. Teoria Geral do Direito;
4. Sociologia; e
5. Economia.[46]

Segundo o entendimento de Maria Helena Diniz, a ciência jurídica e ciências afins podem ser classificadas como:

1. Ciência Jurídica como Ciência Social;
2. Ciência do Direito;
3. Teoria Geral do Direito;
4. Lógica Jurídica;
5. Cibernética Jurídica;
6. Ciência Comparada do Direito;
7. Psicologia Forense;
8. Sociologia Jurídica;
9. História do Direito; e
10. Política Jurídica.[47]

Ronaldo Poletti, divide as disciplinas jurídicas em fundamentais e auxiliares.[48]

---

46 REALE, Miguel. **Lições preliminares de direito**. 27ª ed., São Paulo: Saraiva, 2002, p. 13-22.

47 DINIZ, Maria Helena. **Compêndio de introdução à ciência do direito**. 8ª ed. atual., São Paulo: Saraiva, 1995, p. 197-209.

48 POLETTI, Ronaldo. **Introdução ao direito**. 3ª ed. rev., São Paulo: Saraiva, 1996, p. 44-45.

Duas são as disciplinas básicas do direito:

1. A Filosofia; e a

2. Jurisprudência (Ciência do Direito).

Três são as disciplinas auxiliares do direito, a saber:

1. A história do direito;

2. O direito comparado; e

3. A sociologia jurídica.

André Franco Montoro indica como principais disciplinas jurídicas:

1. A epistemologia jurídica, que é a teoria do conhecimento científico do direito;

2. A axiologia jurídica ou teoria dos valores jurídicos e especialmente da justiça;

3. A dogmática jurídica ou teoria do direito como norma; que inclui a técnica jurídica;

4. A teoria dos direitos subjetivos ou teoria como poder, que alguns autores incluem na dogmática jurídica;

5. A sociologia jurídica, que é o estudo do direito como fenômeno social.[49]

Conforme já afirmado, segundo nosso entendimento, as ciências afins do direito são: a sociologia, a dogmática e a filosofia, sendo certo que não podemos resumir as mesmas a mera ciência afim ou auxiliar, na medida em que são, na realidade, perspectivas diferentes de compreensão do universo jurídico, que não se excluem, mas se completam mutuamente, por vezes tornando-se até mesmo difícil distinguir uma da outra.

A Sociologia Jurídica, a Ciência Dogmática do Direito e a Filosofia do direito têm o mesmo objeto material: o direito. Mas o objeto formal, isto é, o aspecto pelo qual cada uma dessas disciplinas considera o direito, é diferente. Pode haver um enfoque sociológico, outro dogmático e um terceiro filosófico.

---

[49] MONTORO, André Franco. **Introdução à ciência do direito**. 23ª ed., São Paulo: Revista dos Tribunais, 1995, p. 106.

Em suma:

Ciências Afins	Sociologia do Direito → Estuda o direito como fato social (Sociologia Jurídica).
	Ciência Dogmática do Direito → Estuda a norma jurídica e sua aplicação.
	Filosofia do Direito → Estuda e investiga os princípios fundamentais e a natureza científica do direito.

6 SEMIÓTICA JURÍDICA

6.1 A Linguagem do Direito

A Semiótica ou semiologia é a teoria ou ciência geral dos sinais, sejam eles línguas, códigos, sinalizações etc. O vocábulo semiótica provém do grego *semeiotiké*, sendo formada por *semeion* (sinal) e *optiké* (ver). O termo ótica provém do grego *optiké*, do latim *optica*, que designa maneira de ver, de julgar, sentir. Assim, a semiótica é a maneira de ver o sinal. "Locke utiliza o termo semiótica em seu Ensaio sobre o entendimento humano (1690) para o estudo da relação entre as palavras como signos das ideias, e das ideias como signos das coisas."[50] Signo ou sinal é o elemento que indica outro, ou seja, o objeto que representa outro. Signo ou Sinal é todo o fenômeno sensível atual destinado a evocar a ideia de outro fenômeno ausente ou inacessível aos sentidos.

A linguagem é o sistema de sinais voluntariamente empregados a fim de exprimir o pensamento. Para Geenen, "a linguagem é um conjunto de sinais naturais e artificiais do qual o homem se serve para comunicar seus conceitos e suas emoções, seus estados de consciência".[51]

A Semiótica tem um papel importante no estudo da realidade jurídica. Ora, o direito, enquanto conjunto de normas dirigidas a toda a coletividade, apresenta-se primordialmente como um aspecto de comunicação. "O fenômeno jurídico pós-moderno passa a valorizar a dimensão discursivo-comunicativa. Entende-se que o Direito é uma manifestação da

---

50 JAPIASSÚ, Hilton; MARCONDES, Danilo. **Dicionário básico de filosofia**. 3ª ed., Rio de Janeiro: Jorge Zahar Editor, 1996, p. 244.

51 FONTANA, Dino F. **História da filosofia, psicologia e lógica**. 3ª ed., São Paulo: Saraiva, 1969, p. 356.

linguagem humana. Logo, o conhecimento e a realização do ordenamento jurídico exigem o uso apropriado dos instrumentos linguísticos da semiótica ou semiologia. Torna-se, cada vez mais plausível, o entendimento de que os juristas devem procurar as significações do Direito no contexto de interações comunicativas. Deste modo, a linguagem se afigura com a condição de exterioridade dos sentidos incrustados na experiência jurídica"[52].

O conhecimento científico e acadêmico apresenta uma linguagem própria. Podemos afirmar que cada ciência particular apresenta um vocabulário, exprimindo-se na linguagem da ciência. Assim, no estudo da química verifica-se uma linguagem e um vocabulário da química. No universo jurídico não é diferente, na medida em que se verifica uma linguagem própria da ciência do direito.

A linguagem é um dos instrumentos da atividade científica. Para o estudo de qualquer ciência é importante a consideração da linguagem. É inegável a importância fundamental da linguagem no estudo do direito. Assim, o estudante de direito deve conhecer a linguagem própria da sua ciência. O referido estudo é desenvolvido pela Teoria da Comunicação, modernamente denominada de Semiótica, surgindo assim a Semiótica Jurídica.

O direito tem uma linguagem. Mais do que isso, o direito é, de certa forma, um sistema de linguagem e comunicação. Entretanto, cabe ressaltar que o direito não é só um fenômeno linguístico.

6.2 Partes da Semiótica Jurídica

Os estudiosos com fundamento em Charles Morris[53] costumam elencar três partes fundamentais da semiótica: 1. a semântica; 2. a sintática; e 3. a pragmática.

A semântica, do grego *semantiké* (significar), tem por objeto de estudo a relação entre o sinal e o objeto. No plano linguístico a semântica é o estudo do significado das palavras. A semântica é a parte da semiótica que

---

52 SOARES, Ricardo Maurício Freire. *Hermenêutica e interpretação jurídica*. São Paulo: Saraiva, 2010, p. 52.

53 O filósofo norte-americano Charles Morris (1946) propôs a constituição de uma teoria geral dos signos, subdividindo-se em uma sintaxe, semântica e pragmática.

estuda a significação dos sinais. É o estudo da relação entre os signos e a realidade a que se referem.

A sintática, do grego *syntaktikós* (que põe em ordem), tem por objeto de estudo as relações estruturais, isto é, a concatenação dos sinais entre si, sejam eles palavras, símbolos etc.; podemos falar em conexão ou concatenação gramatical, lógica e sistemática. No plano linguístico a sintática é o estudo relativo à sintaxe, do grego *syntaxis*, do latim *syntaxe* (ordem, disposição). Assim, a sintática é a parte da semiótica que se interessa especificamente pelas relações entre os sinais, símbolos ou signos. A sintaxe é a parte da gramática que estuda a disposição das palavras na frase e das frases no discurso, bem como a relação lógica das frases entre si e a correta construção gramatical. Assim, a sintática é o estudo da relação dos signos entre si.

A pragmática, do grego *pragmatikós*, do latim *pragmaticu* (relativo aos atos que se devem praticar), tem por objeto de estudo a relação entre os sinais e as pessoas que os utilizam, o emissor e o receptor; a pragmática envolve as questões de comunicação entre emissores e receptores. A pragmática é a parte da semiótica que estuda a relação entre o sinal e o usuário deste. A pragmática é o estudo dos signos em relação a seu uso concreto entre os emissores e receptores.

Em suma:

Partes da Semiótica	
	Semântica → Estuda o significado dos sinais.
	Sintática → Estuda as relações entre os sinais.
	Pragmática → Estuda a relação entre o sinal e o usuário.

Dessa forma, a semiótica jurídica estuda fundamentalmente:

1. os aspectos da análise semântica da Linguagem Jurídica;

2. os aspectos da análise sintática da Linguagem Jurídica; e

3. os aspectos da análise pragmática da Linguagem Jurídica.

A investigação semântica consiste na verificação do sentido ou significado das normas e dos conceitos jurídicos.

A investigação sintática consiste em estudar a concatenação entre os elementos da linguagem jurídica. Essa apreciação é realizada em dois planos: 1. a concatenação interna entre os elementos da norma; e 2. a concatenação ou coerência dentro do sistema jurídico.

A investigação pragmática consiste em estudar as relações entre as normas e seus destinatários. Em toda a linguagem jurídica há um emissor e um receptor. A pragmática se ocupa da comunicação entre o emissor e o receptor. A pragmática jurídica se ocupa naturalmente das expressões do direito e suas relações com os que as enunciam (emissoras) e aquelas a quem são dirigidas (receptores da linguagem jurídica ou destinatários das normas).

Indubitavelmente, os operadores do direito devem se preocupar com a relação existente entre o emissor e o receptor da norma. Assim, o estudo da semiótica torna-se importante, com o intuito de que seja verificada se a norma do ponto de vista semiótico é inteligível. O legislador deve utilizar no nascedouro da norma todas as espécies de linguagem, a fim de que todos os destinatários tenham acesso à mesma.

6.3 Espécies de Linguagem Jurídica

A linguagem, de maneira geral, pode ser classificada, tomando-se como critério: a origem; a função; e o nível.

No que se refere à origem, a linguagem pode ser: natural; artificial e mista.

A linguagem natural é aquela que surge espontaneamente pela evolução social, ou seja, a língua de um determinado povo, como o japonês, inglês, francês etc.

A linguagem artificial é aquela que é formalizada por determinada ciência. É a própria linguagem técnica ou científica. Algumas ciências apresentam uma linguagem totalmente simbólica, como ocorre com a matemática; outras apresentam jargões próprios.

A linguagem mista é aquela formada por expressões técnicas ou simbólicas e por expressões naturais. Por exemplo, a linguagem da economia etc. Ainda, verificamos que as expressões técnicas se incorporam na linguagem natural, como por exemplo as expressões do campo da informática.

Em suma:

Origem
- Natural → Formada pela evolução social.
- Artificial → Formada pela técnica – ciência.
- Mista → Expressão técnica + expressão natural.

O direito apresenta uma linguagem mista. Ainda, alguns vocábulos de uso comum do povo integram a linguagem jurídica, ganhando um sentido técnico-jurídico, como a palavra competência.

Conforme suas funções ou usos, a linguagem pode se apresentar sob diferentes modalidades: descritiva, diretiva, operativa e expressiva.

A linguagem descritiva é aquela que enuncia ou descreve os fatos ou situações, como por exemplo: "A Constituição Federal de 1988 é um importante instrumento de proteção de direitos humanos".

A linguagem diretiva, também denominada de normativa, é aquela que enuncia uma conduta a ser seguida, como por exemplo: "É proibido fumar".

A linguagem operativa é aquela que tem por finalidade operar ou produzir efeitos concretos, como por exemplo: "Expeça-se a Carta Precatória".

A linguagem expressiva é aquela que tem por finalidade despertar expressões, emoções, sentimentos ou valores, como por exemplo: "O réu é culpado".

Em suma:

Função
- Descritiva – Função de Descrever.
- Diretiva – Função de Prescrever, Dirigir.
- Operativa – Função de Operar Efeitos Concretos.
- Expressiva – Função de Expressar Valores.

No que se refere às funções ou usos, a linguagem do direito pode ser: descritiva, diretiva, operativa e expressiva. A linguagem do direito, conforme as circunstâncias, utiliza todas as espécies de linguagem. Tomemos como exemplo uma sentença judicial criminal.

Da análise de qualquer sentença judicial, verificamos a riqueza nas espécies de linguagem.

1. Linguagem Descritiva: "A narração ou descrição do fato".

2. Linguagem Diretiva: "Nos termos do art. 213 do Código Penal, o estuprador deve ser condenado".

3. Linguagem Operativa: "Condeno o réu à pena de 2 anos".

4. Linguagem Emotiva: "O crime foi violento e cruel".

Quanto ao nível ou plano em que se situa, a linguagem pode ser assim considerada: linguagem objeto e metalinguagem.

A linguagem objeto é a linguagem estudada, descrita ou observada em primeiro plano, como por exemplo o estudo da linguagem do Código.

A metalinguagem é a linguagem utilizada pelos estudiosos e legisladores para descrever a linguagem objeto. É o próprio estudo da linguagem objeto, como por exemplo a linguagem utilizada pelo jurista para descrever a linguagem do Código.

Em suma:

Nível { Linguagem Objeto – Primeiro Plano
Metalinguagem – Segundo Plano }

A linguagem jurídica possui modalidades ou níveis de linguagem, sendo classificada, neste aspecto, de acordo com as fontes do direito, em:

1. Linguagem Legal;
2. Linguagem dos Costumes Jurídicos;
3. Linguagem Jurisprudencial; e
4. Linguagem da Doutrina.

A linguagem legal é aquela utilizada pelo legislador. Na formulação dos textos legais verifica-se o emprego de uma linguagem oficial que integra as normas, como por exemplo a Linguagem dos Códigos, Portarias etc. Cabe anotar que a Lei Complementar n. 95, de 26 de fevereiro de 1998, traça regras e técnicas para formulação de textos legais.

A linguagem costumeira é aquela utilizada pelo direito espontâneo que surge no seio da comunidade. A referida linguagem é fundamentalmente oral, mas verifica-se também a existência de sinais, símbolos transmitidos por tradição, como por exemplo os usos e costumes do comércio. Verifica-se com frequência a criação de repertórios e consolidações dos costumes, como por exemplo a publicação intitulada "Assentamentos de Usos e Costumes da Praça de São Paulo", elaborada pela Junta Comercial e publicada no Diário Oficial do Estado.

A linguagem jurisprudencial é aquela que surge da atividade dos juízes, que se utilizam de uma linguagem técnica na formulação de sentenças e acórdãos.

A linguagem da doutrina é aquela que surge da atividade dos cientistas, juristas ou estudiosos do direito, que ao formularem pareceres e artigos criam uma linguagem filosófica, científica e técnica. Da atividade doutrinária surgem expressões que passam a integrar a realidade jurídica, como por exemplo a expressão "direitos difusos".

A linguagem legal ou costumeira são linguagens objeto. A linguagem doutrinária e jurisprudencial são consideradas metalinguagem.

Em suma:

Níveis da Linguagem Jurídica	Linguagem Objeto	Linguagem Legal
		Linguagem Costumeira
	Metalinguagem	Linguagem Jurisprudencial
		Linguagem Doutrinária

7 LÓGICA JURÍDICA

A lógica é a parte da filosofia que estuda o pensamento ou raciocínio correto para a demonstração da verdade. A demonstração da verdade é estudada pela metodologia.

7.1 Metodologia da Ciência do Direito

Etimologicamente, método do grego *méthodos*, significa o caminho para se chegar a um fim. Na verdade, é o caminho utilizado para se chegar ao resultado. A metodologia é o estudo do método ou do caminho percorrido na investigação da verdade. Dessa feita, o método pode ser definido como a direção que se imprime aos próprios pensamentos a fim de investigar e demonstrar a verdade. Método pode ser definido como "o conjunto de processos a empregar para chegar ao conhecimento ou demonstração da verdade".[54]

A distinção entre o conhecimento vulgar de 1º grau do conhecimento científico de 2º grau encontra-se na demonstração da verdade. O conhecimento científico é demonstrado. Para o implemento da demonstração o

54 JOLIVET, Régis. **Curso de filosofia**. Trad. de Eduardo Prado de Mendonça, 2ª ed., Rio de Janeiro: Agir, 1955, p. 12-13.

cientista se vale de um método. O direito é um conjunto de demonstrações ou raciocínios.

Nesse sentido, Miguel Reale leciona que todo o conhecimento científico ou filosófico pressupõe uma ordenação intencional da inteligência e da vontade capaz de permitir ao investigador alcançar um resultado dotado pelo menos de relativa certeza. Assim sendo, a Ciência do direito, como investigação positiva desse campo da realidade social que chamamos experiência jurídica, não pode deixar de obedecer às regras da Lógica, nem deixar de seguir métodos adequados às suas finalidades.[55]

A base da metodologia de cada ciência é estudada pela lógica. A metodologia é modernamente uma parte da lógica. A lógica, como vimos, é o estudo do raciocínio como instrumento de aquisição e progresso de nossos conhecimentos.

A ciência busca a verdade e o conhecimento. Assim, cada ciência apresenta sua metodologia, sendo que o mesmo ocorre com a ciência do direito, podendo-se assim falar em lógica jurídica. A lógica jurídica tem por objeto de estudo os princípios e regras relativos às operações intelectuais efetuadas pelo jurista, na elaboração, interpretação, aplicação e investigação do Direito.

7.1.1 *Operações Intelectuais do Jurista*

Na busca pela verdade, o cientista realiza uma série de operações intelectuais. As operações efetuadas pelos cientistas podem ser resumidas em:

1. Argumentos;
2. Proposições; e
3. Termos.

Toda ciência possuiu um processo ordenado, cujos passos fundamentais podem ser assim desdobrados:

1. A ciência é um conjunto de argumentações ou raciocínios sobre determinado campo de conhecimento.

---

55 REALE, Miguel. **Lições preliminares de direito**. 27ª ed., São Paulo: Saraiva, 2002, p. 81-83.

2. O argumento é um conjunto ordenado de proposições ou juízos (frases).

3. A proposição é um conjunto ordenado de outros elementos mais simples, que são os termos ou conceitos (palavras ou vocábulos).

Dessa forma, nas operações mentais do jurista incluem-se:

1. Termos;
2. Proposições;
3. Argumentos (dedução e indução); e a
4. Intuição.

7.1.1.1 Termos

O termo é a primeira operação do pensamento. Na base de qualquer ciência encontramos os conceitos que constituem as unidades elementares da ciência. O conceito ou termo pode ser definido como a simples representação intelectual de um objeto. Exemplo: homem, pedra etc. Ao lado dos conceitos em geral, vislumbramos os conceitos jurídicos que podem ser definidos como a simples representação intelectual de objetos da realidade jurídica, como por exemplo, fato típico, reclusão, competência, mora etc.

A expressão verbal do conceito é o termo. O termo, que apresenta um sentido lógico, não se confunde com a palavra, que apresenta um sentido gramatical. Cabe, assim, distinguir conceitos ou termos e palavras. Aos conceitos correspondem as palavras. Mas são realidades diferentes. Os conceitos estão no plano do pensamento; as palavras no plano da linguagem. A distinção torna-se clara na medida em que se verifica que muitas palavras correspondem a um mesmo conceito (sinônimos) e que uma mesma palavra corresponde a diferentes conceitos. Ainda, várias palavras agrupadas podem designar um único conceito como, por exemplo, Assembleia Legislativa do Estado de São Paulo.

Em suma:

Palavra → Plano da Linguagem
Conceito → Plano do Pensamento
Expressão Verbal do Conceito → Termo

7.1.1.2 Proposições

A proposição é a segunda operação do pensamento. Conforme verificamos, a primeira é o conceito, a segunda é a proposição, que é uma reunião de conceitos. A terceira é o raciocínio, que consiste basicamente numa reunião de proposições.

A proposição é uma reunião de conceitos por uma afirmação ou negação. Ex.: o menor de 18 anos é juridicamente incapaz. Em sentido amplo, a proposição e o juízo se equivalem. Mas, em sentido estrito, o juízo é a operação mental pela qual atribuímos um predicado a um sujeito. Segundo Aristóteles, "o juízo é o ato do espírito pelo qual afirmamos ou negamos uma coisa de outra". A proposição é a expressão, oral ou escrita, dessa operação. Assim, como o termo é a expressão verbal do conceito, a proposição é a expressão verbal ou o enunciado do juízo.

Em suma:

Expressão Verbal do Conceito → Termo
Expressão Verbal do Juízo → Proposição

O juízo apresenta três elementos: o sujeito, o predicado e o liame ou cópula. O sujeito é o elemento a respeito do qual se afirma ou se nega alguma coisa. O predicado é o elemento que se afirma ou se nega a respeito do sujeito. O liame é o elemento que une o predicado ao sujeito e vem expresso pelo verbo "ser".

7.1.1.3 Argumento

O raciocínio ou argumento é a terceira operação do pensamento e consiste na reunião de proposições.

A palavra raciocínio, em sentido amplo, pode designar uma atividade da inteligência ou o produto e resultado dessa atividade. Em sentido estrito, o raciocínio é a operação mental, é um ato psicológico. O produto do raciocínio é designado como argumento, sendo um ato lógico. A expressão verbal do raciocínio é o argumento.

Em suma:

Raciocínio → ato psicológico (atividade)

Argumento → ato lógico (produto ou resultado da atividade)

Expressão Verbal do Raciocínio → Argumento

Assim, o raciocínio é uma operação mental pela qual, via de consequência, passamos de algumas proposições, chamadas premissas, para uma nova proposição, chamada conclusão. O argumento é o conjunto de proposições em que uma chamada conclusão é inferida como consequência de outras chamadas premissas.

Todas as argumentações podem ser reduzidas a duas espécies:

1. Dedução; e
2. Indução.

A dedução é a argumentação que conclui por intermédio de um elemento total. Em princípio, é a argumentação que parte do total para o particular. O método dedutivo se caracteriza por ser uma forma de raciocínio que, independentemente de provas experimentais, se desenvolve de uma verdade sabida ou admitida a uma nova verdade, apenas por conclusão ou consequência. A argumentação dedutiva ou dedução corresponde ao silogismo, no seu sentido mais amplo. Exemplo:

Todo maior de 16 anos pode dirigir automóvel.

Fulano é maior de 16 anos.

Logo, Fulano pode dirigir automóvel.

A indução é o argumento que conclui por intermédio do particular. Pelo método indutivo, o pensamento infere uma verdade geral, de dados singulares suficientes. Trata-se, pois, de um processo de raciocínio que se desenvolve a partir de fatos particulares, até atingir uma conclusão de ordem geral, com fundamento na experiência. Exemplo:

Os seres vivos a, b, c, são constituídos de células vivas.

Esses casos são suficientemente representativos de todos os seres vivos.

Logo, todo ser vivo é constituído de células.

A argumentação indutiva ou indução pode se apresentar sob duas modalidades: indução generalizadora e indução analógica (ou analogia).

A indução generalizadora é o argumento ou raciocínio que parte do particular para o geral. Chama-se por isso indução generalizadora ou amplificadora. "A indução generalizadora é o raciocínio em que, a partir de dados particulares, suficientemente enumerados, chegamos a uma conclusão geral" (Franco Montoro). "A indução é um raciocínio no qual de dados singulares ou parciais suficientemente enumerados inferimos uma verdade universal" (Maritain). "A indução é o método de chegar a proposições gerais ou universais, partindo dos fatos particulares da experiência, é chamado generalização indutiva" (Copi).[56]

A indução analógica ou analogia é o argumento que parte de um caso particular a outro caso particular. A analogia tem importante aplicação no direito.

Dessa forma, podemos estabelecer as seguintes distinções entre dedução e indução:

1. A dedução parte do total para o particular. A indução parte do particular para o geral.

2. Na dedução a conclusão é consequência necessária das premissas. Assim, se as premissas são verdadeiras, a conclusão é necessariamente verdadeira. Na indução, se as premissas são verdadeiras, a conclusão é provavelmente verdadeira.

3. Na dedução, os dados contidos na conclusão estão, pelo menos implicitamente, nas premissas, ao contrário da indução, em que a conclusão encerra informação que não estava, nem implicitamente, nas premissas.

Em suma:

Raciocínio {
- Dedução → Total para Particular.
- Indução Generalizadora → Particular para Total.
- Indução Analógica → Particular para Particular.

A intuição, do latim *intuitio*, que designa ato de contemplar, é a visão direta e imediata de um objeto. Ao contrário da dedução e da indução, que são raciocínios, isto é, conhecimentos mediatos ou discursivos, a intuição é um conhecimento direto e imediato. O ponto fulcral do conhecimento

56 MONTORO, André Franco. **A indução generalizadora no campo do direito** (Apostila do Curso de Pós-Graduação em Direito da PUC/SP).

intuitivo é a visão imediata do objeto sem qualquer mediação. "Forma de contato direto ou imediato da mente com o real, capaz de captar sua essência de modo evidente, mas não necessitando de demonstração."[57]

Ante todo o exposto, podemos concluir que são modalidades de demonstração do conhecimento a dedução, a indução e a intuição. A dedução e a indução (raciocínios dedutivos e indutivos) são conhecimentos discursivos e mediatos. A intuição é o conhecimento direto e imediato.

A ciência do direito utiliza os métodos dedutivos, indutivos e intuitivos.

7.2 A Dedução como Método da Ciência do Direito – Silogismo Jurídico

7.2.1 Silogismo

A forma típica da argumentação dedutiva é o silogismo. "O silogismo é um argumento dedutivo composto de três proposições, ligadas de tal forma entre si, que das duas primeiras, chamadas premissas, deriva logicamente uma terceira, a conclusão."[58] "O silogismo é um argumento pelo qual, de um antecedente que une dois termos a um terceiro, tira-se um consequente que une estes dois termos entre si."[59]

O silogismo apresenta três termos, a saber: Termo Maior; Termo Médio; e Termo Menor.

O silogismo contém duas premissas (maior e menor) e uma conclusão. A premissa maior contém o termo maior. A premissa menor contém o termo menor. As premissas constituem o antecedente do silogismo. A conclusão é o consequente do silogismo.

---

[57] JAPIASSÚ, Hilton; MARCONDES, Danilo. **Dicionário básico de filosofia**. 3ª ed., Rio de Janeiro: Jorge Zahar Editor, 1996, p. 147.

[58] FONTANA, Dino F. **História da filosofia, psicologia e lógica**. 3ª ed., São Paulo: Saraiva, 1969, p. 408.

[59] JOLIVET, Régis. **Curso de filosofia**. Trad. de Eduardo Prado de Mendonça, 2ª ed., Rio de Janeiro: Agir, 1955, p. 39.

O termo maior é o predicado da conclusão. O termo menor é o sujeito da conclusão. O termo médio deve estar nas duas premissas.

Exemplo:

Premissa Maior → Todo homem é mortal
Premissa Menor → Caio é homem
Conclusão → Logo, Caio é mortal
Termo Maior → Mortal
Termo Menor → Caio
Termo Médio → Homem

7.2.2 Espécies de Silogismo

Os silogismos podem ser categóricos ou hipotéticos.

Categórico é o silogismo composto de proposições categóricas, isto é, que apenas afirmam ou negam.

Todo silvícola é relativamente incapaz.
Todo Cacique é silvícola.
Logo, o Cacique é relativamente incapaz.

Todo vício deve ser evitado.
O tabagismo é um vício.
Logo, o tabagismo deve ser evitado.

Hipotético é o silogismo que tem como primeira premissa uma proposição hipotética, sendo as demais categóricas. Por sua vez, o silogismo hipotético pode ser Condicional, Disjuntivo ou Conjuntivo.

O silogismo hipotético condicional é aquele em que uma ou ambas as premissas são proposições condicionais. Se a condição vier afirmada na segunda premissa, também o será na conclusão. Se for negada na segunda premissa, também o será na conclusão.

Se Cacique é silvícola, Cacique é relativamente incapaz.
Ora, Cacique é silvícola.
Logo, Cacique é relativamente incapaz.

Se o tabagismo é um vício, deve ser evitado.
Ora, o tabagismo é um vício.

Logo, o tabagismo deve ser evitado.

O silogismo hipotético disjuntivo é aquele em que a premissa maior é uma proposição disjuntiva e a menor, categórica.

Esta figura é um quadrado ou um triângulo.

Ora, esta figura não é um quadrado.

Logo, é um triângulo.

O sujeito de direito é pessoa física ou jurídica.

Ora, a Loja não é pessoa física.

Logo, é pessoa jurídica.

O silogismo hipotético conjuntivo é aquele em que a premissa maior é uma proposição conjuntiva e a menor, categórica.

Pedro não lê e passeia ao mesmo tempo.

Ora, ele passeia.

Logo, ele não lê.

Na verdade o silogismo conjuntivo e disjuntivo se reduzem a silogismos condicionais. Como por exemplo:

Se Pedro passeia, ele não lê.

Ora, ele passeia.

Logo, ele não lê.

7.2.3 Regras do Silogismo Categórico

Nem todos os lógicos apresentam o mesmo número de regras do silogismo. De forma geral, são apresentadas oito regras do silogismo; a saber:

1. No silogismo categórico deve haver três termos.

Assim, o seguinte argumento é falso:

Todo cão ladra.

Cão é uma constelação.

Logo, uma constelação ladra.

O silogismo é falso, pois apresenta quatro termos ou conceitos: cão (animal mamífero), ladra, cão (constelação) e constelação.

2. O TERMO MAIOR NÃO PODE TER NA CONCLUSÃO MAIOR EXTENSÃO DO QUE NAS PREMISSAS.

Assim, o seguinte argumento é falso:

Toda violeta é roxa.

Toda violeta é flor.

Logo, toda flor é roxa

Termo Maior → Roxa

Termo Menor → Flor

Termo Médio → Violeta

O termo roxa apresentou maior extensão do que na premissa. O maior não pode estar contido no menor. É evidente que o termo que aparece na conclusão com extensão maior que nas premissas, não seria aquele comparado com o termo médio.

3. O TERMO MÉDIO DEVE SER PELO MENOS UMA VEZ TOTAL. O termo médio deve ser tomado, ao menos uma vez, universalmente.

Assim, os seguintes argumentos são falsos:

Os paulistas são brasileiros.

Os cariocas são brasileiros.

Logo, os paulistas são cariocas.

Termo Maior → Cariocas

Termo Menor → Paulistas

Termo Médio → Brasileiros

O termo brasileiro não foi tomado na sua universalidade. O termo brasileiro é particular nas premissas.

Alguns homens são santos.

Ora, os criminosos são homens.

Logo, os criminosos são santos.

Na premissa maior o termo "homens" é particular (alguns). Na premissa menor o termo "homens" também é particular, pois se refere a homens criminosos. Logo, não há conclusão válida.

4. O TERMO MÉDIO NÃO PODE ENTRAR NA CONCLUSÃO. O termo médio serve apenas de termo de comparação nas premissas.

Assim, o seguinte argumento é falso:

Todo homem é mortal.

José é homem.

Logo, José é homem mortal.

Termo Maior → Mortal

Termo Menor → José

Termo Médio → Homem

Da conclusão surge a suposição de que haja homens imortais. O termo homem entrou na conclusão.

5. SE AMBAS AS PREMISSAS FOREM NEGATIVAS, NÃO HAVERÁ CONCLUSÃO.

Assim, os seguintes argumentos são falsos:

Nenhuma pedra é animal.

Nenhum homem é pedra.

Logo, nenhum homem é animal.

Os poderosos não são misericordiosos.

Ora, os pobres não são poderosos.

Logo, os pobres são misericordiosos.

6. SE AMBAS AS PREMISSAS FOREM POSITIVAS, A CONCLUSÃO NÃO PODE SER NEGATIVA.

Assim, o seguinte argumento é falso:

Todo homem é mortal.

José é homem.

Logo, José não é mortal.

7. A CONCLUSÃO SEGUE SEMPRE A PARTE MAIS FRACA DAS PREMISSAS. A conclusão segue a pior parte das premissas, isto é, se uma premissa é negativa a conclusão será negativa, se uma premissa é particular, a conclusão será particular.

Assim, os seguintes argumentos são falsos:

Todos os baianos são brasileiros.

Alguns homens são baianos. (Premissa Particular)

Logo, todos os homens são brasileiros. (Conclusão Geral)

Na existência da premissa particular, surge uma conclusão particular (Alguns homens são brasileiros).

Todo homem é mortal.

Deus não é mortal. (Premissa Negativa)

Logo, Deus é homem. (Premissa Positiva)

Na existência da premissa negativa, surge uma conclusão negativa (Deus não é homem).

Tudo o que fere a caridade deve ser evitado.

Ora, alguma severidade fere a caridade.

Logo, toda severidade deve ser evitada.

Nesse argumento a conclusão deveria ser particular: "Alguma severidade deve ser evitada".

8. Se ambas as premissas forem particulares, não pode haver conclusão.

Assim, o seguinte argumento é falso:

Alguns homens são burros.

Alguns sábios são homens.

Logo, alguns sábios são burros.

O argumento não apresenta conclusão válida, não se pode concluir. Se uma parte dos homens é burra e uma parte dos homens é sábia, não se pode concluir que a parte dos homens sábios é a mesma dos homens burros.

7.2.4 Regras do Silogismo Condicional

O silogismo condicional obedece a duas regras fundamentais:

1. Posto o antecedente, põe-se o consequente.
2. Disposto o consequente, dispõe-se o antecedente.

Se o alcoolismo é um vício, deve ser evitado.

Ora, o alcoolismo é um vício. (posto o antecedente)

Logo, o alcoolismo deve ser evitado. (põe-se o consequente)

Se o indivíduo é menor de 16 anos, não pode ser eleitor.

Pedro é menor de 16 anos.

Logo, Pedro não pode ser eleitor.

Pedro pode ser eleitor. (disposto o consequente)

Pedro não é menor de 16 anos. (dispõe-se o antecedente)

Nas demais hipóteses não há conclusão logicamente válida.

7.2.5 A Dedução como Método da Ciência do Direito

A dedução é um dos principais métodos utilizado pelos operadores do direito. Alguns autores afirmam que toda a atividade jurídica pode ser reduzida a silogismos jurídicos: partir da norma geral para casos particulares.

Nas peças processuais elaboradas pelos operadores do direito verifica-se uma estrutura lógica fundamental, um raciocínio dedutivo, chamado de silogismo jurídico.

Todo aquele que subtrair coisa alheia móvel deve ser punido com reclusão. (Norma Abstrata)

Ora, Fulano furtou coisa alheia móvel. (Fato Concreto)

Logo, Fulano deve ser punido com reclusão.

No silogismo jurídico, a premissa maior é a norma jurídica. A premissa menor é o fato concreto. A conclusão é a aplicação da norma geral ao caso concreto. Dessa forma, a investigação do operador do direito consiste substancialmente em:

1. Invocar a norma aplicável, esclarecendo ou interpretando sua significação e alcance (Premissa Maior).

2. Demonstrar o fato, por intermédio dos meios de provas idôneas, como documentos, testemunhas, perícias etc. (Premissa Menor).

3. Formular o pedido ou conclusão em termos precisos.

A dedução é vislumbrada pela própria leitura do Código de Processo Civil. O art. 319 do citado diploma legal indica como requisito da petição inicial:

1. O fundamento jurídico do pedido (Premissa Maior – Norma);

2. O fato e os meios de prova com que o autor pretende demonstrar a verdade do alegado (Premissa Menor);

3. O pedido (Conclusão).

Na mesma esteira, o art. 489 do Código de Processo Civil, ao elencar requisitos da sentença, traça a sua estrutura dedutiva:

1. Os fundamentos de direito;

2. Os fundamentos do fato;

3. A decisão.

Assim, a sentença é estruturalmente, na sua formulação final, uma argumentação dedutiva.

Indubitavelmente, a argumentação jurídica é dedutiva, em que a premissa maior é a norma; a premissa menor é o fato; e a conclusão é a solução de direito para o caso. Entretanto, não se pode reduzir todo raciocínio jurídico à dedução. A atividade dos operadores do direito não se limita à aplicação dedutiva da norma geral ao caso particular. Essa atividade é geralmente um dos processos de investigação. Ademais, a própria escolha das premissas do raciocínio dedutivo implica valoração e outras considerações relativas às circunstâncias concretas de cada caso.

7.3 A Indução como Método da Ciência do Direito

7.3.1 A Indução

"A indução é um raciocínio pelo qual o espírito, de dados singulares suficientes, infere uma verdade universal."[60] Conforme verificamos, a in-

[60] JOLIVET, Régis. **Curso de filosofia**. Tradução de Eduardo Prado de Mendonça, 2ª ed., Rio de Janeiro: Agir, 1955, p. 50.

dução é o argumento que conclui por intermédio do particular. A argumentação indutiva, ou indução, pode se apresentar sob duas modalidades: indução generalizadora e indução analógica (ou analogia). A indução generalizadora é o argumento ou raciocínio que parte do particular para o geral. A indução analógica ou analogia é o argumento que parte de um caso particular a outro caso particular.

Em suma:

Indução
- Generalizadora → Particular para Total.
- Analógica → Particular para Particular.

A uniformidade da natureza é o princípio fundamental da indução. A conclusão indutiva tem como fundamento a convicção de uma regularidade da natureza. Exemplo: Todos os corpos se dilatam com o calor. Assim, se o números de casos observados é suficiente para representar todos os casos, a conclusão vale para todos os outros casos.

Dessa forma, conclui-se que a indução apresenta um fundamento formal (enumeração suficiente de casos) e um fundamento material (uniformidade da natureza).

7.3.2 A Indução como Método da Ciência do Direito

O método indutivo é próprio das ciências naturais como a física, química e biologia. Entretanto, o método indutivo tem aplicação no campo das ciências humanas. Assim, o referido método pode ser aplicado nas ciências humanas e sociais da mesma forma que nas ciências naturais.

A complexidade extraordinária dos fatos sociais constitui uma primeira dificuldade à utilização adequada desses métodos, que exigem a presença, ausência ou variação de um único fator, na constância ou diversidade de todos os demais.[61]

Para muitos autores o emprego do método indutivo tem sua incidência limitada às ciências naturais, não tendo aplicação nas ciências humanas.

---

[61] MONTORO André Franco. **A indução generalizadora no campo do direito** (Apostila do Curso de Pós-Graduação em Direito da PUC/SP).

Ainda, o fato de muitas ciências humanas, inclusive o Direito, encontrarem-se no plano do "dever ser", torna-se muito limitado para seu estudo o papel das pesquisas e induções, que são relativas ao mundo do "ser".

Em que pese as referidas ponderações, os raciocínios indutivos são empregados com frequência e validamente na metodologia das ciências humanas, inclusive no campo do direito.

A indução jurídica é diferente da indução nas ciências naturais. No campo do direito não é a experiência que confirma ou não a generalização de uma norma, mas o reflexo social que se forma sobre as consequências da sua aplicação, ou seja, a eficácia ou efetividade da norma no meio social.

A indução é método científico próprio das ciências naturais. Entretanto, embora o método indutivo não possa ser utilizado de forma tão ampla pelas ciências humanas e sociais, verifica-se mesmo com limitações o emprego do método indutivo. A investigação do operador do direito é muito mais ampla, abrangendo critérios culturais e valorativos e, na constatação desses critérios valorativos, o cientista do direito pode utilizar do método indutivo.

Dessa forma, as principais modalidades de aplicação do método indutivo na realidade jurídica são:

1. na elaboração das normas jurídicas;
2. no estabelecimento do costume jurídico;
3. na verificação da eficácia social da norma;
4. na fixação da jurisprudência, especialmente, na elaboração das Súmulas dos Tribunais; e
5. analogia.

No processo de criação e elaboração das normas, existe uma influência da sociedade, que são os fatores e valores sociais, sendo certo que a norma surge da sociedade. Ora, a norma é um reflexo da sociedade em que está inserida. Nessa investigação operada pelo legislador verifica-se a incidência do método indutivo.

No processo de criação do costume verifica-se a incidência da indução. Ora, o costume jurídico fixa-se no seio da sociedade por meio da repetição de casos particulares.

No processo de verificação da eficácia social da norma, vislumbra-se a utilização do método indutivo. A eficácia é a exequibilidade, realização, aplicação e observância da norma jurídica. A eficácia social é a efetiva conduta social, sendo a norma executada e respeitada. Nessa investigação operada pelo sociólogo verifica-se a incidência da indução.

No processo de formação da jurisprudência, na elaboração da súmula dos Tribunais e na própria súmula vinculante, verifica-se a indução. A jurisprudência se forma a partir do conjunto de decisões particulares. Nessa esteira, no sistema jurídico codificado verifica-se a preponderância da dedução. No sistema jurídico da *common law*, como o direito inglês ou americano, verifica-se a preponderância da indução.

Ainda, a indução analógica apresenta grande aplicação na ciência do direito, sendo um importante instrumento utilizado pelo operador do direito. Como vimos, analogia é essencialmente o raciocínio pelo qual passamos de um ou mais casos particulares para outro caso particular. No campo jurídico surge a analogia na aplicação de uma norma a casos não previstos, mas semelhantes, como, por exemplo, a aplicação de uma norma de transporte ferroviário ao transporte rodoviário ou ao transporte aéreo.

O art. 4º da Lei de Introdução às normas do Direito Brasileiro serve de fundamento para a analogia no campo do direito. Trata-se da tarefa de superar as lacunas da lei, encontrando uma norma que possa integrar a ordem jurídica. Entretanto, mesmo sem disposição legal, a tarefa de superar as lacunas da lei, encontrando uma norma que possa integrar a ordem jurídica, teria respaldo no próprio sistema jurídico. Podem existir lacunas na lei, mas não no ordenamento ou sistema jurídico, porque este possui outras fontes.

7.4 A Intuição como Método da Ciência do Direito

7.4.1 A Intuição

Conforme verificamos, a intuição do latim *intuitio*, que designa ato de contemplar, é a visão direta e imediata de um objeto. O ponto fulcral do conhecimento intuitivo é a visão imediata do objeto sem qualquer mediação.

A intuição é a apreensão imediata de um objeto, de uma verdade, de um valor. A intuição independe de demonstração. É evidente. Sei que uma árvore é o que é. A é A (princípio da identidade).

Tanto a intuição quanto o raciocínio possuem seu lugar no conhecimento científico. Por outro lado, a intuição surge do trabalho científico e raciocinado.

De outra feita, para alguns a intuição tem importante aplicação no plano da descoberta, cabendo aos raciocínios dedutivos e indutivos a demonstração.

7.4.2 A Intuição no Campo do Direito

O Silogismo Jurídico tem grande importância na realidade jurídica, mas não se pode apontá-lo como o único empregado na ciência do direito. Ao contrário do que muitos afirmam, o trabalho do operador do direito não consiste na simples aplicação da norma geral a casos concretos. Essa é uma visão teórica e incorreta. Na realidade, o trabalho do jurista inclui um amplo conjunto de operações mentais.

Como último ato do seu trabalho de pesquisa e reflexões, o operador do direito formula na sua atividade o esquema de um raciocínio dedutivo, um silogismo em que a premissa maior é a regra jurídica aplicável; a premissa menor é o fato com sua caracterização e respectivas provas; e a conclusão é a aplicação da norma. Esse é o principal raciocínio. Mas o trabalho efetivo do operador do direito é mais complexo. Não se limita à aplicação mecânica de uma norma. Consiste em procurar a solução de direito para o caso concreto, por meio de um processo de pesquisa. Cabe ao jurista escolher, no conjunto de regras legais, a regra adequada. Interpretá-la de acordo com seus fins sociais. E, se for necessário, elaborar uma nova regra para ajustar o caso (Ajustar significa tornar justo).

Na realização de seu mister o operador do direito realiza fundamentalmente duas investigações:

1. jurídica; e

2. fática.

A premissa maior é o resultado da investigação da regra adequada e justa. A premissa menor corresponde ao resultado da pesquisa para a descoberta da verdade dos fatos. Ao pesquisar a regra jurídica ajustada ao caso concreto e, ao investigar a verdade dos fatos e das provas, os operadores do direito aplicam processos indutivos, analógicos, dedutivos e, sobretudo, a intuição.

Os processos intuitivos da realidade jurídica podem ser sintetizados nos seguintes aspectos:

1. O relativo à intuição sensível, sendo certo que o jurista conhece os fatos e as coisas por meio dos sentidos.

2. O referente à intuição dos valores. Na sua atividade diuturna o operador do direito intui valores, em especial, a justiça, como princípio fundamental do direito.

3. O correspondente à intuição das evidências – são os chamados primeiros princípios evidentes, que correspondem à base de todo o conhecimento científico. Nesse prisma, o operador do direito, por meio de sua experiência, intui os institutos jurídicos que devem ser aplicados ou observados.

Dessa forma, a intuição surge como um meio importante na pesquisa jurídica. Não somente na pesquisa científica, mas na investigação dentro do sistema jurídico da norma que deve ser aplicada no caso concreto. O operador do direito no desempenho de seu mister intui a cada momento o que considera social e moralmente desejável, devendo ser a principal intuição do jurista o sentimento de justiça.

8 AXIOLOGIA JURÍDICA

A axiologia (do grego *axiós*, digno de ser estimado,[62] e *logos*, ciência, teoria) significa Teoria ou Ciência dos Valores. O termo Axiologia foi recentemente introduzido na linguagem filosófica. Entretanto, o problema dos valores já foi tratado, sob vários aspectos desde a Antiguidade por meio de outras denominações. "Os valores desempenham o papel de princípios orientadores na conduta dos homens e das sociedades. Toda ação humana é orientada para um fim, um bem, um valor. O problema dos valores, como

62 *Axiós, Aksion* = valor, apreciação.

a justiça, a utilidade, o bem, a beleza, é tão antigo como o homem. Os filósofos ocuparam-se deles desde a mais remota antiguidade, em estudos dedicados à Moral ou Ética, à Estética, à Política, à Economia, à Filosofia, ao Direito Natural. Mas o tema do valor e o estudo sistemático e autônomo da axiologia têm origem mais recente."[63]

Assim, a axiologia jurídica é o estudo dos valores jurídicos. A axiologia jurídica tem um amplo campo de estudo, sendo suas principais preocupações: Teoria dos Valores Jurídicos, Deontologia Jurídica, Teoria da Justiça, Teoria do Direito Justo, Direito Natural ou Teoria do Direito Natural.

A axiologia jurídica, como parte do estudo da filosofia, procura investigar como deve ser o direito, por meio da abordagem dos valores jurídicos, como, por exemplo, honra, belo, bem, Justiça.

Segundo nosso entendimento, o principal capítulo da Axiologia Jurídica é a Justiça, merecendo nossa especial atenção. A Teoria da Justiça se destaca no âmbito do estudo da Axiologia, que passou a confundir a Teoria da Justiça com a própria Axiologia Jurídica.

Indubitavelmente, o valor fundamental do direito é a Justiça. "Todo o direito deve ser uma tentativa do direito justo" (Stammler).

Na moderna Axiologia, o valor está intimamente relacionado com a cultura. De certo modo a cultura é realização de valores. "De fato, toda a cultura é a realização de valores. É este o seu sentido e a sua essência. Se a contemplarmos no seu processo histórico de evolução, ela aparecer-nos-á nada menos que como um grandioso e ininterrupto esforço, para realizar valores. É um enorme conjunto de atividades que, em última análise, se propõem todas o mesmo fim: realizar valores."[64]

A cultura e seus valores é um dos problemas mais apaixonantes da filosofia atual. O direito pertence ao mundo da cultura, e, consequentemente, a Ciência do Direito, ao quadro das ciências culturais. Assim, na parte referente a Axiologia Jurídica estudaremos o Mundo da Cultura, o Mundo Ético e finalmente a Teoria da Justiça.

---

[63] MONTORO, André Franco. **Estudos de filosofia do direito**. 2ª ed., São Paulo: Saraiva, 1995, p. 51.

[64] FONTANA, Dino F. **História da filosofia, psicologia e lógica**. 3ª ed., São Paulo: Saraiva, 1969, p. 239-240.

8.1 O Mundo da Cultura

8.1.1 Natureza e Cultura

A sociabilidade humana traz como característica a produção de valores. O convívio social se constrói por sentimentos e noções que traduzem o senso comum, que constituem a cultura de um povo. A exteriorização da cultura dá ensejo aos valores.

"O homem não apenas existe, mas coexiste, ou seja, vive em companhia de outros homens. Em virtude desta coexistência, os indivíduos se relacionam entre si com relações de coordenação, de subordinação, de integração, que não ocorrem sem o aparecimento de regras de organização ou de conduta."[65] Essas relações podem ocorrer em razão de pessoas ou em função de coisas. Existem duas ordens de relações correspondentes a duas espécies de realidade: uma ordem que denominamos realidade natural, e outra, realidade cultural, humana ou histórica. No universo, há coisas postas originariamente pela natureza e outras há sobre as quais o homem exerce sua inteligência e sua vontade, adaptando a natureza a seus fins. Constitui-se então dois mundos: o natural e o cultural.[66]

O mundo pode ser dividido hipoteticamente em duas partes: o mundo da natureza e o mundo da cultura. Segundo anota o professor Miguel Reale, há em volta de nós algo que nos foi dado e algo que está sendo construído: uma realidade natural e uma realidade humana, histórica e cultural, fruto do trabalho do homem, durante gerações e gerações, no vasto tempo da história. O dado é o mundo natural. O construído é o mundo cultural, aquilo que é acrescentado à natureza pelo homem. "Na cultura, contém-se, portanto, tudo aquilo que o homem adicionou e continua adicionando à natureza, afeiçoando-a às suas tendências fundamentais."[67]

---

65 REALE, Miguel. **Lições preliminares de direito**. 27ª ed., São Paulo: Saraiva, 2002, p. 23.

66 REALE, Miguel. **Lições preliminares de direito**. 27ª ed., São Paulo: Saraiva, 2002, p. 23-24.

67 REALE, Miguel. **Filosofia do direito**. 17ª ed., São Paulo: Saraiva, 1996, p. 240.

Em suma:

Mundo da Natureza → Dado

Mundo da Cultura → Construído

Cabe distinguir as expressões: natureza e cultura.

Natureza (latim *natura*, de *natus*, particípio passado de *nasci*: nascer). O mundo físico como conjunto dos reinos mineral, vegetal e animal, considerado como um todo submetido a leis, as "leis naturais" (em oposição a leis morais e a leis políticas). As forças que produzem os fenômenos naturais. Em um sentido teológico, o mundo criado por Deus. Opõe-se a cultura, no sentido daquilo que é criado pelo homem, que é produto de uma obra humana. Opõe-se também a sobrenatural, aquilo que transcende o mundo físico, que lhe é externo.

Cultura (latim *cultura*). 1. Conceito que serve para designar tanto a formação do espírito humano como de toda a personalidade do homem: gosto, sensibilidade, inteligência. 2. Tesouro coletivo de saberes possuído pela humanidade ou por certas civilizações: a cultura helênica, a cultura ocidental etc. 3. Em oposição a *natura* (natureza), a cultura possui duplo sentido antropológico: a) é o conjunto de representações e dos comportamentos adquiridos pelo homem enquanto ser social. Em outras palavras, é o conjunto histórica e geograficamente definido das instituições características de determinada sociedade, designando "não somente as tradições artísticas, científicas, religiosas e filosóficas de uma sociedade, mas também suas técnicas próprias, seus costumes políticos e os mil usos que caracterizam a vida cotidiana (Margaret Mead); b) é o processo dinâmico de socialização pelo qual todos esses fatos de cultura se comunicam e se impõem em determinada sociedade, seja pelos processos educacionais propriamente ditos, seja pela difusão das informações em grande escala, a todas as estruturas sociais, mediante os meios de comunicação de massa. Nesse sentido, a cultura praticamente se identifica com o modo de vida de uma população determinada, vale dizer, com todo o conjunto de regras e comportamentos pelos quais as instituições adquirem um significado para os agentes sociais e por meio dos quais se encarnam em condutas mais ou menos codificadas. 4. Num sentido mais filosófico, a cultura pode ser considerada como um feixe de representações, de símbolos, de imaginário, de atitude e referências suscetíveis de irrigar, de modo bastante desigual, mas globalmente, o corpo social.[68]

Antonio Bento Betioli distingue a natureza da cultura por intermédio dos seguintes conceitos: "A natureza designa a totalidade das coisas, assim como originariamente são, sem transformações operadas pelo homem. Compreende 'tudo o que existe antes que o homem faça alguma coisa' (Guardini); as 'coisas que se encontram, por assim dizer, em estado bruto, ou cujo nascimento não requer nenhuma participação de nossa inteligência ou de nossa vontade' (Miguel Reale). O mundo da cultura, por sua vez, é o mundo das realizações humanas, da interferência criadora do homem, adaptando a natureza a seus fins, à satisfação de suas necessidades vitais, impelido pela exigência da perfeição".[69]

"Há dois mundos fundamentais, que chamamos o mundo da natureza e o mundo da cultura. Este último, às vezes, é chamado 'mundo do espírito', 'mundo histórico', 'espírito objetivo' ou 'vida humana objetivada', expressões que poderemos empregar indistintamente, uma vez esclarecido o seu conteúdo. Como se vê, as ciências culturais não têm como objeto o estudo dos indivíduos ou das pessoas como tais, mas sim as expressões superindividuais do espírito objetivante, como o Direito, a Moral, a Arte, a Religião, a Linguagem etc."[70]

Em suma, o mundo natural engloba aquilo que nos é dado puramente no mundo, ao passo que a cultura engloba o construído, ou seja, aquilo que acrescentamos na natureza, através do conhecimento de suas leis, visando a atingir determinado fim. A cultura é constituída pela atividade do homem. Diante dessas duas esferas do real, o homem se comporta de maneira diversa, mas antes procura conhecê-las, descobrindo os nexos existentes entre seus elementos e atingindo as leis que governam.

---

68 JAPIASSÚ, Hilton; MARCONDES, Danilo. **Dicionário básico de filosofia.** 3ª ed., Rio de Janeiro: Jorge Zahar Editor, 1996, p. 61 e 192.

69 BETIOLI, Antonio Bento. **Introdução ao direito: lições de propedêutica jurídica.** 4ª ed., São Paulo: Letras & Letras, 1996, p. 25-26.

70 REALE, Miguel. **Filosofia do direito**. 17ª ed., São Paulo: Saraiva, 1996, p. 241.

8.1.1.1 A Negação da Dicotomia Mundo da Natureza e Cultura

Um recente Prêmio Nobel de química, Jacques Monod, no seu livro "O acaso e a necessidade", salienta não haver encontrado diferença mensurável cientificamente entre as rochas trabalhadas pelo homem e as em estado bruto, a ponto de, se, num futuro longínquo, novos habitantes da terra depararem com a obra de um homem, não serem capazes de distingui-la do chamado mundo da natureza" (Jacques Monod, O acaso e a necessidade, trad. Bruno Palma e Pedro de Sena Madureira, Petrópolis, Vozes, 1971, p. 15-31).[71]

A referida ideia foge da realidade, sendo certo que vislumbramos os dois citados mundos. "Se, numa escavação, encontramos uma pedra, será ela apenas um objeto da natureza e, se quisermos investigar sua origem, sua formação, nada mais descobriremos do que seus aspectos físicos e químicos. Mas, se descobrirmos nela uma pedra lascada pelo homem, uma acha primitiva, seus aspectos físicos e químicos já não nos interessarão mais, e sim os fenômenos humanos que se relacionam com o objeto. Quando, pois, identificamos uma acha primitiva, a pedra passa do mundo da natureza ao mundo da cultura com um determinado valor histórico, pelo qual poderemos descobrir o grau de cultura de um povo."[72]

8.1.2 Acepção da Palavra Cultura

A palavra cultura, do latim *cultura*, designa o ato, efeito ou modo de cultivar. Cultivar por sua vez é fertilizar a terra pelo trabalho, ou seja, dar condições para o nascimento e crescimento dos vegetais. Daí o significado da palavra agricultura, que é o conjunto de operações que transformam o solo natural para a produção.

Ainda, segundo o Novo Dicionário Aurélio, cultura significa "o conjunto de características que não são inatas, e que se criam e se preservam ou aprimoram por meio da comunicação e cooperação entre os indivíduos

---

71 POLETTI, Ronaldo. **Introdução ao direito**. 3ª ed. rev., São Paulo: Saraiva, 1996, p. 78.

72 FONTANA, Dino F. **História da filosofia, psicologia e lógica**. 3ª ed., São Paulo: Saraiva, 1969, p. 240.

em sociedade. Nas ciências humanas, opõe-se por vezes à ideia de natureza, ou de constituição biológica, e está associada a uma capacidade de simbolização considerada própria da vida coletiva e que é a base das interações sociais. A parte ou o aspecto da vida coletiva, relacionados à produção e transmissão de conhecimentos, à criação intelectual e artística, etc. O processo ou estado de desenvolvimento social de um grupo, um povo, uma nação, que resulta do aprimoramento de seus valores, instituições, criações, etc.; civilização, progresso. *Antrop.* O conjunto complexo dos códigos e padrões que regulam a ação humana individual e coletiva, tal como se desenvolvem em uma sociedade ou grupo específico, e que se manifestam em praticamente todos os aspectos da vida: modos de sobrevivência, normas de comportamento, crenças, instituições, valores espirituais, criações materiais, etc. Como conceito das ciências humanas, em especial da antropologia, cultura pode ser tomada abstratamente, como manifestação de um atributo geral da humanidade, ou, mais concretamente, como patrimônio próprio e distintivo de um grupo ou sociedade específica. *Filos.* Categoria dialética de análise do processo pelo qual o homem, por meio de sua atividade concreta (espiritual e material), ao mesmo tempo que modifica a natureza, cria a si mesmo como sujeito social da história".[73] Em suma, a cultura é o complexo de padrões de comportamento, das crenças, das instituições e outros valores espirituais e materiais transmitidos coletivamente e característicos de uma sociedade.

Para Miguel Reale, a "cultura é o conjunto de tudo aquilo que, nos planos material e espiritual, o homem constrói sobre a base da natureza, quer para modificá-la, quer para modificar-se a si mesmo".[74] A cultura é constituída pela atividade do homem. A cultura abrange tudo que o homem cria, produz ou modifica.

A palavra cultura vinculada à ideia do que é acrescentado à natureza pode ser identificada como a *cultura animi* (progresso espiritual) e a *cultura agri* (agricultura).[75] "A agricultura dá-nos bem ideia da interferência

---

[73] FERREIRA, Aurélio Buarque de Holanda. **Novo aurélio século XXI: o dicionário da língua portuguesa**. 3ª ed. rev. e ampl., Rio de Janeiro: Nova Fronteira, 1999, p. 591.

[74] REALE, Miguel. **Lições preliminares de direito**. 27ª ed., São Paulo: Saraiva, 2002, p. 25.

[75] POLETTI, Ronaldo. **Introdução ao direito**. 3ª ed. rev., São Paulo: Saraiva, 1996, p. 84.

criadora do homem, através do conhecimento das leis que explicam a germinação, a frutificação etc. Ao lado da cultura do campo, viam os romanos a cultura do espírito, o aperfeiçoamento espiritual baseado no conhecimento da natureza humana."[76] Assim, podemos vislumbrar duas formas de cultura: a agricultura e a cultura do espírito.

Em suma:

Cultura { *cultura animi* (progresso espiritual)
cultura agri (agricultura)

Assim, a cultura é a natureza transformada pelo homem. A palavra cultura é empregada num sentido comum, como o aprimoramento do espírito em razão dos conhecimentos adquiridos. A cultura se desdobra em ciclos culturais, de acordo com o momento histórico vivido por certo povo em determinada época, que corresponde a uma civilização. O termo cultura designa, portanto, um gênero, do qual a civilização é uma espécie. A Antropologia Cultural é a ciência das formas de vida, das crenças, das estruturas sociais e das instituições desenvolvidas pelo homem no processo das civilizações.[77]

Cabe ressaltar que a cultura não pode ser reduzida a uma simples soma de conhecimentos. O erudito ou intelectual acumula conhecimentos, mas não se aprimora em razão do que aprende. "O homem culto é bem mais do que o homem erudito. Este limita-se a reunir e a justapor conhecimentos, enquanto o homem culto os unifica e anima com um sopro de espiritualidade e de entusiasmo."[78] O termo cultura, ora empregado, pode ser entendido como transformação. É próprio da natureza humana a vida em sociedade, mas a sociedade em que vivemos é realidade cultural e não mero fato natural, vez que o homem a transforma e aperfeiçoa, ao passo

---

76 REALE, Miguel. **Lições preliminares de direito**. 27ª ed., São Paulo: Saraiva, 2002, p. 25.

77 REALE, Miguel. **Lições preliminares de direito**. 27ª ed., São Paulo: Saraiva, 2002, p. 26-27.

78 REALE, Miguel. **Lições preliminares de direito**. 27ª ed., São Paulo: Saraiva, 2002, p. 27.

que, no mundo da natureza, a "sociedade" dos animais vive hoje, como vivemos no passado, e há de viver no futuro.

A cultura, ainda, é transmissível de geração em geração. O ser humano é o único animal que, recebendo a cultura, melhora, aperfeiçoa e transmite aos seus descendentes. A cultura é a marca da racionalidade humana.

Cabe anotar que a natureza e a cultura não são compartimentos estanques; na realidade, se completam, uma vez que a cultura pressupõe a natureza, ou seja, a natureza é a base da cultura.

8.1.3 Características da Cultura

A principal característica da cultura, distintiva da natureza, é a ideia de fim e valor. Fim é aquilo pelo qual se faz alguma coisa. Valor é a qualidade objetiva de um ser que, por significar uma perfeição, provoca a atração dos sentimentos subordinados à vontade. Os valores não são produtos de nossa subjetividade (subjetivismo axiológico), mas de uma realidade objetiva que encontramos fora de nós; são qualidades objetivas de um ser.

"Não vivemos no mundo de maneira indiferente, sem rumos ou sem fins. Ao contrário, a vida humana é sempre uma procura de valores. Viver é indiscutivelmente optar diariamente, permanentemente, entre dois ou mais valores. A existência é uma constante tomada de posição segundo valores. Se suprimirmos a ideia de valor, perderemos a substância da própria existência humana. Viver é, por conseguinte, uma realização de fins. O mais humilde dos homens tem objetivos a atingir, e os realiza, muitas vezes, sem ter plena consciência de que há algo condicionando os seus atos. O conceito de fim é básico para caracterizar o mundo da cultura. A cultura existe exatamente porque o homem, em busca da realização de fins que lhe são próprios, altera aquilo que lhe é 'dado', alterando-se a si próprio."[79]

---

79 REALE, Miguel. **Lições preliminares de direito**. 27ª ed., São Paulo: Saraiva, 2002, p. 26.

A teoria dos fins é a teleologia (do grego *telos* = fim); a teoria dos valores é a axiologia (do grego *aksion*, *axiós* = valor, apreciação).

Em suma:

Cultura { Fim → Teleologia
Valor → Axiologia }

A vida humana no mundo da cultura é sempre uma realização de fins, uma constante tomada de posição segundo valores. "A afirmação feita de que a cultura implica a ideia de valor e de fim dá-nos o critério distintivo entre as duas esferas de realidades que estamos analisando."[80]

O mundo da cultura é o mundo de fins valiosos.

8.1.4 Explicação e Compreensão

O traço característico da cultura encontra-se no pensamento de Wilhelm Dilthey (1833-1911): a natureza se explica e a cultura se compreende. A compreensão surge por meio do sentido e significado das coisas, sendo apreciada sob o prisma do valor. Assim, compreender é valorar. "A distinção entre explicar e compreender corresponde à entre ser e dever ser, ou seja, entre nexos de causalidade e nexos de finalidade."[81]

O físico ou químico ao investigar o mundo da natureza pretende explicar a realidade natural de maneira exata e rigorosa. A ciência física é uma ciência descritiva, visando formular leis que descrevam o fato natural, ou seja, a lei natural é uma síntese do fato natural.

"Dizemos que explicamos um fenômeno quando indagamos de suas causas e variações funcionais, ou seja, quando buscamos os nexos necessários de antecedente e consequente, assim como os de interdependência, capazes de nos esclarecer sobre a natureza ou a estrutura dos fatos; e dize-

---

80 REALE, Miguel. **Lições preliminares de direito**. 27ª ed., São Paulo: Saraiva, 2002, p. 27.

81 REALE, Miguel. **Filosofia do direito**. 17ª ed., São Paulo: Saraiva, 1996, p. 243.

mos que o compreendemos quando o envolvemos na totalidade de seus fins, em suas conexões de sentido."[82]

Nas ciências naturais a explicação é objetiva e neutra. "Explicar é descobrir na realidade aquilo que na realidade mesma se contém."[83] "Não se pode afirmar que prevaleçam referências a instâncias valorativas, quando o físico ou o químico realizam uma análise em seu laboratório ou observam os fenômenos da natureza."[84] A finalidade da ciência e da lei natural é refletir o real como que num espelho, sem defeitos e sem refrações. "Ao contrário das leis físico-matemáticas, as leis culturais caracterizam-se por sua referibilidade a valores, ou, mais especificamente, por adequarem meios a fins. Daí sua natureza axiológica ou teleológica, não sendo demais lembrar que a Axiologia significa teoria dos valores, e teleologia, teoria dos fins."[85]

Em suma:

Explicar → É descobrir na realidade aquilo que na realidade se contém.

Compreender → É valorar.

8.1.5 Juízo de Valor e Juízo de Realidade

O cientista ao explicar o fenômeno da natureza em suas causas e consequências elabora juízos de realidade. O cientista, ao compreender a cultura, elabora juízos de valor.

Da explicação e compreensão surgem os juízos de realidade e juízos de valor.

O juízo é uma atividade intelectual pela qual se afirma ou nega-se alguma coisa. Segundo Miguel Reale, "Juízo é o ato mental pelo qual atribuímos, com caráter de necessidade, certa qualidade a um ser, a um ente".[86]

---

[82] REALE, Miguel. **Introdução à filosofia**. 3ª ed. atual., São Paulo: Saraiva, 1994, p. 195-196.

[83] REALE, Miguel. **Filosofia do direito**. 17ª ed., São Paulo: Saraiva, 1996, p. 246.

[84] REALE, Miguel. **Introdução à filosofia**. 3ª ed. atual., São Paulo: Saraiva, 1994, p. 196.

[85] REALE, Miguel. **Lições preliminares de direito**. 27ª ed., São Paulo: Saraiva, 2002, p. 28.

[86] REALE, Miguel. **Lições preliminares de direito**. 27ª ed., São Paulo: Saraiva, 2002, p. 34.

Por meio do sujeito se estabelece uma relação entre dois ou mais termos (Sujeito e Predicado), relação que pode assumir o caráter de verdadeiro ou falso. Em todo juízo lógico, cuja expressão verbal se denomina proposição, há sempre um sujeito de que se predica algo. Por exemplo, o carro é vermelho. Nessa frase estamos ligando ao sujeito determinada qualidade – ser vermelho. Essa relação entre o sujeito e o predicado pode ser de duas espécies: 1. Indicativa (ser); ou 2. Imperativa (deve ser). Temos desse modo os juízos de realidade (S é P) e os juízos de valor (S deve ser P).

Em suma:

Juízo
- Realidade – Mundo da Natureza – "ser" – Indicativa.
- Valor – Mundo da Cultura – "deve ser" – Imperativa.

Os juízos de realidade enunciam um fato ou relação entre fatos. São próprios do mundo da natureza. O juízo de realidade explica o fenômeno (A terra é redonda, A pedra cai). O juízo de realidade implica um enlace de atributividade necessária de uma qualidade a um ser (S é P).

Os juízos de valor anunciam uma apreciação. São próprios do mundo da cultura. No juízo de valor há uma tomada de posição, sendo reconhecido um valor. O valor torna algo que deve ser (A vida deve ser respeitada). "A distinção, como se vê, não está no predicado, mas na maneira de enlace ou de vinculação entre o sujeito e o predicado."[87]

Os juízos de valor podem assumir duas feições distintas: 1. O "deve ser" são meios ou formas de compreensão, não atingindo o plano normativo, ou seja, não culmina normas de conduta obrigatória. 2. O "deve ser" torna-se conduta obrigatória. São regras obrigatórias de comportamento.

Conforme verificamos, a distinção entre juízos de valor e realidade não estão no predicado, mas na maneira de enlace ou de vinculação entre o sujeito e o predicado. Nesse sentido, Miguel Reale ensina que "alguns autores dizem que juízos de valor são aqueles cujos predicados são valores. Até certo ponto, seria procedente essa afirmação, se acrescentássemos que o que distingue o juízo de valor é a maneira pela qual o predicado se liga

---

[87] REALE, Miguel. **Filosofia do direito**. 17ª ed., São Paulo: Saraiva, 1996, p. 248.

ao sujeito: essa ligação resulta de uma apreciação subjetiva, ou melhor, da participação da consciência de quem valora no ato de constituir-se o liame. Ao contrário, nos juízos de fato ou de realidade a ligação entre o sujeito e o predicado resulta da apresentação mesma do objeto, impondo-se ao sujeito cognoscente, cuja consciência não pode senão verificar o enlace, sem possibilidade de opção e de preferência. Pois bem, se examinarmos as explicações das ciências exatas, tais como as ciências físicas, verificaremos sempre que os seus instrumentos de trabalho e de raciocínio são dados por juízos de realidade, e que o objetivo visado é atingir leis, nas quais se expressam e determinam os enlaces objetivos acima apontados".[88]

Em suma:

Juízo { realidade – enlace objetivo
valor – enlace subjetivo

Norberto Bobbio anota que "o juízo de fato representa uma tomada de conhecimento da realidade, visto que a formulação de tal juízo tem apenas a finalidade de informar, de comunicar a um outro a minha constatação; o juízo de valor representa, ao contrário, uma tomada de posição frente à realidade, visto que sua formação possui a finalidade não de informar, mas de influir sobre o outro, isto é, de fazer com que o outro realize uma escolha igual à minha e, eventualmente, siga certas prescrições minhas. (Por exemplo, diante do céu rubro do pôr do sol, se eu digo: "o céu é rubro, formulo um juízo de fato; se digo 'este céu rubro é belo', formulo um juízo de valor). A ciência exclui do próprio âmbito os juízos de valor, porque ela deseja ser um conhecimento puramente objetivo da realidade, enquanto os juízos em questão são sempre subjetivos (ou pessoais) e consequentemente contrários à exigência da objetividade".[89]

Na investigação científica do mundo da natureza parte-se de maneira direta do fato para a lei. A lei física é uma síntese explicativa do fato. No mundo da cultura exige-se, entre o fato e a lei, uma tomada de posição. Assim, ao invés das sínteses explicativas, próprias das ciências naturais, temos

---

88 REALE, Miguel. **Introdução à filosofia**. 3ª ed. atual., São Paulo: Saraiva, 1994, p. 198.

89 BOBBIO, Norberto. **O positivismo jurídico: lições de filosofia do direito**. São Paulo: Ícone, 1995, p. 135.

as sínteses compreensivas. A lei cultural é uma síntese compreensiva do fato.

8.1.6 Leis Físicas, Culturais e Éticas

Como verificamos, existe um critério distintivo entre a natureza e a cultura. "Explicar é descobrir na realidade aquilo que na realidade mesma se contém. Compreender não é ver as coisas segundo nexos causais, mas é ver as coisas na integridade de seus sentidos ou de seus fins, segundo conexões vivenciadas valorativamente."[90] No plano das leis que regem os dois mundos existem também critérios distintivos, inclusive no plano ético: Leis Físicas, Leis Culturais e Leis Éticas. "É mister, pois, distinguir entre as leis físicas ou naturais, de ordem explicativa, e as leis culturais que envolvem uma "conexão de sentido", sendo de ordem compreensiva. Uma das espécies de leis culturais são as normas, que implicam o reconhecimento da necessidade ética de se agir ou não em certo sentido."[91] Portanto, a lei variará de acordo com o mundo da natureza e cultura. As leis que regulam as coisas do mundo da natureza são de uma espécie diferente das que disciplinam o mundo da cultura.

No mundo da cultura, as leis são postas pelo homem, enquanto no mundo da natureza, as leis são colocadas independentemente da vontade do homem. Às primeiras, dá-se o nome de leis culturais; às segundas, porque inevitáveis e colocadas por outrem de maneira inexorável, dizem-se leis naturais, também chamadas leis físico-matemáticas. "Há, portanto, as leis físico-matemáticas e as leis culturais. No mundo da natureza, mundo natural, rege o princípio da causalidade inexorável. Lá há meras referências funcionais. As leis que o regem são cegas para os valores. No mundo da cultura, porém, coloca-se o problema do valor, o que implica sempre uma adaptação de meios aos fins. Por isso, por essa referibilidade a valores, as leis culturais têm natureza axiológica; e, pela adequação de meios aos fins, têm caráter teleológico."[92]

---

90 REALE, Miguel. **Filosofia do direito**. 17ª ed., São Paulo: Saraiva, 1996, p. 251.

91 REALE, Miguel. **Introdução à filosofia**. 3ª ed. atual., São Paulo: Saraiva, 1994, p. 200.

92 POLETTI, Ronaldo. **Introdução ao direito**. 3ª ed. rev., São Paulo: Saraiva, 1996, p. 86.

8.1.6.1 Leis Físicas

A lei física rege o mundo da natureza. As leis físicas são na verdade "enunciados físicos", vez que haveria lei propriamente dita, onde há razão e liberdade. A característica principal de lei física é o determinismo rigoroso, em outras palavras, o mundo da natureza é regido pelo princípio da causalidade. Há uma sucessão infalível e previsível entre a causa e o efeito dos fenômenos naturais.

A relação causal da lei física é conhecida por meio da "explicação" ou "descrição". Assim, as leis físicas, enunciando juízos de realidade, são leis meramente explicativas ou descritivas, ou seja, apenas descrevem como os fatos ocorrem, dizem o que "é". Trata-se de uma explicação objetiva e neutra do fato. A lei da natureza tem por finalidade produzir o real como num espelho, sem defeitos e sem deformações. As leis do mundo da natureza são indicativas. As leis indicativas constituem juízos de realidade (A água ferve a cem graus centígrados).

Outra característica importante da lei natural é a subordinação ao fato. Sendo a lei física, uma expressão neutra do fato, qualquer lei cede ante ao fato novo que contrarie o enunciado.

8.1.6.2 Leis Culturais

A lei cultural rege o mundo da cultura, tendo pois natureza compreensiva. No mundo da cultura, entre a causa e o efeito, existe a interferência de um e outro elemento, que é o valor, marcando a tomada de posição do homem. Daí a natureza valorativa e finalista da norma. São leis compreensivas, envolvendo juízos de valor. As leis do mundo da cultura são imperativas (O homem deve ser honesto).

A leis culturais são classificadas em duas espécies:

1. Puramente Compreensiva; e

2. Compreensiva Normativa.

As leis puramente compreensivas (explicativas compreensivas), são leis culturais que, com base nos fatos observados, formulam apreciações de natureza valorativa sobre os mesmos, mas estes juízos de valor não implicam o reconhecimento da obrigatoriedade de um comportamento, não envolvem o momento da normatividade. Tais leis ultrapassam o plano da mera explicação causal, porque são compreensivas, mas não atingem o plano normativo.

As leis compreensivas normativas são as leis culturais que não envolvem apenas um juízo de valor sobre os comportamentos humanos, mas implicam também o reconhecimento da sua obrigatoriedade; culminam na escolha de uma conduta considerada obrigatória numa coletividade (juízo de valor + obrigatoriedade de um comportamento). Da tomada de posição resulta a normatividade.

Assim, verificamos a existência de duas principais espécies de leis culturais: 1. as sociológicas, históricas, econômicas, fruto das ciências humanas, que não retratam tão somente a realidade, mas enunciam juízos de valor sobre ela; e 2. as leis éticas e jurídicas.

Assim, podemos vislumbrar a existência de leis físicas que se encontram no plano explicativo; leis culturais que encontram-se no plano compreensivo; e leis éticas que encontram-se no plano normativo.

Em suma:

- Lei
  - Física ou Natural
  - Cultural
    - Puramente compreensivas
    - Compreensivas normativas

- Lei
  - Física → Plano Explicativo
  - Cultural → Plano Compreensivo
  - Ética → Plano Normativo

Resumindo

Natureza → Dado → Explicação → Juízo de Realidade → Lei Natural

Cultura → Construído → Compreensão → Juízo de Valor → Lei Cultural

8.1.7 A Impossibilidade de uma Análise Avalorativa no Mundo da Natureza e Cultura

Do estudo dos principais aspectos do mundo da natureza e da cultura, concluímos pela impossibilidade de uma análise avalorativa na produção dos juízos dos respectivos mundos.

A investigação científica do mundo da natureza gera um juízo de fato, surgindo consequentemente uma lei natural, que a doutrina aponta como avalorativa. A investigação científica do mundo da cultura gera um juízo de valor, surgindo consequentemente uma lei cultural, que a doutrina aponta como valorativa.

O esforço em transformar qualquer tipo de ciência em avalorativa, ou seja, excluir do campo científico o aspecto valorativo humano, torna-se por demais difícil, na medida em que os valores são próprios da natureza humana. O ser humano carrega consigo uma carga valorativa enorme, sendo utópico afirmar que em suas realizações poderá excluir totalmente o valor, trabalhando somente com fatos, mesmo nas ciências naturais.

Conforme estudado, toda a atividade científica produz uma lei. Em termos amplos, a lei apresenta duas acepções diferentes:

1. A acepção humana ou normativa, em que o termo lei designa a lei ética ou moral, ou seja, qualquer norma, incluindo as regras escritas ou costumeiras, que tem por finalidade regular o agir humano. Indubitavelmente, o aspecto valorativo encontra-se presente na elaboração desta espécie de lei.

2. A acepção física ou natural, em que o termo lei é empregado para designar qualquer relação causal, sendo que tais normas segundo aponta-se são avalorativas. São as leis descritivas, as leis físico-matemáticas. São as conhecidas fórmulas, que não são imperativas, mas indicativas ou descritivas, tendo por finalidade apenas descrever as leis ou fenômenos da vida, que ocorrem diuturnamente, como, por exemplo, a lei da gravidade.

Assim, costuma-se afirmar que as leis culturais são valorativas, ao passo que as leis naturais são avalorativas. Mas, entendemos que mesmo no mundo da natureza o aspecto da avalorativridade não pode ser colocado em termos absolutos. Em qualquer realização humana, o ser não consegue desligar-se de seus valores. Na própria representação da disposição dos países no globo terrestre, verificamos um aspecto valorativo. Nesse sentido, Luiz Antonio Rizzatto Nunes escreve que "discute-se se é possível ao cientista agir com 'neutralidade' em relação ao objeto de investigação, isto é, se ele, ao ir avaliar o objeto, deixa seus próprios valores e sentimentos pessoais de lado. Há os que dizem que sim, apostando na capacidade do cientista de observar e a partir deles elaborar seu trabalho científico, sem interferência pessoal. Há os que afirmam ser impossível ao cientista investigar os fatos sem uma tomada de posição pessoal, uma vez que a própria escolha do objeto é, por si só, realizada com base em informações preconcebidas no interior do cientista. Sem querer aprofundar aqui esse debate, pode-se dizer ser verdade que, em alguns ramos, parece possível a ele operar com neutralidade, como acontece, por exemplo, com o cálculo matemático do cientista que não pode, aparentemente, sofrer influência de seus valores e sentimentos. Acontece que a ciência – ainda que matemática – é voltada para o útil, para uma eficácia plena, para o uso real, enfim. E aí qualquer esforço por neutralidade se esvai. Nas ciências humanas, então, não há a mínima possibilidade de neutralidade, visto que o cientista é ao mesmo tempo pesquisador e pesquisado. Participa do mesmo fenômeno social investigado, sendo certo que até mesmo suas buscas influem no próprio processo de formação do comportamento humano que se investiga, o que sem dúvida, traz mais angústia para o seio das já angustiadas ciências humanas, que lidam com objetos tão difíceis de ser captados. As ciências refletem, assim, condutas engajadas dos cientistas no momento histórico das sociedades em que vivem e pesquisam".[93]

8.2 O Mundo Ético

Com o intuito de estudar o mundo ético, vamos narrar a trajetória da vida de cinco homens.[94]

Charles Dawson, um arqueólogo amador, em 1912 proclamou ter achado o "elo perdido", que confirmava a teoria evolucionista, teoria esta que pregava que o homem evolui do macaco. Os restos de nossos ancestrais pré-históricos teriam sido encontrados em escavações na Inglaterra (Piltdown), sendo denominado "homem de Piltdown", e era diferente tanto dos homens quantos dos macacos, na medida em que tinha crânio de homem e mandíbula de macaco, com dentes incisivos grandes e selvagens.

Paul Kammerer, adepto das posições de Lamarck, que considerava possível a transmissão de caracteres hereditários adquiridos ao longo da vida de um indivíduo, com o intuito de provar a referida teoria passou a realizar

---

93 NUNES, Luiz Antonio. **Manual de introdução ao estudo do direito**. São Paulo: Saraiva, 1996, p. 14-15.

94 HOSSNE, Willian Saad; VIEIRA, Sonia. **Experimentação com seres humanos**. 3ª ed., São Paulo: Moderna, 1987, p. 108-128.

experiências, sendo que a mais famosa foi com o sapo-parteiro. A maioria dos sapos volta à água para procriar, e o macho tem saliências nas patas, que o ajudam a agarrar a fêmea durante o acasalamento. Porém, o sapo-parteiro se reproduz em terra, e os machos não apresentam as saliências nas patas. Os resultados das experiências de Kammerer, no entanto, mostravam que os referidos sapos, quando obrigados a se acasalar na água, desenvolviam, nas patas, saliências que eram herdadas pelos filhos.

O psicólogo inglês Sir Cyril Burt elaborou teorias inéditas acerca da inteligência, que influenciaram toda uma geração de educadores e psicólogos. Burt concluía que a inteligência é hereditária. Os dados do psicólogo foram utilizados nos Estados Unidos para argumentar que as diferenças de QI entre brancos e negros poderiam ser explicadas pela raça, uma vez que a inteligência é em grande parte hereditária. Essa teoria justificou a segregação no ensino norte-americano.

Elias A. K. Alsabti, um pesquisador de origem jordaniana, aluno de doutorado nos Estados Unidos na área de cancerologia, no ano de 1979, conseguiu a proesa de publicar sessenta (60) trabalhos.

William Summerlin, médico do Instituto Sloan-Kettering de Pesquisa do Câncer, baseado na experiência com ratos brancos e pretos, afirmava que a pele, quando mantida num meio de cultura, perde sua capacidade antigênica, tornando-se transplantável de um rato branco para outro preto. O resultado de pesquisa trazia a promessa de transplantes de órgãos entre indivíduos geneticamente diferentes.

Assim, pergunta-se, o que esses cinco indivíduos têm em comum? A resposta é: Fraude! Os referidos pesquisadores desrespeitaram os mais caros padrões éticos. Senão vejamos:

1. Três cientistas ingleses, em 1950, levantaram dúvidas acerca do "homem de Piltdown", demonstrando que o mesmo não passava de uma montagem: crânio de homem moderno, mandíbula de macaco e dentes montados de maneira a completar o disfarce.

2. As experiências de Paul Kammerer foram rejeitadas de imediato pelos cientistas. Entretanto, só mais tarde se comprovou que as saliências herdadas eram fabricadas cuidadosamente com injeção de nanquim.

3. O biógrafo Lesli S. Hearnshaw foi convidado pela Dra. Marion Burt, irmã de Sir Cyril Burt, para escrever a biografia do mesmo. Ao longo

da obra descobriu as fraudes, transformando a biografia em um estudo psicológico do trabalho de Burt, sendo que, ao avisar a Dra. Marion acerca da nova perspectiva, a mesma declarou que a comunidade científica tinha o direito de saber a verdade, o que demonstrou o seu caráter preocupado com os padrões éticos.

4. O pesquisador Elias A. K. Alsabti copiou, palavra por palavra, os trabalhos publicados. Aos poucos as fraudes foram sendo descobertas. Três artigos de revisão assinados por Alsabti foram copiados de uma solicitação para financiamento de pesquisa feita por um professor universitário da Filadélfia. Outro artigo publicado na Europa era simples cópia de um trabalho publicado dois anos antes, por outro autor, numa revista japonesa. Uma tese em fase de publicação de um aluno da Universidade do Kansas foi publicada no Japão com a assinatura de Alsabti. Na caixa de correio de um pesquisador norte-americano falecido, Alsabti encontrou os manuscritos de um artigo enviado por uma revista europeia para revisão; fazendo ligeiras modificações, enviou o artigo para o Japão. Dos sessenta trabalhos conhecidos de Alsabti, cinco são plágios notórios, ficando os outros sob suspeita. Ainda os coautores de seus artigos não foram encontrados.

5. Finalmente, no caso da pesquisa com ratos efetuada por William Summerlim, descobriu-se que os ratos pretos não tinham recebido aplicação de pelo dos ratos brancos, mas sim aplicações de tinta.

Após a narrativa não é difícil verificar que os citados homens desrespeitaram preceitos éticos. Entretanto, se perguntarmos o que se entende por ética, a resposta torna-se um pouco mais difícil.

Mas, afinal, o que se entende por ética?

8.2.1 Conceito de Ética

A palavra ética provém do grego *éthos*,[95] que significa costume. O termo designa o caráter de cada pessoa, seu modo de ser, derivado da vida social. No idioma grego a palavra *éthos* está ligada à filosofia moral e à ciência dos costumes. *Éthos*, segundo Aristóteles, expressa um modo de ser,

---

95 Do grego *ethikós, etikhe*, do latim *ethicu, ethica*.

uma atitude psíquica, aquilo que o homem traz dentro de si na relação consigo próprio, com o outro e com o mundo. Indica as disposições do ser humano perante a vida. Ser ético é muito mais do que um problema de costumes, de normas práticas; supõe a boa conduta das ações, a felicidade pela ação feita e o prêmio ou a beatitude pela alegria da autoaprovação diante do bem feito no dizer de Aristóteles.

O mundo ético surge da realidade humana ou do denominado mundo da cultura, ou mais especificamente a ética surge do comportamento humano. O mundo ético dá origem às Leis Éticas, que são regras que dirigem o comportamento humano. A ética é uma disciplina normativa que estuda as normas do comportamento humano. Como teoria da ação, a ética visa sistematizar e explicar esse conjunto de normas. O objeto da ética é a moral. Moral entendida como o conjunto de fatores e valores sociais.

A ética pode ser definida como a parte da filosofia que estuda os valores morais e os princípios ideais da conduta humana, ou ainda parte da filosofia que se ocupa em conhecer o homem, com respeito à moral e aos costumes, que trata da natureza como ente livre, espiritual; da parte que o temperamento e as paixões podem ter na sua índole, e costumes; da sua imortalidade, bem-aventurança, e meios de a conseguir em geral; os antigos compreendiam nela a parte que trata dos ofícios e deveres. Outra conceituação é a seguinte: "Estudo dos juízos de apreciação referentes à conduta humana suscetível de qualificação do ponto de vista do bem e do mal, seja relativamente a determinada sociedade, seja de modo absoluto".[96]

No Dicionário Básico de Filosofia verificamos que a ética é a "parte da filosofia prática que tem por objetivo elaborar uma reflexão sobre os problemas fundamentais da moral (finalidade/sentido da vida humana, os fundamentos da obrigação e do dever, natureza do bem e do mal, o valor da consciência moral etc.), mas fundada num estado metafísico do conjunto das regras de conduta consideradas como universalmente válidas. Diferentemente da moral, a ética está mais preocupada em detectar os princípios de uma vida conforme à sabedoria filosófica, em elaborar uma reflexão sobre

---

[96] FERREIRA, Aurélio Buarque de Holanda. **Novo aurélio século XXI: o dicionário da língua portuguesa**. 3ª ed. rev. e ampl., Rio de Janeiro: Nova Fronteira, 1999.

as razões de se desejar a justiça e a harmonia e sobre os meios de alcançá-las. A moral está mais preocupada na construção de um conjunto de prescrições destinadas a assegurar uma vida em comum justa e harmoniosa".[97]

Marcus Cláudio Acquaviva, com muita propriedade, sintetiza o capítulo da ética nos seguintes termos: "a) a ética observa o comportamento humano e aponta seus erros e desvios; b) formula os princípios básicos a que deve subordinar-se a conduta do homem, onde quer que se encontre; c) a par de valores genéricos e estáveis, a ética é ajustável a cada época e a cada circunstância; d) a ética depende da filosofia, pois cada sistema moral baseia-se em outro, de natureza filosófica e, consequentemente, ela varia com as filosofias".[98]

Ante as citações, entendemos que a ética é a parte da filosofia que se preocupa com o agir humano, ou mais precisamente, o agir corretamente, tendo como objeto de estudo a moral.

Didaticamente, costuma-se separar os problemas teóricos da ética em dois campos: num, os problemas gerais e fundamentais, como a liberdade, consciência, bem, valor, lei; e no outro, os problemas específicos, de aplicação concreta, como os problemas da ética matrimonial, de ética profissional, de ética política, de ética sexual, de bioética.

Cabe anotar, ainda, que a ética se preocupa não só com os deveres, mas também com os direitos, surgindo assim dois grandes campos de estudo científico: a deontologia (estudo ou ciência dos deveres) e a diceologia (estudo ou ciência dos direitos).

O termo ética tomado no seu sentido lato, como regulador da conduta humana, assume duas expressões: a moral e o direito.

8.2.2 Direito e Moral

O objeto da ética é a moral, tomada no sentido amplo do termo, ou seja, como o conjunto de fatores e valores sociais. Os fatores e valores sociais

---

97 JAPIASSÚ, Hilton; MARCONDES, Danilo. **Dicionário básico de filosofia**. 3ª ed., Rio de Janeiro: Jorge Zahar Editor, 1996, p. 93.

98 ACQUAVIVA, Marcus Cláudio. **Notas introdutórias ao estudo do direito**. 2ª ed., São Paulo: Ícone, 1990, p. 223.

se exteriorizam por meio do direito e da moral (sentido estrito do termo, como sinônimo de ordem social). O direito e a moral são duas ordens normativas.

Em suma:

Ética – Moral { Direito → Ordem Jurídica
Moral → Ordem Social.

Como parte do estudo da ética, urge a necessidade de se traçar um paralelo entre Direito e Moral, que na verdade são duas formas de expressão da ética. "Direito e Moral são instrumentos de controle social que não se excluem, antes, se completam e mutuamente se influenciam. Não obstante cada qual tenha seu objetivo próprio, é indispensável que a análise cuidadosa do assunto mostre a ação conjunta desses processos, evitando-se colocar um abismo entre o Direito e a Moral. Seria um grave erro, portanto, pretender-se a separação ou o isolamento de ambos, como se fossem sistemas absolutamente autônomos, sem qualquer comunicação, estranhos entre si. O Direito, malgrado distinguir-se cientificamente da Moral, é grandemente influenciado por esta, de quem recebe valiosa substância. Direito e Moral, afirmou Giorgio Del Vecchio, são conceitos que se distinguem, mas que não se separam."[99] Nesse sentido, Miguel Reale ao estudar o direito e a moral ressalta a importância de distinguir sem separar.[100]

Muitas são as teorias sobre a distinção ou relações entre o direito e a moral. Para efeitos didáticos traçaremos um paralelo entre o direito e a moral por meio da relação e das distinções entre os dois termos.

No que tange à relação entre o direito e a moral, destacamos três teorias: 1. Positivismo Jurídico. 2. Teoria do Mínimo Ético. 3. Teoria dos Círculos Secantes.

Para o Positivismo Jurídico, o Direito não possui nenhuma relação com a moral, sendo que o direito e a moral são conceitos distintos. O Posi-

---

99 NADER, Paulo. **Introdução ao estudo do direito**. 22ª ed. rev. e atual., Rio de Janeiro: Forense, 2002, p. 40-41.

100 REALE, Miguel. **Lições preliminares de direito**. 27ª ed., São Paulo: Saraiva, 2002, p. 41.

tivismo, ao desvincular a norma de qualquer conteúdo valorativo, afasta consequentemente a moral. Nesse sentido, Hans Kelsen concebeu a moral e o direito como esferas independentes. Assim, a norma é o único elemento essencial ao direito, sendo extraído qualquer conteúdo valorativo, cuja validade da norma não depende de conteúdos morais ou valorativos. Essa é a visão dos positivas que concebem a norma jurídica como um fato e não como um valor. A norma é avalorativa. Para outros, o direito e a moral são semelhantes. É o caso da teoria do mínimo ético.

A Teoria do Mínimo Ético foi desenvolvida por Jellinek. A teoria do mínimo ético consiste em dizer que o direito representaria um mínimo da moral declarado obrigatório para a sociedade sobreviver como tal. Para os adeptos dessa doutrina, nem todos os membros da sociedade estão dispostos a realizar de maneira espontânea as obrigações morais. O direito seria o instrumento de força para o cumprimento de certos princípios éticos. Assim, o direito não é algo diverso da moral, mas uma parte desta, armada de garantias específicas. A teoria do mínimo ético é representada por dois círculos concêntricos, em que o maior indica a moral, mais abrangente, e o menor, o direito, por ela compreendido. Dessa forma, tudo o que é jurídico é moral, mas a recíproca não é verdadeira, ou seja, nem tudo que é moral é jurídico. Esse aspecto é refutável na medida em que no direito muitas normas existem indiferentes à moral. São amorais, como, por exemplo, normas de prazo processual. De outra feita, não podemos considerar a moral e o direito como compartimentos estanques. Devemos concebê-los como interseccionados, em que o direito e a moral apresentam uma parte em comum, mas outras tantas autônomas e independentes. Surge, assim, a teoria dos círculos secantes.

Para a Teoria dos Círculos Secantes a representação geométrica da relação entre o direito e a moral não seria a dos círculos concêntricos (teoria do mínimo ético), mas a dos círculos secantes, concebendo uma parte comum e outra autônoma entre o direito e a moral.

No que tange às distinções entre o direito e a moral, destacamos quatro principais diferenças. Assim, podemos estabelecer entre o direito e a moral as seguintes distinções:

1. A Moral é incoercível e o Direito é coercível.
2. A Moral é unilateral e o Direito é bilateral.

3. A Moral é autônoma e o Direito é heterônomo.

4. A Moral é interior e o Direito é exterior.

O primeiro traço distintivo entre o direito e a moral é a coercibilidade. O direito coage, ao passo que os preceitos de ordem moral são cumpridos independentemente de coação ou coerção. Nesse sentido, Ronaldo Poletti indica quatro teorias que explicam o relacionamento do direito com a força: 1. Eticismo. 2. Coação. 3. Coercibilidade. 4. Atributividade.

Para o eticismo, o direito e força são contrários. O direito está tão impregnado da moral que dispensa a força para obter a sua obediência. Sabemos o quão difícil é a realização do direito e como os homens resistem às normas. Não se pode esperar um direito tão eticamente puro que dispense o cumprimento forçado das normas. A teoria da coação caracteriza o direito pelo seu elemento força. Esta seria a nota típica e diferenciadora do direito, o qual seria uma efetiva expressão de força. A norma moral, ao contrário da norma jurídica, não coage. Eis a diferença, segundo os partidários dessa teoria, entre a moral e o direito. O direito apresenta uma força intrínseca. Para distinguir o direito da moral é preciso encontrar a distinção entre as obrigações. A obrigação moral não é coativa, sendo cumprida por força da consciência. A teoria da coercibilidade deriva da coação. É a efetiva aplicação da força para aplicação do direito. A teoria da atributividade intenta distinguir a norma moral da norma jurídica, a partir da nota comum de pertencerem ambas ao mundo da cultura, ou seja, por serem imperativas. As normas jurídica e moral tem esta característica, ambas são dotadas de imperatividade. Noutras palavras, a norma moral não atribui a ninguém o direito de exigir o seu cumprimento, surgindo o aspecto de unilateralidade e bilateralidade, que é outra distinção. Assim, a distinção entre o direito e a moral é verificada por meio da forma de cumprimento das respectivas normas, ou seja, na coerção presente no direito e ausente na moral. A moral é incoercível, sem qualquer coerção, sendo cumprida de forma espontânea. O direito, por sua vez é coercível, forçado.[101]

A norma moral não atribui a ninguém o direito de exigir o seu cumprimento. O motivo disso reside em que a norma moral é sempre unilateral.

---

[101] POLETTI, Ronaldo. **Introdução ao direito**. 3ª ed. rev., São Paulo: Saraiva, 1996, p. 100-120.

Ela não implica a relação entre duas pessoas e diz sempre respeito a uma ordem ditada à consciência individual. Sua característica é a unilateralidade, no que se opõe ao direito, que sempre envolve uma relação entre duas ou mais pessoas, numa bilateralidade. A norma jurídica, uma vez violada, envolve outras pessoas, que podem exigir o seu cumprimento. Além disso, o direito é colocado por terceiros que têm interesse em vê-lo cumprido. A norma jurídica atribui ao prejudicado o direito de exigir o seu cumprimento. É a atributividade. Por isso, a norma jurídica é um imperativo atributivo.

No caso do imposto há um laço de exigibilidade, sendo certo que a relação é bilateral. No caso da esmola não há exigibilidade, sendo certo que a relação é unilateral. "A bilateralidade atributiva é, pois, uma proporção intersubjetiva, em função da qual os sujeitos de uma relação ficam autorizados a pretender, exigir, ou a fazer, garantidamente algo. Há bilateralidade atributiva quando duas ou mais pessoas se relacionam segundo uma proporção objetiva que as autoriza a pretender ou a fazer garantidamente algo."[102] "As normas jurídicas possuem uma estrutura imperativo-atributiva, isto é, ao mesmo tempo em que impõem um dever jurídico a alguém, atribuem um poder ou direito subjetivo a outrem. Daí se dizer que a cada direito corresponde um dever. Se o trabalhador possui direitos, o empregado possui deveres. A Moral possui uma estrutura mais simples, pois impõe deveres apenas."[103]

O terceiro traço distintivo diz respeito a autonomia e heteronomia do cumprimento das obrigações. Ora, as normas valem objetivamente. "Essa validade objetiva e transpessoal, as quais se põem, por assim dizer, acima das pretensões dos sujeitos de uma relação, superando-as na estrutura de um querer irredutível ao querer dos destinatários, é o que se denomina heteronomia."[104] O vocábulo heteronomia, provém do grego *heteros* (outro) e *nomos* (lei). A palavra autonomia provém do grego *autos* (próprio) e *nomos* (lei). O direito é heterônomo porque somos obrigados

---

102 REALE, Miguel. **Lições preliminares de direito**. 27ª ed., São Paulo: Saraiva, 2002, p. 51.

103 NADER, Paulo. **Introdução ao estudo do direito**. 22ª ed. rev. e atual., Rio de Janeiro: Forense, 2002, p. 46.

104 REALE, Miguel. **Lições preliminares de direito**. 27ª ed., São Paulo: Saraiva, 2002, p. 49.

a cumprir a norma jurídica. Os cidadãos pagam impostos porque são obrigados pela norma jurídica. A moral é autônoma, porque não somos obrigados a cumprir a norma moral. O homem presta esmola por força de sua consciência.

Um outro prisma de distinção entre direito e moral consiste em vê-lo de acordo com a interioridade e a exterioridade. Em princípio, a moral regula a conduta interior, e o direito, a exterior.

Em termos gerais, pode-se afirmar que o direito regula a conduta exterior ao passo que a moral regula a conduta interior. Assim, em linhas gerais, a moral visa mais à intenção, partindo da exteriorização do ato. O direito visa mais ao ato exteriorizado partindo da intenção. Nesse prisma, o direito não pune a intenção, sequer atos preparatórios, quando não se chega a iniciar a execução. Pune o crime previsto em lei na sua forma tentada: iniciada a execução, o agente não dispõe mais da possibilidade de um arrependimento eficaz e o resultado não se consuma por circunstâncias alheias à vontade do agente.

Nesse sentido, segundo Paulo Nader "afirma-se que o Direito se caracteriza pela exterioridade, enquanto a Moral, pela interioridade. Com isto se quer dizer, modernamente, que os dois campos seguem linhas diferentes. Enquanto a Moral se preocupa pela vida interior das pessoas, como a consciência, julgando os atos exteriores apenas como meio de aferir a intencionalidade, o Direito cuida das ações humanas em primeiro plano e, em função destas, quando necessário, investiga o *animus* do agente".[105]

Em suma:

- Paralelo entre o Direito e a Moral
  - Relações → Três Teorias
    - Positivismo Jurídico
    - Teoria do Mínimo Ético
    - Teoria dos Círculos Secantes
  - Distinções → Quatro Diferenças
    - 1. A Moral é incoercível e o Direito é coercível.
    - 2. A Moral é unilateral e o Direito é bilateral.
    - 3. A Moral é autônoma e o Direito é heterônomo.
    - 4.A Moral é interior e o Direito é exterior.

[105] NADER, Paulo. **Introdução ao estudo do direito**. 22ª ed. rev. e atual., Rio de Janeiro: Forense, 2002, p. 47.

8.3 Teoria da Justiça – Fundamento do Direito

Nessa parte do nosso estudo, verificaremos outra perspectiva do direito, distinta das anteriores e que se relaciona com o seu próprio fundamento, investigando para isso a acepção do Direito-Justo.

A Teoria da Justiça como fundamento do direito se torna na atualidade um dos principais capítulos do estudo da ciência jurídica, sendo modernamente denominada Axiologia Jurídica.

Conforme verificado nas partes anteriores deste estudo, o direito apresenta várias acepções. Para os sociólogos, o direito trata-se de um setor da realidade social, constituindo-se assim as regras jurídicas como fatos sociais. Outros encaram a realidade jurídica sob o prisma do Direito Subjetivo, ou seja, das prerrogativas ou faculdades da pessoa humana. Ainda, o direito pode ser encarado como ciência. Alguns, como Kelsen, em sua obra Teoria Pura do Direito, entendem o direito como um conjunto de normas positivas que regulam o comportamento social.

Se o direito é essencialmente uma ciência normativa, cabe vislumbrar qual o ideal da norma, seu valor fundamental, ou seja, sua Legitimidade. Deve-se, pois, inferir se as normas deste sistema do direito positivo são justas. A justiça é o fundamento, a espinha dorsal do sistema jurídico.

Em última análise, cabe verificar qual o sentido do direito, que ultrapassa o limite da ciência normativa, enquanto conjunto de normas que regram o comportamento humano. Tal indagação tem a ver com a justificação do direito e a busca de seu fundamento, ou seja, o que autoriza o Estado a estabelecer um conjunto de regras que todos devem respeitar. Trata-se da legitimidade do direito ou das normas.

A Justiça deve estar presente na ordem jurídica, para que a mesma seja legítima.[106] A legitimidade das normas jurídicas encontra respaldo no sentido de justiça. No plano existencial a justiça confere ao direito um significado de razão de existir. Muito além de o direito buscar os anseios da

---

106 "A ideia de justiça faz parte da essência do Direito. Para que a ordem jurídica seja legítima, é indispensável que seja a expressão da justiça". É o que anota Paulo Nader. In **Introdução ao estudo do direito**. 22ª ed. rev. e atual., Rio de Janeiro: Forense, 2002, p. 125.

sociedade, deve o mesmo ser justo, ou não existe sentido lógico em respeitar a ordem jurídica. Nesse sentido, pondera Tércio Sampaio Ferraz Jr., ao ditar que "enquanto se pode postular como certo que as normas jurídicas são regras que de alguma forma se adaptam às mudanças sociais posto que podem deixar de valer ao serem revogadas conforme o interesse da decibilidade dos conflitos, o que se procura é uma espécie de estrutura de resistência à mudança, que assegura à experiência jurídica um sentido persistente. Desde a Antiguidade foi na ideia de justiça que se buscou essa estrutura".[107]

Com a evolução do pensamento jurídico, a Ciência do Direito procura se desvencilhar da pura dogmática positivista e incorpora novas dimensões finalísticas (teleológicas) e valorativas (axiológicas). O dogmatismo trouxe e traz ao direito inegável segurança; entretanto, o distanciamento dos fatos e valores sociais concede ao direito uma característica de "Ciência Pura do Direito", que por si só é incapaz de resolver os conflitos sociais.[108] A correção desse quadro deve ser feita por meio de uma investigação fática e valorativa do direito, restabelecendo seu sentido teleológico e axiológico. É sob essa perspectiva que se desenvolve o estudo do Direito-Justo e ganha corpo no pós-positivismo.

Dessa forma, podemos concluir que ausente a Justiça, a norma torna-se ilegítima. Um bom exemplo disto está nas normas da Alemanha nazista, ou seja, o arcabouço jurídico que surgiu para garantir o sistema do Führer tornou-se ilegítimo, uma vez que foram esquecidos os princípios da justiça. Assim, podemos afirmar que o sentido da justiça encontra-se acima de todas as coisas e do próprio sistema, sendo pois o princípio informador de todo o Universo Jurídico.

A Justiça é o fundamento, é o alicerce do sistema jurídico, e ao mesmo tempo a finalidade do sistema jurídico é alcançar a Justiça.

---

107 FERRAZ JR., Tércio Sampaio. **Introdução ao estudo do direito**. 2ª ed., São Paulo: Atlas, 1994, p. 350-351.

108 Alguns autores, como Kelsen, adeptos do Positivismo Jurídico, pregam que a Justiça é emocional e subjetiva, sendo seu campo de atuação restrito a moral e a religião. Kelsen considerou a justiça como um lindo sonho da humanidade.

Em suma:

Sistema Jurídico { Axiologia (valor – fundamento) → Justiça
Teleológica (finalidade – objetivo) → Justiça }

8.3.1 *Justiça como Fundamento da Norma*

Segundo expressa Miguel Reale, a norma jurídica está fundada numa série de valores, tais como saúde, conforto, intimidade, mas segundo pondera o mesmo autor, a Justiça não se identifica com nenhum valor específico, sendo "antes a condição primeira de todos eles, a condição transcendental de sua possibilidade como atualização histórica".[109] Assim, por meio dos princípios da Justiça, os operadores do direito devem conciliar os múltiplos valores do direito.

A experiência jurídica mostra que em casos concretos surgem valores antagônicos, como a intimidade e a liberdade de expressão. Pois bem, surge aí o conflito entre dois direitos fundamentais, que devem ser conciliados por intermédio do valor justiça. Os aspectos valorativos do direito não são estanques, eles se entrelaçam e, nesse movimento, produzem conflitos, que são solucionados por meio do fundamento da norma, qual seja, a Justiça. Dessa feita, podemos verificar que a importância dos princípios da justiça está no fato de que do ponto de vista concreto ela se desloca acima da própria norma e do direito.

Ante a ideia exposta, indubitavelmente, os operadores do direito devem pautar-se pelo valor justiça. A justiça é um princípio informador tanto para o legislador como para o aplicador do direito. A Justiça, como fundamento da norma, se faz concretamente, sendo que o seu fim último é uma sociedade justa.

Concluímos afirmando que a Justiça se coloca como fundamento da norma, sendo a mesma o princípio superior da ordem social e jurídica.

Mas, afinal, o que se entende por Justiça?

---

[109] REALE, Miguel. **Lições preliminares de direito**. 27ª ed., São Paulo: Saraiva, 2002, p. 369-372.

8.3.2 Conceito de Justiça

Aristóteles escreveu que "a justiça é frequentemente considerada a mais elevada forma de excelência moral, e nem a estrela vespertina nem a matutina são tão maravilhosas; e também se diz proverbialmente que na justiça se resume toda a excelência. Com efeito, a justiça é a forma perfeita de excelência. Com efeito, a justiça é a forma perfeita de excelência moral porque ela é a prática efetiva da excelência moral perfeita. Ela é perfeita porque as pessoas que possuem o sentimento de justiça podem praticá-la não somente em relação a si mesmas como também em relação ao próximo".[110]

O termo justiça pode ser entendido como aquilo que é conforme o direito, ou seja, a virtude de dar a cada um aquilo que é seu, ou ainda, a faculdade de julgar segundo o direito e melhor consciência. O termo ainda designa o conjunto de magistrados judiciais e pessoas que servem junto deles.

Com base nas lições de Aristóteles, Ulpiano definiu a Justiça como a constante e firme vontade de dar a cada um o que é seu. Por hora, conceituamos Justiça como dar a cada um aquilo que é seu.

Do ponto de vista acadêmico científico, o termo justiça tem sido encarado sob dois aspectos: formal e material.

No aspecto formal a justiça surge como um valor ético-social de proporcionalidade e igualdade; é o senso de equilíbrio na distribuição de bens e relações sociais, ou seja, a atribuição de dar a cada um o que é seu. Do ponto de vista material, a justiça é encarada como o critério sobre o que a quem são devidos os citados direitos. Assim, pode-se levar em consideração ao julgar o mérito, a participação, a capacidade ou a necessidade. Na realidade material, verifica-se aquilo que deve ser proporcionalmente repartido ou objetivo a quem.[111]

---

110 Aristóteles. **Ética a Nicômacos**. Trad. de Mário da Gama Kury. 3ª ed., Brasília: Universidade de Brasília, 1992, p. 93.

111 "O sistema de justiça material tende a privilegiar o prestígio pessoal, variável e instável, donde se a entrega a um bem maior, ao qual se presta obediência cega e não sopesada, o princípio da disciplina social: o que impede ou dificulta esta entrega é injusto". É o que ensina Tércio Sampaio Ferraz Jr., In **Introdução ao estudo do direito**. 2ª ed., São Paulo: Atlas, 1994, p. 354.

O aspecto material se preocupa com a finalidade ou objetivo do direito. O aspecto formal é a maneira pela qual se busca esse objetivo. É o limite do primeiro aspecto. Porém, dentro deste limite, se o direito é justo ou injusto, configura um problema do aspecto material, ou seja, dos princípios éticos e morais.

Para exemplificar a justiça formal e material, Tércio Sampaio Ferraz Jr. faz uma comparação com o jogo de futebol. O aspecto material é o problema que deve ser enfrentado, em que o objetivo é atingir o gol. No futebol só há jogo se houver onze jogadores de cada lado, um campo conforme certas medidas, de certo tamanho, ou seja, a observância dos aspectos formais. Assim, o aspecto formal não pertence ao jogo, mas é o limite do jogo. Porém, se dentro destes limites o jogo é justo ou injusto, isto é problema do aspecto material.[112]

Em suma:

Justiça { Material → Critério de Distribuição — Objetivo Final (Justiça).
Formal → Distribuição — Instrumento que alcança a Justiça.

Em nosso entendimento, a Justiça Formal deve investigar a máxima "dar a cada um aquilo que é seu", ao passo que a Justiça Material deve investigar "o que deve ser atribuído a cada um".

Em suma:

Justiça { Material → Dar o que a quem (Critério).
Formal → Dar a cada um aquilo que é seu (Distribuição).

8.3.3 *Acepções de Justiça*

Conforme aludimos, uma das formas de se verificar o direito é a de considerá-lo como exigência da justiça, constituindo-se o fundamento das normas na medida em que lhe concede legitimidade. Assim, entendemos que com isso configura-se o significado fundamental da palavra direito, pois nesse sentido o vocábulo é empregado como aquilo que é devido por jus-

---

112 FERRAZ JR., Tércio Sampaio. **Introdução ao estudo do direito**. 2ª ed., São Paulo: Atlas, 1994, p. 354.

tiça a alguém (O salário é direito do trabalhador). A essa acepção corresponde o provérbio latino: "dar a cada um o que é seu".

A palavra justiça possui várias significações, sendo certo que duas se destacam: 1. acepção subjetiva; e 2. acepção objetiva.

No primeiro sentido, o termo se subjetiva como qualidade da pessoa (o Juiz é Justo). Na segunda acepção, justiça designa uma qualidade de ordem social ou institucional (A Lei é Justa).

O sentido subjetivo interessa ao estudo da moral, pois se trata de uma virtude do homem. Na verdade, para a ciência do direito interessa o estudo da justiça objetiva, na medida em que o direito preocupa-se com o bem comum. O critério da Justiça não é subjetivo. A Justiça é algo objetivo, concreto, exterior. André Franco Montoro anota que "o jurista tem outras preocupações; interessa-lhe fundamentalmente a ordem social objetiva. Por isso, ele vê na justiça, em primeiro lugar, uma exigência da vida social. Radbruch chega a afirmar que ao jurista só interessa a justiça, considerada em sentido objetivo".[113]

8.3.4 Sentidos de Justiça

A expressão *Justiça* apresenta três significações diferentes:

1. sentido latíssimo;

2. sentido lato; e

3. sentido estrito ou jurídico-científico.

No sentido latíssimo o termo Justiça designa uma virtude geral (conjunto de todas as virtudes), sob o prisma do indivíduo, conforme verificamos na expressão Bíblica "Os olhos do Senhor repousam sobre os justos".[114]

No sentido lato o termo é encarado como uma virtude social, sob o prisma do indivíduo vivendo em sociedade, ou em relação a pessoa social, tendo como fulcro a convivência humana, conforme verificamos na expressão Bíblica "Com Justiça julgarás o teu próximo".[115]

---

[113] MONTORO, André Franco. **Introdução à ciência do direito**. 23ª ed., São Paulo: Revista dos Tribunais, 1995, p. 125.

[114] Livro dos Salmos 34:15.

[115] Livro de Levítico 19:15.

Do ponto de vista jurídico-científico a Justiça expressa um ideal a ser seguido pela norma, ou seja, seu objetivo final, conforme verificamos na célebre frase de São Tomás "dar a outrem o que lhe é devido segundo uma igualdade". Dessa frase surgem os elementos essenciais da justiça no sentido jurídico, que busca um objetivo determinado.

Em suma:

Sentidos da Justiça	
	Latíssimo → Virtude Geral do Indivíduo
	Lato → Virtude Social do Indivíduo (Indivíduo vivendo em sociedade)
	Jurídico → Objetivo Final (Justiça)

Assim, examinando o sentido jurídico-científico da Justiça, concluímos, por meio da definição supra, que expressa o seu Objetivo Final (Justiça), os elementos de consecução de toda e qualquer Justiça, da seguinte maneira:

dar a outrem → a alteridade – *alteritas*;

o que lhe é devido → o devido – *debitum*;

segundo uma igualdade → a igualdade – *aequalitas*.

8.3.5 Características Essenciais da Justiça

Conforme vislumbramos, existem três características essenciais da Justiça, sem as quais a mesma não pode subsistir, quais sejam:

1. a alteridade;
2. o devido; e
3. a igualdade.

O primeiro requisito da Justiça é a alteridade[116], que é a pluralidade de pessoas, condição *sine qua non* para a existência da Justiça no sentido social da convivência humana,[117] na medida em que torna-se impossível alguém ser justo consigo mesmo, exceto no terreno da moral ou da religião.

---

[116] Alteridade, de *Alter*. Termo usado por Parson para designar a pessoa em alguma interação social. O objeto com o qual o *ego* interage é o *alter*.

[117] A justiça exige sempre uma pluralidade de pessoas. E aí reside uma de suas características fundamentais. A justiça consiste essencialmente no reconhecimento prático que o homem

O segundo elemento que integra a Justiça é a existência de um direito subjetivo ou obrigação, pois o ato de Justiça consiste em dar o que é devido, podendo o mesmo ser exigido, segundo o binômio Devido-Exigível ou Obrigatoriedade-Exigibilidade. Indubitavelmente, a Justiça e o Direito possuem como característica fundamental a atributividade.

André Franco Montoro ensina que existe diferença entre o exigível moral e o legal, sendo que o último possui atributividade. Segundo o mesmo doutrinador, "atributividade é a qualidade, inerente à norma de garantia, de atribuir, a quem seria lesado pela violação dessa norma, a faculdade de exigir do violador, por meio do poder público, o cumprimento dela, ou a reparação do mal sofrido".[118] A exigibilidade é uma característica fundamental da norma e da Justiça.

A pluralidade de pessoas e a exigibilidade não garantem os anseios da Justiça, surgindo como elemento essencial à ideia de Justiça a igualdade. A igualdade surge de forma objetiva.

Celso Antônio Bandeira de Mello ensina que "o preceito magno da igualdade, como já tem sido assinalado, é norma voltada quer para o aplicador da lei quer para o próprio legislador. Deveras, não só perante a norma posta se nivelam os indivíduos, mas, a própria edição dela assujeita-se ao dever de dispensar tratamento equânime às pessoas".[119] Nessa esteira, o mesmo autor anota o entendimento de Francisco Campos acerca da matéria, nos seguintes termos: "Assim, não poderá subsistir qualquer dúvida quanto ao destinatário da cláusula constitucional da igualdade perante a lei. O seu destinatário é, precisamente, o legislador e, em consequência, a legislação; por mais discricionários que possam ser os critérios da política legislativa, encontra no princípio da igualdade a primeira e mais fundamental de suas limitações". Não é outro o entendimento de Celso

---

faz a dignidade dos demais homens. O que há de fundamental em toda a espécie de justiça, escreveu Del Vecchio, é esse elemento de "intersubjetividade" ou correspondência nas relações entre pessoas. É o que ensina André Franco Montoro, In **Introdução à ciência do direito**. 23ª ed., São Paulo: Revista dos Tribunais, 1995, p. 131.

118 MONTORO, André Franco. **Introdução à ciência do direito**. 23ª ed., São Paulo: Revista dos Tribunais, 1995, p. 133.

119 BANDEIRA DE MELLO, Celso Antônio. **Conteúdo jurídico do princípio da igualdade**. 3ª ed., São Paulo, Malheiros, 1997, p. 9-10.

Bastos, que anota que "a dúvida que se põe é a de saber se o princípio da igualdade se dirige tão somente ao legislador (impedindo que este faça leis arbitrárias), ou se dito princípio transcende o legislador para atingir diretamente também aos particulares. A resposta quer nos parecer positiva. A igualdade no direito moderno, além de ser um princípio informador de todo o sistema jurídico, reveste-se também da condição de um autêntico direito subjetivo".[120]

Indubitavelmente, o direito na acepção de justo ganha legitimidade, na medida em que trata os seus destinatários de maneira equânime.

Mas o que se significa a igualdade? André Franco Montoro ensina que a igualdade é uma relação, sendo que a filosofia apresenta três modalidades de relação: identidade, semelhança e igualdade. A identidade é a relação de essência, ou seja, dois objetos são idênticos quando têm a mesma essência. A semelhança é a relação de qualidade, ou seja, dois objetos são semelhantes quando possuem as mesmas qualidades. A igualdade é a relação da quantidade, ou seja, dois objetos são iguais quando têm a mesma quantidade.

Em suma:

Filosofia → Relação
- Identidade → Essência
- Semelhança → Qualidade
- Igualdade → Quantidade

Assim, podemos deduzir que a igualdade é a equivalência de quantidades (trinta é "igual" a quinze mais quinze). No âmbito da ciência normativa, o termo apresenta a mesma significação, na medida em que se busca uma equivalência ou igualdade entre os atores sociais.

8.3.5.1 Espécies de Igualdade

A igualdade pode ser de duas espécies:

1. absoluta (Simples); e

---

[120] BASTOS, Celso Ribeiro; MARTINS, Ives Gandra. **Comentários à Constituição do Brasil**. v. 2., São Paulo: Saraiva, 1989, p. 13.

2. relativa (Proporcional).

A igualdade absoluta é empregada nas relações de troca, ao passo que a igualdade relativa é empregada nas relações da distribuição. Dessa forma, na contratação de um serviço que vale 1.000, pago 1.000, sendo praticado o princípio da igualdade absoluta (1000 = 1000). Em uma sociedade, na realização da distribuição dos lucros, de acordo com o número de quotas, o sócio "A", que possui 90 quotas, receberá R$ 9.000,00 (nove mil reais); e o sócio "B", que possui 70 quotas, receberá R$ 7.000,00 (sete mil reais), sendo aplicado o princípio da igualdade relativa à contribuição ou participação.

8.3.6 Princípio da Igualdade

O tratamento equânime dos destinatários da norma legal é de tamanha importância, que o sistema jurídico elevou o mesmo à categoria de princípio, sendo assim designado como princípio de igualdade.

Cabe anotar que se entende por princípio um conjunto de proposições que alicerçam ou embasam um sistema e lhe garantem validade.[121] Segundo a lição de José Cretella Júnior, princípio é uma proposição que se põe na base das ciências, informando estas ciências. "A palavra princípio é termo análogo, isto é, suscetível de inúmeros sentidos, todos, porém, ligados pelo menos por um ponto de contato comum. Princípios são proposições básicas, fundamentais, típicas, que condicionam todas as estruturas subsequentes. Nesse sentido, princípios são os alicerces, as bases, os fundamentos da ciência."[122]

O princípio da igualdade encontra fundamento no sentido de que todos os homens que vivem em sociedade possuem a mesma natureza e dignidade humana. A partir dessa premissa fica afastada qualquer forma de discriminação que ofenda o princípio da igualdade, como, por exemplo, a negação de igualdade entre o Senhor e o Escravo.

---

[121] GASPARINI, Diogenes. **Direito Administrativo**. 2ª ed. rev. e aum., São Paulo: Saraiva, 1992, p. 5.

[122] CRETELLA JR., José. **Primeiras lições de direito**. Rio de Janeiro: Forense, 1997, p. 222.

O art. 5º da Constituição Federal de 1988 consagra o princípio da isonomia ao estabelecer: "Todos são iguais perante a lei, sem distinção de qualquer natureza, garantindo-se aos brasileiros e aos estrangeiros residentes no País a inviolabilidade do direito à vida, à liberdade, à igualdade, à segurança e à propriedade". A igualdade no direito moderno, além de ser um princípio informador de todo o sistema jurídico, reveste-se também da condição de autêntico direito subjetivo. Assim, o cidadão possui o direito indisponível de não ser diferenciado por outros particulares nas mesmas situações em que a lei também não poderia diferençar.

Todas as Constituições indígenas e alienígenas consagram o princípio da igualdade. Senão vejamos:

Constituições Brasileiras

Constituição de 1824 – art. 179, n. 13.

Constituição de 1891 – art. 72, § 2º.

Constituição de 1934 – art. 113, n. 1.

Constituição de 1937 – art. 122, n. 1.

Constituição de 1946 – art. 141, § 1º.

Constituição de 1967 – art. 150, § 1º.

E.C. n. 1/69 – art. 153, § 1º.

Direito Comparado

Alemanha..(art. 3º)

Argentina..(art. 16)

Chile ....(arts. 1º, 19, § 2º)

China ....(art. 33)

Cuba ....(arts. 40 a 42)

Espanha ....(art. 14)

França ....(arts. 2º e 77)

Itália ....(art. 3º)

Japão...(art. 14)

México ....(arts. 1º e 4º)

Peru ....(art. 13)

Suíça ....(art. 4º)
ex-URSS..(art. 8º)[123]

A importância do princípio da igualdade é uma realidade solar; tal assertiva é confirmada pela Constituição Federal de 1998, que abre o capítulo dos direitos individuais com o referido princípio. Reforça o mesmo com muitas outras normas constitucionais e infraconstitucionais, e ainda busca a isonomia dos desiguais pela outorga de direitos sociais.

No presente estudo acerca do princípio da igualdade, forçoso lembrar a grotesca tese da Suprema Corte Americana: "Separado, mas Igual". Mesmo após a Emenda Constitucional n. 13, que aboliu a escravidão como instituição nos Estados Unidos, e consequentemente trouxe a liberdade ao negro, nos Estados do Sul o mesmo continuava a sofrer toda sorte de discriminação. No famigerado Caso "Plessy *v*. Fergunson", a Suprema Corte sustentou a tese do "Separate but Equal", que persistiu até a década de 1950. No Estado de Louisiana, havia sido promulgada uma lei que obrigava a separação de brancos e negros em vagões de estradas de ferro. Homer Plessy, um negro que ali residia, resolveu aceitar a briga. Adquiriu bilhete e entrou num vagão para brancos. Assentou-se. Minutos depois estava preso. Foi processado por violar lei estadual. Seus advogados arguiram a inconstitucionalidade da lei. A Suprema Corte rejeitou a peça de inconstitucionalidade e firmou a famosa doutrina do "Separate but Equal", que serviu de base para mais segregação. O sofisma do julgado consistiu em dizer que, desde que os negros tivessem iguais acomodações, não se poderia falar em discriminação, mas tão somente em segregação. Se os negros não poderiam viajar em vagões de brancos, da mesma sorte era proibido ao branco entrar em vagão reservado ao negro. No presente caso o voto vencido do "Justice" Jonh M. Harlan elenca o que realmente significa o princípio da igualdade:

"A separação arbitrária dos cidadãos, com base na raça, enquanto eles estão na estrada pública, é um estigma de servidão, inteiramente incoerente com a liberdade civil e a igualdade perante a lei estabelecidas na Cons-

---

[123] BASTOS, Celso Ribeiro; MARTINS, Ives Gandra. **Comentários à Constituição do Brasil**. v. 2, São Paulo: Saraiva, 1989, p. 3-4.

tituição. O frágil disfarce de acomodações iguais para os passageiros nos carros ferroviários não enganará ninguém, nem corrige o erro cometido. Na visão da Constituição, aos olhos da lei, não existe neste país nenhuma classe governante de cidadãos (que seja) superior, dominante. Não há castas aqui. Nossa Constituição é daltônica, não toma conhecimento ou tolera classe entre cidadãos".

Em 1927, no Caso "Gong Lum *v*. Rice", a Corte manteve a mesma decisão para um chinês, que havia sido recusado em escola de brancos. Não havia discriminação, desde que ele fosse classificado com os negros. Em 1950, no Caso "Sweatt *v*. Painter", provou-se judicialmente que a faculdade de direito do Texas, de brancos, era infinitamente melhor em acomodações e no ensino, do que outra destinada a negros. Abriu-se uma brecha na jurisprudência anterior, ensejando ao autor da ação a possibilidade de matricular-se na faculdade dos brancos.

O aludido entendimento jurisprudencial "Separado, mas Igual" caiu por terra em 1954, com o Caso "Brown *v*. Board of Education", possivelmente a mais importante e acabada decisão da Suprema Corte neste século. A votação se fez por unanimidade, graças à habilidade de seu presidente, Earl Warren, que nas reuniões secretas das sextas-feiras expunha os casos em pauta de modo claro e objetivo. Linda Brown, uma menina do curso primário, não pôde matricular-se em escola pública por ser negra. Seu pai entrou com ação alegando que a segregação nas escolas públicas do Kansas era discriminatória. Warren convenceu seus pares de que, no fundo, a segregação desenvolvia nas crianças negras um sentimento de inferioridade, que as acompanharia pelo resto da vida. E ele perguntava: Isto é justo?[124]

Indubitavelmente, qualquer tipo de discriminação não era, e não é, justo. Dessa forma, podemos verificar que o princípio da igualdade é o instrumento basilar do direito-justo.

8.3.7 Espécies de Justiça

A doutrina elenca três espécies de Justiça: comutativa, distributiva e social. Nas justiças comutativa e distributiva o objeto é o bem particular.

---

[124] MACIEL, Adhemar Ferreira. **O negro, a Suprema Corte e a Emenda Constitucional n. 13**, Boletim IBCCrim n. 28, abril/1995 – ano 3, p. 1-2.

Na primeira o que é devido por Justiça dá-se por meio da relação entre particulares, um particular dá a outro particular o bem que lhe é devido. Na segunda o que é devido por Justiça dá-se por meio da relação entre particular e sociedade, a sociedade dá a cada particular o bem que lhe é devido. Na Justiça Social, o objeto é o bem comum. A própria comunidade dá à sociedade o bem que lhe é devido, ou seja, os indivíduos e os grupos sociais dão à sociedade o bem que lhe é devido.

8.3.7.1 Justiça Comutativa

A Justiça Comutativa, num primeiro plano, é identificada como a Justiça dos Contratos, na medida em que tutela interesses entre particulares. Comutativa, do latim *comutare*, designando aquilo que é relativo à troca, permuta. A Justiça Comutativa regula a relação entre as pessoas iguais, que se encontram num mesmo plano. Assim, seu objetivo é estabelecer uma igualdade absoluta nas relações entre os particulares, exigindo para isto que a igualdade seja restabelecida quando violada. São Tomás de Aquino já afirmava: "Justo é o Igual e o Injusto é o Desigual".

Conforme estudado, a Justiça no sentido científico-jurídico é dar a outrem o que lhe é devido, segundo uma igualdade, surgindo assim os elementos para a consecução da Justiça: Alteridade, Devido e Igualdade. Pois bem, na justiça comutativa os elementos da justiça são verificados da seguinte maneira:

A alteridade ou pluralidade de pessoas se dá entre os particulares. Devemos entender como particulares não só as Pessoas Físicas, mas também as Pessoas Coletivas, ou seja, as Pessoas Jurídicas, o Estado como Particular e os Estados na Comunidade Internacional, sendo certo que esta espécie de Justiça não se restringe ao campo interindividual.

O devido na Justiça Comutativa se apresenta de forma delimitada, nos mesmos moldes das cláusulas contratuais. Na Justiça Comutativa a pessoa assegura um bem que lhe é próprio. André Franco Montoro, com muita propriedade, ensina que existem duas modalidades de "devido" na Justiça Comutativa: 1. respeito à pessoa; e 2. cumprimento de obrigações. Aparecem, assim, um dever negativo (não ofender um direito) e um positivo (prestar um serviço, pagar uma dívida).[125] Assim, a Justiça assegura o que é de cada pessoa por direito próprio.

A igualdade buscada pela Justiça comutativa é a igualdade absoluta, vez que essa espécie de justiça tem como fulcro apenas igualar, sem levar em consideração o estado, condição e contribuição das pessoas.

Em suma:

Justiça Comutativa (Elementos de Consecução)	
	Alteridade → Particulares — Particulares
	Devido → Bem individual (próprio)
	Igualdade → Absoluta

Assim, podemos concluir que a justiça comutativa compreende dar aos particulares aquilo que lhe é rigorosamente devido (bem próprio), segundo uma igualdade absoluta. André Franco Montoro define a Justiça Comutativa "como a virtude pela qual um particular dá a outro particular, aquilo que lhe é rigorosamente devido, observada uma igualdade simples ou real".[126]

8.3.7.2 Justiça Distributiva

A Justiça Distributiva é aquela que regula as relações entre os particulares e a sociedade. Distributiva designa distribuição, repartição. A Justiça Distributiva tem como objetivo permitir que os membros da coletivida-

---

125 Muitos autores pretendem reduzir o campo da justiça comutativa às obrigações contratuais, ou, até mesmo, às simples relações de troca, como a compra-e-venda ou a permuta. Na realidade esse campo é muito mais amplo. O "devido" pela justiça comutativa pode apresentar-se sob duas modalidades fundamentais: a) o respeito à personalidade do próximo; b) o cumprimento de obrigações positivas. O primeiro é, de certa forma, um dever negativo. Consiste em não ofender a pessoa de outrem, não praticar qualquer ato que desrespeite seus direitos. O segundo é um dever positivo. Consiste em ações concretas, como prestar um serviço, pagar uma dívida, entregar um objeto. É o que ensina André Franco Montoro. In **Introdução à ciência do direito**. 23ª ed., São Paulo: Revista dos Tribunais, 1995, p. 153.

126 MONTORO, André Franco. **Introdução à ciência do direito**. 23ª ed., São Paulo: Revista dos Tribunais, 1995, p. 150.

de participem do bem comum mediante uma distribuição equitativa, de acordo com seus méritos, habilidades, capacidade e contribuição. A aposentadoria é uma forma de Justiça Distributiva.

Como nas demais modalidades de Justiça, a Distributiva apresenta os três elementos de consecução: Alteridade, Devido e Igualdade.

A alteridade verifica-se na relação entre a sociedade e os particulares, sob o fundamento de que a comunidade deve dar a cada um dos seus membros o que lhe é devido. Assim, a Justiça Distributiva evidencia-se na prática por meio da participação equitativa dos membros de uma sociedade, nos benefícios e encargos sociais que a mesma oferece. Em outras palavras, a Justiça Distributiva se preocupa com a obrigação que a sociedade tem para com os seus membros e, ainda, a obrigação que os membros da sociedade têm com a mesma.

Cabe verificar a extensão dos termos comunidade (sociedade) e membros (particulares), quando empregados no âmbito da Justiça Distributiva. Por particular entende-se o membro da sociedade. O termo sociedade designa toda espécie de sociedade[127], particular, religiosa, civil e o próprio Estado, que nesta relação é o que mais se destaca. A Justiça Distributiva não é monopólio do Estado, sendo aplicável em todas as sociedades que apresentam as características de uma verdadeira instituição.[128] Nesse ponto, anota-se que os membros da sociedade política, sujeitos da Justiça Distributiva, são todos os indivíduos ou particulares, e não apenas os cidadãos.

O devido na Justiça Distributiva é a participação dos membros, visando o bem comum, ou seja, a participação nos benefícios e encargos sociais

---

[127] Nesse ponto, confundimos os conceitos comunidade e sociedade, sendo que a Justiça Distributiva pode ser aplicada em qualquer espécie, desde que possua a característica de instituição.

[128] Instituição é o bem comum organizado, afirma Renard. Características da Instituição: 1. ideia finalidade ou fim objetivo; é sempre a ideia de um bem comum a realizar, e não se confunde com as intenções ou motivos subjetivos de seus membros; 2. organização própria, com órgãos, funções e hierarquia, que também se impõe, objetivamente a seus membros; 3. duração ou continuidade no tempo: os indivíduos passam, a instituição permanece; é outra nota objetiva; como diz Hauriou, as situações inicialmente contratuais à medida que elas duram, tendem a transformar-se em situações institucionais. É o que anota André Franco Montoro. In **Introdução à ciência do direito**. 23ª ed., São Paulo: Revista dos Tribunais, 1995, p. 178.

que toda comunidade deve oferecer. Os membros da sociedade buscam um bem particular que é comum. Assim, o devido na Justiça Distributiva é consequentemente o bem comum de toda a sociedade, sendo certo que nessa espécie de justiça a sociedade assegura aos seus membros uma equitativa participação no bem comum. O devido na justiça distributiva não se constitui apenas num dever moral, como a gratidão, o perdão e outras liberalidades, constituindo-se sua natureza um dever rigoroso, cuja característica é a exigibilidade.[129] Na Justiça Comutativa o bem é exigido porque é próprio, na Distributiva, porque é comum. Modernamente, verificamos essa exigibilidade do bem comum, traço tão característico da Justiça Distributiva, em algumas Ações e principalmente na Ação Civil Pública entre outras.

Em linhas gerais, a Justiça Distributiva regula o dever negativo da comunidade, que consiste em respeitar os direitos individuais de seus membros, como, por exemplo, a propriedade, a vida e a integridade física. Ainda, a sociedade concede instrumentos e garantias para assegurar os citados direitos. E, finalmente, distribui equitativamente e proporcionalmente os benefícios e encargos sociais, como, por exemplo, a assistência judiciária gratuita e o pagamento de impostos.

A igualdade na Justiça Distributiva é proporcional, na medida em que esse tipo de distribuição tem como fulcro a repartição proporcional dos bens e encargos sociais. A igualdade nas justiças distributivas é aquela da doutrina tradicional de Rui Barbosa, tratar os iguais de maneira igual e os desiguais de maneira desigual.

Em suma:

Justiça Distributiva (Elementos de Consecução)	Alteridade → Sociedade – Particulares
	Devido → Bem Comum (Critério – Participação ou contribuição)
	Igualdade → Relativa

[129] Para alguns autores, o "devido" pela justiça distributiva é um dever apenas moral ou de convivência (*debitum morale*) e não um dever legal, estrito e rigoroso (*debitum legale*), cuja característica, como vimos, é sua exigibilidade. É o que ensina André Franco Montoro. In MONTORO, André Franco. **Introdução à ciência do direito**. 23ª ed., São Paulo: Revista dos Tribunais, 1995, p. 183.

Assim, podemos concluir que a Justiça Distributiva é dar aos membros da coletividade aquilo que lhes é devido (bens ou encargos), segundo o seu mérito, participação ou contribuição, segundo uma igualdade relativa. André Franco Montoro define a Justiça Distributiva como "a virtude pela qual a comunidade dá a cada um de seus membros uma participação no bem comum, observada a igualdade proporcional ou relativa".[130]

8.3.7.3 Justiça Social

A Justiça Social, como o próprio nome indica, refere-se àquela espécie de justiça que busca restabelecer aos necessitados seus anseios mais prementes. Da mesma forma que a Justiça Distributiva, a Justiça Social regula as relações entre os particulares e a sociedade; entretanto, o critério para repartição dos bens é a necessidade e não a participação, como ocorre na Justiça Distributiva. A sociedade deve ter como um de seus objetivos a distribuição de bens, sendo certo que a Justiça Social deve seguir o critério de conformidade às necessidades de cada indivíduo, tendo o mesmo, ou não, contribuição a oferecer em contrapartida.

A Justiça Social também é designada de Justiça Legal ou Geral, na medida em que é por intermédio das normas que se realiza bem comum na coletividade. A Justiça Social tem como preocupação o bem geral da coletividade. Um elemento importante na identificação da Justiça Social é a solidariedade.

Como nas espécies anteriores de Justiça, a Social apresenta os três elementos: alteridade, devido e igualdade.

A alteridade na Justiça Social dá-se por meio de uma relação entre a sociedade, que adota medidas para distribuição de riquezas, e os particulares necessitados. Os membros da sociedade ou cada particular dá à sociedade sua contribuição ou participação para o bem comum. Como ocorre na Justiça Distributiva, na Justiça Social entende-se por sociedade aquela que possui a característica de instituição. Ainda, costuma-se afirmar que na Justiça Social o particular é a pessoa obrigada, e a sociedade, a beneficiária,

---

130 MONTORO, André Franco. **Introdução à ciência do direito**. 23ª ed., São Paulo: Revista dos Tribunais, 1995, p. 125.

ao passo que na Justiça Distributiva a sociedade é devedora, e o particular, o credor. Entretanto, cabe anotar que na Justiça Distributiva, por vezes, o particular é o devedor, e a sociedade, a credora. Assim, podemos concluir o seguinte:

- Alteridade
  - Justiça Distributiva
    - Particular (credor) – Sociedade (devedora)
    - Particular (devedor) – Sociedade (credora)
  - Justiça Social
    - Sociedade (Beneficiária)
    - Particular (Pessoa Obrigada)

O devido na Justiça Social é a contribuição de cada um para a realização do bem comum, sendo que o critério de distribuição não é a participação ou contribuição da Justiça Distributiva, mas a necessidade. Na Justiça Distributiva o particular busca uma participação no bem comum, porque é comum. Na Justiça Social a participação do particular é para o bem comum. O devido nessa espécie de Justiça é exigível, não se constituindo, conforme vozes que se levantam, apenas um dever moral (*debitum morale*). Assim, em nome do interesse público, é exigido dos particulares a contribuição para o bem comum, que é estabelecido por meio da lei. Dessa forma, o devido é exigível, sendo que os sistemas jurídicos recentes concedem não só à autoridade a possibilidade de exigir o cumprimento do bem comum, mas a qualquer cidadão, conforme verificamos na Ação Popular (art. 5º, LXXIII, da Constituição Federal).

A igualdade buscada na Justiça Social é a proporcional, na medida em que esta Justiça busca a repartição do bem comum, usando como critério de distribuição a necessidade. Verificamos este tipo de igualdade na frase de Mário Quintana: "Democracia? É dar, a todos, o mesmo ponto de partida. Quanto ao ponto de chegada, isso depende de cada um".

Em suma:

- Justiça Social (Elementos de Consecução)
  - Alteridade → Sociedade — Particulares
  - Devido → Bem Comum (Critério – Necessidade)
  - Igualdade → Relativa

Assim, podemos concluir que a Justiça Social é a participação ou contribuição que os membros da coletividade dão à mesma, para realização do bem comum, segundo uma igualdade relativa. André Franco Montoro define a Justiça Social como "a virtude pela qual os membros da comunidade dão a esta sua contribuição para o bem comum, observada uma igualdade proporcional".[131]

Resumindo:

JUSTIÇA	Comutativa	Distributiva	Social
Alteridade (Dar a outrem)	Particular — Particular	Sociedade — Particular	Particular — Sociedade
Devido (o que lhe é devido)	Bem Individual (Próprio)	Bem Comum (Contribuição — Participação)	Bem Comum (Necessidade)
Igualdade (segundo uma igualdade)	Absoluta	Relativa	Relativa

JUSTIÇA	Comutativa	Distributiva	Social
Objeto	Bem Particular	Bem Particular (Uma Participação no Bem Comum)	Bem Comum (Para alcançar o Bem Comum)

Em resumo, a justiça comutativa regula as relações entre particulares, sob o fundamento do princípio da igualdade absoluta. A justiça distributiva regula as relações entre a sociedade e os particulares, ou seja, a distribuição do bem comum, sob o fundamento do princípio da igualdade relativa. A justiça distributiva regula a distribuição dos encargos e vantagens da vida em sociedade. A justiça social regula as relações entre os particulares e a sociedade, ou seja, a participação ou contribuição dos particulares para o bem comum, sob o fundamento do princípio da igualdade relativa.

[131] MONTORO, André Franco. **Introdução à ciência do direito**. 23ª ed., São Paulo: Revista dos Tribunais, 1995, p. 213.

A preocupação central da justiça comutativa é a pessoa humana considerada individualmente (bem particular). A preocupação central da justiça distributiva é a pessoa humana considerada como membro de determinada sociedade (Bem Comum Particular). A preocupação central da justiça social é a sociedade (Bem Comum Geral).

9 PÓS-MODERNISMO

O pós-modernismo designa as mudanças ocorridas na sociedade a partir de 1950, com o fim do modernismo (1900-1950), e se desenvolve com o avanço tecnológico. Surge nos anos 50 com a arquitetura, ganha corpo na década de 1980 e no século XXI desemboca com a Era do Conhecimento. "Entre a luz e a sombra, descortina-se a pós-modernidade. O rótulo genérico abriga a mistura de estilos, a descrença no poder absoluto da razão, o desprestígio do Estado. A era da velocidade. A imagem acima do conteúdo. O efêmero e o volátil parecem derrotar o permanente e o essencial. Vive-se a angústia do que não pôde ser e a perplexidade de um tempo sem verdades seguras. Uma época aparentemente pós-tudo: pós-marxista, pós-kelseniana, pós-freudiana."[132] Habermas afirma que "os filósofos contemporâneos também celebram as suas despedidas. Uns denominam-se pós-analíticos, outros pós-estruturalistas ou pós-marxistas. O fato de os fenomenólogos ainda não terem chegado a conceber o seu 'pós-ismo' quase que os torna suspeitos".[133]

Jean-François Lyotard constatou que a sociedade ingressou na era pós-industrial e a cultura na pós-modernidade. O pós-modernismo é a cultura da sociedade pós-industrial. Nessa esteira, o trabalho de Lyotard, "a condição pós-moderna", que nada mais é que o estado ou condição do conhecimento, ou seja, da cultura.[134] Para Krishan Kumar "não há uma

---

[132] BARROSO, Luís Roberto. Fundamentos teóricos e filosóficos do novo direito constitucional brasileiro: pós-modernidade, teoria crítica e pós-positivismo. **RDA** 225:5-37. Rio de Janeiro: Renovar, jul./set., 2001, p. 6.

[133] HABERMAS, Jürgen. **Pensamento pós-metafísico: ensaios filosóficos**. Coimbra: Almedina, 2004, p. 31.

[134] KUMAR, Krishan. **Da sociedade pós-industrial à pós-moderna: novas teorias sobre o mundo contemporâneo**. Rio de Janeiro: Jorge Zahar, 1997, p. 123.

tradição de uso a que possamos recorrer para diferenciar de forma coerente 'pós-modernidade' e 'pós-modernismo'. Ambos são usados mais ou menos um pelo outro. Poderíamos preferir, na analogia com modernidade, reservar pós-modernidade para o conceito social e político mais geral, e pós-modernismo para o seu equivalente cultural".[135]

O conceito de pós-modernidade não é absoluto, mas conseguimos delinear algumas características. No século XXI, concretizaram-se as características da sociedade pós-moderna na conjuntura da globalização, em especial o mercado consumista embasado na variedade de ofertas de bem-estar individual de cunho hedonista em um mundo tecnicista, midiático, materializado e pragmático. A sociedade da informação é um novo tipo de sistema social que traz reflexos ao direito e se configura em um dos aspectos da pós-modernidade. O termo pós-modernidade e sua conceituação e delimitação não é consenso. Pelo contrário. Para alguns, é algo relativo à própria modernidade e não se configura como uma nova fase de valores e concepções. Afirma-se também que é um prolongamento da modernidade, sendo denominado de sociedade pós-industrial, modernidade radicalizada ou hipermodernidade.

David Harvey reconhece a dificuldade de estabelecer o conceito de pós-modernidade; entretanto, ressalta a efemeridade como ponto marcante da pós-modernidade: "começo com o que parece ser o fato mais espantoso sobre o pós-modernismo: sua total aceitação do efêmero, do fragmentário, do descontínuo e do caótico que formavam uma metade do conceito baudelairiano de modernidade. Mas o pós-modernismo responde a isso de uma maneira bem particular; ele não tenta transcendê-lo, opor-se a ele e sequer definir os elementos eternos e imutáveis que poderiam estar contidos nele. O pós-modernismo nada, e até se espoja, nas fragmentárias e caóticas correntes da mudança, como se isso fosse tudo o que existisse".[136]

Paulo Audebert Delage afirma que "o conceito de pós-modernidade é, portanto, de um movimento de ideias e comportamentos que sucede à modernidade, trazendo consigo e em si aspectos ligados a ela, mas dela

---

135 KUMAR, Krishan. **Da sociedade pós-industrial à pós-moderna: novas teorias sobre o mundo contemporâneo**. 2ª ed. ampl., Rio de Janeiro: Jorge Zahar, 2006, p. 139-140.

136 HARVEY, David. **Condição pós-moderna**. 9ª ed., São Paulo: Loyola, 2000, p. 49.

distintos, com ênfase na não perenidade, ou seja, na universalização e absolutização da ideia e ou do comportamento. Em linhas gerais a distinção entre modernidade e pós-modernidade se vê nas propostas de mudanças em alguns segmentos, dos quais apontamos, por exemplo: do individual pelo global (globalização); da ética pela estética; do perene pelo descartável; do objetivo pelo virtual, do único pelo pluralístico; do duradouro pela obsolescência; do absoluto pelo relativo; do dogmático pelo vivencial; do completo pelo fragmentado; da moralidade pelo pragmático". Com esse fundamento, o referido autor analisa doze manifestações culturais, a saber: cultura do relativismo, cultura do pluralismo, cultura do sincretismo, cultura do pragmatismo, cultura do consumismo, cultura do excesso, cultura do desperdício, cultura do hedonismo, cultura do efêmero, cultura do imediatismo, cultura do naturalismo e cultura do esteticismo.

Podemos afirmar que a definição de pós-modernidade é complexa, pois o termo é plurívoco, encontrando significados diferentes na arte, literatura, história e outras ciências. A cultura pós-moderna construiu seus valores e singularidades próprias.[137] A sociedade e cultura pós-moderna têm algumas características: 1. sociedade de massa; 2. individualismo; 3. Era da Informática, com tratamento computadorizado das informações e intensificação da linguagem por signos; 4. sociedade de consumo, baseada no bem-estar individual, que conduz ao excesso e desperdício; 5. hedonismo; 6. valorização do estético; 7. apego à filosofia niilista, que nega a existência de valores absolutos como verdade e preceito ético; 8. relativismo ou pluralismo moderno, que não se resume à tolerância, mas ao inclusivismo; 9. pragmatismo e desapego ao ético, ao correto ou ao justo; 10. comunicação de massa e surgimento de uma cultura midiática; 11. sociedade de risco, com sentimento de incerteza; 12. isolamento tecnológico; 13. efemeridade

---

[137] LYOTARD, Jean-François. **A condição pós-moderna**. Trad. Ricardo Corrêa Barbosa. 9ª ed., Rio de Janeiro: José Olympio, 2006, p. 3: "Nossa história de trabalho é a de que o saber muda de estatuto ao mesmo tempo que as sociedades entram na idade dita pós--industrial e as culturas na idade dita pós-moderna. Essa passagem começou desde pelo menos o final dos anos 50, marcando para a Europa o fim de sua reconstrução. Foi mais ou menos rápida conforme os países e, nos países, conforme os setores de atividade: donde uma discronia geral, que não torna facial o quadro de conjunto. Uma parte das descrições não pode deixar de ser conjectural. E sabe-se que é imprudente conceder um crédito excessivo à futurologia".

e descontinuidade; 14. superação do espaço e tempo; 15. sincretismo; 16. cultura do imediatismo ou sociedade *fast-food*; 17. preocupação com o meio ambiente e a ecologia.

O homem pós-moderno é hedonista, liberado sexualmente, consumidor e integrado à tecnologia e à rede. A humanidade tornou-se essencialmente individualista, mas perdeu a individualidade, pois a sociedade é de massa. O pós-modernismo prefere a imagem ao objeto. A efemeridade é a palavra da pós-modernidade. "O pós-moderno ameaça encarar hoje estilos de vida e de filosofia nos quais viceja uma ideia tida como arquissinistra: o niilismo, o nada, o vazio, a ausência de valores e de sentido para a vida. Mortos Deus e os grandes ideais do passado, o homem moderno valorizou a Arte, a História, o Desenvolvimento, a Consciência Social para se salvar. Dando adeus a essas ilusões, o homem pós-moderno já sabe que não existe Céu nem sentido para a História, e assim se entrega ao presente e ao prazer, ao consumo e ao individualismo."[138]

A modernidade e a pós-modernidade possuem marcos. O motor a explosão marcou a modernidade. O *chip*, a pós-modernidade. A fábrica é o símbolo da modernidade. O *shopping* é o marco da pós-modernidade. Daniel Pereira Militão da Silva, ao comentar nossa teoria do direito, destaca "a eleição do *shopping* como símbolo da pós-modernidade, que hoje se tornou verdadeira catedral do consumo e reflete bem o ideário pós-moderno do consumismo, do individualismo e da fragmentação da vida social. Há quem diga que os grandes centros comerciais de hoje substituíram as antigas praças, com a diferença de que estas fomentavam a formação de vínculos sociais entre as pessoas, a constituição de uma identidade comum, ao contrário do *shopping*, que no mais das vezes encontra-se, hoje, quase sempre — parafraseando o poeta — cheio de pessoas vazias".[139]

A pós-modernidade representa a superação dos paradigmas construídos pela modernidade, em especial no que tange às transformações econô-

---

138 SANTOS, Jair Ferreira dos. **O que é pós-moderno**. São Paulo: Brasiliense, 2004, p. 10-11.

139 SILVA, Daniel Pereira Militão da. A educação em tempos de pós-modernidade: algumas reflexões a partir do texto constitucional de 1988. In: SOUZA, Carlos Aurélio Mota de; CAVALCANTI, Thais Novaes (coords.). **Princípios humanistas constitucionais: reflexões sobre o humanismo do Século XXI**, p. 135-151, 1ª ed., São Paulo: Letras Jurídicas, 2010, p. 148.

micas e ao progresso científico e tecnológico. O ano de 1968 é o ponto fulcral da revisão dos valores e costumes sociais. A pós-modernidade representa um novo estilo de vida, de valores e de contexto social, que surgiu da revolução ou ruptura com a modernidade. "A sensação de crise, em amplas magnitudes, e alcançando diversos aspectos da vida no século XX, estava sensivelmente presente nos anos 60, momento em que diversos movimentos globais de protestos e revoltas, caracteristicamente antimodernistas, eclodiam no sentido de identificar novas formas de combater a racionalidade brutalizante da vida sob os paradigmas modernos. Se Habermas aponta os anos 50 e 60 como favoráveis ao surgimento da pós-modernidade, a culminância de grande significação desta inteira efervescência cultural, social e política ocorre em 1968, em todas as partes do mundo, com as marcantes manifestações estudantis, preparando-se o terreno para o advento de novas identidades."[140]

De um lado, a pós-modernidade apresenta avanços, de outro, gera preocupações e novas reivindicações. Pela primeira vez nos preocupamos com o futuro e este é encarado como um problema social. Domenico De Masi ressalta a preocupação da sociedade atual com o futuro, ao afirmar que, "pela primeira vez na história da humanidade o futuro é um problema social, não um problema natural: para saber se haverá alimentos suficientes não será preciso ir ver o que acontece nas florestas da África, mas o que está sendo preparado nos laboratórios de Stanford ou do MIT. Na sociedade industrial, era a indústria que definia o futuro do homem, e o problema que se colocava aos trabalhadores era influenciar esta definição. Hoje, ao contrário, trata-se de exercer esta influência na sede onde são tomadas as decisões estratégicas, onde, por exemplo, se escolhe se e como devem ser produzidas mais bactérias para fins bélicos, ou mais proteínas para fins nutritivos. Será, então, possível ter uma visão de conjunto deste novo sistema social em que as partes em causa, os locais, os tempos de produção, do consumo e do conflito não mais coincidem, e onde os mesmos atores sociais (sujeitos, organismos grandes e pequenos, públicos e privados, etc.) são tantos e tais que sequer conseguimos enumerá-los? Será possível descobrir, em tudo isto, uma lógica unitária?".[141]

---

140 BITTAR, Eduardo C. B. **O direito na pós-modernidade**. Rio de Janeiro: Forense Universitária, 2005, p. 98.

141 MASI, Domenico de. **A sociedade pós-industrial**. 3ª ed., São Paulo: Editora Senac São Paulo, 2000, p. 68.

O relativismo é um traço da pós-modernidade. A sensação de ausência de valores ganha corpo com a gama de informações que recebemos diuturnamente. Vivemos na sociedade da informação. Esta nos induz a participar de um amplo "mercado de ideias e pensamentos" que, aliado aos preceitos do pós-modernismo, causa a relativização dos valores conquistados pela sociedade.

O mundo moderno caracterizou-se pelo materialismo científico e racionalista. O ponto principal do pós-modernismo é negar os valores absolutos e objetivos. Assim, a verdade é relativa, culturalmente condicionada e construída, subjetiva, uma função da vontade humana, incognoscível. Em suma, a verdade não pode ser conhecida e objetiva. Para Jean-François Lyotard "todo consenso não é indicativo de verdade; mas supõe-se que a verdade de um enunciado não pode deixar de suscitar o consenso".[142]

Para enfrentar esse mundo, o homem deve utilizar um atributo singular da sua personalidade: pensar. O processo de aprender e buscar conhecimento é uma das características do ser humano, que com o advento da sociedade da informação encontra-se mitigada. O homem deve, pois, utilizar a informação para pensar, refletir e adquirir conhecimento. O impacto das transformações tecnológicas provocou uma modificação no estudo e na investigação do conhecimento. Os tempos atuais já demonstraram que sem informação, saber científico e técnico não existe riqueza. Em suma, a informação é a chave da sociedade atual, pois o próprio conhecimento técnico e científico nada mais é que a organização da informação. "Sabe-se que o saber tornou-se nos últimos decênios a principal força de produção, que já modificou sensivelmente a composição das populações ativas nos países mais desenvolvidos e constitui o principal ponto de estrangulamento para os países em vias de desenvolvimento. Na idade pós-industrial e pós-moderna, a ciência conservará e sem dúvida reforçará ainda mais sua importância na disputa das capacidades produtivas dos Estados-nações. Esta situação constitui mesmo uma das razões que faz pensar que o afastamento em relação aos países em vias de desenvolvimento não cessará de alargar-se no futuro."[143]

---

142 LYOTARD, Jean-François. **A condição pós-moderna**. Trad. Ricardo Corrêa Barbosa. 9ª ed., Rio de Janeiro: José Olympio, 2006, p. 45.

143 LYOTARD, Jean-François. **A condição pós-moderna**. Trad. Ricardo Corrêa Barbosa. 9ª ed., Rio de Janeiro: José Olympio, 2006, p. 5.

Há valores objetivos que fogem à análise científica fatual. A ideia de que a verdade deve ser demonstrada não está totalmente presente nos juízos de valor, ideais e princípios que foram sendo construídos pelo consenso social.

As ciências sociais esforçam-se em encarar seu objeto de estudo de forma avalorativa. Isso é mais ilusório do que real, pois o homem carrega a sua experiência de vida. Nem é sempre uma tábula rasa, como creem alguns.

Para o pós-modernismo os valores são relativos, sendo que o conceito de ética deve ser verificado em fatos sociais observáveis. Essa postura avalorativa nega a liberdade e a dignidade humana. O pós-modernismo nega a humanidade ao rejeitar a responsabilidade moral e a justiça objetiva. O mundo da cultura não pode ser estudado e encarado da mesma maneira que o mundo da natureza. A cultura não é um objeto meramente físico, não podendo ser reduzida ao mesmo método científico aplicado a máquinas, animais e seres da natureza.

Assim, ao retirarmos os valores, a liberdade, a justiça objetiva e outros aspectos do direito natural, excluem-se na verdade os caracteres próprios do ser humano. Essa visão retira tudo o que faz de alguém um ser humano, dotado de dignidade e liberdade.

Albert Einstein observou que a ciência pode ajudar os seres humanos a atingir seus objetivos; a ciência não pode, porém, fornecer os objetivos.[144]

O avanço científico e tecnológico parece contrastar com a moral primitiva e extrema. A tecnologia avançada não decide questões morais. Decidir entre abortar um feto ou salvar a vida dele por técnicas cirúrgicas de alta tecnologia não é uma questão que a ciência pode decidir. A ética envolve questões valorativas.

A ciência, como toda atividade humana, possui limitações. A ciência não é puramente objetiva, equidistante e livre de valores. O cientista formula hipóteses e problematizações calcado em alguma visão de mundo e realiza interpretações, por que não dizer, pessoal e parcialmente subjetivas?

A pós-modernidade rejeita totalmente a verdade objetiva, pois é uma construção intelectual. Esta varia, segundo os pós-modernos, de cultura para cultura, cada qual construindo a sua própria noção de ética e justiça. O indivíduo também constrói sua própria ética, calcada na sua verdade,

---

144 EINSTEIN, Albert. ***The common language of science, in The living language: a reader***, Linda A. Morris et al. Nova York: Harcourt Brace Jovanovich, 1984, p. 306.

por suas razões pessoais. Consequentemente, a verdade, na pós-modernidade, é relativa.

Há os valores absolutos e a ciência, que mesmo exata não pode negar a existência de padrões éticos. Maria Garcia ressalta a importância da presença da ética, mesmo nas ciências exatas, lembrando do discurso do físico Robert Oppenheimer, um dos idealizadores da bomba atômica: "referindo-se à conferência de Oppenheim no Instituto de Tecnologia de Massachussetts (MIT), em 1947, dois anos depois de Hiroshima e Nagasaki, sob o título descompromissado 'A física no mundo contemporâneo', sublinha um trecho estranhamente deslocado, como se Oppenheimer não conseguisse convencer-se de que devia excluí-lo de uma declaração que, de resto, afirmava o vigor da abordagem científica do conhecimento. Esta passagem deve ter chocado seus ouvintes em 1947, ainda mais do que hoje em dia. Após mencionar a herança de preocupação deixada pela Segunda Guerra Mundial e pelo desenvolvimento da bomba atômica, inseriu este estranho parágrafo: 'Apesar da visão e da sabedoria clarividente de nossos estadistas na época da guerra, os físicos sentiram uma responsabilidade particularmente íntima por sugerir, apoiar e, enfim, em grande parte, conseguir desenvolver as armas atômicas. Tampouco podemos esquecer que essas armas, por terem sido de fato utilizadas, dramatizaram impiedosamente a desumanidade e maldade da guerra moderna. Falando cruamente, de um modo que nenhuma vulgaridade, nenhuma hipérbole é capaz de suprimir, os físicos conheceram o pecado; e esse é um conhecimento que não podem esquecer'".[145]

A relatividade da pós-modernidade afronta o princípio da dignidade da pessoa humana, que é um valor absoluto. Nesse sentido, três correntes filosóficas devem ser afastadas de pronto: o relativismo, o subjetivismo e o pragmatismo. Para o subjetivismo a noção de direito e justiça está no sujeito que a julga e a conhece. A noção de justiça é subjetiva de determinado povo, pessoa ou época. O justo é algo subjetivo. Para o relativismo, a noção de direito e justiça é relativa aos valores consagrados em determinada época, cultura ou povo. Dessa forma, o direito é relativo a um momento histórico ou cultura. O que é justo hoje pode não ser amanhã ou vice-versa. Para

---

[145] GARCIA, Maria. **Limites da ciência: a dignidade da pessoa humana: a ética da responsabilidade**. São Paulo: Revista dos Tribunais, 2004, p. 41.

o pragmatismo o justo é aquilo que é prático. Na visão pragmática o que importa é a finalidade, a funcionalidade. O justo é aquilo que funciona ou satisfaz as exigências sociais do momento. O aspecto axiológico (valorativo) é substituído pelo teleológico (finalístico), ou melhor, se funciona tem valor. Se é prático é justo. O pragmatismo jurídico tem sua origem no Direito Romano. "Como se pode notar, muitas características da sociedade romana estão ainda presentes entre nós, mais notadamente, a existência de valores que colocam o patrimônio privado em escala valorativa maior do que a própria vida humana. Isto se manifesta ainda na atualidade em algumas normas jurídicas esparsas, civis e penais."[146]

Para o filósofo Friedrich Wilhelm Nichetzie, relativista, tudo é permitido, na medida em que não existe um valor objetivo do justo. O referido filósofo escreveu "Deus está morto. Viva perigosamente" (Aurora, § 571).[147] O aludido pensamento nega a existências de axiomas básicos ou valores fundamentais.

O existencialismo consagrava o relativismo afirmando que o homem é um grão de areia no meio do Universo. O humanismo contesta esse preceito dizendo que o coração do homem é do tamanho do Universo.

Desse modo, como verificamos, é forte a ideia de que nada é absoluto, tudo é relativo. Segundo nosso entendimento, existem valores absolutos e universais; por esse motivo, o relativismo, o subjetivismo e o pragmatismo devem ser afastados de plano. Na Crítica da Razão Prática, Kant procurava nada menos do que a lei moral fundamental, que seria o preceito básico para todos. No imperativo categórico, o citado filósofo afirma: "Aja somente de acordo com um princípio que desejaria que fosse ao mesmo tempo uma lei universal". Narra a literatura que o filósofo tinha como satisfação vislumbrar o retorno de um pássaro que cantava do lado de fora da janela de seu jardim. Os pássaros representavam a liberdade para Kant.[148] A liberdade é um preceito básico para todos.

---

146 MAGALHÃES, José Luiz Quadros de. **Direitos humanos: sua história, sua garantia e a questão da indivisibilidade**. São Paulo: Juarez de Oliveira, 2000, p. 15.

147 STRATHERN, Paul. **Nietzsche (1844-1900) em 90 minutos**. Tradução Maria Helena Geordane; consultoria Danilo Marcondes. Rio de Janeiro: Jorge Zahar, 1997, p. 59.

148 STRATHERN, Paul. **Kant (1724-1804) em 90 minutos**. Tradução Maria Helena Geordane; consultoria, Danilo Marcondes. Rio de Janeiro: Jorge Zahar, 1997, p. 30-45.

"Na grande tradição clássica, que se desenvolve principalmente a partir de Sócrates, a lei humana ou ética tem o sentido de uma ética cósmica, universal. Isto é, fundada na situação do homem no mundo. Nessa perspectiva, a ética não é apenas um sentimento subjetivo. Mas tem seu fundamento numa realidade extramental e humana. É a perspectiva da consciência comum da humanidade. É claro que as circunstâncias variam no tempo e no espaço. Mas há princípios fundamentais que se impõem à consciência humana, como respeito à dignidade pessoal de todos os membros da família humana. Nesse sentido, podemos falar num realismo ético, cujos valores fundamentais foram proclamados na Declaração Universal dos Direitos Humanos."[149]

Indubitavelmente, existem valores absolutos e supremos que surgem da própria natureza humana e são inegociáveis, inalteráveis, imutáveis e universais: a vida e a liberdade. Ao se reconhecer a existência de valores fundamentais, não se exclui a evolução histórica que gerou a existência de novos direitos.[150]

A liberdade e a vida não podem ser consideradas como um bem relativo, subjetivo ou pragmático. Na verdade, é algo absoluto e universal. Thomas Jefferson, na Declaração da Independência dos Estados Unidos, ressaltou a existência de verdades evidentes que surgem como fruto do direito natural: "Quando, no curso dos acontecimentos humanos, se torna necessário um povo dissolver laços políticos que o ligavam a outro, e assumir, entre os poderes da Terra, posição igual e separada, a que lhe dão direito as leis da natureza e as do Deus da natureza, o respeito digno às opiniões dos homens exige que se declarem as causas que os levam a essa separação. Consideramos estas verdades como evidentes por si mesmas, que todos os homens foram criados iguais, foram dotados pelo Criador de certos

---

149 MONTORO, André Franco. Cultura dos direitos humanos. In: **Temas de direito constitucional**, São Paulo: ADCOAS: IBAP, 2000, p. 18-19.

150 LAFER, Celso. **A reconstrução dos direitos humanos: um diálogo com o pensamento de Hannah Arendt**. São Paulo: Companhia das Letras, 1988, p. 124: "É sabido, no entanto, que o processo de positivação das declarações de direitos não desempenhou esta função estabilizadora, pois, do século XVIII até nossos dias, o elenco dos direitos do homem contemplados nas constituições e nos instrumentos internacionais foram-se alterando com a mudança das condições históricas. É difícil, consequentemente, atribuir uma dimensão permanente, não variável e absoluta para direitos que se revelaram historicamente relativos".

direitos inalienáveis, que entre estes estão a vida, a liberdade e a busca da felicidade".

Os direitos absolutos e universais são inegociáveis. Dentro dessa perspectiva encaramos todo o arcabouço jurídico, seja qual for o nome que se dê. Denominamos esses direitos absolutos de direitos naturais, e, num sentido mais restrito, de direitos da personalidade. Num sentido mais amplo, direitos humanos. Quando reconhecidos pelo Estado, direitos fundamentais. O fundamento dessas expressões é a dignidade da pessoa humana.

O quadro apresentado possui profundos reflexos no direito."As consequências acarretadas pela pós-modernidade atingiram todas as esferas da sociedade, com abrangência no campo social, familiar, econômico, cultural, deontológico etc. O direito, definido como a ciência que tem a finalidade de regulamentar as relações sociais, sofre de forma mais intensa essas consequências. Como as relações sociais são cada vez mais complexas, em decorrência da pluralidade do tecido social e da velocidade em que as relações sociais são modificadas, a concepção do direito formal, baseado na sua positivação e no formalismo exacerbado, entrou em crise, afetando seriamente a eficácia das normas."[151]

O direito ganha especial desafio na pós-modernidade. Se a modernidade exigiu a reafirmação dos valores liberdade, igualdade e fraternidade, a pós-modernidade deve caminhar para a consagração da tolerância, da diversidade e da cidadania. Nesse sentido, o direito do século XXI deve estar calcado na tolerância, no bom senso e na cidadania. O direito contemporâneo é "tolerância e bom senso".

"A pós-modernidade abalou a dimensão da compreensão dos fenômenos sociais e possui fortes reflexos sobre a dimensão dos valores morais, das práticas culturais e dos modos pelos quais se entendem conceitos e instituições. O direito também se ressente de presenciar tais mudanças. Mas de que forma isso afeta um ordenamento jurídico?."[152]

---

151 AGRA, Walber de Moura. Pós-modernidade, crise do Estado social de direito e crise na legitimação da jurisdição constitucional. In: **Constitucionalismo e Estado**. Agassiz Almeida Filho e Francisco Bilac Moreira Pinto Filho (coords.). Rio de Janeiro: Forense, 2006, p. 233.

152 BITTAR, Eduardo C. B. **O direito na pós-modernidade**. Rio de Janeiro: Forense Universitária, 2005, p. XI.

A modernidade conquistou as declarações dos direitos fundamentais. Na pós-modernidade o desafio é a efetivação desses direitos. "Se a modernidade legou os conceitos de igualdade e universalidade dos direitos, este protótipo vem sendo questionado e colocado em xeque. Os direitos universais só existem nos mitos jurídicos e nos textos legislativos idealistas. Os que ainda existem são de difícil aplicação ou de eficácia relativa. A realidade está fragmentada, e isto se produz dentro da cultura geral dos povos, como na dimensão dos direitos e dos deveres sociais e jurídicos. A não universalidade dos direitos, a não eternidade dos direitos humanos, a não validade dos princípios universais de direito para todos são características muito presentes neste momento em que se anunciam novos conceitos e perspectivas de organização de valores: a pós-modernidade."[153]

---

153 BITTAR, Eduardo C. B. **O direito na pós-modernidade**. Rio de Janeiro: Forense Universitária, 2005, p. XII.

V CONCLUSÃO

V

Conclusão

A teoria do direito como o próprio nome determina estuda todas as faces da ciência jurídica, buscando sua sistematização. O conhecimento da realidade jurídica se dá por intermédio do estudo da dogmática, sociologia e filosofia do direito. Por isso construímos uma teoria do direito embasada em três planos: dogmático, sociológico e filosófico.

Dogmática do direito estuda basicamente a norma jurídica e sua interpretação. No mundo contemporâneo a aplicação normativa não se resume a subsunção da norma abstrata ao caso concreto, surgindo novas técnicas de operação do direito que se pode denominar de nova fase do dogmatismo. Daí a conclusão da dogmática do direito com a investigação do pós-positivismo.

Sociologia do direito investiga o direito como fato social. No estudo da sociologia, distinguimos diversas espécies de fenômenos sociais, como, por exemplo, os fatos religiosos, econômicos, culturais e, entre eles, o direito. O direito é um setor da vida social, devendo ser estudado sociologicamente. É dentro dessa perspectiva que se situa a sociologia do direito. A sociedade atual é denominada de sociedade da informação, que apresenta profundo reflexo no direito. Dessa forma, no estudo da sociologia do direito abordamos a sociedade da informação.

Filosofia do direito investiga os princípios fundamentais e a natureza científica do direito. Após a incursão no campo da epistemologia e axiologia do direito, analisamos a pós-modernidade.

A teoria do direito surge da sistematização do estado atual do conhecimento jurídico. Assim, a dogmática, sociologia e filosofia do direito sofrem a influência, respectivamente, do pós-positivismo, da sociedade da informação e da pós-modernidade.

Daí a conclusão: o que é o direito no século XXI? O direito no século XXI é tolerância, bom senso e cidadania. A tolerância deve ser a consequência ética da diversidade. O bom senso é a atenuação da absolutização do dogma. A cidadania é fruto da exigência da participação nos assuntos coletivos. Essa visão reafirma a dignidade da pessoa humana.

Tolerância-Diversidade

A velocidade tecnológica da vida contemporânea gera a intolerância. O isolamento do indivíduo na tela de um computador esperando uma resposta rápida provoca, sem dúvida, a perda de sociabilidade. A convivência gera a tolerância.

A tolerância é o respeito à diversidade. Esse paralelo tolerância-diversidade é o principal aspecto do direito do século XXI. Precisamos desenvolver a solidariedade, além da técnica. A solidariedade é o caminho para a cidadania.

A tolerância reafirma o preceito constitucional da dignidade da pessoa humana. A dignidade da pessoa humana passa pela dignificação do outro, do diferente, do antagônico. Tolerar é preservar o diferente, que pensa e age diferente. A tolerância importa na disposição em dialogar, ouvir, de apreciar a outra versão dos fatos e a possibilidade de conhecer o outro lado.

Tolerância implica diálogo. O diálogo é um dos pressupostos da vida em sociedade e da própria cidadania. O diálogo abre a mente do indivíduo. A falta de diálogo gera a ignorância, e esta leva à violência. Por isso verificamos que os grupos extremistas são ignorantes e violentos.

O mundo atual é fundamentalista, intolerante. O fundamentalista é um fanático e o fanatismo tende a ser contraditório. A teoria nega-se pela prática. O extremismo, a ânsia da radicalização, deve ser evitado, na medida em que vivemos em uma sociedade plural.

A sociedade contemporânea não se preocupa com os excluídos e com as minorias, preferem rotulá-los. A rotulagem social é uma realidade. O rótulo é danoso. O rótulo é uma preguiça mental. "Rótulos, como boatos, podem adquirir vida própria."[1]

---

1 KUMAR, Krishan. **Da sociedade pós-industrial à pós-moderna: novas teorias sobre o mundo contemporâneo**. Trad. Ruy Jungmann. Rio de Janeiro: Jorge Zahar, 1997, p. 13.

O direito não pode ser sectário. O efeito mais danoso é o isolamento da norma em relação à vida da sociedade em que está inserida. A sociedade contemporânea é plural, original e composta de uma diversidade evidente. A unidade social em torno do direito é uma necessidade social; entretanto, a uniformidade é impossível e maléfica.

O século XXI é a era da democracia. Esta é por conceito plural. Assim, o Estado democrático convive com o pluralismo social, cultural, religioso e político. Isso não quer dizer que se deve ter uma postura pós-moderna de inclusivismo, que tudo deva ser aceito e tolerado. Por outro lado, não podemos aceitar a posição extremista do exclusivismo. O extremismo leva ao fundamentalismo, quer religioso ou político. A prova é a marca deixada pela história: nazismo.

A tolerância e o bom senso são as medidas entre o inclusivismo e o exclusivismo. No essencial a unidade, no que não é essencial a diversidade. A velocidade, da sociedade da informação, gera a intolerância. A convivência gera a tolerância.

Precisamos desenvolver a solidariedade, além da técnica. Temos que caminhar para a cidadania. Não há verdades absolutas. Mas há valores absolutos.

De outra feita, a sociedade da informação caracterizada pela evolução tecnológica contribuiu para a diversidade social. "A pós-modernidade é a consequência direta do desenvolvimento da infraestrutura econômica dos países capitalistas desenvolvidos, fruto da revolução tecno-informática. Esse ritmo geométrico de modificações na sociedade, em consonância com as modificações tecnológicas, agravam ainda mais a possibilidade de encontrar princípios que possam ser compartilhados por toda a sociedade, que por sua vez está bastante fragmentada pela diversificação de lugares na cadeia produtiva."[2]

A diversidade reafirma o princípio constitucional da dignidade da pessoa humana. O direito à vida pressupõe dignidade, por isso cremos no

---

2 AGRA, Walber de Moura. Pós-modernidade, crise do Estado social de direito e crise na legitimação da jurisdição constitucional. In: **Constitucionalismo e Estado**. Agassiz Almeida Filho e Francisco Bilac Moreira Pinto Filho (coords.). Rio de Janeiro: Forense, 2006, p. 231.

valor da vida digna, pois viver é fácil. O difícil é conviver com as diferenças, pois somos diferentes. Assim, devemos primar pelo convívio, pela solidariedade. A tolerância é consectário lógico do princípio da dignidade da pessoa humana.

Bom senso: pós-positivismo

O direito é uma ciência dogmática. Mas, não é só isso. O dogmatismo é a absolutização dos dogmas. A norma gera segurança jurídica. Mas não é absoluta. O direito e sua consequente aplicação necessitam de um despertar ético. Não apenas teórico, mas prático. A ética foi minimizada pelo peso do dogma.

A modernidade foi marcada pela crença na segurança jurídica oriunda do Estado e do direito positivo. O embasamento teórico encontra-se na tese racionalista como fundamento do positivismo. É a crença iluminista no valor absoluto da razão. O pensamento do mundo moderno foi construído com base filosófica racionalista, segundo a qual a razão humana é considerada suprema em relação a outras faculdades e características humanas. Surge a ideia da autonomia da razão, com a possibilidade de construir verdades objetivas por intermédio de proposições como resultado do raciocínio lógico do ser humano. "Os gregos inventaram a ideia ocidental de razão como um pensamento que segue princípios e regras de valor universal. Ela é o traço distintivo da condição humana, juntamente com a capacidade de acumular conhecimento e transmiti-lo pela linguagem. Traz em si a superação dos mitos, dos preconceitos, das aparências, das opiniões sem fundamento. Representa, também, a percepção do outro, do próximo, em sua humanidade e direitos. Idealmente, a razão é o caminho da justiça, o domínio da inteligência sobre os instintos, interesses e paixões."[3]

Com isso, crê-se que a lógica é capaz de construir axiomas absolutos, que representam o senso comum da sociedade. A partir daí construíram-se os sistemas jurídicos racionalistas, as catedrais da mente, que por vezes não representam os fatores e anseios da sociedade. Esse sistema é abraçado pelo positivismo jurídico e deve ser abandonado no século XXI, pois imperiosa

---

3 BARROSO, Luís Roberto. Fundamentos teóricos e filosóficos do novo direito constitucional brasileiro: pós-modernidade, teoria crítica e pós-positivismo. **RDA** 225:5-37. Rio de Janeiro: Renovar, jul./set., 2001, p. 11-12.

é a necessidade de se reconhecer que a vida é algo além de fórmulas lógicas e que existem outras dimensões de real importância.

O positivismo coloca a verdade dogmática acima da verdade da justiça e do direito. Deve-se valorizar o direito e a justiça. A lei deve estar submetida ao direito e à justiça, e não o contrário. Em vez de fazer da Justiça e do direito o critério para avaliação da lei, fazem da tradição dogmática o critério para a interpretação do direito.

Esse contexto é mera presunção epistemológica racionalista. A neutralidade científica é irreal, na medida em que a construção teórica, em especial nas ciências sociais, não é neutra e arbitrária. Assim, a elaboração de uma teoria não pode ser feita de forma equidistante da realidade sociocultural. O grande desafio do direito no século XXI é a reafirmação de princípios éticos, com a construção ou reconstrução escalonada de valores, sendo certo que devemos abandonar o legalismo e estabelecer uma ética de princípios fundamentada na justiça e no direito que sirva para a realidade do mundo contemporâneo.

O mundo contemporâneo não admite mais a ética legalista, moralista de acobertamento, utilitarista e pragmática, que se mostrou hipócrita. Devemos insistir nos verdadeiros fundamentos da ética: amor, justiça e verdade.

A teoria do direito tem aliado a estrutura contemporânea do direito com o pós-positivismo. "O pós-positivismo pode ser descrito, em grandes linhas, como um novo paradigma concebido no âmbito da teoria jurídica de contestação às insuficiências, aporias e limitações do juspositivismo formalista tradicional, que reflete em larga medida uma ideologia jurídica herdada do Estado de Direito do século XIX. O próprio termo pós-positivismo (também conhecido como não positivismo ou não positivismo principiológico) possui um *status* provisório e genérico, enquanto categoria terminológica, posto que seu emprego não é de todo pacífico, mesmo entre os autores que partilham de suas teses axiais (...) Para alguns, o pós-positivismo pode ser descrito como uma espécie de terceira via aos paradigmas positivista e jusnaturalista, sem incorrer nos reducionismos e aporias nos quais estes desembocaram historicamente; para outros, seria uma nova geração do positivismo jurídico mitigado pelo peso da principiologia jurídica; e ainda para terceiros, o pós-positivismo não passaria de mais uma variante fraca do jusnaturalismo, uma fase ulterior na milenar trajetória da teoria do Direito Natural."[4]

No contexto pós-positivista, a separação entre o direito e a política não é encarada como absoluta. O direito contemporâneo está ligado com a filosofia e a sociologia.

Um traço marcante do pós-positivismo é a importância dos princípios na aplicação do direito,[5] com a consequente valorização da hermenêutica. No mesmo sentido, no contexto do pós-positivismo valoriza-se a atividade jurisdicional, encarando-se a jurisprudência como verdadeira fonte do direito.

"Uma das façanhas do pós-positivismo consiste em reabilitar a centralidade dos princípios nos domínios da interpretação judicial, elevados agora à condição de protagonistas e não mais confinados a um papel de meros coadjuvantes ou figurantes como na etapa positivista tradicional. Com efeito, já não se trata de ver nos princípios teoremas racionais abstratos, metafísicos e desprovidos de eficácia, como na fase jusnaturalista, nem tampouco o caráter meramente subsidiário e supletivo – de baixa ou nenhuma normatividade – assumido no ciclo positivista, desde o século XIX até a primeira metade do século XX. A proposta pós-positivista coloca em primeiro plano a proclamação da eficácia normativa dos princípios, agora erigidos em normas-primárias de todo o sistema jurídico. Distanciando-se

---

4 DINIZ, Antonio Carlos; MAIA, Antônio Cavalcanti. Pós-positivismo (verbete). In: **Dicionário de filosofia do direito**. Vicente de Paulo Barreto (coord.). Rio de Janeiro: Renovar, 2006, p. 650.

5 HIRONAKA, Giselda Maria Fernandes Novaes. Prefácio. **Introdução Crítica ao Código Civil**. Lucas Abreu Barroso (Org.). Rio de Janeiro: Forense, 2006, p. XII: "Não no sentido da regra positiva, simplesmente, mas no sentido do arcabouço maior que ofertam, como mandamentos de otimização que são, na linguagem de Robert Alexy. Diferentemente das regras – o autor expõe – os princípios não têm a estreiteza biunívoca de comprometimento com o substrato fático típico, como o têm as regras, que ou aceitam a subsunção dele ao seu tecido legislado, ou não aceitam. Os princípios, diferentemente, abrem os seus horizontes porque pretendem ser realizados amplamente, embora dentro dos naturais limites da possibilidade jurídica existente no caso concreto. Os princípios são, enfim, a mais alta expressão da normatividade, porque a norma jurídica, como gênero, compreende os princípios e também as regras. 'As regras vigem e os princípios valem', como tão rica e sinteticamente descreve Paulo Bonavides".

do cânone positivista da separação entre direito e moral (tese da separabilidade), o pós-positivismo enceta uma rearticulação entre direito e moral por mais do manejo dos princípios. Para Alexy, os princípios constituem mandados de otimização que ordenam que algo seja realizado na maior medida possível, enquanto Dworkin os considera fonte da justificação moral e política do Direito vigente em uma determinada comunidade."[6]

"A concepção moderna do direito, de cunho predominantemente formal, juspositivista, não preenche mais as expectativas da sociedade, impondo-se pelas novas necessidades da pós-modernidade uma concepção funcional do direito, em que as interpretações jurídicas devem ser feitas com o escopo de assegurar eficácia concretiva aos comandos normativos. A concepção funcional do direito marca superamento da teoria Kelseniana baseada no binômio norma/sanção, sendo substituída pelo binômio norma/suporte administrativo, em que assume relevância a eficácia normativa."[7]

O direito do século XXI tende a substituir a racionalidade cartesiana pela hermenêutica aberta.

Cidadania

A massificação da sociedade contemporânea trouxe a necessidade da participação nos negócios coletivos e do Estado. Podemos denominar esse direito de participação de cidadania, que a partir da Constituição Federal de 1988 e com o desenvolvimento do Estado Democrático e Social de Direito ganhou novo significado.

Cidadania traz a ideia de participação na vida do Estado, que se exterioriza precipuamente pelo exercício dos direitos políticos. Com o advento da Constituição Federal de 1988 surge o Estado Democrático e Social de Direito, que exige uma participação mais efetiva do povo na vida e nos

---

6 DINIZ, Antonio Carlos; MAIA, Antônio Cavalcanti. Pós-positivismo (verbete). In: **Dicionário de filosofia do direito**. Vicente de Paulo Barreto (coord.). Rio de Janeiro: Renovar, 2006, p. 653.

7 AGRA, Walber de Moura. Pós-modernidade, crise do Estado social de direito e crise na legitimação da jurisdição constitucional. In: **Constitucionalismo e Estado**. Agassiz Almeida Filho e Francisco Bilac Moreira Pinto Filho (coords.). Rio de Janeiro: Forense, 2006, p. 229-230.

problemas do Estado. O cidadão é aquele que participa dos negócios do Estado. Dessa forma, a cidadania ganha um sentido mais amplo do que o simples exercício do voto.

O termo cidadania indica o liame com o Estado. A cidadania é a posição política do indivíduo e a possibilidade do exercício desses direitos. Cidadania, então, representa o exercício de direitos. Segundo a tese arendtiana, a cidadania é o direito a ter direitos.[8] No pensamento de Hannah Arendt, cidadania é a consciência que o indivíduo tem do direito de ter direitos.

A cidadania guarda relação umbilical com a democracia. Nos tempos da plena democracia a palavra cidadania pode ser tomada em dois sentidos: 1. restrito e técnico; e 2. amplo.

No sentido restrito e técnico, a cidadania está adstrita ao exercício dos direitos políticos. Os direitos políticos são aqueles inerentes ao cidadão do Estado. Nesse prisma, cidadania é a prerrogativa da pessoa exercer os direitos políticos. O *status* de cidadão[9] é alcançado com a condição de eleitor. Os direitos políticos configuram-se como direitos subjetivos públicos, na medida em que o cidadão tem o direito de participação política, que se exterioriza por intermédio da atuação da soberania popular. "Cidadania qualifica os participantes da vida do Estado, é atributo das pessoas integradas na sociedade estatal, atributo político decorrente de participar no governo e direito de ser ouvido pela representação política. Cidadão, no direito brasileiro, é o indivíduo que seja titular dos direitos políticos de votar e ser votado e suas consequências."[10]

No sentido amplo do termo, a cidadania é o exercício de outras prerrogativas constitucionais que surgiram como consectário lógico do Estado Democrático e Social de Direito. Esse foi o sentido empregado na Constituição Federal, arts. 1º, II, 5º, LXXI, 22, XIII, e 68, § 1º, II.

---

8 LAFER, Celso. **A reconstrução dos direitos humanos: um diálogo com o pensamento de Hannah Arendt**. São Paulo: Companhia das Letras, 1988, p. 146-166.

9 DALLARI, Dalmo de Abreu. **Elementos de teoria geral do estado**. 14ª ed., São Paulo: Saraiva, 1989, p. 82: "Na Grécia antiga a expressão cidadão indicava apenas o membro ativo da sociedade política, isto é, aquele que podia participar das decisões políticas".

10 SILVA, José Afonso da. **Curso de direito constitucional positivo**. 16ª ed. rev. e atual., São Paulo: Malheiros, 1999, p. 346-347.

O exercício da cidadania configura-se como um dos desdobramentos do Estado Democrático de Direito, constituindo-se como princípio fundamental da República Federativa do Brasil, previsto no art. 1º, inciso II, do texto constitucional, que elenca, como alicerce da República Federativa do Brasil, a cidadania. Na mesma esteira, o parágrafo único do mesmo artigo dita que: "todo o poder emana do povo, que o exerce por meio de representantes eleitos diretamente, nos termos desta Constituição".

A cidadania credencia o cidadão a atuar na vida efetiva do Estado como partícipe da sociedade política. O cidadão passa a ser pessoa integrada na vida estatal. A cidadania transforma o indivíduo em elemento integrante do Estado, na medida em que o legitima como sujeito político, reconhecendo o exercício de direitos em face do Estado.

No Estado Democrático os direitos humanos são reconhecidos a todos. O cidadão é aquele que participa da dinâmica estatal, sendo que atua para conquistar, preservar ou proteger seus direitos. A cidadania é esse efetivo exercício político. A cidadania é o ápice dos direitos fundamentais quando o ser humano se transforma em ser político no sentido amplo do termo, participando ativamente da sociedade em que está inserido.[11]

No sentido esculpido pela Constituição, cidadania é ter direitos. A concretização da democracia ocorre pela cidadania, ou seja, pela participação política nos destinos da nação. A cidadania plena surge com os direitos sociais. Não existe direito de liberdade de expressão sem o direito à educação.

Cidadania é integração do indivíduo nos problemas da sociedade. A democracia se constrói em dois pilares institucionais, que são os partidos políticos e a sociedade civil. O exercício da cidadania ocorre nesses dois contextos, em que se realiza o cotidiano da política. A cidadania é o desdobramento da liberdade e soberania do povo garantidas pela Constituição

---

11 GARCIA, Maria. *Habeas data*. O direito à informação. O direito fundamental à intimidade, à vida privada, à honra e à imagem das pessoas. Um perfil constitucional. In: ***Habeas data***. Teresa Arruda Alvim Wambier (Org.). São Paulo: Revista dos Tribunais, 1998, p. 223.

Federal.[12] A democracia se constrói praticando. Sem democracia não há possibilidade de haver cidadania, a cidadania é exercida no espaço público, por indivíduos conscientes.

A Constituição constituiu o Estado Democrático em dois fundamentos relacionados ao indivíduo: cidadania e dignidade da pessoa humana. A dignidade da pessoa humana é o valor fundamental do indivíduo, ao passo que a cidadania se refere ao aspecto social.

A cidadania significa uma ação que permite ao cidadão participar da vida do Estado. A cidadania é o exercício da construção do bem comum realizada pelos cidadãos. Cidadania é participação. O Estado Democrático e Social de Direito exige maior participação do cidadão, vez que a própria esfera de atuação estatal é ampla, envolvendo a garantia de liberdades negativas e positivas. Esse contexto reafirma a dignidade da pessoa humana.

O ponto primordial para reafirmação da dignidade da pessoa humana está na Constituição, que criou o Estado embasado no aludido princípio. A solução é a efetivação da Constituição.

Concluindo, a modernidade foi representada pela conquista dos direitos humanos. O desafio da pós-modernidade é a concreta realização desses direitos. Estamos na era da efetivação dos direitos humanos e da Constituição. A República Federativa do Brasil foi construída com fundamento no valor fundamental da dignidade da pessoa humana, que embasa todos os direitos humanos consagrados na Constituição Federal de 1988.

O contexto pós-moderno contrasta com o valor do ser humano, pois o efêmero, o volátil e o relativo são suas marcas preponderantes. O relativismo prega a inexistência de qualquer valor absoluto. E afirma certeza absoluta nessa assertiva. Que contradição! Os homens representam os valores absolutos do Universo. Estamos perdendo o sentido da humanidade?

---

12 DE CICCO, Cláudio. Kant e o Estado de Direito: o problema do fundamento da cidadania. In: **Direito, cidadania e justiça: ensaios sobre lógica, interpretação, teoria, sociologia e filosofias jurídicas**. São Paulo: Revista dos Tribunais, 1995, p. 183: "No entanto, o povo não representa o soberano (o rei, o chefe do governo, etc.), mas é ele mesmo soberano, pois é nele que se situa originariamente o poder supremo, do qual derivam os direitos dos indivíduos enquanto cidadãos".

Nunca estivemos tão juntos e tão isolados. A tecnologia causa a sensação de unidade, mas ao mesmo tempo provoca o distanciamento social.

Nesse cenário, os valores são tidos como relativos, sendo que o conceito de ética deve ser verificado em fatos sociais observáveis. Essa postura avalorativa nega a liberdade e a dignidade humana. Ao se rejeitar a responsabilidade moral e a justiça objetiva, nega-se a própria humanidade.

Os valores e princípios conquistados na luta histórica pela reafirmação dos direitos humanos não podem ser considerados como algo relativo, subjetivo ou pragmático. Assim, o direito ganha especial desafio na pós-modernidade. Se a modernidade exigiu a reafirmação dos valores liberdade, igualdade e fraternidade, a pós-modernidade deve caminhar para a tolerância, o bom senso e a cidadania. O direito contemporâneo é "tolerância, bom senso e cidadania". A tolerância dever ser a consequência ética da diversidade. O bom senso é a atenuação da absolutização do dogma. A cidadania é fruto da exigência da participação nos assuntos coletivos. Essa visão reafirma a dignidade da pessoa humana.

O ponto primordial para reafirmação da dignidade da pessoa humana está na Constituição, que criou o Estado embasado no aludido princípio. A solução é a efetivação da Constituição. A efetivação da Constituição passa necessariamente pelas características do direito no século XXI, que são a tolerância, o bom senso e a cidadania.

Bibliografia

ACQUAVIVA, Marcus Cláudio. **Notas introdutórias ao estudo do direito**. 2ª ed., São Paulo: Ícone, 1990.

ADEODATO, João Maurício. **Filosofia do direito: uma crítica à verdade na ética e na ciência**. 3ª ed., São Paulo: Saraiva, 2005.

ADEODATO, João Maurício Leitão. **O problema da legitimidade: no rastro do pensamento de Hannah Arendt**. Rio de Janeiro: Forense, 1989.

AGRA, Walber de Moura. **Curso de direito constitucional**. 2ª ed., Rio de Janeiro, 2007.

______. Pós-modernidade, crise do Estado social de direito e crise na legitimação da jurisdição constitucional. In: **Constitucionalismo e Estado**. Agassiz Almeida Filho e Francisco Bilac Moreira Pinto Filho (coords.). Rio de Janeiro: Forense, 2006.

AIDAR, Carlos Miguel. Pela extinção das medidas provisórias. **Folha de S. Paulo**, quarta-feira, 25.4.2001, p. A3.

ALVES DA SILVA, A. B. **Introdução à ciência do direito**. São Paulo: Livraria Salesiana Editora, 1940.

ARAUJO, Luiz Alberto David; NUNES JÚNIOR, Vidal Serrano. **Curso de direito constitucional**. São Paulo: Saraiva, 1998.

ARISTÓTELES. **A Ética**. Trad. Paulo Cássio M. Fonseca. Série Clássicos. Bauru, Edipro, 1995.

______. **Ética a Nicômacos**. Trad. de Mário da Gama Kury. 3ª ed., Brasília: Editora UNB, 1985.

______. **Os pensadores**. São Paulo: Nova Cultural, 1999.

ASCENSÃO, José de Oliveira. A sociedade da informação. In: **Direito da sociedade da informação**, v. I. Coimbra: Coimbra Ed., 1999.

BANDEIRA DE MELLO, Celso Antônio. **Conteúdo jurídico do princípio da igualdade**. 3ª ed., São Paulo: Malheiros, 1997.

BARBOSA, Rui. **Oração aos Moços**. 7ª ed., São Paulo: Ediouro.

BARROSO, Luís Roberto. **Constituição da República Federativa do Brasil anotada**. São Paulo: Saraiva, 1998.

______. Fundamentos teóricos e filosóficos do novo direito constitucional brasileiro: pós-modernidade, teoria crítica e pós-positivismo. **RDA** 225:5-37. Rio de Janeiro: Renovar, jul./set., 2001.

______. Neoconstitucionalismo e constitucionalização do direito. O triunfo tardio do direito constitucional no Brasil. **Revista de Direito Constitucional e Internacional** 58:129-173. São Paulo: Revista dos Tribunais, jan./mar., 2007.

BARZOTTO, Luis Fernando. Positivismo jurídico (verbete). In: **Dicionário de filosofia do direito**. Vicente de Paula Barreto (coord.). Rio de Janeiro: Renovar; São Leopoldo: Unisinos, 2006.

BASTOS, Celso. **Curso de direito constitucional**. 19ª ed., São Paulo: Saraiva, 1998.

______. **Curso de teoria do Estado e ciência política**. 3ª ed., São Paulo: Saraiva, 1995.

______. **Dicionário de direito constitucional**. São Paulo: Saraiva, 1994.

BASTOS, Celso Ribeiro; MARTINS, Ives Gandra. **Comentários à Constituição do Brasil**. v. 2, São Paulo: Saraiva, 1989.

BETIOLI, Antonio Bento. **Introdução ao direito: lições de propedêutica jurídica**. 4ª ed., São Paulo: Letras & Letras, 1996.

BEVILÁQUA, Clóvis. **Código Civil dos Estados Unidos do Brasil**. 9ª ed., São Paulo: Francisco Alves, 1953.

______. **Teoria geral do direito civil**. 4ª ed., Brasília: Ministério da Justiça, 1972.

BÍBLIA SAGRADA.Tradução em Português de João Ferreira de Almeida. Edição revista e atualizada no Brasil. Brasília: Sociedade Bíblica do Brasil, 1993.

BITTAR, Carlos Alberto. **Os direitos da personalidade**. 2ª ed. rev. e aum., Rio de Janeiro: Forense Universitária, 1995.

BITTAR, Eduardo C. B. **O direito na pós-modernidade**. Rio de Janeiro: Forense Universitária, 2005.

BLACKBURN, Simon. **Dicionário Oxford de filosofia**. Rio de Janeiro: Jorge Zahar, 1997.

BLUM, Renato M. S. Opice. **O Bug do ano 2000 (Y2K)**. São Paulo: LTr, 1999.

BOBBIO, Norberto. **A era dos direitos**. Rio de Janeiro: Campus, 1992.

______. **Giusnaturalismo e positivismo giuridico**. Milano: Edizioni di Comunita, 1965.

______. **O positivismo jurídico: lições de filosofia do direito**. São Paulo: Ícone, 1995.

______. **Teoria do ordenamento jurídico**. 10ª ed., Brasília: Editora Universidade de Brasília, 1999.

BORGES, Edinaldo de Holanda. **Teoria científica do direito**. São Paulo: Oliveira Mendes, 1998.

BUENO, Silveira. **Grande dicionário etimológico e prosódico da língua portuguesa**. São Paulo: Saraiva, 1965.

BULOS, Uadi Lammêgo. **Constituição Federal anotada**. 2ª ed. rev. e atual. São Paulo: Saraiva, 2001.

______. **Curso de direito constitucional**. São Paulo: Saraiva, 2007.

CALDAS, Pedro Frederico. **Vida privada, liberdade de imprensa e dano moral**. São Paulo: Saraiva, 1997.

CANOTILHO, J. J. Gomes. **Direito constitucional e teoria da constituição**. Coimbra: Almedina, 1998.

CANOTILHO, J. J. Gomes; MOREIRA, Vital. **Constituição da República Portuguesa anotada**, v. 1. 1ª ed., São Paulo: Revista dos Tribunais, Coimbra: Coimbra Ed., 2007.

CARRAZA, Roque Antonio. **Curso de direito constitucional tributário**. 13ª ed. rev., ampl. e atual. de acordo com a Emenda Constitucional n. 21/99, São Paulo: Malheiros, 1999.

CARVALHO, Paulo de Barros. **Curso de direito tributário**. São Paulo: Saraiva, 1991.

CASTELLS, Manuel. **A era da informação: a sociedade em rede**. v. 1. 6ª ed., São Paulo: Paz e Terra, 2002.

______. A cidade na nova economia. In: **Trabalho, economia e tecnologia: novas perspectivas para a sociedade global**. 2ª ed.; MACHADO, Jorge Alberto S. (org.). São Paulo: Tendenz; Bauru: Práxis, 2003.

______. **A galáxia da internet: reflexões sobre internet, os negócios e a sociedade**. Rio de Janeiro: Jorge Zahar, 2003.

______. **A era da informação: economia, sociedade e cultura**. v. 1. 6ª ed. rev. e atual., São Paulo: Paz e Terra, 1999.

CAVALLARI, Durval Ayrton. **Manual prático de direito constitucional**. São Paulo: Iglu, 1998.

CINTRA, Antonio Carlos de Araújo; GRINOVER, Ada Pellegrini; DINAMARCO, Cândido Rangel. **Teoria geral do processo**. 13ª ed. rev. e atual., São Paulo: Malheiros, 1997.

COMPARATO, Fábio Konder. **A afirmação histórica dos direitos humanos**. 2ª ed. rev. e ampl., São Paulo: Saraiva, 2001.

CORREIA, Marcus Orione Gonçalves. **Direito processual constitucional**. São Paulo: Saraiva, 1998.

COSTA JR., Paulo José da. **Agressões à intimidade: o episódio lady Di**. São Paulo: Malheiros, 1997.

______. **O direito de estar só: tutela penal da intimidade**. 2ª ed. rev. e atual., São Paulo: Revista dos Tribunais, 1995.

______. O papel da jurisprudência (prefácio). In: **Código Penal e sua interpretação jurisprudencial**. 5ª ed. rev. e ampl., São Paulo: Revista dos Tribunais, 1995.

______. **Curso de direito penal**. v. 1. São Paulo: Saraiva, 1991.

CRETELLA JR., José. **Primeiras lições de direito**. Rio de Janeiro: Forense, 1997.

CRISPIM, Luiz Augusto. **Estudos preliminares de direito**. São Paulo: Saraiva, 1997.

DALLARI, Dalmo de Abreu. **Direitos humanos e cidadania**. São Paulo: Moderna, 1998.

______. **Elementos de teoria geral do estado**. 14ª ed., São Paulo: Saraiva, 1989.

DAMIÃO, Regina Toledo; HENRIQUES, Antonio. **Curso de português jurídico**. 6ª ed., São Paulo: Atlas, 1998.

DE CICCO, Cláudio. **Direito: tradição e modernidade**. 2ª ed., São Paulo: Ícone, 1993.

______. Kant e o Estado de Direito: o problema do fundamento da cidadania. In: **Direito, cidadania e justiça: ensaios sobre lógica, interpretação, teoria, sociologia e filosofias jurídicas**. São Paulo: Revista dos Tribunais, 1995.

______. **Uma crítica idealista ao legalismo: a filosofia do direito de Gioele Solari**. São Paulo: Ícone, 1995.

DELAGE, Paulo Audebert. **O cristão e dos desafios da pós-modernidade.** São Paulo: Longarina, 2014.

DIAS, Jean Carlos. **O controle judicial de políticas públicas**. Coleção Professor Gilmar Mendes, v. 4. São Paulo: Método, 2007.

DINIZ, Antonio Carlos; MAIA, Antônio Cavalcanti. Pós-positivismo (verbete). In: **Dicionário de filosofia do direito**. Vicente de Paulo Barreto (coord.). Rio de Janeiro: Renovar, 2006.

DINIZ, Marcio Augusto de Vasconcelos. **Controle de constitucionalidade e teoria da recepção**. São Paulo: Malheiros, 1995.

DINIZ, Maria Helena. **Compêndio de introdução à ciência do direito**. 8ª ed. atual., São Paulo: Saraiva, 1995.

______. **Compêndio de introdução à ciência do direito**. 17ª ed., São Paulo: Saraiva, 2005.

______. **Curso de direito civil brasileiro: teoria geral do direito civil**. v. 1, 7ª ed. atual., São Paulo: Saraiva, 1989.

______. **Norma constitucional e seus efeitos**. 3ª ed. atual., São Paulo: Saraiva, 1997.

______. **Lei de Introdução ao Código Civil brasileiro interpretada**. 5ª ed. atual., São Paulo: Saraiva, 1999.

DORIN, E. **Dicionário de psicologia**. São Paulo: Melhoramentos, 1978.

DORNELLES, João Ricardo W. **O que são direitos humanos**. São Paulo: Brasiliense, 1989.

DURKHEIM, Émile. **Lições de sociologia: a moral, o direito e o Estado**. São Paulo: T. A. Queiroz: Ed. Universidade de São Paulo, 1983.

DWORKIN, Ronald. **Levando os direitos a sério**. São Paulo: Martins Fontes, 2002.

EINSTEIN, Albert. ***The common language of science, in The living language: a reader***, Linda A. Morris *et al*. Nova York: Harcourt Brace Jovanovich, 1984.

FARAH, Elias. **Cidadania**. São Paulo: Juarez de Oliveira, 2001.

FAVOREU, Louis, *et al*. ***Droit constitutionnel***. 3ª ed., Paris: Dalloz, 2000.

FELIPPE, Marcio Sotelo. **Razão jurídica e dignidade humana**. São Paulo: Max Limonad, 1996.

FERRARI, Regina Maria Macedo Nery. **Efeitos da declaração de inconstitucionalidade**. 4ª ed. rev., São Paulo: Revista dos Tribunais, 1999.

FERRAZ JR., Tércio Sampaio. **Introdução ao estudo do direito**. 2ª ed., São Paulo: Atlas, 1994.

FERREIRA, Aurélio Buarque de Holanda. **Novo Aurélio século XXI: o dicionário da língua portuguesa**. 3ª ed. rev. e ampl., Rio de Janeiro: Nova Fronteira, 1999.

FERREIRA, Manoel Gonçalves Filho. **Aspectos do direito constitucional contemporâneo**. São Paulo: Saraiva, 2003.

______. **Curso de direito constitucional**. 18ª ed. rev., São Paulo: Saraiva, 1990.

______. **Direitos humanos fundamentais**. São Paulo: Saraiva, 1995.

FERREIRA, Pinto. **Curso de direito constitucional**. 9ª ed., São Paulo: Saraiva, 1998.

FERREIRA, Wolgran Junqueira. **Constituição Federal anotada**. Bauru: Edipro, 1997.

FILOMENO, José Geraldo Brito. **Manual de teoria geral do estado e ciência política**. 2ª ed., São Paulo: Forense Universitária, 1997.

FONTANA, Dino F. **História da filosofia, psicologia e lógica**. 3ª ed., São Paulo: Saraiva, 1969.

FRANÇA, Antônio de S. Limongi. Cibernética jurídica (verbete). In: **Enciclopédia Saraiva do Direito**, 14:95-96. Coord. Prof. R. Limongi França. São Paulo: Saraiva, 1977.

FRANÇA, R. Limongi. **Hermenêutica jurídica**. 9ª ed. rev., São Paulo: Revista dos Tribunais, 2009.

FRANCO, Alberto Silva et al. **Código penal e sua interpretação jurisprudencial**. 5ª ed. rev. e ampl., São Paulo: Revista dos Tribunais, 1995.

FREIRE, Rodrigo da Cunha Lima. O processo civil na sociedade da informação: estudo de um caso. **Revista do Instituto dos Advogados de São Paulo,** 17:241-260. São Paulo: Revista dos Tribunais, 2006.

FUNARI, Pedro Paulo. A cidadania entre os romanos. In: **História da cidadania.** Jaime Pinsky; Carla Bassanezi Pinsky (Orgs.). 2ª ed., São Paulo: Contexto, 2003.

GAMA, Ricardo Rodrigues. **Manual de direito constitucional**. Curitiba: Juruá, 1998.

GARCIA, Maria. **Desobediência civil: direito fundamental**. São Paulo: Revista dos Tribunais, 1994.

______. *Habeas data*. O direito à informação. O direito fundamental à intimidade, à vida privada, à honra e à imagem das pessoas. Um perfil constitucional. In: ***Habeas data***. Teresa Arruda Alvim Wambier (Org.). São Paulo: Revista dos Tribunais, 1998.

______. **Limites da ciência: a dignidade da pessoa humana: a ética da responsabilidade**. São Paulo: Revista dos Tribunais, 2004.

GASPARINI, Diogenes. **Direito Administrativo**. 2ª ed. rev. e aum., São Paulo: Saraiva, 1992.

GOMES, Orlando. **Introdução ao direito civil**. 14ª ed. atual. por Humberto Theodoro Júnior, Rio de Janeiro: Forense, 1999.

GONÇALVES, Maria Eduarda. **Direito da informação: novos direitos e formas de regulação na sociedade da informação**. Coimbra, Portugal: Almedina, 2003.

GRANDE DICIONÁRIO LAROUSSE CULTURAL DA LÍNGUA PORTUGUESA. São Paulo: Nova Cultural, 1999.

GRASSI NETO, Roberto. **Curso de direito civil: parte geral**. São Paulo: Revista dos Tribunais, 1997.

GRECO FILHO, Vicente. **Direito processual civil brasileiro**. v. 1, 10ª ed. atual., São Paulo: Saraiva, 1995.

______. **Manual de processo penal**. São Paulo: Saraiva, 1991.

GUERRA FILHO, Willis Santiago. **Autopoiese do Direito na Sociedade Pós-Moderna**. Porto Alegre: Livraria do Advogado, 1997.

GUIMARÃES, Aquiles Côrtes. **Cinco lições de filosofia do direito**. Rio de Janeiro: Lumen Juris, 1997.

GUSMÃO, Paulo Dourado de. **Introdução ao estudo do direito**. 32ª ed., Rio de Janeiro: Forense, 2002.

HABERMAS, Jürgen. **Pensamento pós-metafísico: ensaios filosóficos**. Coimbra: Almedina, 2004.

HARVEY, David. **Condição pós-moderna**. 9ª ed., São Paulo: Loyola, 2000.

HERKENHOFF, João Baptista. **1000 perguntas – introdução ao direito**. Rio de Janeiro: Thex Ed.: Biblioteca da Universidade Estácio de Sá, 1996.

HIRONAKA, Giselda Maria Fernandes Novaes. Prefácio. **Introdução Crítica ao Código Civil**. Lucas Abreu Barroso (Org.). Rio de Janeiro: Forense, 2006.

HÖFFE, Otfried. **Justiça política: fundamentação de uma filosofia crítica do direito e do Estado**. Rio de Janeiro: Vozes, 1991.

HOSSNE, Willian Saad; VIEIRA, Sonia. **Experimentação com seres humanos**. 3ª ed., São Paulo: Moderna, 1987.

HOUAISS, Antonio; VILLAR, Mauro de Salles. **Dicionário Houaiss da Língua Portuguesa**. Rio de Janeiro: Objetiva, 2001.

HUXLEY, Aldous. **Admirável mundo novo**. São Paulo: Editora Globo, 2003.

IHERING, Rudolf von. **A luta pelo direito**. Trad. João Vasconcelos. Rio de Janeiro: Forense, 1999.

JACQUES, Paulino. **Curso de direito constitucional**. 4ª ed., Rio de Janeiro: Forense, 1964.

JAPIASSÚ, Hilton; MARCONDES, Danilo. **Dicionário básico de filosofia**. 3ª ed., Rio de Janeiro: Jorge Zahar Editor, 1996.

JESUS, Damásio E. de. **Direito penal: parte geral**. v. 1, São Paulo: Saraiva, 1993.

JOLIVET, Régis. **Curso de filosofia**. Tradução de Eduardo Prado de Mendonça, 2ª ed., Rio de Janeiro: Agir, 1955.

KELSEN, Hans. **Teoria pura do direito: introdução à problemática científica do direito**. Trad. José Cretella Jr., Agnes Cretella. 3ª ed. rev. da tradução. São Paulo: Revista dos Tribunais, 2003.

KUMAR, Krishan. **Da sociedade pós-industrial à pós-moderna: novas teorias sobre o mundo contemporâneo**. Rio de Janeiro: Jorge Zahar, 1997; 2ª ed., 2006.

LACKBURN, Simon. **Dicionário Oxford de filosofia**. Rio de Janeiro: Jorge Zahar, 1997.

LAFER, Celso. **A reconstrução dos direitos humanos: um diálogo com o pensamento de Hannah Arendt**. São Paulo: Companhia das Letras, 1988.

LASSALE, Ferdinand. **A essência da Constituição**. 4ª ed., Rio de Janeiro: Lumen Juris, 1998.

LASTRES, Helena Maria Martins; ALBAGLI, Sarita. Chaves para o terceiro milênio na era do conhecimento. In: **Informação e globalização na era do conhecimento**. Rio de Janeiro: Campus, 1999.

LAZZARINI, Álvaro. Poder de polícia e direitos humanos. **Revista do Instituto dos Advogados de São Paulo** 7:12-13. São Paulo: Revista dos Tribunais, jan./jun., 2001.

LIMA, Francisco Gérson Marques de. **Fundamentos constitucionais do processo: sob a perspectiva da eficácia dos direitos e garantias fundamentais**. São Paulo: Malheiros, 2002.

LIMA, Hermes. **Introdução à ciência do direito**. 31ª ed., Rio de Janeiro: Freitas Bastos, 1996.

LIPMANN, Ernesto. **Os direitos fundamentais da Constituição de 1988: com anotações e jurisprudência dos tribunais**. São Paulo: LTr, 1999.

LISBOA, Roberto Senise. **A relação de consumo e seu alcance no direito brasileiro**. Coleção Saber Jurídico, São Paulo: Oliveira Mendes, 1997.

______. **Contratos difusos e coletivos**. São Paulo: Revista dos Tribunais, 1997.

______. **Manual elementar de direito civil**. 2ª ed. rev. e atual. em conformidade com o novo Código Civil. São Paulo: Revista dos Tribunais, 2002.

LOPES, Ana Maria D'Ávila. **Os direitos fundamentais como limites ao poder de legislar**. Porto Alegre: Sergio Antonio Fabris, 2001.

LOSANO, Mario G. **Informática jurídica**. Tradução de Giacomina Faldini, revisão técnica de Afonso Costa Manso. São Paulo: Saraiva/Universidade de São Paulo, 1976.

______. **Lições de informática jurídica**. São Paulo: Editora Resenha Tributária, 1974.

LUCCA, Newton de; SIMÃO FILHO, Adalberto (coords.) e outros. **Direito & Internet – aspectos jurídicos relevantes**. Bauru: Edipro, 2000.

LYOTARD, Jean-François. **A condição pós-moderna**. Trad. Ricardo Corrêa Barbosa. 9ª ed., Rio de Janeiro: José Olympio, 2006.

MACEDO, Sílvio. **Introdução à filosofia do direito: uma nova metodologia**. 3ª ed. rev. ampl., São Paulo: Revista dos Tribunais, 1993.

MACHADO, Jorge Alberto S. (Org.). **Trabalho, economia e tecnologia: novas perspectivas para a sociedade global**. 2ª ed., São Paulo: Tendenz; Bauru: Práxis, 2003.

MACIEL, Adhemar Ferreira. **O negro, a Suprema Corte e a Emenda Constitucional n. 13**, Boletim IBCCrim n. 28:1-2, abr./1995 – ano 3.

MADEIRA, Hélcio Maciel França. **Digesto de Justiniano, *liber primus*: uma introdução ao direito romano**. São Paulo: Revista dos Tribunais, 2002.

MAGALHÃES, José Luiz Quadros de. **Direitos humanos: sua história, sua garantia e a questão da indivisibilidade**. São Paulo: Juarez de Oliveira, 2000.

MAGALHÃES, Rui Ribeiro de. **Introdução ao estudo do direito**. São Paulo: Juarez de Oliveira, 2001.

MALUF, Sahid. **Direito constitucional**. 2ª ed., São Paulo: Sugestões Literárias, 1966.

MARKY, Thomas. **Curso elementar de direito romano**. 7ª ed., São Paulo: Saraiva, 1994.

MARQUES, Eduardo Lorenzetti. **Introdução ao estudo do direito**. São Paulo: LTr, 1999.

MARQUES, Garcia; MARTINS, Lourenço. **Direito da informática**. Coimbra: Almedina, 2000.

MARSHALL, T. H. **Cidadania e classe social**. Walter Costa Porto (coord.), Brasília: Fundação Projeto Rondon, 1988.

MARTINEZ, Wladimir Novaes. **Princípios de direito previdenciário**. São Paulo: LTr, 1985.

MASI, Domenico de. **A sociedade pós-industrial**. 3ª ed., São Paulo: Editora Senac São Paulo, 2000.

MATTEUCCI, Nicola. Positivismo giuridico e costituzionalismo. ***Rivista Trimistrale de diritto e procedure civile***, v. XVII, 3, 1963, p. 985-1100.

MAXIMILIANO, Carlos. **Hermenêutica e aplicação do direito**. 18ª ed., Rio de Janeiro: Forense, 1998.

MAYNES, Eduardo Garcia. ***Introducción al estudio del derecho***. México: Porrua, 1949.

MEDINA, José Miguel Garcia; WAMBIER, Luiz Rodrigues; WAMBIER, Teresa Arruda Alvim. A súmula vinculante vista como meio legítimo para diminuir a sobrecarga de trabalho dos tribunais brasileiros. **Revista do Advogado** 92:7-22. São Paulo: AASP, jul./2007.

MEIRELLES, Hely Lopes. **Direito administrativo brasileiro**. 21ª ed. atual. por Eurico de Andrade Azevedo, Délcio Balestero Aleixo e José Emmanuel Burle Filho, São Paulo: Malheiros, 1996.

MEIRELLES TEIXEIRA, J. H. **Curso de direito constitucional**. Texto revisto e atualizado por Maria Garcia. Rio de Janeiro: Forense Universitária, 1991.

MELO, Marco Antônio Machado Ferreira de. A tecnologia, o direito e a solidariedade. In: **Direito, sociedade e informática: limites e perspectivas da vida digital**, p. 21-34. Aires José Rover (org.). Florianópolis: Fundação Boiteux, 2000.

MIRANDA, Custódio da Piedade U. **Teoria geral do direito privado**. Belo Horizonte: Del Rey, 2003.

MIRANDA, Pontes de. **Comentários à Constituição de 1967**. 2ª ed. rev., São Paulo: Revista dos Tribunais, 1970.

MONTEIRO, Washington de Barros. **Curso de direito civil: direito das obrigações**. v. 4, 4ª ed. rev., São Paulo: Saraiva, 1967.

______. **Curso de direito civil: parte geral**, v. 1, 5ª ed. rev. e aum., São Paulo: Saraiva, 1967.

MONTORO, André Franco. A indução generalizadora no campo do direito. In: **Apostila do Curso de Mestrado em Direito.** São Paulo: Pontifícia Universidade Católica de São Paulo, 1999.

______. **Anotações na disciplina Teoria Geral do Direito ministrada no Curso de Mestrado em Direito**. São Paulo: Pontifícia Universidade Católica de São Paulo, 1º sem./1999.

______. **Cultura dos direitos humanos**. In: Temas de direito constitucional, São Paulo: Adcoas: IBAP, 2000.

______. **Estudos de filosofia do direito**. 2ª ed., São Paulo: Saraiva, 1995.

______. **Introdução à ciência do direito**. 23ª ed., São Paulo: Revista dos Tribunais, 1995.

MORAES, Alexandre de. **Constituição interpretada e legislação constitucional**. São Paulo: Atlas, 2007.

______. **Constituição do Brasil interpretada e legislação constitucional**. São Paulo: Atlas, 2002.

______. **Direito constitucional**. 23ª ed., São Paulo: Atlas, 2008.

______. **Direito constitucional**. 5ª ed., São Paulo: Atlas, 1999.

______. Direitos humanos das vítimas. **Folha de S. Paulo**, 15 de fevereiro de 2002, p. A3.

______. **Direitos humanos fundamentais**. São Paulo: Atlas, 1998.

MORAES E SILVA, Antonio de. ***Diccionario da lingua portugueza***. 2ª ed., Lisboa: Tipografia Lacerdina, 1813.

MORATO, Leonardo L. **Reclamação e sua aplicação para o respeito da súmula vinculante**. São Paulo: Revista dos Tribunais, 2007.

MORENTE, Manuel Garcia. **Fundamentos de filosofia: lições preliminares**. Trad. Guilhermo de la Cruz Coronado, 8ª ed., São Paulo: Mestre Jou, 1980.

NADER, Paulo. **Filosofia do direito**. 6ª ed., Rio de Janeiro: Forense, 1998.

______. **Introdução ao estudo do direito**. 14ª ed. rev. e ampl., Rio de Janeiro: Forense, 1997.

______. **Introdução ao estudo do direito**. 22ª ed. rev. e atual., Rio de Janeiro: Forense, 2002.

NALINI, José Renato. **Por que filosofia**? São Paulo: Revista dos Tribunais, 2008.

NASCIMENTO, Edmundo Dantès. **Lógica aplicada à advocacia (técnica de persuasão)**. 4ª ed. rev. ampl., São Paulo: Saraiva, 1991.

NASCIMENTO, Walter Vieira do. **Lições de história do direito**. 10ª ed. rev. e aum., Rio de Janeiro: Forense, 1998.

______. **Lições de história do direito**. 13ª ed. rev. e aum., Rio de Janeiro: Forense, 2001.

NAÚFEL, José. **Novo dicionário jurídico brasileiro**. 8ª ed. rev. atual. e ampl., São Paulo: Ícone, 1989.

NEGRÃO, Theotonio. **Código de Processo Civil e legislação processual em vigor**. 30ª ed., São Paulo: Saraiva, 1999.

NOGUEIRA, Paulo Lúcio. **Curso completo de processo civil**. 3ª ed., São Paulo: Saraiva, 1992.

NUNES, Luiz Antonio. **Liberdade: norma, consciência, existência**. São Paulo: Revista dos Tribunais, 1995.

______. **Manual de introdução ao estudo do direito**. São Paulo: Saraiva, 1996.

NUNES, Rizzatto. **O princípio constitucional da dignidade da pessoa humana: doutrina e jurisprudência**. São Paulo: Saraiva, 2002.

OLIVEIRA, Regis Fernandes de; FERREIRA, José Rodrigues. **Processo Legislativo: contribuição ao debate**. Brasília: Câmara dos Deputados, Coordenação de Publicações, 1996.

ORWELL, George. **1984**. Tradução de Wilson Velloso, 27ª ed., São Paulo: Companhia Editora Nacional, 2002.

PACHECO, José da Silva. **O mandado de segurança e outras ações constitucionais típicas**. 4ª ed. rev. atual. e ampl., São Paulo: Revista dos Tribunais, 2002.

PAES, P. R. Tavares. **Introdução ao estudo do direito**. 2ª ed. rev. ampl., São Paulo: Revista dos Tribunais, 1997.

PAESANI, Liliana Minardi. **Direito de informática: comercialização e desenvolvimento internacional do *software***. São Paulo: Atlas, 1998.

______. **Direito e Internet: liberdade de informação, privacidade e responsabilidade civil**. São Paulo: Atlas, 2000.

PALU, Oswaldo Luiz. **Controle de constitucionalidade: conceitos, sistemas e efeitos**. São Paulo: Revista dos Tribunais, 1999.

PEREIRA, Caio Mário da Silva. **Instituições de direito civil: introdução ao direito civil e teoria geral do direito civil**. v. 1, 19ª ed. rev. e atual., Rio de Janeiro: Forense, 1998.

PINHO, Ruy Rebello; NASCIMENTO, Amauri Mascaro. **Instituições de direito público e privado**. 20ª ed. rev. e atual., São Paulo: Atlas, 1997.

PINSKY, Jaime. História da cidadania. In: **História da cidadania**. Jaime Pinsky; Carla Bassanezi Pinsky (Orgs.), 2ª ed., São Paulo: Contexto, 2003.

PIOVESAN, Flávia. **Direitos humanos e o direito constitucional internacional**. São Paulo: Max Limonad, 1996.

PLATÃO. **Os pensadores**. São Paulo: Nova Cultural, 1999.

POLETTI, Ronaldo. **Introdução ao direito**. 3ª ed. rev., São Paulo: Saraiva, 1996.

PRADO JR., Caio. **O que é filosofia**. São Paulo: Brasiliense, 1997.

PUSSOLI, Lafaiete. **Justiça dos tribunais ou da cidadania**. São Paulo: Cidade Nova, 1996.

RAMOS, André de Carvalho. **Direitos humanos em juízo: comentários aos casos contenciosos e consultivos da corte interamericana de direitos humanos**. São Paulo: Max Limonad, 2001.

RAMOS, Saulo. **Parecer SR92, Medida Provisória**. DOU 23.6.89.

REALE, Miguel. **Lições preliminares de direito**. 27ª ed., São Paulo: Saraiva, 2002, p. 247.

______. **Filosofia do direito**. 17ª ed., São Paulo: Saraiva, 1996.

______. **Fundamentos do direito**. 3ª ed., São Paulo: Revista dos Tribunais, 1998.

______. **Introdução à filosofia**. 3ª ed. atual., São Paulo: Saraiva, 1994.

______. **Liberdade e democracia**. São Paulo: Saraiva, 1987.

______. **Lições preliminares de direito**. 22ª ed., São Paulo: Saraiva, 1995.

______. **Lições preliminares de direito**. 27ª ed., São Paulo: Saraiva, 2002.

REIS, José Carlos Vasconcellos dos. **As normas constitucionais programáticas e o controle do Estado**. Rio de Janeiro: Renovar, 2003.

RODRIGUES, Silvio. **Direito civil: parte geral**. v. 1, 2ª ed. rev. e aum., São Paulo: Max Limonad, 1964.

ROSA, Antonio José Miguel Feu. **Direito constitucional**. São Paulo: Saraiva, 1998.

SAAVEDRA, Giovani Agostini. **Jurisdição e democracia: uma análise a partir das teorias de Jürgen Habermas, Robert Alexy, Ronald Dworkin e Niklas Luhmann**. Porto Alegre: Livraria do Advogado, 2006.

SALDANHA, Nelson. **Legalismo e ciência do direito**. São Paulo: Atlas, 1977.

SALMON, Wesley C. **Lógica**. Rio de Janeiro: Zahar, 1978.

SALVETTI NETO, Pedro. **Curso de teoria do estado**. 6ª ed., São Paulo: Saraiva, 1984.

SANI, Giacomo. Participação política. In: BOBBIO, Norberto; MATTEUCCI, Nicola; PASQUINO, Gianfranco. **Dicionário de política**. v. 1 e 2, 5ª ed., Coordenação de tradução João Ferreira. Brasília: Ed. UnB: São Paulo: Imprensa Oficial do Estado, 2000.

SANTOS, Fernando Ferreira dos. **Princípio constitucional da dignidade da pessoa humana**. São Paulo: Celso Bastos Editor: Instituto Brasileiro de Direito Constitucional, 1999.

SANTOS, Jair Ferreira dos. **O que é pós-moderno**. São Paulo: Brasiliense, 2004.

SANTOS, Moacyr Amaral. **Primeiras linhas de direito processual civil**. v. 1, 15ª ed., São Paulo: Saraiva, 1992.

______. **Primeiras linhas de direito processual civil**. 18ª ed. rev. atual. e ampl. por Aricê Moacyr Amaral Santos, v. 1, São Paulo: Saraiva, 1995.

SARTORI, Giovanni. Constitución. In: ***Elementos de teoría política***. Trad. Maria Luz Morán Calvo-Sotelo. Madrid: Alianza, 1999.

SEREJO, Lourival. **Direito constitucional da família**. Belo Horizonte: Del Rey, 1999.

SERPA LOPES, Miguel Maria de. **Curso de direito civil: introdução, parte geral e teoria dos negócios jurídicos**, v. 1. São Paulo: Freitas Bastos, 1962.

______. **Curso de direito civil: introdução, parte geral e teoria dos negócios jurídicos**. v. 1, 8ª ed. rev. e atual. pelo prof. José Serpa Santa Maria, Rio de Janeiro: Freitas Bastos, 1996.

SIEYÈS, Emmanuel Joseph. **A constituinte burguesa: que é o terceiro estado? (*qu'est-ce que le tiers état?*)**. 3ª ed. Rio de Janeiro: Lumen Juris, 1997.

SILVA, Daniel Pereira Militão da. A educação em tempos de pós-modernidade: algumas reflexões a partir do texto constitucional de 1988. In: SOUZA, Carlos Aurélio Mota de; CAVALCANTI, Thais Novaes (coords.). **Princípios humanistas constitucionais: reflexões sobre o humanismo do Século XXI**, p. 135-151, 1ª ed., São Paulo: Letras Jurídicas, 2010.

SILVA, De Plácido e. **Dicionário jurídico**. Rio de Janeiro: Forense, 2003.

SILVA, Edson Ferreira. **Direito à intimidade: de acordo com a doutrina, o direito comparado e a Constituição de 1988**. São Paulo: Oliveira Mendes, 1998.

SILVA, José Afonso. Acesso à justiça e cidadania. **Revista de Direito Administrativo** 216:9-23. Rio de Janeiro: Renovar: FGV, abr./jun., 1999.

_____. **Aplicabilidade das normas constitucionais**. 3ª ed. rev. ampl. e atual., São Paulo: Malheiros, 1998.

_____. **Curso de direito constitucional positivo**. 16ª ed. rev. e atual., São Paulo: Malheiros, 1999.

SILVA JÚNIOR, Ronaldo Lemos; WAISBERG, Ivo (Orgs.). **Comércio Eletrônico**. São Paulo: Revista dos Tribunais, 2001.

SILVA, Marco Antonio Marques da. **Acesso à justiça penal e Estado democrático de direito**. São Paulo: Juarez de Oliveira, 2001.

_____. **Juizados Especiais Criminais**. São Paulo: Saraiva, 1997.

SILVA, Paulo Napoleão Nogueira da. **A evolução do controle de constitucionalidade e a competência do senado federal**. São Paulo: Revista dos Tribunais, 1992.

_____. **Curso de direito constitucional**. São Paulo: Revista dos Tribunais, 1996.

SIQUEIRA JR., Paulo Hamilton. Direitos humanos. **RT** 824:723-747. São Paulo: Revista dos Tribunais, jun./2004.

SLAIBI FILHO, Nagib. **Direito constitucional**. 2ª ed., Rio de Janeiro: Forense, 2006, p. 128.

SOARES, Ricardo Maurício Freire. **Hermenêutica e interpretação jurídica**. São Paulo: Saraiva, 2010.

SÓFOCLES. **Antígona**, trad. Millôr Fernandes. 3ª ed., Rio de Janeiro: Paz e Terra, 1996.

SOUZA, Jessé. **A modernização seletiva: uma reinterpretação do dilema brasileiro**. Brasília: Editora Universidade de Brasília, 2000.

STRATHERN, Paul. **Aristóteles (384-322 a.C.) em 90 minutos**. Trad. Maria Helena Geordane. Rio de Janeiro: Jorge Zahar, 1997.

_____. **Kant (1724-1804) em 90 minutos**. Trad. Maria Helena Geordane; consultoria, Danilo Marcondes. Rio de Janeiro: Jorge Zahar, 1997.

_____. **Nietzsche (1844-1900) em 90 minutos**. Tradução Maria Helena Geordane; consultoria Danilo Marcondes. Rio de Janeiro: Jorge Zahar, 1997.

STRENGER, Irineu. **Direito internacional privado**. 3ª ed. aum., São Paulo: LTr, 1996.

SZANIAWSKI, Elimar. **Direitos de personalidade e sua tutela**. São Paulo: Revista dos Tribunais, 1993.

SZKLAROWSKY, Leon Frejda. **Medidas provisórias**. São Paulo: Revista dos Tribunais, 1991.

TAVARES, André Ramos. **Nova lei da súmula vinculante: estudos e comentários à Lei n. 11.417 de 19.12.2006**. São Paulo: Método, 2007.

______. **Reforma do judiciário no Brasil pós-88: (des)estruturando a justiça: comentários completos à EC n. 45/04**. São Paulo: Saraiva, 2005.

TEIXEIRA, J. H. Meirelles. **Curso de direito constitucional**. Texto revisto e atualizado por Maria Garcia. Rio de Janeiro: Forense Universitária, 1991.

TELEFÔNICA. **A sociedade da informação: presente e perspectivas**. Disponível em www.telefonica.com.br/sociedadedainformacao/informes_home.htm. Acesso em 17-11-2005.

TELLES JUNIOR, Goffredo. **Iniciação à ciência do direito**. São Paulo: Saraiva, 2001.

TEMER, Michel. **Elementos de direito constitucional**. 14ª ed. rev. ampl., São Paulo: Malheiros, 1998.

TOFLER, Alvin. **A terceira onda**. Tradução de João Távora. 28ª ed., Rio de Janeiro: Record, 2005.

VALLS, Álvaro L. M. **O que é ética**. São Paulo: Brasiliense, 1996.

VETRANO, Derlis Alejandro. **Existe *justicia*?** Buenos Aires: Abeledo-Perrot.

WAMBIER, Luiz Rodrigues. **Curso avançado de processo civil: teoria geral do processo de conhecimento**. v. 1. 9ª ed. rev., atual. e ampl., São Paulo: Revista dos Tribunais, 2007.

WOLKMER, Antonio Carlos. **História do direito no Brasil**. São Paulo: Forense, 1998.

XIMENES, Fernando Barcellos. Muito além da era da imaginação, **Informática Exame**, abr. 96, p. 23.

ZUFFO, João Antonio. **A sociedade e a economia do novo milênio: os empregos e as empresas no turbulento alvorecer do século XXI**. Livro I: a tecnologia e a infossociedade. Barueri: Manole, 2003.